U0606067

化学工业出版社"十四五"普通高等教育规划教材

# 基础
# 物理化学实验

许新华　主编

吴梅芬　刘亚菲　副主编

化学工业出版社

·北京·

## 内容简介

《基础物理化学实验》共3章，第1章着重介绍了编者的物理化学实验教学理念，第2章着重于误差分析，第3章共计27个实验项目。每个实验项目由实验简介、理论探讨、仪器试剂、安全须知和废弃物处理、实验步骤、数据处理与结果分析、讨论与思考、参考文献及附录（若有）构成。

《基础物理化学实验》对一些经典实验项目的实验设计和理论探讨进行了拓展，为实验技术的学习提供了多层次指导和训练。采用全彩色印刷，绘图精美，生动逼真地展现了化学实验的多姿多彩。

《基础物理化学实验》可作为高等院校尤其是工科院校化学及近化学类专业的物理化学实验教材，也可以作为化学类专业基础化学实验教材和化学工作者的参考书。

**图书在版编目（CIP）数据**

基础物理化学实验 / 许新华主编 ；吴梅芬，刘亚菲副主编. -- 北京 ：化学工业出版社，2025.7. --（化学工业出版社"十四五"普通高等教育规划教材）.

ISBN 978-7-122-48312-6

Ⅰ. O64-33

中国国家版本馆CIP数据核字第20256EB077号

---

责任编辑：汪　靓
责任校对：宋　玮　　　　　　装帧设计：关　飞

---

出版发行：化学工业出版社
　　　　　（北京市东城区青年湖南街13号　邮政编码100011）
印　　装：涿州市般润文化传播有限公司
787mm×1092mm　1/16　印张16¾　字数436千字
2025年8月北京第1版第1次印刷

---

购书咨询：010-64518888　　　　售后服务：010-64518899
网　　址：http://www.cip.com.cn
凡购买本书，如有缺损质量问题，本社销售中心负责调换。

---

定　　价：58.00元　　　　　　版权所有　违者必究

# 前言

物理化学涉及的是隐藏在化学物质性质背后的物理原理，与其他物理学分支一样，物理化学包含一个庞大的理论体系，该体系已经为长期、大量的实验所检验，并且仍然在新的实验中继续成长。学习物理化学的理论，需要熟悉这些理论原理所依据的实验基础，在很多情况下，如果想有效地运用这些原理，就必须拥有对实验方法和操作技能的详尽了解和掌握。

为此，物理化学课程往往伴随有相应的实验教学工作。这些实验工作不仅是为了验证已有的原理，更重要的是通过提供学生们从事实验测量工作的体验，培养和发展他们的科学研究和探索天赋，这就要求这些实验内容必须能够产生新的结果和认识。我们的教材希望能够达成这样的目的，在重要实验方法的原理、基础仪器的设计、实验过程的合理安排，以及实验结果的有效性检验等方面，都提供了比较详尽的描述，以帮助学生获得清晰的理解。当然，受限于实验课程的时间和教学成本，实验内容不可能像真正的科研工作一样精细复杂、使用复杂昂贵的仪器设备，但是我们尽可能完善教学设计与实验安排，使之能够产生足够合理精确的结果。

教材中对每个实验项目的原理均有详细的阐述，这一点与国内同类教材有很大的不同。英国的开尔文勋爵曾经这样谈论实验与理论的关系：

*I often say that when you can measure what you are speaking about, and express it in numbers, you know something about it.*

*Sir William Thomson (Lord Kelvin)*

简而言之，开尔文认为数值测量才可能产生一些认知，否则就是空谈，不是科学。因此，我们必须学习和正确掌握进行实验测量的方法和原理，并据此完成相应的实验工作。然而，当能够进行熟练的测量并得到实验结果之后，你是否真正明白自己究竟在测量什么？对于这一点，英国的爱丁顿爵士是这样说的：

*It is also a good rule not to put too much confidence in experimental results until they have been confirmed by theory.*

*Sir Arthur Eddington*

也就是说，我们所获得的实验结果要在理论体系中得到证明。需要注意的是，爱丁顿这里所说的"理论"并不是实验结果产生所依据的实验理论，而是更普遍的物理化学基本原理。

上述开尔文和爱丁顿的看法，实际构成了进行创造性研究工作所必需的运用两种理论的能力。在大多数情况下，一种实验方法是基于某个特定的唯象理论，它必须被完整准确地理解，以恰当地设计实验内容，并由观察到的原始数据计算出所希望得到的物理化学性质。一旦获得了所希望的实验结果，就必须理解结果的有效性及其与其他已知实验事实的关系，这就需要有关物理化学理论的深度知识。我们教材中对这两方面的理论要求都进行了强调和引导，但是这还远远不足以完成将学生培养成为科学家或工程师的任务。

教材所选实验均为基础性物理化学实验项目，没有复杂昂贵的仪器设备，适合在一个实验班的规模上进行实验教学。在提倡"高阶性、创新性和挑战度"的形势下，传统物理化学实验内容仍然具有不可替代的教学地位，这在国内外高等化学教育实践中是被充分证明了的。虽然创新教学实验项目如雨后春笋般涌现，但是真正进入教材和教学实验室，仍然有漫长的道路要走，而当下的实验教学工作并不能为此停顿和等待。因此，改造传统实验项目的教学设计和教学内容，将唯象实验原理和普遍性物理化学理论结合起来，使之满足"两性一度"的要求，是本教材努力的方向，比如实验1、2、4、5、7、14、20、25、26等经典物理化学实验教学项目。

本教材是原《物理化学实验》（许新华，王晓岗，王国平编著）的缩编和补充，原教材中的一些拓展性实验被剥离出来，新增了实验6和实验14，对实验2、实验5、实验15、实验18和实验25进行了重大改编。本教材由同济大学化学科学与工程学院许新华、吴梅芬、刘亚菲合作编写，其中吴梅芬编写了实验1～实验9、实验14、实验16、实验22和实验24，刘亚菲编写了实验13～实验15、实验17～实验21，其余部分由许新华编写。本教材的出版获得同济大学本科教材出版基金的资助以及同济大学化学科学与工程学院学科建设经费的支持，化学工业出版社为本教材的出版倾注了大量的努力和心血，在此一并感谢。由于我们的水平有限，教材中各种疏漏以及实验安排的不合理之处在所难免，这些问题概由编者负责，恳请同行和学生们批评指正(联系邮箱：xxh01@tongji.edu.cn)。

编　者

2025年3月

# 目录

# 第1章
# 物理化学实验的课程要求和注意事项
# ——致学生

在所有基础化学专业实验中，物理化学实验综合程度高，实验技术多样，实验组织安排复杂，实验数据处理和结果分析要求精细。每一个物理化学实验项目的完成，都可以看作是一个模拟科研工作，你们将经历实验前的预案准备，实验中的操作测量，以及实验后的数据处理和结果讨论，并撰写完成实验报告。虽然大部分类型的化学实验课程都能够列出类似的教学过程，但是物理化学实验绝对与你们曾经完成的其他实验课程不同，因为通过实验，我们希望同学们能够在思维方式和行为举止上向科学家或者工程师的要求靠拢，尽管各位的研究能力还需要后续学习进一步磨炼。因此，物理化学实验课程将会提出很高的要求，请仔细阅读下面的文字。

## 1.1 准备实验

虽然大部分实验都是可以由个人独立完成的，但是物理化学实验的标准安排是2人一组合作完成，若选课人数过多，也可能偶尔出现3人一组的情况。实验小组就是一个团队，这种组织形式提供了实验者相互协作、分工，合理安排实验进程，以及有价值地相互讨论的机会。合作者的交流、提醒、评论甚至批评，对于我们自身都是一面镜子，可以用来自省。实验分组一般会根据教务处选课系统的名单进行，一般不鼓励自行组合（开放实验除外），因为在实际工作中，有时我们也是无法预先挑选搭档的，希望大家能够适应。

在进入实验室进行相关实验之前，请仔细阅读该实验的有关资料。准备一个实验笔记本，将预习实验的内容写在实验记录本上。很多时候，物理化学实验课程与理论教学并不同步，甚至实验课程的内容超前于理论教学，但是这并不影响你顺利完成实验，须知实验教学也是学习物理化学的一条重要途径，其功能和作用与理论课听讲和完成作业是一样有效的。在这种情况下，物理化学实验的预习重点是实验方法、仪器操作和实验步骤，这些内容即使没有学习过相关课程的理论和原理，也能够通过阅读实验资料弄明白，换句话说，实验预习重点在于弄清楚实验怎么做，测量哪些物质的什么性质等等。**作为预习是否有效的一个检验标准，请设想你在进入实验室时只携带了实验笔记本，没有携带任何其他有关实验的书面或电子资料，你的预习内容必须能够帮助你完成整个实验工作。**

请按上述要求完成每个实验的预习工作，我们将抽取部分实验项目，规定除实验笔记本外，不得携带任何实验资料进入实验室，以强化实验训练。

## 1.2 进行实验

做任何事情都需要天赋，做实验也不例外，就像弹钢琴或者踢足球一样。不可否认，有极少部分学生缺少实验细胞，最后只能去从事理论工作。但是，绝大部分学生是能够学会实验的技能，进而体会到实验工作的乐趣的，当然需要经常进行练习，由简到繁，由易到难，就像弹钢琴或者踢足球也得天天训练一样。

实际进行的实验过程可能与你的预习内容有所差别，比如仪器的型号改变了，指导教师调整了试剂的浓度或数量，实验内容增加或减少了，等等。应该在实验笔记本上据实完整地记录实验者在实验室中所做的全部工作。实验笔记本是实验室与外部世界之间的纽带，是你进行实验观察的原始记录，对实验笔记本内容的核心要求是完整性和可理解性，而不是优雅美观、组织严密，检验实验笔记本是否合格的标准是：任何经过训练的人员都能够根据这个记录，重复完成这个实验。注意不要将"实验笔记本"与"最终实验报告"混为一谈，实验笔记本不是实验报告，它只提供你得出结论及组织撰写最终报告的信息。

请记住，没有实验笔记本的实验科学家是不称职的。实验笔记本及其记录有以下要求：

① 使用带封皮的软脊本子或者硬面抄，以便任何一页都可以平摊在桌面上，不要使用页面容易脱落的本子（如活页夹等），页面上最好有印刷的页码和宽度合适的横格线，横格线可以方便数据排列，也能够方便在笔记本上绘制实验曲线草图。

② 用黑色墨水笔进行记录。错误的记录用单线划除，不要用墨团涂黑，在错误记录旁边应注明更改记录的理由。

③ 将姓名、学号及实验安排表布置在笔记本的前几页中。

④ 从第一个实验记录开始，笔记本不要空页（实验记录完成除外），每个实验的记录从新的一页开始，**单面记录**，在新实验开始页的右上角写上实验日期及合作者，每页的记录不要过于拥挤。

⑤ 每个实验笔记的开头部分应简要总结实验的目的、原理，并简单勾勒实验装置的图样，篇幅不超过16开本子的半页。

⑥ 与实验相关的所有信息（数据、计算、注释语、评论、文献来源、草图等）均应记录在案，比如温度变化波动的幅度、试剂配制的方案、使用仪器的型号规格等；当离开主要实验位置进行其他操作（如称量、配制溶液），应随身携带实验笔记本，不要将测量数据记录在其他纸片上，然后再抄写到实验笔记本上。

⑦ 所有原始数据应当场记录，不要事后补记，所进行的计算过程也应清晰明了地书写

在笔记本上。物理化学实验中，往往需要测量变量之间的一系列关系，比如温度与压力的关系等，此时应在实验过程中将已经测出的数据按要求**即时**在笔记本或坐标纸上画出草图，不要等到实验完成后再进行这些工作。实验不应盲目进行，即时作图可以帮助发现实验中可能存在的问题；当然，也应防止已有的实验结果误导你的观察。若用坐标纸画草图，坐标纸应粘贴在记录本相应部位。

⑧ 采用计算机记录时，应将数据保存路径记录在案。所有计算机记录与处理的实验数据可以通过网络传输。**实验室所有联网计算机的USB接口全部禁用，防止病毒侵入，请自觉抵制U盘等移动数据载体接入实验室计算机。**

⑨ 如果实验小组的实验数据记录在一个实验笔记本上，其他成员可以采用复写、复印或者拍照方式转录实验数据，不要采用誊抄方式，以免引起抄录错误，复印或打印件请粘贴在实验记录本上。

⑩ 实验完成后，指导教师会在该实验记录的最后一页签字。

物理化学实验会涉及许多仪器，请爱护使用，以保证其他实验班同学也能正常完成实验。请注意预先学习相关仪器的知识，准确学习指导教师的示范讲解，并像对待自己的数码产品一样对待实验仪器。实验过程中发现仪器不能正常进行测量的，及时与指导教师沟通解决。

# 1.3　完成实验

实验工作的重点在做完实验以后才真正开始，这就是处理实验数据，撰写实验报告。你是仅仅提交了一份学生实验报告，还是进行了一次科学论文的写作训练，抑或你是仅仅给出了实验的结果，还是进行了一次模拟科研工作，都取决于你如何完成这个阶段的任务。请记住，我们希望各位是能够成为科学家和工程师的，所以请按照这个标准来要求自己。

（1）实验课程完成要求

① 每个实验都要提交实验报告；

② 每个实验都是两人合作，但是实验报告必须独立完成，并分别提交；

③ 每个同学准备一个实验笔记本，并独立完成实验预习和实验记录，实验结束后交教师签阅。参加每个实验前应预习相关内容，并将实验要点记录在实验记录本上，没有预习记录的同学不能参加当次实验，且该实验评分为0。

（2）实验报告的要求

评价一个实验工作的水平主要依靠所写作的书面报告的内容和质量。事实上，科学事业的进步主要也是依靠书面信息的交流，只有将实验结果准确恰当地报道出来，一个实验工作才算完成。这类报告必须很好地组织文字，使之具有可读性，以保证不熟悉该实验的人能够根据报告所呈现的内容，对实验如何进行以及所获得的结果有清晰的了解。

科学实验的报告应努力使用科学写作文体和风格，而不是文学写作的文体与风格。语句通顺、用词准确、语法正确是基本要求。报告应简洁明了，实事求是，不含糊其词。数学公式是科学报告中不可或缺的内容，应书写正确，并伴以足够清楚的文字说明。

实验报告及其图表的要求请参阅以下文献。

① 美国化学会科学论文写作指南：*The ACS Style Guide–A Manual for Authors and Editors.*

② 中国化学会、北京大学主编《物理化学学报》征稿简则和论文模板，下载网址：https://www.whxb.pku.edu.cn/CN/column/item16.shtml.

③ 北京大学、中国化学会主编《大学化学》征稿简则和论文模板，下载网址：http://www.dxhx.pku.edu.cn/CN/column/column29.shtml.

④ Robinson M. S., Stoller F. L., Costanza-Robinson M. S., Jones J. K. *Write Like a Chemist–A Guide and Resource*. New York: Oxford University Press, Inc., 2008.

⑤ 罗伯特·戴，巴巴拉·盖斯特尔. 如何撰写和发表科技论文（第六版，影印版）. 北京：北京大学出版社，2011.

实验报告是文字、图、表的混合体，应呈现为一种连续的信息流。报告中图表均应编号，并在文字部分引用这些编号，必须注意到报告文字部分的一个重要内容就是介绍这些图表的内容，以使读者明了其含义。为保证阅读的连贯性，段落或句子不要以符号、数字或图表等元素开头。报告应基本按逻辑顺序排列相关内容：实验原理和方法，所获实验数据，计算的结果和对结果的讨论等。短表和简图可以直接插入报告相应位置，长表和正规图谱可在报告最后另外附页。

实验绘图建议使用专业科学绘图和计算软件，如Excel、Origin等。

实验报告的文字风格应清晰简单，一般不以第一人称写作。报告要求用中文撰写，请注明实验合作者，并附加200字以内的中、英文摘要及关键词，鼓励用全英文撰写实验报告。

实验报告手写稿和打印稿均可提交，若为打印稿请将电子版同时在课程网站提交。手写稿请使用专用实验报告纸，单面书写；打印稿请使用A4纸单面打印，格式要求参见上述文献②和文献③。

实验报告最重要的问题是原创性，从教科书、书面材料或其他人的报告中复制、影印或者抄写大段内容是禁止的行为，包括实验原理、方法部分的写作也是如此。直接引用文献内容应加标引用号，并注明文献出处。实验教材关于实验原理和仪器方法的详细解释是帮助你们学习和完成实验的，不是用于抄写到实验报告中的，这些内容应在实验报告中做出简单的归纳叙述。

**重申：虽然实验是合作完成的，但是实验报告和实验笔记本均必须独立完成。鉴于每个人的观察角度与行文方式的独特性，不可能有两份雷同的实验报告及记录。显系拷贝的材料将被退回重写，并扣除相应的评分；再次提交仍然不合格的，该实验评分为0。拷贝实验小组外其他成员材料的，该实验直接评定为0分。**

# 1.4 实验诚信与道德

现实社会应该建立在互相信任的基础上，从看似很小的每天的日常活动到政治事务的决策，道德的引导作用都很巨大。然而不幸的是，这世界到处都是亵渎信任的例子，使得有时候很难区分对与错。

幸运的是，在实验室课程中很容易就能区分对与错，对不正当学术行为有很严厉的政策，设想所有参加课程的学生都有很严肃认真的目的，并希望他们对自己有很高的道德和诚信要求，能对自己的个人行为负责。欺骗、剽窃、未被授权的行动、故意干扰别人工作的完整性、编造篡改数据以及其他形式的学术上不诚实的行为被认为是严重的违规，将受到强制惩罚。

科学实验工作要求背景知识（为什么要做这个实验，要从中得到什么）、实验技术（怎样做）、科学道德规范（通过它提供的信息可以做什么，如果实验失败了怎么办，等等）。来到实验室的学生有各种动机，研究的动机、学习的动机、发现的动机，甚至是获得一个好的评分的动机。缺少动机是实验失败的一个主要原因，尤其是在实验室做实验的过程中。这种对动机的缺乏通常会伴随着后台准备的缺乏，对实验技术和流程的忽视，并且在某些情况下伴随着不道德行为。动机是个性化的东西，它不能由别人提供和教给你。另外，做实验所需的背景知识可以通过学习得到，在实验的过程中可以学习实验技巧。良好的动机、足够的背景知识和熟练的实验技能是构成一个人科学道德行为的基础。

不道德科学行为有很多形式，比如编造数据和结果（造假）、篡改或是谎报数据和结果（歪曲）、使用他人的观点而没有给出适当的说明（剽窃）以及对科学和社会价值核心的攻击等等。这些不同形式的不道德科学行为导致了很多不同程度的后果，应视其违反道德的严重性而定。比如，抄袭同学的实验报告或是在考试中作弊会导致课程的失败，在科学杂志等出版物上的数据伪造将导致失去信誉名声，甚至对整个科学生涯的破坏，隐藏关键信息将导致大量的经济损失甚至生命的浪费。相关信息可以参阅以下文献：

① 美国国家科学学会，美国国家工程师协会，美国国家医学会. *On Being a Scientist–A Guide to Responsible Conduct in Research* (3$^{rd}$ Ed.). Washington D.C.: National Academies Press

②《同济大学研究生手册（2022）》（因尚未有针对本科生的相关规范，以此对照参考）

挫折对每个学生或者是科学家来说都不陌生，第一次、第二次甚至有时第三次失败是很正常的事。有时实验中收集的数据并不能像我们想象中的一样给出解释，或是得到的物质并不会表现出我们想象的样子或性质。在这些情况下，什么行为是可以接受的，而什么行为是不可接受的呢？不去花时间重复一个失败的实验，甚至要忍受这个实验的反复失败，而去伪造拼凑数据，甚至是从同学那里抄袭数据可能会很诱人，有些人会争辩"这只是一份实验报告"，但是很显然上述不端正的态度将破坏学术系统的根基，应该很严肃地对待。好的科学行为的构建贯穿了一个科学家、医生、工程师或是一个商人的整个形成过程，这适用于学术、工程、商业以及生活的各个方面。

同课堂学习不同的是，在实验室中的表现能够且一般都影响你的同学。想象一下，如果你很偶然地污染了一个试剂的溶液，而你的同学将在你之后使用它，你会不会通知你的指导教师，哪怕为此会失去一些得分？或是你保持沉默，而让同学用你污染的试剂继续进行实验？再比如你失手将有毒有害的物质（如汞）洒漏在实验室不为人注意的角落中，你会不会立即通知其他人注意并且花费时间进行仔细的清理？或是你仍然保持沉默，使这种无形的危害长期存在于公共实验室之中？有些情况下，采取不道德行为看上去是很容易摆脱困境的，而且有些学生认为他们可以很侥幸地逃脱惩罚。那当然不是理由，我们将尽我们所能保护那些为做好学术而诚实工作的学生所付出的努力。

## 1.5　实验室安全

化学实验会涉及各种类型的危险和危害，每一个进入化学实验室进行实验的人都必须意识到可能的安全问题。意识到安全问题是第一位的，因为一旦你觉察到某个实验过程蕴含的特定危险或危害，出于自我保护的本能，你将有足够的动力去防止这些问题发生。严重的危险常常来自于对问题的忽视或健忘。

以下强调几点实验室工作的基本安全原则，详细的安全规程请查询资料。

① 确定潜在的危险危害，并在实验开始前确认合适的安全操作程序。

② 了解安全设备和设施的位置和使用方法，如灭火器、报警装置、急救包、安全冲淋器、洗眼器、紧急出口等。

③ 对发现的不安全情况及时提醒，别人造成的事故同样可能对你自身造成损害。

④ 插入电源插头前检查电气设备，检查或更改电气线路前拔出电源插头，确保仪器没有任何暴露在外的高压电组件。

⑤ 不要用嘴将溶液吸入移液管。

⑥ 进入实验室必须始终穿着实验服，佩戴防护目镜和丁腈橡胶手套。

⑦ 禁止戴实验防护手套在实验室外游荡，接触电梯按钮、门窗把手、楼梯扶手、电话机等公共物品。

⑧ 以下人员不得进入实验室进行实验工作：披肩长发者，穿着裙子、短裤者，穿拖鞋、凉鞋、浅口鞋、高跟鞋者。

⑨ 遵守实验废弃物处理规则，将实验废弃物分别放入指定的回收容器中，不得随意丢弃或冲入下水道，以防止安全危害和环境污染。

⑩ 不要单独一人在实验室做实验。

⑪ 不要在实验室里饮食。

每个实验资料中都包括涉及的危险危害内容和注意事项。建议实验前通过材料安全性数据表（material safety data sheet，MSDS）查验相关安全信息。MSDS是一个在化工领域被广泛使用的用来描述化学试剂和化学混合物的系统编录，MSDS信息包含安全使用化学品的指引、潜在的可能由化学品引发的威胁等。

查阅MSDS相关数据还有以下几种方法。

① 官网：www.msds.com，注册后可用，英文版。

② http://www.flinnsci.com/msds-search.aspx，提供1228种实验室常用试剂的MSDS信息，英文版。

③ Merck公司官网：http://www.sigmaaldrich.com/china-mainland.html。首先输入试剂名称（中文名称亦可）进行搜索，找到产品后在"文档与安全信息"中找到"安全技术说明书"，即为MSDS表格，可选择不同语言。

另外，一个比较有效的查阅MSDS数据的网站是：http://www.msdsonline.com/。该网站需免费注册后才能正常使用，在搜索栏中输入相应化合物的英文名称等就可以查询了。不过，英文名称搜索的结果涵盖面很大，包括该化合物的海量衍生物，如果想快速达到目标，建议输入物质的CAS号码或者商品序列号，这样可以有效缩小搜索范围。

建议查阅英文版MSDS信息，以确保获得信息的完整性。根据查阅获得的信息，考虑适当的防护措施。

# 第 2 章
# 实验数据处理与分析

一般来说,进行物理化学实验的目标是获得一个或几个数值结果。在记录测量数据与报告最终结果之间,必须进行一系列的数值计算,比如取平均值、平滑测量数据等,更多的时候,会用到由理论推导出的各种公式和方程。有些工作可以依靠手工计算(加上科学计算器)完成,有些则必须依靠专业的数学计算和绘图软件,如 Excel、Origin 等。

当获得了感兴趣的数值结果时,对于实验数据的处理还没有结束,还必须评价数值结果的好坏,如果无法评价的话,则数值结果几近无用。对实验结果好坏的评价常归属于实验精确性或准确度的范畴,但是它实际上是表达实验结果的不确定性的。如果把这个问题提到实验开始之前,那就是首先需要确定究竟希望获得一个多好的实验结果,而这一点将对实验的设计、仪器的选择以及个人做出的努力产生重大影响。

下面将按照实验数值结果的计算、误差的产生与结果精确性两个方向进行讨论。

## 2.1　数值计算与数据表达

对测量数据进行数学计算的过程可以获得所希望的结果。在物理化学实验中,一般获得的实验数据都是一系列实验观测点 $(x_i, y_i)$,而在自变量 $x_i$ 与应变量 $y_i$ 之间存在内在的数值运算关系。应变量 $y$ 还可能是多个变量的函数,比如 $y$ 可以是变量 $x$ 和 $z$ 的函数。运用数值计算可以把数据拟合成函数形式,比如在 $x$-$y$ 图上通过实验点的最佳曲线 $y(x)$,或者在三维坐标系中绘制出的最佳曲面 $y(x, z)$。在此基础上,进一步的数值分析可以获得所需要的各种参数和结果。

## 2.1.1　有效数字

无论在文献中还是日常活动中，许多数值数据并不带有明确的不确定性说明。从定性的角度看，测量数据的不确定性可以用所取数值的位数来表达，而能够完全表达数值的准确度或精确度的数字称为有效数字（significant figures）。比如，数字5632和2.079都具有4位有效数字，而数字5632000和0.0002079则很难认定为是否具有相同的有效数字，因为前置或拖尾的数字0一般仅表示数字大小，与精确度没什么关系。为消除歧义，可以采用指数表示法处理拖尾的数字0，比如$5.632 \times 10^4$是四位有效数字，而$5.6320 \times 10^4$是五位有效数字。

在化学实验中，某些对数值（如pH、pK等）的计算具有特殊的意义，比如pH=2.70为两位有效数字。对数的有效数字要分两种情况：

（1）自然对数的有效数字位数，要等于真数的有效数字位数。比如要计算以下自然对数

$$\ln 2017 = 7.609366538 = 7.609$$

（2）以10为底的对数的有效数字位数，结果尾数部分（小数点之后的部分）的有效数字位数，跟真数的有效数字位数相同，比如要计算如下一个以10为底的对数

$$\lg 2017 = 3.304705898 = 3.3047$$

**例1**　溶液的pH与$H^+$浓度换算关系：

$pH = -\lg[H^+] = 11.20$，则$[H^+] = 6.309573445 \times 10^{-12} \, mol \cdot L^{-1} = 6.3 \times 10^{-12} \, mol \cdot L^{-1}$

$H^+$浓度的有效数字位数仅取决于pH小数部分的数字位数。

此外，如果一个数值的最大位数字大于等于8，则有效数字位数可增加一位，比如8.37可以认为接近10，为四位有效数字。

在记录和报告数值数据时，数字过少会导致有效信息的缺失，但是更普遍的错误是随意使用过多的有效数字，这会导致对数据准确度或精确度的误判。因此，在记录或报告数据时，应遵循以下有关有效数字处理的规则：

（1）数值的不确定性原则

数值的不确定性由有效数字的最后一位确定，有效数字最后一位的不确定范围为±3，或者更大，甚至可以扩展到有效数字的倒数第二位，一般认为倒数第二位的不确定范围不得大于±2。

（2）数字的取舍原则

① 若拟舍弃数字的最左边一位数字大于5，或等于5但右边数字不全为0，则最后一位拟保留数字加1，例如

$$2.636 \rightarrow 2.64 \qquad 45.2507 \rightarrow 45.3$$

② 若拟舍弃数字的最左边一位数字小于5，则最后一位拟保留数字不变，例如

$$0.45649 \rightarrow 0.456$$

③ 若拟舍弃数字的最左边一位数字等于5，且没有右边数字或右边数字全为0，则最后一位拟保留数字为奇数时加1，为偶数时不变，例如

$$63.435 \rightarrow 63.44 \qquad 35.625 \rightarrow 35.62$$

## 2.1.2　计算的精确度

手工计算过程中往往要多保留一位或两位有效数字，而采用计算机或计算器时计算过程

中的有效数字位数更多，因此在报告最后结果时必须恰当地调整数值的有效数字位数。

在加法运算中，结果的精确度不能大于计算涉及的所有数字中精确度最小的一个。一般来说，结果的小数点位数应该与这些数字中小数点位数最少的一个相同，例如

$$
\begin{array}{r}
33.5 \\
+\quad 5.52 \\
+\quad 11.125 \\
\hline
50.145 \quad \rightarrow \quad 50.1
\end{array}
$$

两个数字相减产生出一个较小的结果，该结果的精确度不仅受限于这两个数字中精确度较低的那一个，其相对精确度还会远远低于这两个数字中的任何一个，例如

$$
\begin{array}{r}
653.453 \\
-\quad 652.86 \\
\hline
0.593 \quad \rightarrow \quad 0.59
\end{array}
$$

两个数字中较小的相对不确定度为：$\pm 3/65286 = \pm 0.0046\%$，而结果的相对不确定度为：$\pm 3/59 = \pm 5\%$。运算过程中相对精确度的丧失是非常惊人的，而且当我们在使用计算机进行工作时，往往意识不到这一点。

在乘法中，结果的相对精确度不能高于所涉计算数值中的最小相对精确度，因此结果的有效数字位数大致等于所涉计算数值中最少的有效数字位数。在判断结果的有效数字位数时，应该意识到相对精确度不仅仅取决于此，比如数字999与数字1001的相对精确度其实是一样的。当对有效数字的位数存疑时，一般取较大的位数，例如

$$576 \times 642 \times 800.0 = 295833600 \rightarrow 2.96 \times 10^{7}$$

所涉计算数值中，相对精确度最小的是576，其不确定度为$3/576 = 0.5\%$，而结果的不确定度为$3/296 = 1.0\%$，这当然意味着结果具有更小的精确度。但是如果将结果取作$3.0 \times 10^{7}$，则其不确定度为$3/30 = 10\%$，显然舍弃了过多的有效数字；如果将结果取作$2.958 \times 10^{7}$，则其不确定度为$3/2958 = 0.1\%$，结果的精确度过高。因此，该结果取三位有效数字较为合适。

除法适用同样的原理，例如

$$4.66 \times \frac{0.124}{8.167} = 0.07075303 \rightarrow 0.0707 \text{ 或者 } 0.071$$

所涉计算数值中，相对精确度最小的是0.124，其不确定度为$3/124 = 2.4\%$。结果0.0707的不确定度为$3/707 = 0.4\%$，显然相对精确度过高；而结果0.071的不确定度为$3/71 = 4.2\%$，相对精确度虽有所降低但仍可接受。

由此可见，在乘除法中，不能仅根据计算所涉数值的有效数字位数决定结果的有效数字位数，还应该考虑相对精确度的变化。过多舍弃尾数可能导致精确度的大幅下降，但是保留更多的有效数字（有时即使仅仅多保留一位），也可能使结果的相对精确度超出规定的范围。

无论是代数运算还是抄录数据都可能发生错误，使用计算机程序或者计算器可以有效地避免代数运算过程中的错误，但是在输入、输出数据时仍然可能出错，因此对计算进行复核往往是必要的。进行计算复核的最好方法是以不同的方式进行重复计算，以验证是否能够得到相同精确度的结果，当处理实验数据时，同一实验小组的两个同学可以分别独立完成计算，然后进行交叉检验。

## 2.2 数据和结果的不确定性

本节讨论如何评价数据和计算结果的不确定性，将涉及随机误差/精确度和系统误差/准确度等概念，统计理论将用于分析随机误差，尤其重要的是将讨论误差的传递，即计算结果的总误差与各输入数据的已知误差或估算误差之间的关系。

实验室测量一般属于精密测量，即要求精细估计测量误差的测量。进行实验室测量的仪器设备必须具有一定的精度和灵敏度，测量过程应重复多次，以反映测量误差的存在和变化。测量完成后，应根据统计理论进行数据分析，计算出最佳结果，并精细估计测量误差。

测量可以分为直接测量和间接测量。直接测量是将被测量和标准量比较，直接获得被测量的方法，比如用游标卡尺测量物体的尺寸，或者用精密天平称量物质的质量等。间接测量时，被测量不能直接测得，而是通过被测量与直接测量值之间的函数关系间接获得，比如用游标卡尺直接测量圆柱体的直径后，通过计算可以间接得到该圆柱体的横截面积。

### 2.2.1 随机误差与精确度

当通过一种仪器获得数据时，可以先验地认为某个物理量在可测量数值范围内是连续的。比如可能使用一种能够连续读数的仪器，仪器表盘被用标线划分出刻度，习惯上，在读取数据时应估读至最小分度的五分之一或十分之一。一个具有正常感官的人在读取数据时会受限于可能产生的偏差（比如如何划分最小分度进行估读就是一种主观的行为），即使一个人在读数时具有超强的感官灵敏度，在任何特定的时刻所进行的测量还会受到不可预测的、随机的环境条件涨落变化的影响，比如温度变化、供电系统的电压起伏、设备的电子噪声以及机械振动等，这些因素都会导致仪器的响应发生改变。因此，重复的测量往往会得到不同的读数，这些读数会随机地分布在一个小范围内，上下波动，而且不会表现出在某个特定方向上偏离数据真实值的趋势。对于数字化的仪器，如果最小的数字输出增幅（一般是最后一个数位上的±1）小于预期的重复读数差异，则上述情况依然成立；反之，则说明仪器本身会造成测量误差，其精度可能无法保证测量的需要。总之，无论对于哪种类型的仪器，测量结果都受限于**随机误差**（random error），所谓测量数据的精确度（precision）就是对重复测量的重现性的表达，而测量的不确定度（uncertainty）可以归咎于随机误差。

对于不可避免的随机误差，实验观察者通常是对某个特定的物理量进行多次测量，然后取其平均值，以获得比单次测量结果更可靠的数据。一个实验变量$x$的$N$次测量的**平均值**定义为

$$\bar{x} = \frac{1}{N} \sum_{i=1}^{N} x_i \tag{2-1}$$

式中，$x_i$是第$i$次测量的结果。

为了表示观察数据的离散程度，传统方法是采用**平均偏差**（average deviation），定义为

$$\bar{\Delta} = \frac{1}{N} \sum_{i=1}^{N} |x_i - \bar{x}| \tag{2-2}$$

虽然这种表示方法在手工计算方面具有简单性的优势，但是在计算机时代已无足轻重，而且平均偏差的大小对于数据的样本数非常敏感，这就限制了它在定量分析实验误差方面的

应用。

在表征实验测量精确度时，与样本大小无关的参数是**方差**（variance），定义为

$$S^2 = \frac{1}{N-1}\sum_{i=1}^{N}(x_i - \overline{x})^2 \tag{2-3}$$

方差具有加和性，即不同来源的随机误差能够累加起来，这在概率计算上非常有用。方差也可以等价地表示为

$$S^2 = \frac{1}{N-1}\left(\sum_{i=1}^{N}x_i^2 - N\overline{x}^2\right) = \frac{N}{N-1}(\overline{x^2} - \overline{x}^2) \tag{2-4}$$

在使用计算器或计算机时，方程（2-4）比较方便应用。

方程（2-3）或方程（2-4）中的分母（$N-1$）称为"自由度"，即计算方差时涉及的独立变量数，对于由$N$个测量数据组成的样本，存在如下关系

$$\sum_{i=1}^{N}(x_i - \overline{x}) = 0 \tag{2-5}$$

因此只有$N-1$个$x_i$是独立变化的，比如$x_N$可以由其他测量数据计算出来

$$x_N = \overline{x} - \sum_{i=1}^{N-1}(x_i - \overline{x})$$

当样本数大于100时，$N$与$N-1$之间的差异可以忽略，但是如果样本数很小，则影响很大。

方差的平方根通常称为**估计标准偏差**（estimated standard deviation）

$$S = \frac{1}{\sqrt{N-1}}\left[\sum_{i=1}^{N}(x_i - \overline{x})^2\right]^{\frac{1}{2}} \tag{2-6}$$

这个参数广泛用于评价测量的精确度。对于实验测量而言，测量数据平均值往往被当作测量对象的近似准确值，因此考察平均值的精确度更加重要，这可以用$N$次测量**平均值的估计标准偏差**（estimated standard deviation of the mean）来表示，定义如下

$$S_{\mathrm{m}} = \frac{S}{\sqrt{N}} = \frac{1}{\sqrt{N(N-1)}}\left[\sum_{i=1}^{N}(x_i - \overline{x})^2\right]^{\frac{1}{2}} \tag{2-7}$$

可以看出，增加测量的次数能够提高平均值的精确度，但是随着测量次数的增加，这种对平均值精确度的提高效应迅速衰减，类似于经济学上的"报酬递减定律"。因此，虽然从理论上说能够通过增加重复测量次数将实验的随机误差降低到任意小的值，在实际工作中却很少对同一物理量进行超过10次的重复测量。

## 2.2.2　系统误差和准确度

对同一物理量进行大量的重复测量，以降低随机误差的值，这种方法和努力是完全没有必要的，因为测量工作的质量还会受到其他误差因素的影响，其中最主要的就是**系统误差**（systematic error），其大小经常容易超过随机误差。一个系统误差是不能通过提高重复测量次数来降低或消除的，因为它是由实验方法或实验仪器的固有特性决定的，有时也与数据的推演方法有关。比如用电子天平称量时，校准砝码的质量偏差就是一种常数性的系统误差。

圆形刻度盘安装偏心，会导致一周的示值出现周期性的系统误差。系统误差可能来源于仪器的标定偏差、没有正确地进行零点校正、仪器的测量范围没有恰当地分度和校准、没有对仪器的漂移进行补偿、物质泄漏（比如压力容器或真空容器中的气体进出）或者漏电以及没有完全满足实验条件（比如量热实验中样品未完全燃烧）等。此外，对测量结果采用错误的理论处理方法也会导致系统误差，比如近似处理方法错误等。

系统误差中有一种特殊的类型，称为"个人偏差"或者"主观偏差"，它来源于实验者的主观判断或者个人癖好，比如单方向的读数视差或者十字线对焦偏移、总是反应超时以及读数时存在强烈的个人倾向（比如偏好0和5，或者迷信数字8，回避数字4、13等）。当实验者抱有从实验结果中获得重大利益的心理时，此类误差就会悄然而至，比如希望证明一个重大的理论去赢得诺贝尔奖，或者仅仅是希望获得一个实验老师认可的结果而取得"优"的成绩。人有共同的弱点，这一类偏差不会因为实验者的身份高低而有多寡之分。

系统误差可能显著影响测量结果，但遗憾的是，不是所有的系统误差都能够在实验前被确定其大小、变化方向及变化规律。按照对系统误差的掌握程度，可将其分为**确定系统误差**（即误差的大小和方向已知）和**不确定系统误差**（即误差的大小和方向未知），后者往往视作随机误差处理。

测量结果与物理量的真实值之间存在差异，这就是误差。差异有大小之分，这就是所谓的测量精度高低。表征精度的指标有以下几种类型：

① 正确度（correctness），用于表征测量结果的系统误差的大小程度；

② 精确度（precision），用于表征测量结果的随机误差的大小程度；

③ 准确度（accuracy），用于表征测量结果的系统误差和随机误差的总和，描述测量结果与真实值之间的一致程度；

④ 不确定度（uncertainty），由于系统误差中包含有不确定性因素，因此用不确定度表征测量结果的不确定系统误差与随机误差的总和，描述测量结果偏离真实值的不确定程度大小。

这四种类型的精度表示指标间，大致是图2-1所示的相互关系：

**图2-1　精度的几个表征指标及其相互关系**

如前所述，当把测量过程的不确定系统误差与随机误差合并处理时，测量结果的精确度就表达了不确定度，而结果的准确度则表达了包括确定系统误差在内的总不确定度。准确度比精确度更加难以描述评估，因为虽然确定系统误差（包括粗大误差）可以设法修正或剔除，但是不确定系统误差和随机误差既不能修正，也无法剔除，它们的符号和大小是不完全确定的，由此导致测量结果与真实值之间的偏离程度具有一个不可确定的数量范围，即不确定度，它是测量结果中不可修正的部分，是评定一个测量结果好坏的重要指标。

图2-2用打靶的情况来比喻正确度、精确度和准确度三者的含义。如果靶心表示真实值，图2-2（a）表示精确度很高，但是不正确，测量存在较大的系统误差，正确度低；图2-2（b）表示精确度比（a）低，随机误差大，但是正确度比（a）高，系统误差小；图2-2（c）表示正确度和精确度都很高，即系统误差和随机误差都很小，测量的准确度高。

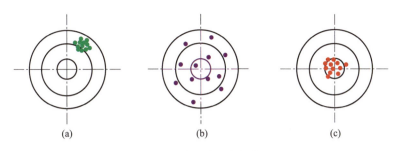

**图2-2 精度的几个概念**

图2-2表示的是理想化的情况，在实际对未知物理量的测量中，我们面临的问题是不能准确判断"靶心"的位置，也就是说，通过测量数据的离散程度可以判断精确度，但是无法判断正确度。系统误差的消除是一项非常困难的工作，因为它不会像随机误差那样在统计学行为上表现出来，我们必须花费很大的精力分析整个实验过程以及实验方法所依据的全部假设，以发现和修正系统误差。某些因素，比如标定或校准的误差，是很容易发现的；而另外一些因素，比如理论本身的误差或者完全预料之外的实验现象的干扰，则使得采用常规方法确定系统误差的努力基本无效。许多重要的系统误差从来就没有被发现过，而且毫无疑问地永久埋藏在科学文献之中。只有当采用另外的误差更小的实验方法获得新的测量结果时，原有实验方法中暗藏的系统误差才可能显现出来。比如，密里根在油滴实验中测出的电子电荷为$(4.774\pm0.009)\times10^{-10}$ esu［即$(1.592\pm0.003)\times10^{-19}$ C］，并根据法拉第常数计算得到阿伏伽德罗常数为$(6.062\pm0.012)\times10^{23}$ $mol^{-1}$；电子电荷和阿伏伽德罗常数的公认标准值分别为$(1.602\ 1766208\pm0.000\ 000\ 0098)\times10^{-19}$ C和$(6.022\ 140\ 82\pm0.000\ 000\ 18)\times10^{23}$ $mol^{-1}$，其测量方法是通过X射线衍射测定硅晶体的晶格常数，再结合标准硅球体的质量和几何尺寸等数据计算；密里根是一个非常仔细认真的实验物理学家，他的测定结果的误差来源于计算过程中使用了一些有偏差的文献数据，比如空气的黏度数值等。

因此，确保系统误差很低的可靠途径是采用两种或两种以上不同的实验方法进行测量，并取得一致的结果。当所有的系统误差的来源无法完全消除时，我们必须设法寻找出它们，并且将其大小限制在一定的范围之内，系统误差的大小应保持在小于随机误差的范围内，这样才能保证运用统计学估算的方法有意义。

### 2.2.3 其他误差

除上述几种类型的误差外，还有一类极其重要的误差来源，学术上把这类误差称为"无规律误差"（erratic error），实际上就是错误。比如计算错误，这当然是不可原谅的错误，因为所有的计算都应该仔细复核。在一次性测量时（比如称量实验试剂），读错测量示值（比如将5读作6）、记录数据的数字位次颠倒（比如将91记作19），或者看错小数点位置等，这些错误往往是致命的，因为除非重新测量，否则不可能追溯，而且这些错误往往巨大，远远超过随机误差的范围。实验操作失误也会引入此类误差，比如忘记打开加热器、没有开启循环冷却系统、用错了滤色片或者用错了化学试剂等。这些错误不会显示在实验记录本上，所以除非是一个一丝不苟的实验者，否则只能等待计算数值显示出完全不可能或不可置信的结果时，才可能意识到此类错误的发生。

当进行一次性测量时，必须具有强烈的不安定意识，全身心地投入数据测量和记录，并在继续后续测量前仔细复核。如果可能的话，每个测量都至少重复两次，即使像称量试剂这样的操作，也可以重复读数几次。很多人认为重复两次测量是为了降低随机误差，这是完全错误的，重复测量两次**不是**为了降低随机误差，否则应该测量四次或更多次。对于操作程序中的错误，可以通过仔细安排实验计划和进度的方法予以克服，对于复杂的实验设计，事先列出操作顺序核对表是一种可行的方式，同时在实验记录本上简要记录所用仪器设备的相关参数也有利于防止此类错误的发生。此外，应合理有序地布置实验仪器，防止杂乱无章的实验环境导致错误操作。

## 2.3 随机误差统计处理的基本概念

### 2.3.1 测量的母体分布和样本分布

考虑在实验室中对某物质的水分含量进行了50次测量，得到的水分百分含量（%）如下：

3.4，2.9，4.6，3.9，3.5，2.8，3.4，4.0，3.1，3.7，

3.5，3.1，2.5，4.4，3.7，3.2，3.8，3.2，3.7，3.2，

3.6，3.0，3.3，4.0，3.4，3.0，4.3，3.8，3.8，3.6，

3.4，2.7，3.5，3.6，3.6，3.3，3.7，3.5，4.1，3.1，

3.7，3.2，3.9，4.2，3.5，2.9，3.9，3.6，3.4，3.3

这些数据可以用图2-3中的不同曲线表示。图2-3（a）中的简单散点表示的是按照测量顺序获得的实验数据，由于每次测量都需要时间，实际上这条曲线也就表示了实验数据随时间变化的方式，这有助于检验实验数据是否存在明显的单方向变化趋势。如果随着实验的进行，实验数据表现出稳定的变化趋势，那么对其进行统计处理就毫无意义。

图2-3（b）以测量得到的水分百分含量（%）为横坐标，清晰地表示出数据的分布（distribution），由于测量的最小分度为0.1%，因此可能有多次测量都会得到相同的数值，由此曲线表现为柱状图（histogram）的形式，曲线每一部分的高度表示落在0.1%窗口中的测量数据个数。

测量数据都围绕在3.5%附近，虽然有些数据偏离达1%或更多。样品的水分百分含量在整个实验过程中可能并没有任何变化，测量数据的起伏由随机误差导致，那么就需要一种方法来表示数据的分布。数据分布可以用函数$P(x)$表示，$P(x)$说明有多大的可能性得到某个数据$x$，可能性越大，$P(x)$越大，反之亦然。

假想现在拥有一大箱小球，每个小球上都标着水分百分含量。现在把上面测量水分百分含量的实验当作从箱子里众多的小球中拿出50个，并记录下拿出小球上的数字。如果把箱子里的小球全部都拿出来，并且把数据画成柱状图，这样得到的数据分布称为母体分布（parent distribution）；而仅拿出50个小球得到的数据柱状图［见图2-3（b）］称为样本分布（sample distribution）。如果再次取出另外50个小球，那么就得到另外一个样本分布，而且很可能与前一个样本分布不同。

(a) 按测量顺序表示的数据　　　　　(b) 测量数据的柱状分布图，测量间隔窗口为0.1%

**图2-3　一些水分百分含量(%)测量曲线**

在真实的实验中，永远不可能知道母体分布，但是可以通过样本分布来估算母体分布的情况。在上述实验中，水分百分含量分布在2.5% ~ 4.6%之间，取值为5.0%的可能性很小。但是，取值为2.6%的可能性有多大呢？在50个数据中，没有发现2.6%这个取值，但是在它周围都是有取值的。在数据分析时，一般假定母体分布是平滑的，而不是尖锐突变的，所以虽然在实验中没有测到数值2.6%，在箱子里一定有一些球上标着这个数字，统计方法就是要解决从样本分布推测母体分布的问题。

## 2.3.2　概率分布

### 2.3.2.1　离散分布和连续分布

再回到水分百分含量测量的问题上来，测量精度只能达到0.1%，因此可能获得的读数肯定是离散的，对此类测量来说，分布函数就是每个可能测量数值$x_i$与其对应的概率$P(x_i)$之间的数据表。例如，$P(3.7)$就相当大，而$P(2.8)$就比较小，而永远不会考虑$P(3.54)$，因为并没有这样一个可测量的数值。

如果对任何一个可能的测量取值，分布函数都给出了相应的概率，那么所有这些概率的总和应该等于1，即

$$\sum_{i=1}^{N} P(x_i) = 1 \tag{2-8}$$

这个性质称为归一化（normalization）。可以注意到图2-3（b）中的柱状图并不是表示概率，如果要表示概率的话，图2-3（b）纵坐标的值都要除以50。

水分百分含量当然不可能限于仅仅是0.1%的倍数，如果实验测量可以给出任意精度的结果，则讨论某个特定数值的概率将毫无意义，因为此时有无限多个可能的取值，而每个取值的概率将趋向于0。在这种情况下，必须讨论的是在某个特定范围内的取值概率，而此前讨论的概率函数$P(x_i)$就变成了概率密度函数$P(x)$，它是这样定义的：处于两个极限值之间的概率密度函数曲线下的面积给出了测量值处于这两个极限值之间的概率，即

$$P(a \leqslant x \leqslant b) = \int_a^b P(x)\mathrm{d}x \tag{2-9}$$

对于这样的连续分布数据，其归一化条件为

$$\int_{-\infty}^{+\infty} P(x)\mathrm{d}x = 1 \tag{2-10}$$

若所测量的物理量只能取正值，在积分限为0→+∞。

某些数据分布天生就是离散的，比如统计一条马路上的路灯杆数目，无论计数多么精确，都只能得到整数值。在物理化学实验中，比如单位时间内样品发射的光子数目等计数实验的数据分布也是离散的，不过大多数的物理量（包括温度、压力、波长、电压、浓度等）都是连续分布的，只是由于实验精度的限制，而表现为一组离散的测量数值。作为一种很好的近似，可以选择性地忽视这些"被离散"的实验数据，而将其母体分布当作连续分布进行处理和分析。

#### 2.3.2.2 泊松分布

泊松分布（Poisson distribution）常用于描述诸如计数实验等离散数据分布的情况。如果在单位时间或单位空间内某个事件的平均发生次数为$\lambda$，则观察到某个特定取值$x$的概率为

$$P_{\mathrm{P}}(\xi = x) = \frac{\lambda^x}{x!}\mathrm{e}^{-\lambda} \tag{2-11}$$

式中，$x$取正整数，即$x=0，1，2，\cdots$。一个随机事件，例如某电话交换台收到的呼叫、来到某公共汽车站的乘客、机器出现的故障数、某放射性物质发射出的粒子、显微镜下某区域中的白细胞等，以固定的平均瞬时速率$\lambda$（或密度）随机且独立地出现时，那么这个事件在单位时间（面积或体积）内出现的次数或个数就近似地服从泊松分布$P_{\mathrm{P}}(x,\lambda)$。

图2-4是几种参数$\lambda$下的泊松分布，图中数据点之间的连线并不存在。可以看出当$\lambda$很小时，泊松分布近似于一条指数下降曲线；而当$\lambda$较大时，泊松分布近似于正态分布。

**图2-4　泊松分布**

**例2**　经过仔细测量发现，某放射性钍样品放射α粒子的平均速率为每分钟2个。如果对2 min内该样品放射的α粒子进行计数，期望的平均结果是多少？实际得到这个期望值的概率是多少？对于$x=0，1，2，3，4，5，6，7$和$x>8$，观测到$x$个粒子的概率是多少？

**解**　期望平均值就是平均速率（$R=2\ \mathrm{min}^{-1}$）乘以观测时间（$T=2\ \mathrm{min}$），即$\lambda=RT=4$

在2 min里观测到任意$x$个α粒子的概率为：

$$P_\text{P}(\xi = x) = \frac{\lambda^x}{x!}\text{e}^{-\lambda} = \frac{4^x}{x!}\text{e}^{-4}$$

准确观测到4个粒子的概率为：

$$P_\text{P}(4) = \frac{4^4}{4!}\text{e}^{-4} = 0.195 = 19.5\%$$

可以看到，尽管平均期望值是4个粒子，但是在每5次观测中，大约只有1次可以得到这个值。

用同样方法可以得到任意一个$x$值的概率：

| $x$的值 | 0 | 1 | 2 | 3 | 4 | 5 | 6 | 7 |
|---|---|---|---|---|---|---|---|---|
| 概率 | 1.8% | 7.3% | 14.6% | 19.5% | 19.5% | 15.6% | 10.4% | 6.0% |

得到8个及以上粒子的概率为5.1%。

### 2.3.2.3　正态分布

对连续分布的数据，如果数据的真值$x_0$是已知的，那么测量值$x$与真值之间的偏差可以表示为$\varepsilon = x - x_0$。根据中心极限定理（central limit theorem），偏差$\varepsilon$符合正态分布（也称为高斯分布或钟形分布），正态分布（normal distribution）函数为

$$P(\varepsilon) = \frac{1}{\sigma\sqrt{2\pi}}\text{e}^{-\frac{1}{2}\left(\frac{\varepsilon}{\sigma}\right)^2} \tag{2-12}$$

式中，$\sigma$是标准偏差（standard deviation），表示分布函数曲线的宽度。根据概率密度函数的定义，标准偏差可以表示为

$$\sigma = \left(\overline{\varepsilon^2}\right)^{1/2} = \left[\frac{1}{\sigma\sqrt{2\pi}}\int_{-\infty}^{+\infty}\varepsilon^2\text{e}^{-\frac{1}{2}\left(\frac{\varepsilon}{\sigma}\right)^2}\right]^{1/2} \tag{2-13}$$

对于实际的测量来说，真值$x_0$是无法确定的，只能根据一组测量数据得到这次测量的平均值$\overline{x}$，并计算某个测量值$x_i$与平均值之间的偏差（$x_i - \overline{x}$）。如果在实验中进行了非常大量的测量（近似于无限次测量），那么可以将所得到的平均值称为真实平均值（true mean）$\mu$，实验数据$x$围绕$\mu$的分散程度代表了实验测量的精确度，其概率密度函数同样符合正态分布的形式，可以表示为

$$P(x) = \frac{1}{\sigma\sqrt{2\pi}}\exp\left[-\frac{1}{2}\left(\frac{x-\mu}{\sigma}\right)^2\right] \tag{2-14}$$

式中，$\mu$为真实平均值，定义了正态分布曲线峰值所在位置；$\sigma$为标准偏差，度量分布函数曲线的宽度（见图2-5）。$\mu$和$\sigma$的单位都与测量值$x$的单位相同。

正态分布具有以下基本性质：根据正态分布函数［见方程（2-14）］，在曲线峰值处的高度为

$$P(\mu) = \frac{1}{\sigma\sqrt{2\pi}}$$

而在$x = \mu \pm \sigma$处的高度为

$$P(\mu \pm \sigma) = \frac{\text{e}^{-1/2}}{\sigma\sqrt{2\pi}}$$

图2-5　正态分布曲线

因此得到

$$\frac{P(\mu \pm \sigma)}{P(\mu)} = \mathrm{e}^{-1/2} = 0.6065$$

这就意味着当你从正态分布函数曲线的中心向两边外移出σ的距离后，曲线高度大约降低至峰值高度的60%。

现在考虑与真实平均值μ偏差在一个σ范围内的正态分布曲线下的面积分数，即

$$P(x \in [\mu - \sigma,\ \mu + \sigma]) = \frac{1}{\sigma \sqrt{2\pi}} \int_{\mu - \sigma}^{\mu + \sigma} \exp\left[-\frac{1}{2}\left(\frac{x - \mu}{\sigma}\right)^2\right] \mathrm{d}x$$

令 $y = (x - \mu)/\sigma$，则

$$P(x \in [\mu - \sigma,\ \mu + \sigma]) = \frac{1}{\sqrt{2\pi}} \int_{-1}^{1} \mathrm{e}^{-y^2/2} \mathrm{d}y$$

该积分除[0, +∞]和[-∞, +∞]两种积分限外，无法求出解析解，为此可以通过数值解法求出，或直接查阅正态分布表[1]，得到其值为0.6826。由于正态分布曲线下的总面积为1，因此大于68%的面积处于μ-σ和μ+σ之间，也就是说，如果对某个母体分布符合正态分布的体系进行一系列测量的话，会期望有68%的结果落在真实平均值的一个标准偏差范围之内，也可称为置信水平为68%。

与真实平均值μ偏差δ范围内的正态分布曲线下的面积分数为

$$P(x \in [\mu - \delta,\ \mu + \delta]) = \frac{1}{\sigma \sqrt{2\pi}} \int_{\mu - \delta}^{\mu + \delta} \exp\left[-\frac{1}{2}\left(\frac{x - \mu}{\sigma}\right)^2\right] \mathrm{d}x = \frac{1}{\sqrt{2\pi}} \int_{-\delta/\sigma}^{\delta/\sigma} \mathrm{e}^{-y^2/2} \mathrm{d}y$$

根据正态分布表，若置信水平达到90%，则 $\delta_{0.90} = 1.64\sigma$；若置信水平达到95%，则 $\delta_{0.95} = 1.96\sigma$。

#### 2.3.2.4　标准不确定度

正态分布可以描述某个实验中多次重复测量的随机误差，也可以用于在物理、化学等

科学研究中表达实验结果。可以将所用到的每个定量数据当作是从某些母体分布中提取出来的一个样本，无论这个数据是否为通过重复测量得到的。比较精确的数据对应较窄$\sigma$的母体分布，而不太精确的数据则对应较宽$\sigma$的母体分布。假定处理的每一个母体分布都近似符合正态分布，并能够估算其标准偏差，则将估计标准偏差称为**标准不确定度**（standard uncertainty），用符号$u$表示。

当测量并收集所有实验数据后，会通过一系列的数学计算得到最后结果。这些数据包括自己或者他人测量的、从数据手册查阅的以及各种校正项等，它们都会在计算过程中引起一些误差，因此最终的结果一定会存在偏差，不可能恰好得到大自然的正确答案。当报告实验结果时，可以想象最后的结果也同样存在自身误差的母体分布，而且近似为正态分布。如果不存在未经校正的系统误差，那么该母体分布的平均值就是大自然的答案。从某种程度上说，最终结果就是从一个未知的母体分布中抽取出来的一个样本，当报告实验结果时，也要同时报告该未知母体分布的估计标准偏差$\sigma$，其数值来自于多个影响结果母体分布宽度的不确定度贡献的综合评估，因此称为**合成标准不确定度**（standard combined uncertainty），用符号$u_c$表示。

以下关于数据误差处理的内容依据国际标准文献[2,3]。

## 2.4　个体标准不确定度的估算

在物理化学实验中，很少有通过直接测量得到所需数据的情况。一般来说，必须通过直接观测获得多个其他的数据，比如质量、温度、压力、滴定消耗的体积、吸光度等，然后根据一定的数学计算过程得到实验所需要的结果。每一个直接测量的数据都有自己的标准不确定度$u_i$，而在最终结果中这些不确定度会被合成在一起，得到合成标准不确定度$u_c$，这称为误差传递（propagation of error）。这里讨论的重点就是误差传递和个体标准不确定度的估算，根据ISO关于数据分析方法的规定，可以有两种估算类型：统计学方法和非统计学方法，后者更加依赖实验者的个人判断力。

### 2.4.1　类型Ⅰ　估算不确定度的统计学方法

所有的数据统计方法都基于一个简单的思路，当计算一个数据时，测量工作所需要完成的次数有一个绝对最小值，即最少完成几次测量才可能获得数据计算结果；如果测量的次数超过了这个绝对最小值，统计分析方法就可以对不同的观测数据进行比较，由这些数据之间相合或不相合的程度得出数据偏差涨落的信息，进而确定随机误差分布对测量不确定度的贡献。

比如，如果想知道实验室的大气温度，可以读取温度计读数一次，测量获得一个温度值，但是却不知道有关该测量不确定度的任何信息；如果要进行统计分析，至少还要再读一次温度计，这样就进行了超出最小绝对值次数的测量。

再比如，在溶液法测量极性分子偶极矩的实验中，需要测量溶液的介电常数与溶液摩尔分数之间的关系，$\varepsilon_{12}=\varepsilon_1(1+ax_2)$，其中$\varepsilon_{12}$是某溶液介电常数的测量值；$\varepsilon_1$是纯溶剂的介电常数的测量值；$x_2$是溶质的摩尔分数；$a$是比例系数。为了确定$a$的值，必须至少进行两次测量，即测定两个不同浓度溶液的介电常数。然而，如果采用统计分析方法，必须测定两个以上溶液的介电常数，即测量次数超过最小绝对值。这种统计分析过程叫做最小二乘法拟合（least squares fitting），它可以显示出整个数据集对线性模型的符合程度，并估算出线性方程斜率和截距的不确定度。这与我们的经验是相符的，即确定一个线性关系必须至少测量三个点。

在统计学中，超出测量次数绝对最小值的"额外"观测次数叫做自由度数（the number of degrees of freedom），用符号$\nu$表示。"额外"数据越多，在实验中观察到的数据涨落越能真实反映随机误差。随着自由度数的提高，统计结果将变得更加可靠。

### 2.4.1.1 单一物理量的重复测量

很多情况下，重复多次测量是确定一个被测量性质的不确定度的好方法。重复测量既可能是简单直接的测量，也可能是复杂综合的测量。比如读取实验室大气温度4次就是重复的简单直接测量，而用滴定法测量一元酸的分子量就涉及复杂综合的测量，可以称取3份不同质量的样品，分别滴定，然后计算出三个不同的分子量数据，并将这三个值作为一组重复测量的数据。在上面的两个例子中，测量次数的最小绝对值都是1，而自由度数$\nu = N-1$，其中$N$是测量的次数。若采用最小二乘法需要拟合的未知参数数目为$n$，则$\nu = N-n$。

当有足够大量的数据点时（至少20个，通常要求100个），经典的概率计算能够很好地描述测量的精确度。但是，实际上很少对同一个物理量进行20次以上的测量，一般的实验都是基于重复6次或者更少的情况下进行的，经典的概率统计不适用于处理这种测量次数很少的实验模式，在最好的情况下，也仅能得到真实平均值$\mu$和标准偏差$\sigma$的估计值，即测量平均值$\bar{x}$和估计标准偏差$S$［见方程（2-1）和方程（2-6）］。显然，若测量次数$N \to \infty$，则$\bar{x} \to \mu$，$S \to \sigma$。

应该认识到，估计标准偏差$S$综合表征了实验仪器和实验过程的特性，它描述了通过一次实验测量所希望得到的数据的离散情况。随着实验测量次数的增多，这个值不会变化很大，因为它反映的是测量技术本身的性质。但是，实验测量次数的增多会导致这样一种趋势，即测量的平均值$\bar{x}$越来越接近真实平均值$\mu$。以前面测定样品的水分百分含量的数据为例，取前10、前15、前30和全部50个数据，分别计算它们的平均值和估计标准偏差，结果列在表2-1中。

**表2-1 不同大小样本的平均值和估计标准偏差**

| 项目       样本 | 前10个数据 | 前15个数据 | 前30个数据 | 全部50个数据 |
|---|---|---|---|---|
| 平均值$\bar{x}$/% | 3.53 | 3.50 | 3.51 | 3.51 |
| 估计标准偏差$S$ | 0.546 | 0.579 | 0.482 | 0.437 |

注：为显示微小数值的变化，估计标准偏差$S$多取了一位小数。

若将每个测量样本的平均值作为一个统计样本，则平均值与真实平均值之间同样存在正态分布关系（只要样本数量足够大），$\bar{x}$与$\mu$之间的偏差可以用平均值的估计标准偏差$S_m$表示［见方程（2-7）］，它说明一个样本平均值的精确度与样本的精确度成正比，与样本数量的平方根成反比，即样本数量越大，平均值越接近于真实平均值，这个结论是与直观认识一致的。图2-6中表示了表2-1各样本的数据点和$\bar{x}$、$S$、$S_m$，可以看出随着样本数量的增加，$\bar{x}$、$S$呈现涨落，而$S_m$则单调下降。

前10个数据
$\bar{x}$=3.53  $S$=0.546  $S_m$=0.173

前15个数据
$\bar{x}$=3.50  $S$=0.579  $S_m$=0.150

前30个数据
$\bar{x}$=3.51  $S$=0.482  $S_m$=0.088

全部50个数据
$\bar{x}$=3.51  $S$=0.437  $S_m$=0.062

水分百分比/%

**图2-6　不同大小样本的水分百分比数据分布和统计参数**

在统计学中，真实平均值$\mu$也称为期望值，平均值的估计标准偏差$S_m$也称为标准误差（standard error，简写为SE），以区别于标准偏差（standard deviation，简写为SD）。$S_m$与$S$之间关系的推导可参见统计学教科书。在科学文献中，SE和SD都能够被采用为实验测量精确度的参数，不少国外期刊强调使用SE，将其作为由实验数据了解母体平均值信息的指标，比如，如果确认母体平均值落在$\bar{x}\pm S_m$的范围内，那么有68%的可能性是对的。如果将平均值$\bar{x}$作为最后的实验结果予以报告，那么实验测量的标准不确定度$u$就是平均值的估计标准偏差$S_m$；如果$\bar{x}$还作为其他物理量$Y$计算过程的一部分，那么在计算$Y$的合成标准不确定度$u_c(Y)$时，来自于$\bar{x}$的标准不确定度$u$仍然是$S_m$。

### 2.4.1.2　不一致数据的处理

在进行重复测量时，可能发生某个数据严重偏离其他数据的情况，以致会怀疑实验中产生了某些错误，那是否应该在取平均值之前把这个不一致的数据剔除掉呢？这个问题具有悠久而且混乱的历史，直至今天在科学家和统计学家中也没有形成完全统一的意见。不过，有几个观点是得到公认的，而且必须在剔除不一致数据前先进行检查。

第一，如果确切知道某次测量中存在错误，无论该次测量所得数据是否与其他数据一致，该数据都必须剔除，或者在继续实验或计算前对错误进行校正。

第二，如果一个测量数据与其他实验数据不一致，应该先考察是否有证据说明可能存在问题或错误，比如用错了移液管或试剂、记录数据时颠倒了数字、温度控制失灵、样品没有完全燃烧等等，对此进行彻底检查是非常重要的，因为出现不一致数据也可能是意料之外的新实验现象的某种信号。

第三，在未经证实检验之前，不能仅仅因为不喜欢这个数据，或者因为这个数据显得稍有偏离其他数据，就把这个数据舍弃掉。

通过上述的思考和检查，如果没有发现任何问题和错误，那么事情就变得棘手了。此时，可以选择如下几种处理方式。

第一种方式：如果没有任何关于这个离异值存在问题的证据，最正宗、最传统的方法是保留这个测量值，它可能是同一母体样本的一个合理的观察值。保留这个离异值当然会导致样本标准偏差变大，但是这也正反映了一个具有较宽分布样本的真实不确定度。可能的话，应该再多收集一些测量数据，这样有助于了解导致这个离异值出现的原因，或者稀释该离异值对分析结果的影响。

第二种方式：可以应用统计学的方法进行检验，以确定该离异值与其他数据是否来自于同一母体样本，如果检验证明为否，则可以剔除这个离异值。

第三种方式：还可以采用数值分析方法，这些方法属于统计学的一个分支：robust analysis，即稳健性分析（或直译为鲁棒性分析）。

对于何种选择为最佳、哪种剔除离异值的方法为最优等问题，并没有统一的答案。没有一种方法是完美的，任何一种统计方法都可能把某些好数据当作可以剔除的对象，而且当离异值很多时，大多数统计学方法都会失效。以下举例说明两种剔除离异值的方法。

（1）狄克逊准则和$Q$检验

狄克逊（Dixon）准则无需计算样本的平均值$\bar{x}$和标准偏差$S$，它是根据样本数据按大小排列后的顺序差来判别是否存在不一致数据。由于不一致数据一般处于数据序列的两侧，因此狄克逊双侧检验准则常用于剔除样本中混有一个以上异常值的情况。

设将某个测量样本的数据$\{x_i, i=1, 2, \cdots, n\}$按大小顺序重新排列为：

$$x_1' \leqslant x_2' \leqslant \cdots \leqslant x_n'$$

根据样本数据量的不同，分别构造检验高端异常值和低端异常值的统计变量如下：

$$r_{10} = \frac{x_n' - x_{n-1}'}{x_n' - x_1'} \quad , \quad r_{10}' = \frac{x_2' - x_1'}{x_n' - x_1'} \qquad （n=3\sim7） \qquad （2\text{-}15a）$$

$$r_{11} = \frac{x_n' - x_{n-1}'}{x_n' - x_2'} \quad , \quad r_{11}' = \frac{x_2' - x_1'}{x_{n-1}' - x_1'} \qquad （n=8\sim10） \qquad （2\text{-}15b）$$

$$r_{21} = \frac{x_n' - x_{n-2}'}{x_n' - x_2'} \quad , \quad r_{21}' = \frac{x_3' - x_1'}{x_{n-1}' - x_1'} \qquad （n=11\sim13） \qquad （2\text{-}15c）$$

$$r_{22} = \frac{x_n' - x_{n-2}'}{x_n' - x_3'} \quad , \quad r_{22}' = \frac{x_3' - x_1'}{x_{n-2}' - x_1'} \qquad （n=14\sim30） \qquad （2\text{-}15d）$$

式中，统计量$r_{10}$、$r_{11}$、$\cdots$简记为$r_{ij}$；$r_{10}'$、$r_{11}'$、$\cdots$简记为$r_{ij}'$；$n$为样本数。在显著性水平$\alpha=0.05$、$0.01$（即置信水平为95%和99%）的条件下，狄克逊临界值$D(\alpha, n)$见表2-2。

表2-2　狄克逊双侧检验的临界值

| $n$ | 统计量 | $D(\alpha, n)$ | |
|---|---|---|---|
| | | $\alpha=0.05$ | $\alpha=0.01$ |
| 3 | | 0.970 | 0.994 |
| 4 | | 0.829 | 0.926 |
| 5 | $r_{10}$与$r_{10}'$中较大者 | 0.710 | 0.821 |
| 6 | | 0.628 | 0.740 |
| 7 | | 0.569 | 0.680 |
| 8 | | 0.608 | 0.717 |
| 9 | $r_{11}$与$r_{11}'$中较大者 | 0.564 | 0.672 |
| 10 | | 0.530 | 0.635 |

| $n$ | 统计量 | $D(\alpha, n)$ | |
| --- | --- | --- | --- |
| | | $\alpha = 0.05$ | $\alpha = 0.01$ |
| 11 | | 0.619 | 0.709 |
| 12 | $r_{21}$ 与 $r'_{21}$ 中较大者 | 0.583 | 0.660 |
| 13 | | 0.557 | 0.638 |
| 14 | | 0.586 | 0.670 |
| 15 | | 0.565 | 0.647 |
| 16 | | 0.546 | 0.627 |
| 17 | | 0.529 | 0.610 |
| 18 | | 0.514 | 0.594 |
| 19 | | 0.501 | 0.580 |
| 20 | | 0.489 | 0.567 |
| 21 | | 0.478 | 0.555 |
| 22 | $r_{22}$ 与 $r'_{22}$ 中较大者 | 0.468 | 0.544 |
| 23 | | 0.459 | 0.535 |
| 24 | | 0.451 | 0.526 |
| 25 | | 0.443 | 0.517 |
| 26 | | 0.436 | 0.510 |
| 27 | | 0.429 | 0.502 |
| 28 | | 0.423 | 0.495 |
| 29 | | 0.417 | 0.489 |
| 30 | | 0.412 | 0.483 |

若满足

$$r_{ij} > r'_{ij}, \quad 且 \ r_{ij} > D(\alpha, n) \tag{2-16}$$

则 $x'_n$ 可判断为异常值。

若满足

$$r_{ij} < r'_{ij}, \quad 且 \ r'_{ij} > D(\alpha, n) \tag{2-17}$$

则 $x_1'$ 可判断为异常值。

否则，判断为没有异常值。

在化学实验中，一个样本通常只有一个异常值怀疑对象，因此狄克逊准则可以简化为 $Q$ 检验法。使用 $Q$ 检验法时，首先计算统计量

$$Q = \frac{\left| x_{怀疑} - x_{最邻近} \right|}{x_{最大} - x_{最小}} \tag{2-18}$$

式中，被怀疑的异常值为 $x_{怀疑}$，与之最邻近的测量值为 $x_{最邻近}$，样本中的最大值和最小值分别为 $x_{最大}$ 和 $x_{最小}$。将 $Q$ 值与对应样本数及置信度的临界值 $Q_c$ 对比，若 $Q \geqslant Q_c$，则怀疑对象可确

定为异常值并剔除，否则应保留该数据。表2-3为不同样本数和置信度时的临界 $Q_c$ 值。

表2-3　不同样本数时90%和95%置信度下的临界 $Q_c$ 值

| $n$ | $Q_c$ (90%) | $Q_c$ (95%) | $Q_c$ (99%) |
|---|---|---|---|
| 3 | 0.941 | 0.970 | 0.994 |
| 4 | 0.765 | 0.829 | 0.926 |
| 5 | 0.642 | 0.710 | 0.821 |
| 6 | 0.560 | 0.625 | 0.740 |
| 7 | 0.507 | 0.568 | 0.680 |
| 8 | 0.468 | 0.526 | 0.634 |
| 9 | 0.437 | 0.493 | 0.598 |
| 10 | 0.412 | 0.466 | 0.568 |

**例3**　某学生用测定1 mL水的质量的方法标定移液管，共测定5次，得到如下数据：0.9987 g、0.9921 g、0.9962 g、1.0084 g和0.9939 g。在95%置信水平上，试用狄克逊准则检验是否存在异常值，并用 $Q$ 检验法进行验证。

**解**　样本数 $n=5$，取置信水平为95%，$D(0.05, 5)=0.710$。将样本按大小排列为：0.9921、0.9939、0.9962、0.9987和1.0084。求得统计量为

$$r_{10} = \frac{x_5' - x_4'}{x_5' - x_1'} = \frac{1.0084 - 0.9987}{1.0084 - 0.9921} = 0.595$$

$$r_{10}' = \frac{x_2' - x_1'}{x_5' - x_1'} = \frac{0.9939 - 0.9921}{1.0084 - 0.9921} = 0.110$$

$$r_{10} > r_{10}', \quad 且\ r_{10} < D(\alpha, n)$$

因此该样本中不存在异常值。

异常值总是出现在数字序列的两端，因此用 $Q$ 检验法分别计算1.0084和0.9921的 $Q$ 值如下：

$$Q_{1.0084} = \frac{|1.0084 - 0.9987|}{1.0084 - 0.9921} = 0.595$$

$$Q_{0.9921} = \frac{|0.9921 - 0.9939|}{1.0084 - 0.9921} = 0.110$$

在95%置信水平上，样本数 $n=5$ 的 $Q_c=0.710$，$Q_{0.9921} < Q_{1.0084} < Q_c$，因此0.9921和1.0084都不是异常值。

（2）跳动均值法

在处理异常值问题时，也可以采用一些统计学技术。与样本平均值和标准偏差相比，这些技术受异常值的影响比较小，对异常值也不是完全剔除。在统计学中，这类方法称为鲁棒性分析。

中值法是鲁棒性分析的一个实例。所谓中值 $med(x_i)$，是指恰好将数据集 $\{x_i\}$ 中的全部数据平分为两半的那个数字，其中一半的数据大于中值，另一半的数据小于中值。将全部数据按升序（或降序）排列，对于数据点为奇数的样本，$med(x_i)$ 就是这个数列最中间的那个数

值；对于数据点为偶数的样本，$med(x_i)$就是这个数列最中间两个数据的平均值。中值对出现一些异常值的情况不敏感，可以用它来代替样本平均值，估算数据分布的中心位置。

能够更好地估算数据分布中心位置的方法称为胡贝尔型跳动均值法（Huber-type skipped mean），具体操作方法如下。

① 首先计算数据集的中值$t=med(x_i)$；

② 计算数据集的中值绝对偏差MAD，即计算每个数据点与中值偏差的绝对值$|x_i-t|$，然后求出这些偏差绝对值的中值：$MAD=med(|x_i-t|)$；

③ 计算数据分布宽度值$s=MAD/0.6745$，若数据样本符合正态分布，则$s$就近似等于标准偏差；

④ 定义数据取值范围$w=2.71s$，其中乘数2.71代表了置信水平，取该值能够满足一般数据分析的需要；

⑤ 计算落在区间$[t-w, t+w]$范围内所有数据点$x_i$的平均值，该平均值称为跳动均值，所有落在上述范围之外的数据点被剔除；

⑥ 计算标准不确定度：$u=s/(N_a)^{1/2}$，式中，$N_a$为上述第⑤步中用于计算跳动均值的数据点数目。这个不确定度虽然在统计学上不太规范，但是可以作为后续计算的参考。

用Excel表格等工具可以非常方便地计算跳动均值，与简单的中值法相比，跳动均值法更好地利用和处理了实验数据，而且对异常值也不太敏感。如果对样本中可能存在的异常值问题感到棘手，用跳动均值及其标准不确定度代替常规的平均值和平均值标准偏差是一种合理的选择。

**例4** 再次处理"狄克逊准则和$Q$检验"中的标定移液管的数据，计算跳动均值及其相关的标准不确定度。

**解** 将样本按大小排列为：0.9921、0.9939、0.9962、0.9987和1.0084，样本中值$t=0.9962$。$|x_i-t|=0.0041, 0.0023, 0, 0.0025, 0.0122$，由此得到偏差绝对值的中值：$MAD=0.0025$。$s=MAD/0.6745=0.0037$，$w=2.71s=0.0100$。

$[t-w, t+w]=[0.9862, 1.0062]$，数据点1.0084被剔除，剩余4个数据的平均值即为跳动均值$=0.9952$，标准不确定度$u=s/(N_a)^{1/2}=0.0037/(4)^{1/2}=0.00185$，报告实验数据时可以表述为"用胡贝尔型跳动均值法估算的质量为$m=0.9952$ g，标准不确定度0.0019 g"。

按"狄克逊准则和$Q$检验"中的结论，上述样本的平均值$m=0.9979$ g，平均值标准不确定度$S_m=0.0029$ g，可见这个方法所得的平均值更高，标准偏差更大，这反映了不一致数据1.0084的引入所造成的影响。

### 2.4.1.3 $t$分布（或学生分布）

对于大样本数的情况，平均值$\bar{x}$以真实平均值$\mu$为期望值，以$S_m^2=\sigma^2/N$为方差，服从正态分布，因此平均值的68.26%置信水平边界值为

$$\Delta_{0.6826}=\delta_{m,0.6826}=\frac{S}{\sqrt{N}}$$

而平均值的95%置信水平边界值为

$$\Delta_{0.95}=\delta_{m,0.95}=\frac{1.96S}{\sqrt{N}}\approx\frac{2S}{\sqrt{N}}$$

若标准偏差$\sigma$已确定，则平均值分布的标准偏差为

$$\sigma_{\mathrm{m}} = \frac{\sigma}{\sqrt{N}}$$

而平均值的概率分布函数为

$$P_{\mathrm{m}}(\bar{x}) = \frac{1}{(\sigma/\sqrt{N})\sqrt{2\pi}} \exp\left[-\frac{1}{2}\left(\frac{\bar{x}-\mu}{\sigma/\sqrt{N}}\right)^2\right]$$

实验中经常出现的是小样本数的情况，比如$N$一般为$3 \sim 4$，此时仍然可以计算平均值$\bar{x}$、估计标准偏差$S$和估计平均值标准偏差$S_{\mathrm{m}}$，但问题是如果不知道概率分布函数的形式，这些统计数据的意义就不清晰。在样本数很少且标准偏差$S$未知的情况下，需要一种新的分布函数。

$t$分布的推导由英国人威廉·戈塞特（Willam S. Gosset）于1908年首先发表，当时他还在爱尔兰都柏林的吉尼斯（Guinness）啤酒厂工作，设计了一种后来被称为$t$检验的方法来评价酒的质量。因为行业机密，酒厂不允许他的工作内容外泄，但允许他在不提到酿酒的前提下，以笔名发表$t$分布的发现，所以当他后来将其发表到至今仍十分著名的一本杂志"Biometrika"时，就署了"student"的笔名。之后$t$检验以及相关理论经由费歇尔（Sir Ronald Aylmer Fisher）发扬光大，为了感谢戈塞特的功劳，费歇尔将这一分布命名为"Student's distribution"，并以"$t$"为之标记。

若$\sigma$无法确定，则只能用$S$代替，令统计量

$$\tau = \frac{\bar{x}-\mu}{S/\sqrt{N}} = \frac{\bar{x}-\mu}{S_{\mathrm{m}}} \tag{2-19}$$

当样本数$N$很大时，$\tau$近似符合标准正态分布；当样本数$N$很小时，$\tau$就不再符合标准正态分布，而是服从$t$分布

$$\mathrm{d}P = P(\tau)\mathrm{d}\tau \tag{2-20}$$

$$P(\tau) = \frac{\Gamma[(\nu+1)/2]}{\Gamma(\nu/2)\sqrt{\nu\pi}}\left(1+\frac{\tau^2}{\nu}\right)^{-\frac{\nu+1}{2}} \tag{2-21}$$

式中，$\Gamma$为伽马函数；$\nu$为自由度数。可以注意到，标准偏差$\sigma$没有出现在$t$分布的概率函数方程中。

图2-7绘出了不同自由度下的学生$t$分布函数曲线以及正态分布函数曲线（橙色线）。可见，随着样本量$N$的增加（自由度$\nu$随之增加），$t$分布越来越接近正态分布。正态分布可以看做$t$分布在自由度趋向$\infty$时的一个特例。

仔细分析可以发现，$t$分布（图2-7中的红、蓝、绿线）虽然也是钟形曲线，但是中间较低、两侧尾巴却很高，这就是$t$分布的优势特征，这一点相当重要，$t$分布历经100多年长盛不衰，就是依靠这个特征。与正态曲线相比，$t$分布曲线更宽、更厚，且样本量越小（自由度越小），$t$分布的尾部越高，这个尾部的高度，有十分重要的统计学意义。正态分布的曲线不具备"宽、厚"的特征，它的尾部很低，随着变量偏离中心位置，尾部快速贴近横轴，概率值趋近于0，也就是说，正态分布不能够容忍它长长的尾部出现大概率的事件，如果出现这种情况，必然造成整条正态分布曲线的中心向异常值方向偏移，标准偏差增大。反之，$t$分布曲线的尾巴很高，高高的长尾让它有容忍大偏差数据出现的概率，同时不会造成曲线中心的

大幅偏移和标准偏差增大。因此 $t$ 分布曲线能够很好地捕捉到数据点的集中趋势和离散趋势，尤其是应用于小样本检验时，可以轻松地排除异常值的干扰，准确把握住数据的特征。

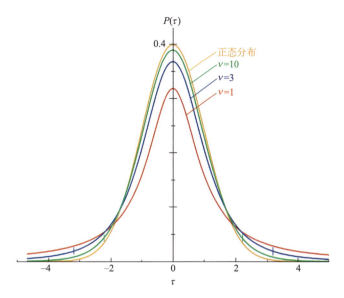

**图2-7　自由度 $\nu=1, 3, 10$ 时的学生 $t$ 分布函数 $P(\tau)$ 曲线和正态分布函数曲线**

注：所有曲线参数均为：真实平均值 $\mu=0$，平均值标准偏差 $\sigma_m=S_m=0.9$，正态分布曲线横坐标由 $\bar{x}$ 转换为 $\tau$；$\Gamma(x)$ 的值由伽马函数表获得；正态分布曲线相当于 $\nu=\infty$ 的 $t$ 分布曲线；加在 $\nu=3$ 和 $\nu=10$ 曲线两侧的短竖线标示了95%置信区间的边界；$\nu=1$ 曲线的95%置信区间边界为 $\tau=\pm12.706$，远超图示范围，故未标出。

尽管通常认为 $t$ 分布都是指小样本的分布，但其实正态分布可以算作 $t$ 分布的特例，也就是说，$t$ 分布在大小样本中都是可以适用的，无论样本数的多少，$t$ 分布大小通吃！

$t$ 分布曲线之下的面积百分数同样代表数据的可置信程度，这可以用双侧积分表示

$$P = \int_{-t}^{t} P(\tau)\mathrm{d}\tau \tag{2-22}$$

对应于不同的自由度 $\nu$ 和置信水平 $P$ 的 $t$ 临界值列在表2-4中。根据方程（2-19），同样可以计算测量平均值的误差边界极限

$$\Delta = tS_m = t\frac{S}{\sqrt{N}} \tag{2-23}$$

比如，对于自由度 $\nu=N-1=3$ 的样本，$t$ 分布置信水平95%的误差边界极限为

$$\Delta_{0.95} = t_{0.95}S_m = t_{0.95}\frac{S}{\sqrt{N}} = \frac{3.182S}{\sqrt{4}} = 1.591S$$

不同文献上的 $t$ 临界值对应的积分项可能不同，比如可使用单侧积分

$$P' = \int_{-\infty}^{t} P(\tau)\mathrm{d}\tau \tag{2-24}$$

要注意区别。根据积分定义可以得到

$$P = 2P' - 1 \tag{2-25}$$

表2-4中也列出了与 $P$ 对应的 $P'$ 值。

表2-4　t分布临界值

| $\nu$ | $P$ | | | | | | | | | | |
|---|---|---|---|---|---|---|---|---|---|---|---|
| | 0.50 | 0.60 | 0.70 | 0.80 | 0.90 | 0.95 | 0.98 | 0.99 | 0.995 | 0.998 | 0.999 |
| | $P'$ | | | | | | | | | | |
| | 0.75 | 0.80 | 0.85 | 0.90 | 0.95 | 0.975 | 0.99 | 0.995 | 0.9975 | 0.999 | 0.9995 |
| 1 | 1.000 | 1.376 | 1.963 | 3.078 | 6.314 | 12.71 | 31.82 | 63.66 | 127.3 | 318.3 | 636.6 |
| 2 | 0.816 | 1.061 | 1.386 | 1.886 | 2.920 | 4.303 | 6.965 | 9.925 | 14.09 | 22.33 | 31.60 |
| 3 | 0.765 | 0.978 | 1.250 | 1.638 | 2.353 | 3.182 | 4.541 | 5.841 | 7.453 | 10.21 | 12.92 |
| 4 | 0.741 | 0.941 | 1.190 | 1.533 | 2.132 | 2.776 | 3.747 | 4.604 | 5.598 | 7.173 | 8.610 |
| 5 | 0.727 | 0.920 | 1.156 | 1.476 | 2.015 | 2.571 | 3.365 | 4.032 | 4.773 | 5.893 | 6.869 |
| 6 | 0.718 | 0.906 | 1.134 | 1.440 | 1.943 | 2.447 | 3.143 | 3.707 | 4.317 | 5.208 | 5.959 |
| 7 | 0.711 | 0.896 | 1.119 | 1.415 | 1.895 | 2.365 | 2.998 | 3.499 | 4.029 | 4.785 | 5.408 |
| 8 | 0.706 | 0.889 | 1.108 | 1.397 | 1.860 | 2.306 | 2.896 | 3.355 | 3.833 | 4.501 | 5.041 |
| 9 | 0.703 | 0.883 | 1.100 | 1.383 | 1.833 | 2.262 | 2.821 | 3.250 | 3.690 | 4.297 | 4.781 |
| 10 | 0.700 | 0.879 | 1.093 | 1.372 | 1.812 | 2.228 | 2.764 | 3.169 | 3.581 | 4.144 | 4.587 |
| 11 | 0.697 | 0.876 | 1.088 | 1.363 | 1.796 | 2.201 | 2.718 | 3.106 | 3.497 | 4.025 | 4.437 |
| 12 | 0.695 | 0.873 | 1.083 | 1.356 | 1.782 | 2.179 | 2.681 | 3.055 | 3.428 | 3.930 | 4.318 |
| 13 | 0.694 | 0.870 | 1.079 | 1.350 | 1.771 | 2.160 | 2.650 | 3.012 | 3.372 | 3.852 | 4.221 |
| 14 | 0.692 | 0.868 | 1.076 | 1.345 | 1.761 | 2.145 | 2.624 | 2.977 | 3.326 | 3.787 | 4.140 |
| 15 | 0.691 | 0.866 | 1.074 | 1.341 | 1.753 | 2.131 | 2.602 | 2.947 | 3.286 | 3.733 | 4.073 |
| 16 | 0.690 | 0.865 | 1.071 | 1.337 | 1.746 | 2.120 | 2.583 | 2.921 | 3.252 | 3.686 | 4.015 |
| 17 | 0.689 | 0.863 | 1.069 | 1.333 | 1.740 | 2.110 | 2.567 | 2.898 | 3.222 | 3.646 | 3.965 |
| 18 | 0.688 | 0.862 | 1.067 | 1.330 | 1.734 | 2.101 | 2.552 | 2.878 | 3.197 | 3.610 | 3.922 |
| 19 | 0.688 | 0.861 | 1.066 | 1.328 | 1.729 | 2.093 | 2.539 | 2.861 | 3.174 | 3.579 | 3.883 |
| 20 | 0.687 | 0.860 | 1.064 | 1.325 | 1.725 | 2.086 | 2.528 | 2.845 | 3.153 | 3.552 | 3.850 |
| 21 | 0.686 | 0.859 | 1.063 | 1.323 | 1.721 | 2.080 | 2.518 | 2.831 | 3.135 | 3.527 | 3.819 |
| 22 | 0.686 | 0.858 | 1.061 | 1.321 | 1.717 | 2.074 | 2.508 | 2.819 | 3.119 | 3.505 | 3.792 |
| 23 | 0.685 | 0.858 | 1.060 | 1.319 | 1.714 | 2.069 | 2.500 | 2.807 | 3.104 | 3.485 | 3.767 |
| 24 | 0.685 | 0.857 | 1.059 | 1.318 | 1.711 | 2.064 | 2.492 | 2.797 | 3.091 | 3.467 | 3.745 |
| 25 | 0.684 | 0.856 | 1.058 | 1.316 | 1.708 | 2.060 | 2.485 | 2.787 | 3.078 | 3.450 | 3.725 |
| 26 | 0.684 | 0.856 | 1.058 | 1.315 | 1.706 | 2.056 | 2.479 | 2.779 | 3.067 | 3.435 | 3.707 |
| 27 | 0.684 | 0.855 | 1.057 | 1.314 | 1.703 | 2.052 | 2.473 | 2.771 | 3.057 | 3.421 | 3.690 |
| 28 | 0.683 | 0.855 | 1.056 | 1.313 | 1.701 | 2.048 | 2.467 | 2.763 | 3.047 | 3.408 | 3.674 |
| 29 | 0.683 | 0.854 | 1.055 | 1.311 | 1.699 | 2.045 | 2.462 | 2.756 | 3.038 | 3.396 | 3.659 |
| 30 | 0.683 | 0.854 | 1.055 | 1.310 | 1.697 | 2.042 | 2.457 | 2.750 | 3.030 | 3.385 | 3.646 |
| 40 | 0.681 | 0.851 | 1.050 | 1.303 | 1.684 | 2.021 | 2.423 | 2.704 | 2.971 | 3.307 | 3.551 |
| 50 | 0.679 | 0.849 | 1.047 | 1.299 | 1.676 | 2.009 | 2.403 | 2.678 | 2.937 | 3.261 | 3.496 |
| 60 | 0.679 | 0.848 | 1.045 | 1.296 | 1.671 | 2.000 | 2.390 | 2.660 | 2.915 | 3.232 | 3.460 |
| 80 | 0.678 | 0.846 | 1.043 | 1.292 | 1.664 | 1.990 | 2.374 | 2.639 | 2.887 | 3.195 | 3.416 |
| 100 | 0.677 | 0.845 | 1.042 | 1.290 | 1.660 | 1.984 | 2.364 | 2.626 | 2.871 | 3.174 | 3.390 |
| 120 | 0.677 | 0.845 | 1.041 | 1.289 | 1.658 | 1.980 | 2.358 | 2.617 | 2.860 | 3.160 | 3.373 |
| $\infty$ | 0.674 | 0.842 | 1.036 | 1.282 | 1.645 | 1.960 | 2.326 | 2.576 | 2.807 | 3.090 | 3.290 |

#### 2.4.1.4　实验的数值结果的表达

实验的数值结果及其不确定度都是要在报告或论文中呈现的，对此必须采取清晰明了的表达方式。令人遗憾的是，在表达不确定度时（通常用符号"±"表示），常常忽略说明所采用的估算不确定度的方法或标准。表2-5中列出了一些数据表达的习惯性方式，但是这些方式并不被普遍接受。

表2-5　不确定度的常见表达方式

| 结果 | 不确定度 | 表达方式 |
|---|---|---|
| 以估计标准偏差$S$表达不确定度，并将不确定数字写在括号里 | | |
| 3.42 bar | $S=0.04$ bar | 3.42(4) bar |
| 0.451 nm | $S=0.012$ nm | 0.451(12) nm |
| 以95%置信区间边界限$\Delta$表达不确定度，用±表示 | | |
| 66.32 J·K$^{-1}$ | $\Delta=0.21$ J·K$^{-1}$ | 66.32±0.21 J·K$^{-1}$ |
| $5.02\times10^{-4}$ V | $\Delta=5\times10^{-6}$ V | $(5.02\pm0.05)\times10^{-4}$ V |

注：1 bar=10$^5$Pa。

无论采用什么规则来表达不确定度，不确定度数值的小数点位数必须与数值结果保持一致，两者的单位也必须相同。虽然95%的置信水平是常规设定，为避免混乱，现在越来越强调将置信水平、测量次数或自由度数也一起表达出来，例如结果数值是7次独立测量数据的平均值，可以表达为

$$w=(142.8\pm0.3)\text{ mg}\qquad(95\%,N=7)$$
或者
$$w=(142.8\pm0.3)\text{ mg}\qquad(95\%,\nu=6)$$
如果测量的误差极限是以经验或个人判断为基础的，也应该同时表达置信水平，例如
$$w=(142.8\pm0.3)\text{ mg}\qquad(95\%)$$

95%置信水平与不确定度的有效数字之间存在匹配关系，一般来说，若以置信区间边界限表示不确定度，$\Delta$为一位数时应不小于3，为两位数时应不大于25（表2-5后两行）；若以估计标准偏差表示不确定度，$S$为一位数时应不小于2，为两位数时应不大于15（表2-5前二行）。

## 2.4.2　类型Ⅱ　不确定度的直接估计

在很多情况下，很难用统计分析方法确定物理量的不确定度。由于受到实验时间的限制，对某个实验性质的测量次数会非常少，这就使得通过数据离散程度或分布范围来估计置信区间边界限的方法变得不可能或不现实；实验过程和实验仪器的不确定系统误差也会使得统计分析方法失效；此外，也可能会使用别人的实验数据。尽管如此，仍然需要在这些情况下对标准偏差进行估计，此时所谓的95%置信水平几乎完全依靠实验者个人的判断和经验。一个优秀的实验科学家的基本标志之一就是具有清晰确定误差界限的能力：这个界限范围必须足够大，以保证实验数据足够可信真实，但是又不能太大，以致降低了实验测量数据的质量。对此很难有一套统一的操作规程，但是以下几点是值得强调的。

（1）注意阅读仪器说明书和操作规范

大多数商品仪器都会附有说明操作规范的说明书，这可以作为用这些仪器进行测量时估算标准偏差的基础。仪器厂商偶尔也可能提供测量的标准偏差，但是大多数情况下说明书中是比较含糊的表述，比如"精确到满刻度的±2%"等，满刻度是多少当然知道，满刻度的2%当然也没有问题，只是这个"±"是什么意思呢？很多教科书上说这是测量的标准偏差，但并没有什么根据，许多优秀的仪器厂商的说明书是很保守的，如果没有其他进一步的信息，可以合理假定说明书上标示的不确定度$U$大约是实际测量标准偏差$u$的2～3倍。因此，把标准偏差的大小定义为$u=U/3$是一种合理的推论，但是在做出这种决定的同时，必须在

报告或论文中予以清晰的解释或说明。

（2）仪器读数标准偏差的估计：矩形分布和三角形分布

比如正在用温度计测定样品的降温曲线，每分钟读数一次，显然这种测量方式是不能对每个温度值进行重复多次测量的，如何确定实验的标准不确定度呢？

在这种情况下，对温度测量的误差主要来源于仪器的分辨率极限。假定现在用的是一根 1/10 刻度的摄氏温度计，温度计显示数值为 37.1 ℃，而实际温度可能在 37.05 ℃ 和 37.15 ℃ 之间，而且在这个温度区间里的每个温度值都具有相等的概率，换句话说，在 [−0.05, +0.05] 区间内温度测量的误差分布概率为某个恒定值，而在这个区间外均为零。这种分布称为矩形分布（或均匀分布），归一化的概率密度函数为

$$
P(x) = \begin{cases} 0 & x < a \\ \dfrac{1}{b-a} & a \leqslant x \leqslant b \\ 0 & x > b \end{cases} \tag{2-26}
$$

该分布的期望值为

$$
\mu = \int_a^b xP(x)\mathrm{d}x = \frac{a+b}{2} \tag{2-27}
$$

方差为

$$
\sigma^2 = \int_a^b x^2 P(x)\mathrm{d}x - \bar{x}^2 = \frac{(b-a)^2}{12} \tag{2-28}
$$

若误差分布区间的半宽度为 $m = (b-a)/2$，则矩形分布的标准偏差为

$$
\sigma = \frac{b-a}{2\sqrt{3}} = \frac{m}{\sqrt{3}} \tag{2-29}
$$

在上面的温度测量的例子中，$m = 0.05$ ℃，标准不确定度 $u = m/\sqrt{3} = 0.05/\sqrt{3} = 0.03$（℃）。

再举一个矩形分布估算标准不确定度的例子，假定用电子天平称量样品，发现天平示值总是在 0.8362 ～ 0.8373 g 之间摆动，而且并不特别偏向这个范围内的某个读数，那么可以合理估计样品质量的平均值为 0.83675 g，标准不确定度为

$$
\frac{0.8373 - 0.8362}{2} \times \frac{1}{\sqrt{3}} = 0.00032 \text{ g}
$$

如果认为在某个数据的波动范围 [a, b] 内，数据取某个值 c 的概率远远大于取 a、b 的概率，则适用三角形分布，归一化的概率密度函数为

$$
P(x) = \begin{cases} \dfrac{2(x-a)}{(b-a)(c-a)} & a \leqslant x \leqslant c \\ \dfrac{2(b-x)}{(b-a)(b-c)} & c < x \leqslant b \end{cases} \tag{2-30}
$$

该分布的期望值为

$$
\mu = \frac{1}{3}(a+b+c) \tag{2-31}
$$

一般而言，c 为 [a, b] 的中值，即 $b-c = c-a = m$，此时三角形分布的方差为

$$\sigma^2 = \int_a^b x^2 P(x) \mathrm{d}x - \overline{x}^2 = \frac{m^2}{6} \qquad (2\text{-}32)$$

标准不确定度为

$$u = \sigma = \frac{m}{\sqrt{6}} \qquad (2\text{-}33)$$

比如，一根滴定管的最小刻度为0.1 mL，读数时可以多估读一位，假定记录读数为18.47 mL，其实最后一位读数的大小是很难确定的，可以肯定这个读数一定大于18.45 mL，但是究竟是18.46 mL、18.47 mL还是18.48 mL还真不好说。在这种情况下，可以假定误差分布符合三角形分布，误差区间的半宽度$m$取作最小刻度的1/5或1/4，对于这根滴定管，$m = 0.02$ mL，则标准不确定度为$u = 0.02/\sqrt{6} = 0.008$ mL。当然，这只是读数的不确定度，在实际的滴定实验中，一滴溶液的体积大约是0.05 mL，因此最好的滴定技术大约能保证总误差控制在$0.05/\sqrt{6} = 0.02$ mL的水平。

对于具有游标卡尺设计的仪器，误差区间半宽度$m$可取作主尺最小刻度的1/10。

## 2.5 合成标准不确定度：误差传递

做完实验后直接测量一大堆各种性质，比如质量、体积、温度、电动势、光谱波长、吸光度等，它们的不确定度也可用统计分析法或经验判断法进行估计。用这些测量数据和相关的唯象理论，可以计算出某个最终的数值结果$Y$，然后，必须找出$Y$的不确定度。找出一个计算结果（而不是测量结果）的不确定度的程序称为误差传递（propagation of error）。

从某种程度上说，采用误差传递的方法是走捷径抄近道，如果有足够的实验时间和实验材料，应该把整个实验多做几遍，算出多个最终数值结果$Y_i$，然后用统计方法计算它们的标准偏差。如果结果的不确定度均来源于所测定数据的变化，这是估计结果随机误差的好方法。然而，可能无法完成多次实验，而且某些不确定性可能并非来源于直接测量过程，这样，还是需要使用误差传递的方法。

假定某个物理量$Y$可由测量数据$x$、$y$、$z$计算得到

$$Y = f(x, y, z) \qquad (2\text{-}34)$$

当$x$、$y$、$z$均发生一个无限微小的变化时，所引起的$Y$的无限微小变化可用全微分表示为

$$\mathrm{d}Y = \left(\frac{\partial Y}{\partial x}\right)_{y,z} \mathrm{d}x + \left(\frac{\partial Y}{\partial y}\right)_{x,z} \mathrm{d}y + \left(\frac{\partial Y}{\partial z}\right)_{x,y} \mathrm{d}z \qquad (2\text{-}35)$$

如果发生的变化不是无限微小，但是足够小，以至于不会影响各个偏微分的值，那么可以有近似关系

$$\Delta Y = \left(\frac{\partial Y}{\partial x}\right)_{y,z} \Delta x + \left(\frac{\partial Y}{\partial y}\right)_{x,z} \Delta y + \left(\frac{\partial Y}{\partial z}\right)_{x,y} \Delta z \qquad (2\text{-}36)$$

这与保留一次微分项的泰勒级数展开式是等价的。现在，把$\Delta x$当作$x$的实验测量误差

$$\Delta x = \varepsilon(x) = x - x_0$$

式中，$x_0$代表$x$的真值。同样地

$$\Delta y = \varepsilon(y) = y - y_0, \quad \Delta z = \varepsilon(z) = z - z_0$$

而物理量$Y$的误差为

$$\Delta Y = \varepsilon(Y) = Y - Y_0$$

根据方程（2-36）得到

$$\varepsilon(Y) = \left(\frac{\partial Y}{\partial x}\right)_{y,z} \varepsilon(x) + \left(\frac{\partial Y}{\partial y}\right)_{x,z} \varepsilon(y) + \left(\frac{\partial Y}{\partial z}\right)_{x,y} \varepsilon(z) \qquad (2-37)$$

要注意到方程（2-37）的偏微分项和误差项都是有正、负的，这对于计算$Y$的误差造成一定的混乱，一般情况下，可以将方程（2-37）中的所有各项全部取绝对值，这样计算得到的是$Y$的误差上限，即最大误差。方程（2-37）也可以用作系统误差的累积计算，但是这样的做法不科学，因为如果已知系统误差的大小和正负，那么首先应该做的是校正测量数据。

鉴于方程（2-37）可能造成的歧义，采用方差和不确定度分析是比较稳妥的方法。以下分两种情况进行讨论，第一种情况是所有测量数据的误差都是非相关联的（uncorrelated），即计算结果所用的测量数据均来自于相互独立的实验；第二种情况是计算所使用几个参数的误差是相关联的（correlated），比如拟合直线方程的斜率和截距，这种情况下将使用协方差（covariance）。

## 2.5.1 非相关联数据的误差传递

实际上既不知道真值$x_0$，也当然不知道$\varepsilon(x)$、$\varepsilon(y)$、$\varepsilon(z)$等，对于随机误差，知道的是测量数据的估计标准偏差$S$或者置信边界限$\Delta$。为求出计算结果$Y$的不确定度，可以将方程（2-37）两边同时取平方

$$[\varepsilon(Y)]^2 = \left(\frac{\partial Y}{\partial x}\right)_{y,z}^2 [\varepsilon(x)]^2 + \left(\frac{\partial Y}{\partial y}\right)_{x,z}^2 [\varepsilon(y)]^2 + \cdots + 2\left(\frac{\partial Y}{\partial x}\right)_{y,z}\left(\frac{\partial Y}{\partial y}\right)_{x,z} \varepsilon(x)\varepsilon(y) + \cdots$$

对于相互独立的实验测量数据，$\varepsilon$的交叉乘积项之和为零，故上式将仅剩平方项。将所有的$\varepsilon$项都替换为标准不确定度$u$，则计算结果的合成标准不确定度为

$$u_c(Y) = \left[\left(\frac{\partial Y}{\partial x}\right)_{y,z}^2 u_x^2 + \left(\frac{\partial Y}{\partial y}\right)_{x,z}^2 u_y^2 + \left(\frac{\partial Y}{\partial z}\right)_{x,y}^2 u_z^2\right]^{\frac{1}{2}} \qquad (2-38)$$

再次强调，不确定度的单位必须与所计算物理量的单位一致，应注意检查，以免发生错误。进行误差传递计算时，所有的偏微分项至少要保证两位有效数字，而基本常数项的有效数字位数应比测量值的有效数字位数多一位。物理化学实验中涉及的基本常数可参阅相关文献，比如美国国家标准和技术研究院[4]。

### 2.5.1.1 误差传递公式

有些误差传递公式是经常用到的，它们都可以从方程（2-38）推导出来。

（1）与常数相乘

令$Y = ax$，$a$是可忽略不确定度的已知常数（比如气体常数$R$或数值3）。则

$$\frac{\mathrm{d}Y}{\mathrm{d}x} = a \qquad u_c(Y) = \left[a^2 u_x^2\right]^{\frac{1}{2}}$$

$$u_c(Y) = au_x \qquad (2-39)$$

即Y的合成标准不确定度等于x的标准不确定度的a倍。

（2）加和减

令$Y=ax \pm by \pm cz$，$a$、$b$、$c$均为常数。则

$$u_c(Y) = \left[ a^2 u_x^2 + b^2 u_y^2 + c^2 u_z^2 \right]^{\frac{1}{2}} \qquad (2\text{-}40)$$

方程（2-40）在化学实验中具有重要意义，很多情况下都会用到诸如$Y=x-y$这样形式的计算过程，比如用差量法称取试剂，或者滴定前、后两次读取移液管刻度求出滴定体积等，此时一般假定$u_x=u_y$（即前后两次测量的不确定度相等），则所称试剂质量或滴定体积的合成标准不确定度为单次测量标准不确定度的$\sqrt{2}$倍，这一点在进行计算时常常被忽略。

（3）乘和商

令$Y=axyz$，则

$$u_c(Y) = a \left[ (yz)^2 u_x^2 + (xz)^2 u_y^2 + (xy)^2 u_z^2 \right]^{\frac{1}{2}} \qquad (2\text{-}41)$$

方程（2-41）可变换为相对不确定度

$$\frac{u_c(Y)}{Y} = \left[ \left( \frac{u_x}{x} \right)^2 + \left( \frac{u_y}{y} \right)^2 + \left( \frac{u_z}{z} \right)^2 \right]^{\frac{1}{2}} \qquad (2\text{-}42)$$

方程（2-42）同样适用于$Y=axy/z$、$Y=ax/yz$和$Y=a/xyz$等计算公式。

（4）指数式

令$Y=ax^n$，则

$$u_c(Y) = \left[ \left( anx^{n-1} \right)^2 u_x^2 \right]^{\frac{1}{2}} = anx^{n-1} u_x \qquad (2\text{-}43)$$

方程（2-43）也可变换为相对不确定度

$$\frac{u_c(Y)}{Y} = n \frac{u_x}{x} \qquad (2\text{-}44)$$

（5）e指数

令$Y=ae^x$，则

$$u_c(Y) = ae^x u_x \qquad (2\text{-}45)$$

相对不确定度为

$$\frac{u_c(Y)}{Y} = u_x \qquad (2\text{-}46)$$

（6）自然对数

令$Y=a\ln x$，则

$$u_c(Y) = a \frac{u_x}{x} \qquad (2\text{-}47)$$

#### 2.5.1.2 误差传递计算的错误和简化

对函数进行偏微分计算总是可能的，但是复杂的函数往往产生一大堆繁琐的表达式，这很容易产生错误，因此最好先考察一下$Y$函数的形态，看看是否可以简化函数方程，或者可以忽略某些对计算结果无足轻重的项。将计算公式进行变量代换可以简化计算过程，但是弄

不好也会因为错误的计算方法导致错误的合成标准不确定度，比如

$$Y = a(e^x - 1) + b(y - cx)$$

错误的做法是：做变量代换

$$A = a(e^x - 1) \qquad B = b(y - cx)$$

则

$$[u_c(Y)]^2 = [u_c(A)]^2 + [u_c(B)]^2$$

$$[u_c(A)]^2 = (ake^x)^2[u_c(x)]^2 \qquad [u_c(B)]^2 = b^2[u_c(y)]^2 + b^2c^2[u_c(x)]^2$$

该错误做法的问题在于变量代换后的$A$、$B$两项是相互不独立的，即相关的，不适用前面的计算公式。正确的合成标准不确定度为

$$[u_c(Y)]^2 = (ake^x - bc)^2[u_c(x)]^2 + b^2[u_c(y)]^2$$

对$Y$的计算必须依据其精确方程的形式，以保证数值结果达到尽可能高的精确度，但是对误差限的值则大可不必要求如此精确。即使一个测量数据在计算$Y$时不可忽略，其不确定度在计算合成标准不确定度时仍然可能被忽略，一般而言，对$Y$的计算误差贡献在5%以内（甚至10%）的项是可以忽略的，此时要注意的是，相较于忽略了某些项导致$Y$不确定度减小的情况，更偏向于忽略了某些项导致$Y$不确定度增加的情况，即不能因为忽略了某些项导致结果的合成标准不确定度明显减小，这会导致对实验数据质量的误判。比如"实验6凝固点降低法测定溶质的摩尔质量"中，溶质摩尔质量的计算公式为

$$M = 1000 \times \frac{w}{W} \times \frac{K_f}{\Delta T_f} \times (1 - \beta \Delta T_f)$$

由于修正因子$\beta < 0.005 \ K^{-1}$，因此$\beta \Delta T_f$项与$\Delta T_f$项相比非常小。虽然在精确计算$M$时$\beta \Delta T_f$不可忽略，但是在计算合成不确定度时可以把$M$的计算公式简化为

$$M = 1000 \times \frac{w}{W} \times \frac{K_f}{\Delta T_f}$$

此时应用前面的公式计算$u_c(M)/M$就比较方便了。

### 2.5.1.3　误差传递计算实例

**例5**　由气体的压力、体积、温度测量值计算摩尔数，计算公式为

$$n = \frac{pV}{RT}$$

假定该气体是理想气体（系统误差的一种来源），各物理量的测量值如下：

$$p = (2.78 \pm 0.12) \times 10^4 \ Pa \qquad V = (1.32 \pm 0.05) \times 10^{-3} \ m^3 \qquad T = (292.2 \pm 0.3) \ K$$

计算气体摩尔数

$$n = \frac{(2.78 \times 10^4 \ Pa) \times (1.32 \times 10^{-3} \ m^3)}{(8.3145 \ J \cdot mol^{-1} \cdot K^{-1}) \times (292.2 \ K)} = 0.015104 \ mol$$

各项的偏微分为

$$\frac{\partial n}{\partial p} = \frac{V}{RT} \qquad \frac{\partial n}{\partial V} = \frac{p}{RT} \qquad \frac{\partial n}{\partial T} = -\frac{pV}{RT^2}$$

合成标准不确定度为

$$u_{\mathrm{c}}(n) = \left[\left(\frac{V}{RT}\right)^2 u_p^2 + \left(\frac{p}{RT}\right)^2 u_V^2 + \left(-\frac{pV}{RT^2}\right)^2 u_T^2\right]^{\frac{1}{2}}$$

$$= \left[\left(\frac{1.32\times10^{-3}}{8.3145\times292.2}\right)^2 \times (0.12\times10^4)^2 + \left(\frac{2.78\times10^4}{8.3145\times292.2}\right)^2 \times (0.05\times10^{-3})^2\right.$$

$$\left. + \left(\frac{2.78\times10^4\times1.32\times10^{-3}}{8.3145\times292.2^2}\right)^2 \times (0.3)^2\right]^{\frac{1}{2}} = \left[4.25\times10^{-7} + 3.27\times10^{-7} + 2.40\times10^{-10}\right]^{\frac{1}{2}}$$

$$= 0.000867\,(\mathrm{mol})$$

因此，最终计算结果应写作："$n = 0.0151$ mol，合成标准不确定度 $u_{\mathrm{c}}(n) = 0.0009$ mol"，或者"$n = (0.0151 \pm 0.0009)$ mol，式中不确定度为合成标准不确定度 $u_{\mathrm{c}}$"。注意在计算中摩尔气体常数 $R$ 取了 5 位有效数字，比测量数据的最大有效数字位数多一位。

**例6** 比旋光度的计算公式为

$$[\alpha] = \frac{V}{Lm}\alpha$$

式中，$V$ 是溶液体积，$\mathrm{cm}^3$；$L$ 是旋光管长度，dm；$m$ 是溶质质量，g；$\alpha$ 是溶液的旋光度，($^\circ$)。这四个不相关变量及其 95% 置信边界限如下表所示

| $V$ | $L$ | $m$ | $\bar{\alpha}$ |
|---|---|---|---|
| 25.00 cm³ | 2.000 dm | 1.7160 g | +20.950° |
| $\Delta = 0.02$ cm³ | 0.002 dm | 0.0003 g | 0.016° |

其中，前三个变量的置信边界限是根据经验判断的，最后一个变量的置信边界限是根据 10 次测量值数据，按照方程（2-7）和方程（2-23）计算得到的。

计算比旋光度值

$$Y = [\alpha] = \frac{V}{Lm}\alpha = \frac{25.00}{2.000\times1.7160} \times 20.950 = 152.61\ \mathrm{deg\cdot dm^{-1}\cdot(g\cdot cm^3)^{-1}}$$

根据方程（2-42）

$$\frac{u_{\mathrm{c}}(Y)}{Y} = \frac{u_{\mathrm{c}}([\alpha])}{[\alpha]} = \left[\left(\frac{\Delta(V)}{V}\right)^2 + \left(\frac{\Delta(L)}{L}\right)^2 + \left(\frac{\Delta(m)}{m}\right)^2 + \left(\frac{\Delta(\bar{\alpha})}{\bar{\alpha}}\right)^2\right]^{\frac{1}{2}}$$

$$= \left[\left(\frac{0.02}{25.00}\right)^2 + \left(\frac{0.002}{2.000}\right)^2 + \left(\frac{0.0003}{1.7160}\right)^2 + \left(\frac{0.016}{20.950}\right)^2\right]^{\frac{1}{2}}$$

$$= \left[6.400\times10^{-7} + 1.000\times10^{-6} + 3.056\times10^{-8} + 5.833\times10^{-7}\right]^{\frac{1}{2}}$$

$$= 0.0015$$

$$\Rightarrow \quad u_{\mathrm{c}}([\alpha]) = 0.23\ \mathrm{deg\cdot dm^{-1}\cdot(g\cdot cm^3)^{-1}}$$

最终计算结果应写作："$[\alpha] = 152.61 \pm 0.23 \ \text{deg} \cdot \text{dm}^{-1} \cdot (\text{g} \cdot \text{cm}^3)^{-1}$，式中不确定度为合成标准不确定度$u_c$"，或用SI制单位表示为"$[\alpha] = 1.5261 \pm 0.0023 \ \text{deg} \cdot \text{m}^2 \cdot \text{kg}^{-1}$"。

**例7** 用测定声速的方法可以测定氩气的热容比

$$C_p / C_V = \gamma = \frac{Mc^2}{RT}$$

式中，$M$为摩尔质量，$\text{kg} \cdot \text{mol}^{-1}$，Ar的$M = 0.039948$；$c$为声速，$\text{m} \cdot \text{s}^{-1}$；$R$为气体常数$8.31447 \ \text{J} \cdot \text{K}^{-1} \cdot \text{mol}^{-1}$；$T$为温度，K。

实验的平均温度为$(25.1 \pm 0.4)^\circ\text{C} = (298.25 \pm 0.4)\text{K}$，95%置信边界限$\Delta(T) = 0.4 \ \text{K}$是相当大的，因为实验装置无法用恒温槽恒温。声速计算公式为：$c = \lambda f$，其中$\lambda$是频率为$f$的声驻波的波长，声波频率非常精确，$f = 1023.0 \ \text{Hz}$，不确定度可以忽略，多次测量得到的声波波长为$\lambda = (31.75 \pm 0.35)\text{cm}$（95%置信度），由此得到声速为$c = 324.8 \ \text{m} \cdot \text{s}^{-1}$，根据方程（2-39），声速的不确定度$u(c) = 3.58 \ \text{m} \cdot \text{s}^{-1}$。

热容比

$$C_p / C_V = \gamma = \frac{Mc^2}{RT} = \frac{0.039948 \times 324.8^2}{8.31447 \times 298.25} = 1.699$$

综合应用方程（2-42）和方程（2-44）计算$\gamma$的合成标准不确定度

$$\frac{u_c(\gamma)}{\gamma} = \left[ 4\left(\frac{u(c)}{c}\right)^2 + \left(\frac{u(T)}{T}\right)^2 \right]^{\frac{1}{2}} = \left[ 4 \times \left(\frac{3.58}{324.8}\right)^2 + \left(\frac{0.4}{298.25}\right)^2 \right]^{\frac{1}{2}} = 0.02209$$

$$\Rightarrow \quad u_c(\gamma) = 0.0375$$

实验结果可以写作："298.25 K时氩气的热容比为$\gamma = 1.70 \pm 0.04$（95%置信度）"。单原子理想气体的热容比$\gamma = 5/3 = 1.6667$，已知的最佳实验测量文献数据是$\gamma = 1.6677$，这两个值都在本例实验测量的95%置信区间内。

## 2.5.2 相关联数据的误差传递：协方差

某些情况下，计算$Y$的公式里与误差有关的两个量之间是相互关联的，在物理化学实验中，最常见的例子就是由最小二乘法拟合得到的方程来计算某个物理量$Y$时，该方程中的两个或两个以上的可调参数是相互关联的。误差之间的相互关联性可以用协方差（covariance）表示，协方差取正值表示两个变量的误差具有相同的符号，反之亦然，若协方差为零，则两个变量的误差之间没有关联。

统计学上协方差的符号为$\sigma_{xy}^2$，但是这个符号容易造成误解，好像协方差应该为正值，实际上协方差可正可负，因此在表示标准不确定度时，协方差可以用$u(x, y)$表示。协方差中两个变量的顺序是无关紧要的，即$u(x, y) = u(y, x)$，当采用拟合程序进行两个以上可调参数的数据拟合时，每两个参数之间就会有一个协方差。

对于任意两个变量之间的协方差不为零的情况，方程（2-38）将增加一些附加项，每个非零的协方差都有一项，则合成标准不确定度的平方可以表示为

$$u_c^2(Y) = \sum_{i=1}^{N} \left(\frac{\partial Y}{\partial x_i}\right)_{x_j (i \neq j)}^2 u_i^2 + 2 \sum_{i=1}^{N-1} \sum_{j=i+1}^{N} \left(\frac{\partial Y}{\partial x_i}\right)\left(\frac{\partial Y}{\partial x_j}\right) u(x_i, x_j) \qquad (2\text{-}48)$$

式中等号右边的第一项加和就是方程（2-38）的内容，第二项加和涉及协方差，复杂的加和

方式保证了协方差的加和不会有重复项。即使有多个变量，但是绝大多数变量之间的协方差为零，所以方程（2-48）等号右边第二项的加和项数一般不会太多。

**例8** 某同学用旋光仪测定不同物质的量浓度$c_i$蔗糖水溶液的旋光度$\alpha_i$，得到如下数据，请用最小二乘法拟合出旋光度-浓度标定曲线的方程，并计算当旋光度$\alpha_m=4.50°$时未知浓度蔗糖水溶液的物质的量浓度$c_m$，及其合成标准不确定度$u(c_m)$，这里下标m表示测量（measured）。

| 蔗糖物质的量浓度$c/\mathrm{mol\cdot dm^{-3}}$ | 0.048 | 0.060 | 0.084 | 0.120 | 0.150 | 0.300 |
|---|---|---|---|---|---|---|
| 旋光度$\alpha/°$ | 2.25 | 2.90 | 3.90 | 5.35 | 6.95 | 13.15 |

**解** 旋光度-浓度标定曲线近似为直线，拟合方程为：

$$\alpha = p + qc$$

用Origin软件做线性拟合得到：

**旋光度-浓度关系最小二乘法拟合输出结果**

| | |
|---|---|
| $p$ | 0.27455 |
| $\sigma_p$或$u_p$ | 0.09509 |
| $q$ | 43.11377 |
| $\sigma_q$或$u_q$ | 0.62284 |
| $p$与$q$的协方差$\sigma_{pq}^2$或$u(p,q)$ | $-0.04927$ |
| $\alpha$的估计标准偏差$\sigma_\alpha$或$u_\alpha$ | 0.10556 |

由方程可知，$p$和$\sigma_p$单位为deg，$q$和$\sigma_q$单位为$\mathrm{deg\cdot dm^3\cdot mol^{-1}}$，$\sigma_{pq}^2$的单位为$\mathrm{deg^2\cdot dm^3\cdot mol^{-1}}$，$\sigma_\alpha$单位为deg。将拟合方程重排后得到

$$c_m = \frac{\alpha_m - p}{q}$$

将$p$、$q$和$a_m$代入后得到$c_m=0.09800\ \mathrm{mol\cdot dm^{-3}}$，该方程中的三个变量都有不确定度，且$p$、$q$之间还有非零协方差，根据方程（2-48）写出

$$u_c^2(c_m) = \left(\frac{\partial c_m}{\partial \alpha_m}\right)^2 u_{\alpha_m}^2 + \left(\frac{\partial c_m}{\partial p}\right)^2 u_p^2 + \left(\frac{\partial c_m}{\partial q}\right)^2 u_q^2 + 2\left(\frac{\partial c_m}{\partial p}\right)\times\left(\frac{\partial c_m}{\partial q}\right)u(p,q)$$

$$= \frac{u_{\alpha_m}^2}{q^2} + \frac{u_p^2}{(-q)^2} + \left[-\frac{(\alpha_m - p)}{q^2}\right]^2 u_q^2 + 2\times\left(-\frac{1}{q}\right)\times\left(-\frac{\alpha_m - p}{q^2}\right)u(p,q)$$

$$= \frac{0.10556^2}{43.11377^2} + \frac{0.09509^2}{(-43.11377)^2} + \left[-\frac{(4.50 - 0.27455)}{43.11377^2}\right]^2 \times (0.62284)^2$$

$$+ 2\times\left(-\frac{1}{43.11377}\right)\times\left(-\frac{4.50 - 0.27455}{43.11377^2}\right)\times(-0.04927)$$

$$= 5.9947\times10^{-6} + 4.8645\times10^{-6} + 2.0046\times10^{-6} - 5.1956\times10^{-6} = 7.6682\times10^{-6}$$

由此得到$u_c(c_m)=0.00277\ \mathrm{mol\cdot dm^{-3}}$。因此实验结果应写作："未知浓度蔗糖水溶液的物质的量浓度为（0.0980±0.0028）$\mathrm{mol\cdot dm^{-3}}$，式中的不确定度为合成标准不确定度$u_c$"。

两个变量之间的线性方程是物理化学实验中最经常遇到的数学函数关系之一，上面例子中的协方差小于零，说明拟合直线方程的截距和斜率的偏差变化方向是相反的。当这种情况

发生时，如果不考虑协方差的因素，上面例子的标准不确定度为$0.0035 \ \mathrm{mol \cdot dm^{-3}}$，会变得大一些。对线性拟合而言，尤其是要通过外推得到某些参数时（比如将浓度外推到0，得到截距$p$），外推值往往不是非常精确，但是由于截距和斜率的偏差变化方向是相反的，如果截距被低估了，则斜率就会被高估，以保证拟合直线尽量接近实验数据，反之亦然。图2-8中画出了上例中的拟合直线（红色实线），以及固定截距为$p=0$和$p=0.54$的两条拟合直线（蓝色虚线和绿色虚线），这三条拟合直线的调整确定系数（adj. $R^2$）分别为0.99896、0.99911和0.99915，说明这三个拟合方程与实验数据的契合程度基本一致，后两条拟合直线在旋光度$\alpha_\mathrm{m}=4.50°$处的蔗糖浓度分别为$c_\mathrm{m}=0.1009$和$0.0950 \ \mathrm{mol \cdot dm^{-3}}$，与上例中的计算结果相差不大，说明协方差项的存在能够保证即使截距不是非常精确，最终结果的不确定度依然很小。

**图2-8　不同截距的蔗糖浓度-旋光度标准曲线**

## 参考文献

［1］Cumulative Distribution Function of the Standard Normal Distribution. https://www.itl.nist.gov/div898/handbook/eda/section3//eda3671.htm.

［2］Working Group 1 of the Joint Committee for Guides in Metrology (JCGM/WG 1). Evaluation of measurement data - Guide to the expression of uncertainty in measurement (JCGM 100: 2008). International Organization for Standardization (ISO)，2008. https://www.bipm.org/en/committees/jc/jcgm/publications.

［3］Barry N T，Chris E K. Guidelines for Evaluating and Expressing the Uncertainty of NIST Measurement Results (NIST Technical Note 1297). National Institute of Standards and Technology，1994. https://www.nist.gov/pml/nist-technical-note-1297.

［4］Eite T，Peter J M，David B N，et al. Values of Fundamental Physical Constants. http://physics.nist.gov/cuu/Constants/index.html.

# 第**3**章
# 实　验

## 实验1　氧弹量热法——固体有机物生成焓的测定

### 实验简介

　　本实验中我们用氧弹量热计测定固体有机物的燃烧热，然后通过温度、压力等因素的校正，获得固体有机物的标准生成焓。量热学是热力学研究的基础性实验技术，庞大的标准态热力学数据库正是通过这种测量逐步建立起来的。

　　学生应熟悉热化学的基本概念，如反应热、燃烧焓、生成焓等，以及热力学函数（如内能 $U$、焓 $H$）与体系性质（如温度 $T$、压力 $p$）的关系。建议预先通过书面资料熟悉实验设计，尤其是实验过程中如何控制体系与环境的相互作用，以完成微小温度变化的精密测定。

### 理论探讨

#### 1. 生成焓和燃烧焓

　　化合物的标准生成焓数据是最有用的热力学信息之一，通过这些数据，并按照适当的计算规则（如盖斯定律），许多化学反应过程的标准反应热就可以被计算出来。因此，化合物生成焓的实验测量对热力学有重要意义，必须仔细操作，以达到所希望的精密性和准确度。

　　本实验中将通过测定一些固体有机物（如萘、葡萄糖或蔗糖）燃烧热的方法，来确定这些化合物的生成焓。所谓一个化合物的"生成反应"，以萘为例，是指由稳定单质生成这个

化合物的反应

$$10C(\text{石墨}, s) + 4H_2(g) \longrightarrow C_{10}H_8(\text{萘}, s) \tag{1}$$

但是化学常识告诉我们，即使这些单质以精确的化学计量比例混合在一起，也不会通过类似式（1）这样的化学反应生成所希望的化合物，因此也不能借由测定这样反应的焓变来确定某个化合物的生成焓。解决这个问题的方法之一是测量另外一个涉及这个化合物的反应的焓变，比如萘的燃烧反应

$$C_{10}H_8(s) + 12O_2(g) \longrightarrow 10CO_2(g) + 4H_2O(l) \tag{2}$$

如果上述燃烧反应被正确操作并得到了确定的产物，则伴随这个化学计量反应的热效应就可以被准确测定，根据盖斯定律，萘的生成焓 $\Delta_f H[C_{10}H_8(s)]$ 可以通过萘的燃烧反应热计算出来

$$\Delta_f H[C_{10}H_8(s)] = 10\Delta_f H[CO_2(g)] + 4\Delta_f H[H_2O(g)] - \Delta_c H \tag{3}$$

式中，$\Delta_c H$ 是萘的燃烧焓，即在恒定温度下反应（2）的反应热。从方程（3）可以看出，萘的生成焓的计算来源于两部分数据，一部分来源于热力学数据表（产物 $CO_2$ 和 $H_2O$ 的生成焓），另一部分来源于燃烧反应的测量。

为使反应完全按照式（2）完成，萘的燃烧一般要求氧气大大过量，这能够保证反应结束后没有剩余未燃烧的萘或者未完全燃烧的副产物，过量的氧气也能够保证反应在极短的时间内完成。为此，燃烧热测定实验的要求之一就是反应器中必须维持高压，即反应是在厚壁的金属反应器中进行的，该反应器称为"氧弹"。在氧弹量热计中测得的是恒定体积条件下萘燃烧反应的热效应，根据热力学第一定律 $\Delta U = Q + W$，在只做体积功的条件下，氧弹中燃烧反应的热效应等于反应过程中体系的内能变化

$$\Delta_c U = Q_V \tag{4}$$

燃烧焓的值可以根据焓的定义 $H = U + pV$ 得到

$$\Delta_c H = \Delta_c U + \Delta(pV) \tag{5}$$

式中，$\Delta(pV)$ 是产物的 $pV$ 值与反应物的 $pV$ 值之差。在典型的氧弹测量实验中，气相样品体积与液（固）相样品体积相差巨大（氧弹容积约 300 cm³，而液体或固体样品的体积均小于 1 cm³），因此 $\Delta(pV)$ 一般仅需考虑气态样品即可，根据理想气体状态方程可以得到

$$\Delta(pV) \approx \Delta_r n_g RT \tag{6}$$

式中，$\Delta_r n_g$ 是气态产物与气态反应物的物质的量之差。

## 2. 标准燃烧焓

根据方程（4）、方程（5）和方程（6）测量和计算得到的燃烧焓 $\Delta_c H$ 还不能作为热力学标准数据，我们希望获得一个反应的标准燃烧焓，即反应物和产物都处于标准态下的燃烧焓，$\Delta_c H^\ominus$。所谓标准态，是指压力处于 100 kPa，气体处于假想的"理想气体"状态，液体（或固体）为纯物质状态。为将 $\Delta_c H$ 调整为 $\Delta_c H^\ominus$，应考虑如下三个方面的修正项。

（1）将反应温度修正到 25 ℃（298.15 K）

$$\Delta H_1 = \int_{\overline{T}}^{298.15} \Delta_r C_p dT = \int_{\overline{T}}^{298.15} \left( \sum_B \nu_B C_{p,m,B} \right) dT \tag{7}$$

式中，$\Delta_r C_p$ 是产物与反应物热容之差；$\overline{T}$ 近似为反应前后体系的平均温度（燃烧反应导致量热计温度变化为 2 ～ 3 ℃）；$\nu_B$ 是 B 物质的化学计量数（产物取正，反应物取负），加和遍及所有反应物和产物。当反应温度偏离 25 ℃达到几度大小时，$\Delta H_1$ 不可忽略。

（2）将液态（固态）物质的压力修正到标准态压力 $p^{\ominus} = 100\ kPa$

根据热力学基本方程 $dH = TdS + Vdp$，两边在温度不变时对压力取偏微分

$$\left(\frac{\partial H}{\partial p}\right)_T = T\left(\frac{\partial S}{\partial p}\right)_T + V \tag{8}$$

由Maxwell关系式 $(\partial S/\partial p)_T = -(\partial V/\partial T)_p$ 以及物质的热膨胀系数 $\alpha = (\partial V/\partial T)_p/V$，可以得到

$$\left(\frac{\partial H}{\partial p}\right)_T = -VT\alpha + V = V(1 - \alpha T) \tag{9}$$

则反应中液态（固态）物质的修正项为

$$\begin{aligned}\Delta H_2 &= \int_p^{p^{\ominus}} \left(\sum_B \gamma_B V_{m,B} - T\sum_B \gamma_B V_{m,B}\alpha_B\right)dp \\ &= \left(\sum_B \gamma_B V_{m,B} - T\sum_B \gamma_B V_{m,B}\alpha_B\right)(p^{\ominus} - p)\end{aligned} \tag{10}$$

加和遍及反应方程中所有液（固）相物质，温度 $T$ 取修正项（1）中的 $\overline{T}$。$\Delta H_2$ 一般很小，可以忽略。

（3）将气态物质修正到气体的理想状态

气体物质的标准态是指处于 $p^{\ominus} = 100\ kPa$ 下的理想气体，但是对于实际气体而言，只有当压力 $p \to 0$ 时其行为才符合理想气体行为。根据全微分

$$dH = \left(\frac{\partial H}{\partial T}\right)_p dT + \left(\frac{\partial H}{\partial p}\right)_T dp$$

可以得到

$$\left(\frac{\partial H}{\partial p}\right)_T = -\left(\frac{\partial H}{\partial T}\right)_p\left(\frac{\partial T}{\partial p}\right)_H = -C_p\mu_{J\text{-}T} \tag{11}$$

式中，$C_p$ 是恒压热容；$\mu_{J\text{-}T}$ 是实际气体的焦耳-汤姆逊系数。

以萘的燃烧反应为例，设计热力学循环如下

$$C_{10}H_8(s) + 12O_2(g, p=0) \longrightarrow 10CO_2(g, p=0) + 4H_2O(l)$$
$$\downarrow \qquad\qquad\qquad\qquad\qquad\qquad\qquad \uparrow$$
$$C_{10}H_8(s) + 12O_2(g, p_{O_2}) \longrightarrow 10CO_2(g, p_{CO_2}) + 4H_2O(l)$$

式中，$p_{O_2}$ 和 $p_{CO_2}$ 分别是反应体系中 $O_2$ 和 $CO_2$ 的分压。则将气态物质修正到气体的理想状态的修正项为

$$\Delta H_3 = \sum_B \int_{p_B}^{0} -\nu_B C_{p,m,B}\mu_{J\text{-}T,B}dp = \sum_B \nu_B C_{p,m,B}\mu_{J\text{-}T,B}p_B \tag{12}$$

加和遍及所有气态物质。在这个热力学循环中没有考虑标准态压力 $p^{\ominus} = 100\ kPa$，因为对于理想气体而言，焓只是温度的函数，压力为0与压力为100 kPa的焓值并没有区别。

综上所述，标准燃烧焓的修正公式为

$$\Delta_c H^{\ominus} = \Delta_c H + \Delta H_1 + \Delta H_2 + \Delta H_3 \tag{13}$$

## 3. 氧弹量热计与非绝热过程的温度校正

图1（a）是氧弹量热计测量装置示意图，基本构造为内、外筒三层结构，氧弹置于内筒，

浸没于一定量的水中，内、外筒之间有空气夹层，外筒中也注入适量的水，当样品在氧弹中燃烧后，释放的热量使内筒的水温升高，根据预先标定的体系热容，就可以计算出反应热。图1（b）是氧弹的剖面图，粉末样品压片后放在燃烧盘中，螺旋燃烧丝置于样品表面，氧弹中充入高压氧气，实验时给燃烧丝通电，红热的燃烧丝点燃样品充分燃烧；顶盖进气-排气孔采用弹簧止回阀，充气时进气导管下压弹簧，使进气口打开，充入高压氧气，充气结束后导管移出，弹簧复位，氧弹内的高压气体向上顶推气门芯压紧密封圈，保证高压气体不泄漏；实验结束后可用顶针下压弹簧，打开进气口，排空氧弹内的高压气体。

图1　氧弹量热计测量装置(a)和氧弹剖面图(b)

假定在绝热条件下，氧弹中发生如下反应：

$$A(T_0) + B(T_0) + S(T_0) \longrightarrow C(T_1) + D(T_1) + S(T_1) \tag{14}$$

式中，A、B和C、D分别是反应物和产物；S代表体系的其余部分（包括氧弹壳体、富余的氧气、内筒中的水等），其温度一般与反应物、产物相等，S与反应物或产物共同构成一个热力学研究体系。

燃烧热测量的关键在于确定反应前后的温度变化，即

$$\Delta T = T_1 - T_0 \tag{15}$$

在理想绝热条件下，量热计测得的体系温度随时间变化曲线如图2（a），在这种情况下很容易确定$\Delta T$，因为在燃烧反应前后，体系达成热平衡时$(dT/dt)=0$，温度变化的唯一原因来自于化学反应。但是，完全绝热条件是不可能达到的，首先没有一种绝热材料是完美的，反应过程中体系与环境之间或多或少地会有热量的得失。其次，搅拌器对水所做的功也会导致体系温度的变化。在实际条件下，量热计测得的体系温度随时间的变化曲线如图2（b），

为得到理想绝热条件下的$\Delta T$值，必须对实验数据做出更加详细的分析。

**图2　理想绝热条件下(a)和实际(b)氧弹体系的温度$T$与时间$t$关系曲线**

考虑图3所示的氧弹量热实验曲线，该曲线形态符合通过体系边界热传递较小、而搅拌过程传递能量中等的假设。反应开始前，先记录一系列温度$T$-时间$t$数据，以建立起始（反应前）温度漂移速率关系$(\mathrm{d}T/\mathrm{d}t)_i$；将样品点火时间$t_i$作为起始时间，该点温度$T_i$作为起始温度；反应结束后继续记录$T$-$t$数据直至呈现大致的线性关系，即终态（反应后）温度漂移速率关系$(\mathrm{d}T/\mathrm{d}t)_f$，在该直线段取任意点时间作为终态时间$t_f$，该点温度为终态温度$T_f$。当然，从准确性角度出发，$t_f$最好取在终态$T$-$t$直线的反向延长线恰好偏离实验曲线的那一点。

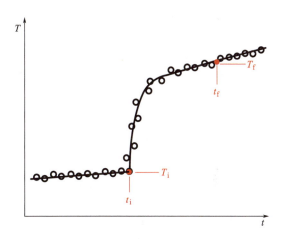

**图3　氧弹量热实验曲线**

通过体系边界的热传递速率可以用牛顿定律表示

$$\frac{\delta Q}{\delta t} = -k(T - T_s) \tag{16}$$

式中，$T_s$是环境温度；$k$是热传导速率常数，与边界材料的热导率有关。若单位时间内通过搅拌器传入体系的机械功$P = \delta W/\delta t$是不随时间变化的常量，体系热容为$C$，则有

$$\frac{\mathrm{d}U}{\mathrm{d}t} = C\frac{\mathrm{d}T}{\mathrm{d}t} = P - k(T - T_s) \tag{17}$$

方程（17）重排后得到

$$\left(\frac{\mathrm{d}T}{\mathrm{d}t}\right)_{\text{热传导+搅拌}} = \frac{1}{C}[P - k(T - T_s)] \tag{18}$$

图3中表示的温度差$T_f - T_i$可以表示为

$$T_f - T_i = \Delta T + \int_{t_i}^{t_f} \left(\frac{dT}{dt}\right)_{\text{热传导+搅拌}} dt \qquad (19)$$

式中，$\Delta T = T_1 - T_0$ 是在理想绝热且没有机械功输入体系的条件下，纯粹燃烧反应导致的体系温度升高，即 $\Delta T$ 正是要求出的、用于计算燃烧热的温差。将方程（19）重新整理得到

$$T_1 - T_0 = \Delta T = (T_f - T_i) - \int_{t_i}^{t_f} \frac{1}{C} \{P - k[T(t) - T_s]\} dt \qquad (20)$$

因为并不知道搅拌器提供的机械功率 $P$，所以方程（20）无法直接积分。为此做变量代换，令 $T_c = T_s + P/k$，则方程（18）可以表示为

$$\left(\frac{dT}{dt}\right)_{\text{热传导+搅拌}} = -\frac{k}{C}(T - T_c)$$

则起始温度漂移速率和终态温度漂移速率分别为

$$\left(\frac{dT}{dt}\right)_i = -\frac{k}{C}(T_i - T_c) \text{ 和 } \left(\frac{dT}{dt}\right)_f = -\frac{k}{C}(T_f - T_c) \qquad (21)$$

对方程（20）同样做变量代换后，可以得到

$$T_1 - T_0 = \Delta T = (T_f - T_i) + \frac{k}{C} \int_{t_i}^{t_f} (T - T_c) dt \qquad (22)$$

在 $t_i$ 和 $t_f$ 间取时间点 $t_d$，则积分 $\int_{t_i}^{t_f} (T - T_c) dt$ 可以变化为

$$\int_{t_i}^{t_f} (T - T_c) dt = \int_{t_i}^{t_d} (T - T_c) dt + \int_{t_d}^{t_f} (T - T_c) dt$$

$$= \int_{t_i}^{t_d} [(T - T_i) + (T_i - T_c)] dt + \int_{t_d}^{t_f} [(T - T_f) + (T_f - T_c)] dt$$

展开后得到

$$\int_{t_i}^{t_f} (T - T_c) dt = \left[ \int_{t_i}^{t_d} (T - T_i) dt - \int_{t_d}^{t_f} (T_f - T) dt \right] + (T_i - T_c)(t_d - t_i) + (T_f - T_c)(t_f - t_d) \qquad (23)$$

若将 $t_d$ 取作使得方程（23）等号右边的两个积分相等

$$\int_{t_i}^{t_d} (T - T_i) dt = \int_{t_d}^{t_f} (T_f - T) dt$$

即图4中实验曲线上、下两部分阴影面积相等，则

$$\int_{t_i}^{t_f} (T - T_c) dt = (T_i - T_c)(t_d - t_i) + (T_f - T_c)(t_f - t_d) \qquad (24)$$

将方程（24）代入方程（22），并考虑方程（21），则有

$$\Delta T = (T_f - T_i) - \left(\frac{dT}{dt}\right)_i (t_d - t_i) - \left(\frac{dT}{dt}\right)_f (t_f - t_d) \qquad (25)$$

由图4可以方便地看出方程（25）的意义：将体系反应前后温度线性变化段延长（或反向延长），交 $t_d$ 垂线于两点，则理想绝热条件下燃烧反应过程导致的体系温度变化 $\Delta T$ 等于这两点之间的温度差。

作为近似，如果不仔细计算积分，有时可以将实验曲线上环境温度 $T_s$ 对应的时间当作 $t_d$ 的

值，或者将温度为$[(T_f-T_i)\times60\%+T_i]$的点对应的时间作为$t_d$的值，究竟选择哪一个可以目测一下哪个点更接近于消除方程（23）等号右边的两个积分。

如果体系的绝热状态较差，终态温度漂移速率$(dT/dt)_f$可能小于0，即终态直线段的斜率小于0，这意味着实验曲线将出现一个最高点，这个最高点的温度就是终态温度$T_f$，对应的时间就是终态时间$t_f$，除此之外，其余计算$\Delta T$的过程与前面的讨论相同。

由上面的推导可以知道，测量燃烧热时，体系的起始温度应低于环境温度。

### 4. 燃烧热的测量和计算

通过实验数据的分析和计算得到理想绝热条件下燃烧反应引起体系的温度变化$\Delta T$后，就可以进一步计算反应条件下样品的燃烧热了。假定体系体积基本恒定，根

**图4** 计算理想绝热条件下燃烧反应温度变化$\Delta T$的图示

据热力学第一定律，恒容的绝热体系$\Delta U=0$，则样品燃烧释放的燃烧热全部用于体系的升温过程，这里的体系包括氧弹弹体、水介质以及相关的边界材料等。因此，燃烧热

$$Q_V=-C\Delta T \tag{26}$$

式中，$C$是体系热容，常常不是能够精确计算的，因此一般采用已知燃烧热的标准样品标定量热计的方法确定$C$值，前提是每次测量使用相同的实验装置，且加入的水介质数量相同：

$$C=-\frac{Q_{V,\text{标}}}{\Delta T_\text{标}} \tag{27}$$

注意式中的$Q_{V,\text{标}}$不等于热力学数据表中列出的标准样品的燃烧焓$\Delta_c H$。

上面计算出的燃烧热$Q_V$中还包括燃烧丝燃烧释放的热量，在精确计算时必须予以扣除。

## 仪器试剂

SHR-15B燃烧热实验装置（南京桑力电子设备厂），YCY-4充氧器，压片机，氧气钢瓶、减压阀（最高读数5 MPa），燃烧丝（Ni丝、Ni-Cr丝或纯Fe丝），1000 mL容量瓶，塑料桶，直尺，剪刀，镊子，万用电表，电子天平，温度计（0～50 ℃）。

苯甲酸(A.R.)，萘(A.R.)。

## 安全须知和废弃物处理

- 遵守高压气体操作规范，使用合规设备，佩戴护目镜，任何时候均不可将高压气体出口对准人体。
- 确保高压气体管道连接牢固可靠，每次对氧弹充气前，仔细确认氧弹已经完全封闭。
- 实验前确认氧弹密封圈清洁、完整，氧弹头能够顺滑下旋至弹体，没有滑牙。
- 任何时候拿持氧弹，都必须用双手，且一手托底。

- 一次测量完成后，要缓慢放空氧弹内的气体，然后再打开氧弹。
- 苯甲酸和萘对人体皮肤、黏膜、眼睛等有损害，操作时应穿戴实验服，佩戴护目镜和丁腈橡胶手套。
- 如发生皮肤沾染，用肥皂清洗沾染部位后，用水冲洗10 min以上。
- 离开实验室前务必洗手。
- 样品碎屑和残渣应倒入固体废弃物桶中。

## 实验步骤

### 1. 仪器预热

将SHR-15B燃烧热实验装置及全部附件加以整理并洗净，开启电源开关，进行预热。**注意**：此时不要开启搅拌开关。

电极
卡套
引线孔
燃烧盘
环形架
样品片
螺旋燃烧丝

**图5　燃烧丝安装示意图**

### 2. 标定量热计

（1）在天平上粗称1.0 g左右苯甲酸，在压片机中压成片状（不能压太紧，太紧点火后不能充分燃烧），取出的苯甲酸压片在称量纸上轻敲几下，除去浮屑，然后在天平上准确称量。

（2）旋开氧弹，把氧弹的弹头放在弹头架上，将金属燃烧盘放置在弹头环形架上，苯甲酸压片放入燃烧盘中。取一根10～15 cm燃烧丝，测量其长度并称量，取一笔芯粗细的短棒（铁钉、细钢管或圆珠笔芯等），把燃烧丝中间绕成螺旋状（10圈左右）。将燃烧丝螺旋部分贴紧样品片，燃烧丝两端穿过电极的引线孔，用卡套下压固定，保证接触良好（见图5），检查燃烧丝与燃烧盘壁不能相碰。样品点火是否成功取决于燃烧丝的安装是否正确，在这里花上几分钟仔细安装和检查非常必要。

（3）在弹体中注入约1 mL水，将安装完毕的弹头轻轻放入弹体中，用手拧紧，注意整个过程不要剧烈震动，以免燃烧丝错位或松脱。安装完成后用万用表测量两电极间电阻，应为20 Ω左右。若接近0，则说明燃烧丝已经移位，触碰金属盘体；若电阻很大，则说明燃烧丝松脱，此时应打开氧弹重新安装燃烧丝。

（4）将氧气钢瓶表头上的金属导管与充氧器接口连接紧密，检查表头减压阀处于关闭状态（逆时针旋松）。逆时针打开钢瓶总阀，检查总压力，然后顺时针旋转减压阀，至减压阀出口压力升至20 MPa。安装完毕的氧弹置于充氧器下，进气口对准充氧嘴，压下手柄，将充氧嘴顶入氧弹进气口，待进气的"嘶嘶"声消失后，松开手柄，将氧弹放气顶针压入进气口（顶针放气口指向空处），放出气体。如此反复三次，将氧弹中的空气全部交换掉。再次压下手柄并保持约1 min，将氧弹充满氧气，记录氧气的压力值和当时的大气压值。充氧完成后，关闭钢瓶总阀，将减压阀中残余氧气放空后，逆时针旋松减压阀。

（5）从外筒注水口向量热计外筒内注满水，用手动搅拌器稍加搅动。将传感器插入注水口，测量并记录外筒的水温。在大塑料桶中加入约4000 mL自来水，用冰块调节水温，使其低于外筒水温1～2 ℃，用容量瓶量取3000 mL经过调温的自来水注入内筒。将电极线分别插在氧弹两电极插孔里，此时点火指示灯亮，再将氧弹放入内筒中（如氧弹有连续气泡逸出，说明氧弹漏气，应取出氧弹寻找原因并排除之），盖上筒盖（**注意：搅拌器不要与弹头相碰**），将传感器插入内筒水中。

（6）开启搅拌开关，搅拌指示灯亮，进行搅拌。点开燃烧热数据采集及处理软件界面，进行参数设定。待内筒水温基本稳定后，按"采零"键后再按"锁定"键，将高精度测量的"温差"信号的零点设定为当前内筒的水温。然后将传感器取出放入外筒水中，待温度稳定后，记录其温度值和温差值。将传感器重新插入内筒水中，待温度稳定后，点击软件界面进行数据采集，持续10～15 min，确认获得稳定的起始温度漂移速率曲线。按下"点火"按钮，此时点火指示灯灭，停顿一会点火指示灯又亮，直到燃烧丝烧断，点火指示灯再次熄灭，氧弹内样品一经燃烧，水温很快上升，说明点火成功。继续采集温差-时间数据，直至终态温度漂移速率曲线出现明显的线性段。测量结束，保存实验数据文件。将温度传感器再次插入外筒水中，记录温度和温差值，与前次测量的数据取平均值，作为环境温度$T_s$。

**注意**：水温没有上升，说明点火失败，应关闭电源，取出氧弹，放出氧气，仔细检查燃烧丝及连接线，找出原因并排除。

（7）打开内筒盖（注意先移出温度传感器），取出氧弹，拆除电极，放出氧弹内的余气。旋下氧弹盖，测量燃烧后残余燃烧丝的长度并称重，并检查样品燃烧情况。若样品没完全燃烧，实验失败，需重做；反之，说明实验成功。

### 3. 测量萘的燃烧热

称取0.6 g左右萘，按照第2步标定量热计的方法进行测量。

### 4. 其他测量

实验全部结束后，清洗全部仪器及附件，将外筒的水全部抽出。用直尺测量氧弹弹体的内容积。

## 数据处理与结果分析

1. 确定环境温度$T_s$。
2. 计算量热计体系的热容值$C$。

将苯甲酸燃烧反应实验曲线的纵坐标温差值换算为温度值，以温度$T$-时间$t$作图，画出起始、终态温度漂移速率曲线直线段及其延长线。确定燃烧反应起始点和终态点坐标，即$(t_i, T_i)$和$(t_f, T_f)$。确定$t_d$值，做过时间$t_d$的垂线，交两延长线于两点，求出$\Delta T_{标}$值。

根据苯甲酸的标准燃烧焓数据$\Delta_c H_m^{\ominus}$（25 ℃），由方程（7）、（10）、（12）分别计算出各修正项，所需参数见表1，再由方程（13）计算出反应温度、压力下苯甲酸的燃烧焓数据$\Delta_c H_m$（$\overline{T}$），注意氧气的实际压力为压力表读数加大气压值，$CO_2$的分压请根据实际反应条件自行计算。根据方程（4）、（5）计算苯甲酸的燃烧热$Q_V$，加上燃烧丝燃烧掉的部分的燃烧热$q$，得到标准样品的燃烧热值

$$Q_{V, 标} = Q_V + q$$

然后根据方程（27）计算量热计体系的热容$C$。燃烧丝的燃烧热为：铁丝$-6.676$ kJ·$g^{-1}$。其余燃烧丝的燃烧热值由供货商提供，参考值为：镍丝$-3.243$ kJ·$g^{-1}$，镍铬丝$-1.400$ kJ·$g^{-1}$。

3．计算样品的燃烧热$Q_V$和燃烧焓$\Delta_cH$。

按第2步中同样的方法确定萘的$\Delta T$值，根据方程（26）计算燃烧反应的恒容热$Q_V{}'$以及燃烧丝燃烧掉的部分的燃烧热$q$，样品的燃烧热

$$Q_V=Q_V{}'-q$$

据此计算实验温度和压力下萘的摩尔燃烧焓$\Delta_cH$。

4．计算萘的标准燃烧焓$\Delta_cH_m^{\ominus}$（25 ℃）。

按方程（7）、方程（10）、方程（12）分别计算燃烧焓修正项$\Delta H_1$、$\Delta H_2$、$\Delta H_3$，所需参数见表1，$CO_2$的分压请根据实际反应条件自行计算。根据方程（13）计算萘的标准燃烧焓$\Delta_cH_m^{\ominus}$（25 ℃）。

**表1　各物质的参数（25 ℃）**

| | $\Delta_cH_m^{\ominus}/kJ \cdot mol^{-1}$ | $C_{p,m}/J \cdot K^{-1} \cdot mol^{-1}$ | $\mu_{J\text{-}T}/K \cdot (100\ kPa)^{-1}$ | $\alpha/K^{-1}$ | $V_m/cm^3 \cdot mol^{-1}$ |
|---|---|---|---|---|---|
| $C_7H_6O_2(s)$ | −3226.9 | 146.8 | — | $12.4\times10^{-4}$ | 96.47 |
| $C_{10}H_8(s)$ | −5156.3 | 165.7 | — | $12.4\times10^{-4}$ | 125.01 |
| $H_2O(l)$ | — | 75.29 | — | $2.1\times10^{-4}$ | 18.4 |
| $O_2(g)$ | — | 29.36 | 0.31 | — | — |
| $CO_2(g)$ | — | 37.11 | 1.10 | — | — |

注：苯甲酸和萘的热膨胀系数均用苯的热膨胀系数代替。

5．计算萘的标准摩尔生成焓。

查阅热力学标准数据，根据方程（3）计算萘的标准摩尔生成焓。与文献数据进行对比，计算误差，讨论误差的来源。

6．尝试计算蔗糖的标准摩尔生成焓，所需数据自行查阅。

## 讨论与思考

1．实验前在氧弹弹体中加入少量水的目的是什么？
2．整个实验过程中，哪些因素可能引起燃烧热测量的误差？
3．表1中各参数其实都是温度的函数，在实际计算中是否应考虑温度的影响？

## 附录　热电阻温度传感器

热电阻温度检测器（resistance temperature detector，RTD）是利用金属或半导体的电阻值随温度变化的原理制成的传感器，是温度测量仪表中常用的一种温度测温元件。金属热电阻的电阻值随温度的上升而增大，常用的有铂热电阻（测温范围为−200 ～ +850 ℃）、铜热电阻（−50 ～ +150 ℃）和镍热电阻（−60 ～ +180 ℃）三种。热电阻大多是用直径0.04 ～ 0.1 mm的纯金属丝绕在片状或棒状的云母、玻璃、陶瓷或胶木骨架上制成的。在工业应用中，它一般装在金属保护套管内，以防止损坏；也有做成铠装的。热电阻是中低温区最常用的一种温度检测器。它的主要特点是测量精度高，性能稳定。其中铂热电阻的测量精确度是最高的，它不仅广泛应用于工业测温，而且被制成标准的基准温度测量仪。

热电阻是把温度变化转换为电阻值变化的一次元件，通常需要把电阻信号通过引线传递到计算机控制装置或者其他二次仪表上，因此热电阻的引线对测量结果会有较大的影响。常见的接线方式如图6所示。

（1）二线制

在热电阻的两端各连接一根导线来引出电阻信号的方式叫二线制。这种引线方法很简单，但由于连接导线必然存在引线电阻$r$，$r$大小与导线的材质和长度等因素有关，因此这种引线方式只适用于测量精度较低的场合。

（2）三线制

在热电阻的根部的一端连接一根引线，另一端连接两根引线的方式称为三线制，这种方式通常与电桥配套使用，可以较好地消除引线电阻的影响，是工业过程控制中最常用的。

（3）四线制

在热电阻的根部两端各连接两根导线的方式称为四线制，其中两根引线为热电阻提供恒定电流$I$，把$R$转换成电压信号$U$，再通过另两根引线把$U$引至二次仪表。可见这种引线方式可完全消除引线的电阻影响，主要用于高精度的温度检测。

**图6　热电阻的三种接线方式**

$R_{L1}$—从a+端到RTD导线的电阻；$R_{L2}$—从a−端到RTD导线的电阻

本实验采用的热电阻分度号为Pt-100，在0 ℃时的电阻值为$R_0 = (100 \pm 0.1)$ Ω，100 ℃时的电阻值与0 ℃时的电阻值之比为

$$\frac{R_{100}}{R_0} = 1.391 \pm 0.001 \tag{28}$$

铂电阻温度计在13.81～903.89 K温度范围内可以作为体现国际实用温标的标准温度计。

与温度测量中运用得最广泛的元件热电偶相比，热电阻虽然在工业中应用也比较广泛，但是由于测温范围较窄，使其应用受到了一定的限制。热电阻的测温原理是基于导体或半导体的电阻值随着温度的变化而变化的特性，其优点包括可以远传电信号、灵敏度高、稳定性强、互换性以及准确性都比较好等，但是需要电源激励，不能瞬时测量温度的变化。不过，热电阻不需要补偿导线，这一点比热电偶方便，而且比热电偶便宜。

## 实验2　简单离子晶体的溶解热、晶格能和水合热

### 实验简介

本实验中我们将利用电加热补偿法测定氯化钾在水中溶解过程的热效应，对于溶液中的

吸热反应，电加热补偿法是一种非常方便实用的实验测量技术。对于离子晶体而言，其晶格能可以通过理论计算方法得到，而根据溶解热和晶格能的数据，又可以计算出离子晶体的水合热。

学生应预先了解涉及溶解过程热效应的四个性质，即积分溶解热、微分溶解热、积分稀释热和微分稀释热，弄清楚这些热效应的测量和计算原理。离子晶体的晶格能可以通过物理学方法计算，也可以通过玻恩-哈伯循环，由热化学数据和结构化学数据进行计算。

## 理论探讨

### 1. 溶解热与稀释热

溶质在纯溶剂或者溶液中的溶解过程伴随有热效应，比如离子晶体盐在水中溶解的过程往往是吸热的，而氢氧化钠、氯化氢或者浓硫酸与水作用时是放热的。当讨论这类问题时，我们当然可以笼统地说一定数量的某种溶质溶解在另一种溶剂中吸收（或放出）若干热量，但是这无助于对不同溶质/溶剂体系溶解过程的热效应进行对比和定量分析。对溶解过程热效应的热力学研究和系统化分析，是通过引入积分溶解热和微分溶解热的概念而完成的。

积分溶解热与溶液浓度有关，用符号 $\Delta H_{IS}$ 表示（I 表示 intergral，S 表示 solution）。某个特定浓度时的积分溶解热定义为：恒温恒压下，1 mol 溶质溶解在足量的纯溶剂中形成该浓度的溶液的过程中发生的反应热。因为压力是恒定的，若只考虑系统做体积功，则反应热即为焓变。以 KCl 为例，其在水中的 $\Delta H_{IS}$ 就等于下面过程的焓变：

$$KCl(s) + nH_2O(l) =\!=\!= [KCl(s)，nH_2O(l)]$$

符号 $[KCl(s)，nH_2O(l)]$ 表示 1 mol KCl 溶于 $n$ mol 水所形成的溶液。例如，在 $T$、$p$ 恒定条件下，1 mol KCl 溶于 500 g 水吸收的热就是浓度为 2 mol·kg$^{-1}$ 的 KCl 水溶液的积分溶解热。

我们当然不会总是取出 1 mol 溶质做实验，比如在 $T$、$p$ 恒定条件下，$n_2$ mol 溶质溶于 $n_1$ mol 溶剂，测得过程的溶解热为 $\Delta H_S$，根据积分溶解热定义，$\Delta H_{IS}$ 应为 1 mol 溶质溶解在 $(n_1/n_2)$ mol 溶剂中时发生的热效应，则

$$\Delta H_S = n_2 \Delta H_{IS} \tag{1}$$

可见，积分溶解热描述的是溶液浓度由零增加到某个特定浓度值的整个过程中的热效应，它与最终形成的溶液浓度有关，而与体系中物质的实际数量无关。

如果我们不是从纯溶剂开始测量溶解热，而是已经形成了一个溶液，组成是 $n_1$ mol 溶剂 + $n_2$ mol 溶质，往这个溶液中继续加入溶质产生的热效应是多少呢？考虑极限情况，如果我们向这个溶液体系中加入无限微量的溶质 $dn_2$，则体系溶解热的增量为 $d(\Delta H_S)$，溶解热随溶质数量的变化率可以表示为

$$\left[ \frac{\partial(\Delta H_S)}{\partial n_2} \right]_{T,p,n_1} \tag{2}$$

该偏微分称为微分溶解热，也可以看作在 $T$、$p$ 恒定条件下，将 1 mol 溶质加入极大量的溶液中引起的焓变，由于溶液的数量巨大，多加入 1 mol 溶质不会改变溶液的浓度。可以注意到，微分溶解热并不是积分溶解热的一次偏导数，而是溶解热的一次偏导数；从物理意义上看，虽然积分溶解热和微分溶解热都可以看作 1 mol 溶质形成某个浓度溶液的热效应，但是前者针对的是有限数量的溶剂，溶解过程伴随溶液浓度的不断变化，而后者针对的是无限大量的溶液，其浓度保持恒定不变。

现在假定，在 $T$、$p$ 恒定条件下，1000 g 水中已经溶解有 $m$ mol 溶质，溶液质量摩尔浓度为 $b = m$ mol·kg$^{-1}$，此时向该溶液中再加入极微量的 d$m$ mol 溶质，所引起的焓变为 d($m\Delta H_{IS}$)。根据微分溶解热的定义

$$\left[\frac{\partial(\Delta H_S)}{\partial n_2}\right]_{T,p,n_1} = \left[\frac{\partial(m\Delta H_{IS})}{\partial m}\right]_{T,p,n_1} = \left[\frac{\partial\left(\dfrac{m}{W}\Delta H_{IS}\right)}{\partial\left(\dfrac{m}{W}\right)}\right]_{T,p,n_1} = \left[\frac{\partial(b\Delta H_{IS})}{\partial b}\right]_{T,p} \tag{3}$$

式中，$W$ 是溶剂的质量。方程（3）可以展开为

$$\left[\frac{\partial(\Delta H_S)}{\partial n_2}\right]_{T,p,n_1} = \Delta H_{IS} + b\left[\frac{\partial(\Delta H_{IS})}{\partial b}\right]_{T,p} \tag{4}$$

该方程等号右边两项均与溶质的浓度有关，因此微分溶解热也是溶液浓度的函数。

如果溶质的数量不变时，向溶液中加入溶剂就产生稀释作用（或冲淡作用），其热效应可以用积分稀释热（或积分冲淡热）和微分稀释热（或微分冲淡热）进行度量。积分稀释热的定义是：恒温恒压下，向含有 1 mol 溶质、浓度 $b_1$ 的溶液中加入足够量的溶剂，使得溶液浓度变为 $b_2$，该过程的热效应称为在浓度 $b_1$、$b_2$ 之间的积分稀释热，符号为 $\Delta H_{ID,\, b1 \to b2}$（I 表示 intergral，D 表示 dilution）。焓是状态函数，因此

$$\Delta H_{ID, b_1 \to b_2} = \Delta H_{IS}(b_2) - \Delta H_{IS}(b_1) \tag{5}$$

微分稀释热的定义为：

$$\left[\frac{\partial(\Delta H_S)}{\partial n_1}\right]_{T,p,n_2} \tag{6}$$

式中各项变量的定义与前面方程中相同。

积分溶解热 $\Delta H_{IS}$、微分溶解热 $[\partial(\Delta H_S)/\partial n_2]_{T,p,n_1}$、积分稀释热 $\Delta H_{ID,\,b1 \to b2}$ 和微分稀释热 $[\partial(\Delta H_S)/\partial n_1]_{T,p,n_2}$ 都是溶液浓度的函数，与溶剂、溶质的数量无关。但是，溶解热 $\Delta H_S$ 显然是溶剂、溶质数量的函数，设 $\Delta H_S = f(n_1, n_2)$，其全微分为：

$$d(\Delta H_S) = \left[\frac{\partial(\Delta H_S)}{\partial n_1}\right]_{T,p,n_2} dn_1 + \left[\frac{\partial(\Delta H_S)}{\partial n_2}\right]_{T,p,n_1} dn_2 \tag{7}$$

在组成不变的条件下，$[\partial(\Delta H_S)/\partial n_2]_{T,p,n_1}$ 和 $[\partial(\Delta H_S)/\partial n_1]_{T,p,n_2}$ 均为常数，方程（7）积分得到

$$\Delta H_S = \left[\frac{\partial(\Delta H_S)}{\partial n_1}\right]_{T,p,n_2} n_1 + \left[\frac{\partial(\Delta H_S)}{\partial n_2}\right]_{T,p,n_1} n_2 \tag{8}$$

方程（8）两边同除以 $n_2$，得到

$$\frac{\Delta H_S}{n_2} = \left[\frac{\partial(\Delta H_S)}{\partial n_1}\right]_{T,p,n_2} \frac{n_1}{n_2} + \left[\frac{\partial(\Delta H_S)}{\partial n_2}\right]_{T,p,n_1} \tag{9}$$

根据方程（1），上式等号左边就是积分溶解热，若定义 $n_0 = n_1/n_2$，则方程（9）变为

$$\Delta H_{IS} = \left[\frac{\partial(\Delta H_S)}{\partial n_1}\right]_{T,p,n_2} n_0 + \left[\frac{\partial(\Delta H_S)}{\partial n_2}\right]_{T,p,n_1} \tag{10}$$

式中等号右边第一项偏微分即为微分稀释热，第二项偏微分即为微分溶解热。

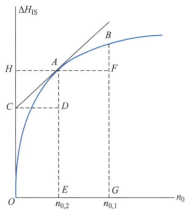

**图1 $\Delta H_{IS}-n_0$关系曲线**

由实验测定不同浓度下的积分溶解热$\Delta H_{IS}$，作出$\Delta H_{IS}-n_0$关系曲线（图1），就可以推算微分溶解热、微分稀释热和积分稀释热。在图1中，AC线是$\Delta H_{IS}-n_0$曲线在A点的切线，根据方程（10），该切线的斜率就是$n_{0,2}$值对应浓度溶液的微分稀释热

$$\left[\frac{\partial(\Delta H_S)}{\partial n_1}\right]_{T,p,n_2} = \frac{d(\Delta H_{IS})}{dn_0} = \frac{AD}{CD} \quad (11)$$

而$n_{0,2}$值对应浓度溶液的微分溶解热就等于切线$AC$在纵轴上的截距，即

$$\left[\frac{\partial(\Delta H_S)}{\partial n_2}\right]_{T,p,n_1} = OC \quad (12)$$

由$n_{0,2} \to n_{0,1}$稀释过程的积分稀释热为：

$$\Delta H_{ID,n_{0,2} \to n_{0,1}} = BG - AE = BF \quad (13)$$

## 2. 溶解热的测定和计算

氯化钾在水中的溶解过程是吸热过程，当系统绝热时（如实验在杜瓦瓶或保温杯中进行），系统温度的下降可以由电加热方法予以恢复初始温度，而溶解热就等于系统恢复所吸收的电加热能量$IVt = I^2Rt$。本实验展示了吸热反应在量热学测量方面的独特优势。当反应吸收热量后，系统的冷却效应可以用电加热的方法予以平衡补偿，从而保持系统温度不变。如此，在研究过程中，我们就不需要知道量热计和溶液的热容值，后者与温度、浓度等各种因素有关，很难计算和测量。所以，电加热补偿法比常规的绝热量热法更加方便。

图2是电加热补偿法实验装置示意图，反应容器为常规保温杯，容积600～700 mL，加热器为不锈钢套管式加热棒（最大功率15 W），测温使用Pt-100热电阻型温度传感器，搅拌方式为磁力搅拌。本实验数据的采集和处理均可由计算机自动完成，以氯化钾溶解热测定为例，典型实验曲线如图3所示，将实验开始前纯水的温度作为温差零点，先通过加热棒加热纯水，使其温度上升0.5～1 ℃，此时加热棒输出功率达到稳定状态。将温差清零（即温差回至初始零点，此时刻记为$t_0$），然后加入第一份KCl样品后，搅拌溶解吸热导致体系温度下降，同时电热棒通电加热使溶液温度上升，直至温度回升至温差

**图2 溶解热实验装置示意图**

温度传感器

加料漏斗

加热棒引线

保温瓶盖

保温瓶胆

加热棒

磁力搅拌子

$\Delta T > 0$，再加入第二份样品……。在实验曲线上可以读出每份样品的温差重新回升到温差$\Delta T = 0$的时间$t_1$、$t_2$、$t_3$、$t_4$……，根据设定的电加热功率，就可以计算出各时刻的溶解热。

**图3　溶解热测定典型实验曲线**

### 3. 离子晶格能和水合热

晶格能是 1 mol 自由的气体离子在绝对零度下变成晶体的生成热。晶格能由正、负离子间的吸引能和排斥能组成，根据理论推导，离子晶体的摩尔晶格能可以表示为：

$$U_0 = -\frac{NAz^2e^2}{r_0}\left(1-\frac{1}{n}\right) \tag{14}$$

式中，所有物理量均用 cm·g·s 制表示，$U_0$ 计算结果的单位是尔格（erg），1 erg = $10^{-7}$ J；$N$ 为阿伏伽德罗常数；$A$ 是马德隆常数，常见晶体类型的 $A$ 值列于表 1 中；$z$ 为离子电荷（若 $z_1 \neq z_2$，则应以 $|z_1z_2|$ 代替 $z^2$）；$r_0$ 是正、负离子在晶格中的平衡距离，cm；$e$ 是电子电荷，用电荷的高斯 cgs 单位 e.s.u. 表示，e.s.u. 与电荷单位库伦（C）之间的关系是

$$1 \text{ e.s.u.} = 1 \text{ cm}^{3/2}\text{g}^{1/2}\text{s}^{-1} = (10/\xi) \text{ C} = 3.33564 \times 10^{-10} \text{ C} \tag{15}$$

式中，$\xi = 2.99792458 \times 10^{10}$ cm·s$^{-1}$，为 cgs 制单位表示的光速。

方程（14）中的 $n$ 是离子晶体的结构参数，可以从晶体的压缩系数 $\beta$ 计算

$$n = 1 + \frac{18r_0^4}{Az^2e^2\beta} \tag{16}$$

式中，各物理量单位均用 cm·g·s 制表示，同方程（14），$\beta$ 的单位取作 cm$^2$·dyn$^{-1}$，1 dyn = $10^{-5}$ N。$n$ 的值约为 10。

**表1　常见晶体类型的马德隆常数**

| 晶体类型 | 配位数 | $A$ |
|---|---|---|
| NaCl（面心立方） | 6 | 1.74756 |
| CsCl（简单立方） | 8 | 1.76267 |
| ZnS（闪锌矿） | 4 | 1.63806 |
| ZnS（纤维锌矿） | 4 | 1.641 |
| CaF$_2$（氟石） | 8 或 4 | 5.03878 |
| TiO$_2$（金红石） | 6 或 3 | 4.816 |
| TiO$_2$（锐钛矿） | 6 或 3 | 4.800 |
| Cu$_2$O（赤铜矿） | 4 或 2 | 4.11552 |

晶格能也可以通过设计 Born-Harber 循环，利用热力学和结构化学数据进行计算。以 KCl 为例，设计 Born-Harber 循环如图 4 所示。其中，$\Delta H_1$ 是金属钾的气化焓；$\Delta H_2$ 是氯气分子的解离能；$\Delta H_3$ 是钾原子的电离能；$\Delta H_4$ 是氯原子的电子亲和能；$\Delta H_5$ 是 KCl 晶体的晶格能（即 $U_0$）；$\Delta H_6$ 是固体 KCl 的生成焓。由于

$$\Delta H_6 = \Delta H_1 + \Delta H_2 / 2 + \Delta H_3 + \Delta H_4 + \Delta H_5 \qquad (17)$$

据此可以计算出 KCl 晶体的晶格能 $\Delta H_5$。

K(s) + 1/2Cl₂(g) $\xrightarrow{\Delta H_6}$ KCl(s)

$\downarrow \Delta H_1 \quad \downarrow \Delta H_2/2 \qquad \uparrow \Delta H_5$

K(g) Cl(g)

$\downarrow \Delta H_3 \quad \downarrow \Delta H_4$

K⁺(g) + Cl⁻(g)

**图4 计算KCl晶格能的 Born-Harber循环**

对于碱金属卤化物晶体盐类，摩尔晶格能 $U_0$ 的值约在 $-600 \sim -1000 \ kJ \cdot mol^{-1}$ 之间，其中 LiF 的 $U_0$ 绝对值最大（$-1024 \ kJ \cdot mol^{-1}$），CsI 的最小（$-602 \ kJ \cdot mol^{-1}$）。由此可见，盐的晶格能是非常大的，即自由气体离子化合成晶体时，就有大量的热放出；反之，若在溶剂中把盐的晶体拆散为自由离子，也需要从环境吸收大量的能量。但是实际情况并不是这样的，在合适的溶剂中，盐会自动地溶解为独立离子，无需外界做功。这说明在盐类的溶解过程中，有一个特殊的过程发生，释放出与晶格能差不多的热量，用来拆散晶格，我们称这个过程为溶剂化。溶剂化过程释放大量的热，抵消了盐的晶格能，使得盐自动溶解。溶剂化过程释放的热量称为溶剂化热，若溶剂为水，也称为水合热 $\Delta H_{hydro}$。

考虑 1 mol 离子晶体 $M^+A^-$(s) 溶解于大量的溶剂中，形成无限稀释的溶液（由此可以避免离子间的相互作用），可以通过实验测定浓度无限稀释时的积分溶解热 $\Delta H_{IS}(\infty)$，方法是测定几个不同浓度溶液的积分溶解热，作溶解热对浓度的曲线，并外推至浓度为 0。我们可以把上述溶解过程分为两步：①离子晶体 $M^+A^-$(s) 变为气体离子 $M^+$(g) 和 $A^-$(g)，能量变化为晶格能的负值 $-U$；②气体离子溶入溶剂中，能量变化为正、负离子的溶剂化热之和，即溶剂化热（或水合热）$\Delta H_{hydro}$。

将这两步变化过程设计成 Born-Harber 循环（图5），这两部分的能量变化之和就是离子晶体的溶解热

$$\Delta H_{IS}(\infty) = -U + \Delta H_{hydro} \qquad (18)$$

该式中的晶格能 $U$ 采用的温度是实验温度，而晶格能 $U_0$ 定义中采用的是绝对零度，两者之间的差别可以用基尔霍夫公式进行修正，但是差值很小，可以忽略，因此有

$$\Delta H_{IS}(\infty) = -U_0 + \Delta H_{hydro} \qquad (19)$$

若已知 $U_0$ 和实验测出 $\Delta H_{IS}(\infty)$，就可以计算得到水合热 $\Delta H_{hydro}$。

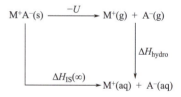

**图5 离子晶体溶解热、水合热 与晶格能关系**

## 仪器试剂

SWC-RJ 溶解热（一体化）测定装置（南京桑力电子设备厂，仪器面板如图6所示），电子天平（精度 0.0001 g），台秤（精度 0.1 g），研钵 1 只，干燥器 1 只，小漏斗 1 只，小毛刷 1 把。

氯化钾（A.R.），去离子水。

## 安全须知和废弃物处理

- 玻璃保温杯易碎，请轻拿轻放。
- 在实验室中请穿戴实验服和防护目镜或面罩。
- 如发生皮肤沾染，请用水冲洗沾染部位 10 min 以上。
- 离开实验室前务必洗手。
- 使用过的氯化钾溶液请倒入指定的废液回收桶。

图6　SWC-RJ溶解热（一体化）测定装置仪器面板示意图

● 使用过的称量纸、氯化钾碎屑及手套请放入固体废弃物桶。

## 实验步骤

（1）将氯化钾进行研磨，在110 ℃烘干，放入干燥器中备用。

（2）在电子天平上称取12份氯化钾样品，质量（g）分别为：3.0、2.0、2.0、2.0、3.0、3.0、3.0、4.0、4.0、6.0、8.0、10.0，称量精度±0.2 g，精确到小数点后第四位。大质量样品可改用称量瓶称量，记录样品与称量瓶的总质量，待实验中加入样品后，再称量一下空称量瓶（含粘壁残留样品粉末）质量，两者相减为该份样品的加入量。

（3）将保温杯、保温杯盖、温度传感器和加热棒擦干。在电子台秤上称取$w_0 = 216$ g水，称量精度±5 g，精确到小数点后1位。将水倒入保温杯中，加入搅拌子。将温度传感器和加热棒插入顶盖对应的孔中，调节位置使两者顶端基本相平，旋上顶盖。

（4）连接磁力搅拌器线路和电补偿加热线路，在加热回路中串联电流表、并联电压表。

（5）启动测量数据记录软件，设置数据接口，测量软件坐标系设定为：纵坐标温差设定为−2.5～1 ℃，横坐标时间设定为200 min。启动搅拌待水温稳定后，按下控制器"状态转换"按钮使仪器状态由"待机"转换为"测量"，在软件界面上点击"开始计时"，调节电加热功率约为1.5 W，待稳定后记录电流表和电压表读数，读数精确到最小分度的1/5。加热直至水温达到室温以上0.5 ℃左右，打开加样口，放入漏斗，依次完成以下两个动作：

① 按下"温差清零"按钮，在软件界面上确认温差线突跃式下降，基本回零；

② 从漏斗中加入第一份样品（3 g）。

**以上两个动作请在5秒内完成，且不可颠倒顺序**。

（6）取下加样漏斗，从加样口观察搅拌子是否正常搅拌，并观察温差线是否快速下降至零以下。将塞子放回进样口，等待温差回到0以上，立即加入第二份样品……，直至加入第12份样品且温差回到0以上。装在称量瓶中的样品会有少量粘壁，倒入样品前请称量瓶+样品总质量，倒完样品后请重新称量空瓶质量，以两者的差值作为此份样品的真实质量。实验期间注意观察电压$U$、电流$I$是否有变化，可以记录几次$U$、$I$的数据，取平均值计算功率。

（7）停止实验，按下控制器"状态转换"按钮使仪器状态由"测量"转换为"待机"，在软件上点击"停止计时"。分别保存实验数据为默认格式（.rjr）和Excel格式。

（8）实验结束，关闭电源开关，拆去实验装置，清理台面和清扫实验室。

## 数据处理与结果分析

1. 将实验数据Excel表格导入Origin软件，绘制温差-时间曲线（如图3所示）。

2. 12份样品的克数分别为$w_j$（$j=1 \sim 12$），水质量为$w_0$，加热功率为$P = UI$，样品摩尔质量为$M$。从图中读出各样品热补偿至温差回到零的时间$t_j$（$j=1 \sim 12$），另外读出预升温段结束、温差清零的时间$t_0$（取预升温段最高点时间）。氯化钾摩尔质量：74.551 g·mol⁻¹，水的摩尔质量：18.0152 g·mol⁻¹。读取时间值时，可使用Origin软件工具栏中的"放大镜"放大曲线局部，并用"屏幕读点器（Screen Reader）"读取相应点坐标。

3. 第$i$组样品的$n_0(i)$值计算公式为：

$$n_0(i) = \frac{w_0}{18.0152} \times \frac{74.551}{\sum_{j=1}^{i} w_j} \tag{20}$$

4. 第1组至第$i$组样品的总溶解热$\Delta H_s(i)$计算公式为：

$$\Delta H_s(i) = (t_i - t_0)P \tag{21}$$

该值也就是从纯溶剂（$n_0 \to \infty$）到$n_0(i)$值对应的溶解热。

5. 积分溶解热$\Delta H_{IS}$的计算：$n_0(i)$值对应的积分溶解热为

$$\Delta H_{IS}(i) = \frac{\Delta H_s(i)}{(\sum_{j=1}^{i} w_j)/74.551} = \frac{\Delta H_s(i)n_0(i)}{w_0/18.0152} \tag{22}$$

以上步骤3 ~ 5可自行设计Excel表格，用公式批处理计算。

6. 将上述步骤得到的（$n_0$, $\Delta H_{IS}$）数据输入Origin软件表格中，增加一对零点数据（0, 0），作$\Delta H_{IS}$-$n_0$散点图，采用非线性拟合，函数类型为"Exponential"，函数选取"ExpDecay2"，函数表达式为：$y=y_0+A_1\exp(-x/t_1)+A_2\exp(-x/t_2)$，其中$y$代表$\Delta H_{IS}$，$x$代表$n_0$，拟合参数$y_0$即为极限摩尔溶解热$\Delta H_{IS}(\infty)$。

7. 从拟合曲线上求出$n_0 = 80$、100、200、300和400处的微分溶解热和微分稀释热，以及$n_0$从80→100，100→200，200→300，300→400的积分稀释热，列表表示。

8. 根据方程（14）、（15）、（16）计算KCl的晶格能，相关参数见表1和表2。

9. 查阅物理化学数据手册，确定金属钾的气化焓、氯气分子的解离能、钾原子的电离能、氯原子的电子亲和能和固体KCl的生成焓，根据方程（17）计算KCl的晶格能。氯气分子的解离能值应注意数据表格的说明，以确定是否已经引入了"1/2"的因子。

10. 由计算得到的晶格能数据和实验测定的溶解热数据，根据方程（19）计算KCl的水合热。

### 表2　部分离子晶体参数

| 晶体 | 正负离子平衡间距$r_0/10^{-10}$ m | 晶体压缩系数$\beta/10^{-11}$ m²·N⁻¹ |
|------|------|------|
| NaCl | 2.820 | 4.17 |
| KCl | 3.147 | 5.75 |
| KBr | 3.298 | 6.76 |

## 讨论与思考

1. 离子晶体的晶格能远远大于其溶解热，为什么盐类溶解时仅仅吸收了溶解热这样微小的能量，就能够将离子键破坏掉？

2. 利用本实验装置能否测定溶液的比热容？

3. 能否利用本实验装置测量硫酸铜水合反应$CuSO_4(s) + 5H_2O(l) \longrightarrow CuSO_4 \cdot 5H_2O(s)$的反应热？请设计实验方案。

## 附录 电学公式中国际单位制与高斯单位制的换算

在电学和磁学中选取不同的基本量可以导出不同的方程系。国际单位制采用四基本量有理化方程系，该方程系选取长度、质量、时间和电流为基本量，它们的SI单位是米、千克、秒和安培。在该方程系中因数4π和2π只在涉及球对称和圆对称的方程式中出现，介电常数（电容率）和磁导率以有量纲量的形式出现在有关的方程式中。

四基本量有理化方程系是物理科学和工程技术的实际计算中使用得最普遍的方程系。

电学和磁学量已发展了各种以三个基本量长度、时间和质量为基础的三量纲方程系，但只有所谓高斯方程系或对称方程系仍在使用。这种方程系中，根据三个基本量定义的物理量称为高斯量，每个高斯量所选用的符号就是具有四个基本量的方程系中相应量的符号，但有一个附加的下标s（对称，symmetric）。

高斯方程系根据关于两电荷间作用力的库仑定律，令电容率为量纲一的量，且在真空中等于1，定义电荷为导出量。在某些兼有电学量和磁学量的方程式中，光速明显地出现，从而使磁导率成为量纲一的量，而在真空中等于1。高斯方程系被写成非有理化形式。

属于三量纲的高斯系的高斯量，通常用具有三个基本单位：厘米、克和秒的高斯制单位来计量。

由于高斯方程系中没有电流这个基本单位，因此在涉及电磁学方程的高斯制和国际制表达式相互转换时，电荷的变换形式是主要问题（其余变量只涉及数量级的变换，如1 m=100 cm，1 kg=1000 g等），现对此加以讨论。

高斯电荷的定义为：

$$F = \frac{Q_{s1}Q_{s2}}{r^2} \tag{23}$$

式中，$F$为真空中的力，$r$为高斯电荷$Q_{s1}$和$Q_{s2}$所在两点之间的距离。电荷的高斯cgs制单位定义为：该电荷单位是这样的高斯电荷，它作用于在真空中相距1 cm的等量电荷的力为1达因，用符号e.s.u.表示

$$1 \text{ e.s.u.} = 1 \text{ cm}^{3/2} \cdot \text{g}^{1/2} \cdot \text{s}^{-1} \tag{24}$$

高斯电荷$Q_s$与国际单位制电荷$Q$之间的关系为

$$Q_s = \frac{Q}{\sqrt{4\pi\varepsilon_0}} \tag{25}$$

式中，$\varepsilon_0 = 8.85418782 \times 10^{-12}$ F·m$^{-1}$，为真空电容率。

那么，是不是简单地乘除一个$\sqrt{4\pi\varepsilon_0}$的因子，就可以在e.s.u.和C（库仑）单位之间

进行换算呢？这个原则上是对的，但是具体到数值计算时就有问题了。我们来分析一下，1 e.s.u.等于多少库仑的电荷。

从方程（25）可以知道

$$Q = Q_s \sqrt{4\pi\varepsilon_0}$$

代入数值后可以很方便地计算得到

$$Q = 1.05482224 \times 10^{-5} Q_s \tag{26}$$

这是不是意味着：1 e.s.u. $= 1.05482224 \times 10^{-5}$ C ？答案是否定的。我们必须注意到，上式中等号右边系数的单位与 $Q_s$ 的单位是不统一的，必须进行量纲的换算：

$$
\begin{aligned}
Q &= \left(1.05482224 \times 10^{-5} \ \text{F}^{1/2} \cdot \text{m}^{-1/2}\right) \cdot \left(1 \ \text{e.s.u.}\right) \\
&= \left(1.05482224 \times 10^{-5} \ \text{m}^{-1} \cdot \text{kg}^{-1/2} \cdot \text{s}^2 \cdot \text{A}^1 \cdot \text{m}^{-1/2}\right) \cdot \left(1 \ \text{cm}^{3/2} \cdot \text{g}^{1/2} \cdot \text{s}^{-1}\right) \\
&= \left(1.05482224 \times 10^{-5} \ \text{m}^{-3/2} \cdot \text{kg}^{-1/2} \cdot \text{s} \cdot \text{C}\right) \cdot \left(1 \ \text{cm}^{3/2} \cdot \text{g}^{1/2} \cdot \text{s}^{-1}\right) \\
&= 1.05482224 \times 10^{-5} \left(\text{cm}^{-3/2} \times 10^{-3}\right) \cdot \left(\text{g}^{-1/2} \times 10^{-3/2}\right) \cdot \text{s} \cdot \text{C} \cdot \text{cm}^{3/2} \cdot \text{g}^{1/2} \cdot \text{s}^{-1} \\
&= 1.05482224 \times 10^{-5} \times 10^{-9/2} \ \text{C} = 3.33564 \times 10^{-10} \ \text{C}
\end{aligned}
$$

即

$$1 \ \text{e.s.u.} = 3.33564 \times 10^{-10} \ \text{C} \tag{27}$$

用基本物理常数再推导一次。真空电容率的定义为

$$\varepsilon_0 = \frac{1}{\mu_0 c^2} \tag{28}$$

式中，$\mu_0$ 为真空磁导率，$\mu_0 = 4\pi \times 10^{-7} = 1.2566371 \times 10^{-6} \ \text{H} \cdot \text{m}^{-1}$；$c$ 为真空中的光速，$c = 2.99792458 \times 10^8 \ \text{m} \cdot \text{s}^{-1}$。由此得到

$$Q = Q_s \sqrt{4\pi\varepsilon_0} = Q_s \sqrt{\frac{10^7}{c^2}} = \frac{\sqrt{10^7}}{c} Q_s \tag{29}$$

统一方程（29）右边的量纲

$$
\begin{aligned}
Q &= \left(\frac{\sqrt{10^7}}{c} \ \text{F}^{1/2} \cdot \text{m}^{-1/2}\right) \times \left(1 \ \text{e.s.u.}\right) \\
&= \left(\frac{\sqrt{10^7}}{c} \ \text{m}^{-1} \cdot \text{kg}^{-1/2} \cdot \text{s}^2 \cdot \text{A}^1 \cdot \text{m}^{-1/2}\right) \cdot \left(1 \ \text{cm}^{3/2} \cdot \text{g}^{1/2} \cdot \text{s}^{-1}\right) \\
&= \frac{\sqrt{10^7}}{c} \cdot \sqrt{\frac{1}{10^9}} \ \text{C} = \frac{1}{10c} \ \text{C} = \frac{1}{10 \times 2.99792458 \times 10^8} \ \text{C} \\
&= 3.33564 \times 10^{-10} \ \text{C}
\end{aligned}
$$

即 1 e.s.u. $= 3.33564 \times 10^{-10}$ C，与方程（27）结果相同。

从前面的讨论可以得到

$$1 \ \text{e.s.u.} / \text{C} = 10^{-1} \left(c / \text{m} \cdot \text{s}^{-1}\right)^{-1} = 10 \left(c / \text{cm} \cdot \text{s}^{-1}\right)^{-1} = 3.33564 \times 10^{-10}$$

有时也把cgs制的真空中的光速表示为 $\xi$，即 $\xi = 2.99792458 \times 10^{10} \ \text{cm} \cdot \text{s}^{-1}$，则

$$1 \ \text{e.s.u.} = 10\xi^{-1} = 3.33564 \times 10^{-10} \ \text{C}$$

反之

$$1 \text{ C} = 2.99782458 \times 10^9 \text{ e.s.u.}$$

例如，基本电荷

$$e = 1.60217733 \times 10^{-19} \text{ C} = 4.803046581 \times 10^{-10} \text{ e.s.u.}$$

除电荷的上述转换关系外，其他物理量的转换均按照对应基本物理量之间的数量级关系进行，常用的转换关系有：

力 $1 \text{ N} = 10^5 \text{ dyn}$ ，能量 $1 \text{ J} = 10^7 \text{ erg}$

## 实验3　差热分析

## 实验简介

本实验中我们将学习差热分析法的实验技术，差热分析法是现代热分析的入门技术，样品用量微小，设备部件简单，甚至可以利用简单组件自行拼装，但是差热分析技术诠释了现代物理化学实验方法的建构过程，即根据研究目的，将温度测量、微信号放大、数据的数字化采集等部分相互搭配融合，形成一个完整的实验系统。本实验利用商品化差热分析仪测量硝酸钾和五水合硫酸铜样品，涉及晶相转变、固-液相变、脱水反应等物理化学过程，考察实验条件对差热分析图谱的影响，并尝试使用 Origin 软件处理大量的实验数据。

学生对差热分析原理有初步了解即可，可预先查阅一下仪器说明书，以免误操作。

## 理论探讨

### 1. 差热分析原理

差热分析（differential thermal analysis，DTA）是指在相同条件下加热（或冷却）测试样品和热惰性参照物质(参比物)，并记录两者之间的温度差的实验技术，将测得的温度差对时间（或温度）作图，就得到差热图谱。当测试样品发生任何放热的物理化学变化时，其温度会暂时性地上升并超过参比物的温度，在 DTA 图谱上就出现一个放热峰；反之，吸热过程会导致测试样品的温度滞后于参比物的温度，在 DTA 图谱上出现一个吸热峰。差热分析是研究物质在加热（或冷却）过程中发生各种物理变化和化学变化的重要手段，熔化、蒸发、升华、解吸、脱水为吸热效应，吸附、氧化、结晶等为放热效应，分解反应的热效应则视化合物性质而定。要弄清每一热效应的本质，还需借助其他测量手段，如热重量法、X射线衍射、红外光谱、化学分析等。

图1(a)是差热分析实验装置原理框图，样品和参比物的测温热电偶负端相连，以参比物热电偶测量电炉温度，并反馈至程序控温仪进行线性升温（或降温），以样品和参比物的测温热电偶的两个正端之间的热电势差作为温差大小的指示。若将样品和参比物置于相同的线性升温加热条件下［见图1(b)］，当样品没有发生变化时，样品和参比物温度差相等（**ab**

段，此段也称为基线），二者的温差$\Delta T$为定值（由于样品和参比物热容和受热位置不完全相同，$\Delta T$一般不等于0）；当样品产生放热过程时，样品温度将高于参比物温度，$\Delta T$不等于零，产生放热峰$bcd$；经过热传导后，样品和参比物的温度又趋于一致（$de$段）；当样品产生吸热过程时，样品温度将低于参比物温度，在基线的另一侧产生吸热峰$efg$；最后经过热传导，谱图回归基线$gh$。在测量过程中，$\Delta T$由基线到极值又回到基线，这种温差随时间变化的曲线称为温差曲线。由于温度和时间具有近似线性的关系，也可以将温差曲线表示为温差随温度变化的曲线。

1—样品；2—参比物；3—程序控温仪；
4—电炉；5—数据采集记录仪

**图1　差热分析实验装置原理框图(a)和DTA图谱(b)**

　　要获得清晰、稳定的DTA曲线，参比物的选择至关重要。一般来说，参比物必须在整个测量范围内保持良好的热稳定性，自身不会因受热产生任何热效应，常用的参比物有$\alpha\text{-}Al_2O_3$、氧化镁、石英砂或者金属镍等，并在使用前经过高温灼烧。除热稳定性外，参比物的热容和热导率也应该与样品尽量接近，而且最好是热容和热导率与温度的关系也尽量与样品保持接近，这样可以有效避免DTA曲线的基线漂移，比如对于合金样品来说，常用的$\alpha\text{-}Al_2O_3$参比物就与样品的性质相差过大，会导致DTA的基线严重倾斜，此时选用熔点略高于合金样品的金属作为参比就比较合适。

　　在差热分析图谱上可以直接得到一定温度范围内放热/吸热峰的数量、峰对应的温度以及峰的强度等信息，从而判断样品经历的物理、化学变化过程的性质。DTA的峰面积正比于热效应的大小。同时，DTA曲线的出峰温度、峰的形状等要素对于解析过程的细节有很大帮助，但是这些要素与实验条件有密切关系，比如升温速率、样品数量以及实验气氛等都会影响DTA曲线上峰的形状和分辨率，因此进行DTA实验时，常常需要对多种实验条件进行对比试验，掌握这些因素对DTA图谱的影响趋势，从而正确地判断DTA曲线，得到有用的信息。

### 2. 起始峰温的确定

　　准确判定DTA曲线上的出峰温度对于样品热性质的定性研究极其重要。与一般情况下以谱图的峰顶温度作为某个峰的特征指标的规律不同，在热分析中，一般以样品升温过程中的平均外推始点温度作为某个DTA峰的特征指标，因为实践证明这个点的温度值最接近于热力学平衡温度。

以晶体样品熔融过程的DTA曲线来说明外推始点温度的概念，图2（a）是升温过程中发生固相→液相转变（熔融）过程的吸热峰，熔融峰温（$T_{pm}$）取熔融峰顶温度，外推熔融起始温度（$T_{im}$）是取低温侧基线向高温侧延长的直线和通过熔融峰低温侧曲线斜率最大点所引切线的交点的温度。同样地，外推熔融终止温度（$T_{em}$）是取高温侧基线向低温侧延长的直线和通过熔融峰高温侧曲线斜率最大点所引切线的交点的温度。呈现两个以上独立熔融峰的，求出各自的$T_{pm}$、$T_{im}$和$T_{em}$。另外，熔融缓慢发生，熔融峰低温侧基线难以决定时，也可不求出$T_{im}$。

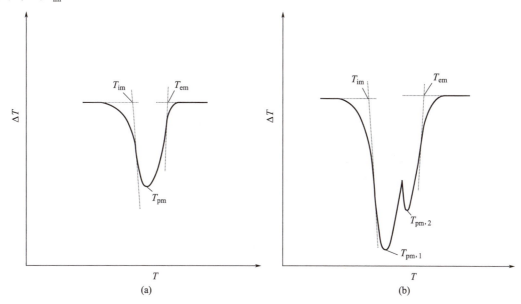

**图2　升温过程DTA峰温的确定**

对于降温导致的结晶过程，同样可以确定外推结晶起始温度（$T_{ic}$），即取高温侧基线向低温侧延长的直线和通过结晶峰高温侧曲线斜率最大点所引切线的交点的温度，只是由于液相→固相时，常常发生过冷现象，导致$T_{ic}$偏离热力学平衡温度较大，同时程序降温控制相对困难一些，因此确定DTA峰温时仍然以升温外推始点温度为准。

本实验利用DTA技术研究硝酸钾和五水合硫酸铜加热过程中的变化，其中硝酸钾在室温至350 ℃范围内，会先后经历晶相转变和固-液相变的过程，而五水合硫酸铜则会发生三步脱水反应，最终生成无水硫酸铜。本实验将考察不同的实验条件下上述两个样品DTA曲线的变化规律，初步掌握差热分析实验方法。

## 仪器试剂

ZCR差热实验装置（南京桑力电子设备厂，图3是差热分析炉体结构示意图），氧化铝坩埚或铝坩埚（$\phi$5 mm×4 mm）。

$CuSO_4 \cdot 5H_2O$（A.R.），$KNO_3$（A.R.），$\alpha$-$Al_2O_3$。五水合硫酸铜须复结晶：将400 g近沸热水加入300 g $CuSO_4 \cdot 5H_2O$中，搅拌使晶体全部溶解，冷却，加盖静置24 h；倒去溶液，将析出的大块蓝色晶体用少量冷无水乙醇快速冲洗几次，除去残余水分；将蓝色晶体摊于搪瓷盘中晾干，然后研磨过筛，取80～100目粉末装入称量瓶中，加盖，置于阴凉处保存，作为测试样品。

1—微型无电刷直流风扇NMB 3100KL-04W（80 mm×25 mm）；2—风冷系统外罩及进风口保护网；3—风扇固定螺栓；4—风扇开关及电源线；5—炉管隔热盖板；6—加热炉顶盖网罩；7—定型卡环；8—加热炉保护网罩；9—加热炉反射外壳；10—加热炉体；11—炉温热电偶；12—样品支架（样品、参比热电偶）；13—底座；14—炉体固定螺栓；15—样品支架底座；16—炉体底座固定螺栓；17—炉体升降杆；18—炉体定位杆；19—差热分析炉水平调节螺栓；20—水准仪

**图3　ZCR差热分析炉体示意图**

## 安全须知和废弃物处理

- 实验中注意保护样品支架，勿使炉体与支架发生碰撞。
- 拿取炉体隔热陶瓷盖片需使用镊子或者戴隔热手套，不要徒手拿取，以免烫伤。
- 在实验室中需穿戴实验服、防护目镜或面罩。
- 在处理盐类样品时需使用丁腈橡胶手套，仔细操作，不要洒漏在实验台和仪器上。
- 硫酸铜和硝酸钾可能刺激皮肤，如发生皮肤沾染，用水冲洗沾染部位10 min以上。
- 离开实验室前务必洗手。
- 使用过的坩埚、固体废渣和碎屑应放入固体废弃物桶。

**实验步骤**

**1. 差热实验装置的校正与性能测试: KNO₃ 的 DTA 曲线测定**

（1）取下加热炉顶盖网罩和炉管隔热盖板，露出炉管，观察坩埚托盘刚玉支架是否处于炉管中心，若有偏移应按说明书要求调整。

（2）旋松两只炉体底座固定螺栓，双手小心轻轻向上托起炉体，在此过程中应注意观察保证炉体不与样品支架接触碰撞，至最高点后（炉体定位杆脱离定位孔）将炉体逆时针方向推移到底（逆时针方向旋转90°）。

（3）取2只 $\phi$5 mm×4 mm 坩埚，在试样坩埚中称取 $10 \sim 20$ mg KNO₃，在参比物坩埚中称取相近质量的 α-Al₂O₃ 粉末，均轻轻压实。以面向差热炉正面为准，左边托盘放置试样坩埚，右边托盘放置参比物坩埚。然后反序操作放下炉体，依次盖上炉管隔热盖板和加热炉顶盖网罩，在此过程中仍应注意观察保证炉体不与坩埚托盘刚玉支架接触碰撞。

（4）本型号 ZCR 差热分析实验装置采用全电脑自动控制技术，全部操作均在实验软件操作界面上完成。打开差热分析仪电源，其他按键无须操作，差热分析仪上"定时"、"升温速率"和"温度显示"三个窗口中有一个会连续闪烁，表示仪器处于待机状态。

（5）点击打开"热分析实验系统"软件界面。

选择通讯串口：点击"通信–通讯口 -com X"，X 常为最后一个。

（6）实验参数设置：点击"仪器设置–控温参数设置"，在弹出窗口中填写报警时间（不报警填0）、升温速率和控制温度。参考温度选择"T₀"。

（7）数据记录参数设置：点击"画图设置–设置坐标系"，在弹出窗口中填写横坐标时间值范围和左纵坐标温度值范围；点击"画图设置–采样间隔"，在弹出窗口中选择"无"；点击"画图设置–数据平滑点数目"，在弹出窗口中调整数据平滑点数为5或更小；点击"画图设置–DTA量程"，在弹出窗口中填写右纵坐标DTA值范围，若不确定可选择±10 μV。实验中测量数据超出预先设置值时，软件会自动调整显示范围。

（8）开始测量：点击"画图设置–清屏"擦除前次实验曲线。点击"仪器设置–开始控温"，仪器进入程序升温阶段，此时差热分析仪上待机状态下连续闪烁的窗口停止闪烁，表示仪器进入控温状态。电脑自动记录和显示温度 $T_0$ 和 DTA 信号随时间变化的曲线。

（9）测量结束：程序升温段结束后，仪器自动进入恒温阶段，恒温温度即终止温度。点击"仪器设置–停止控温"，关闭电炉加热电源。保存实验数据，如需导出实验数据至其他数据处理软件，可将实验数据另行保存为 Excel 格式。

以 $10 \text{ K} \cdot \text{min}^{-1}$ 的升温速率，从室温升温至 200 ℃，记录 KNO₃ 相变过程的 DTA 曲线。测定结束后停止差热炉加热，取下加热炉顶盖网罩和炉管隔热盖板（戴耐火手套或使用工具，防止烫伤），将炉体抬起旋转固定 [同步骤（2）]，露出坩埚托盘支架。接通冷却风扇电源，将风扇放置在炉体顶部吹风冷却 $10 \sim 15$ min，至软件界面上炉温 "Ts(℃)" 低于50 ℃。

**2. CuSO₄·5H₂O 脱水过程的 DTA 曲线测定**

参比物坩埚保留不动，在一个新坩埚内装入 CuSO₄·5H₂O 晶体，按上面相同操作方法测定其脱水分解过程的 DTA 曲线形态与升温速率的关系，升温范围是室温至 300 ℃。

**3. 改变实验条件**

重复上述硝酸钾和五水合硫酸铜 DTA 曲线测定，升温速率分别为 $5 \text{ K} \cdot \text{min}^{-1}$、$15 \text{ K} \cdot \text{min}^{-1}$ 和 $20 \text{ K} \cdot \text{min}^{-1}$，或者样品数量变更为 30 mg、50 mg、100 mg。

## 数据处理与结果分析

### 1. $KNO_3$相变温度的确定

$KNO_3$是被国际标准化组织（ISO）和国际纯粹与应用化学联合会（IUPAC）认定的供DTA（或DSC）用的检定参样之一，热力学平衡相变温度：$T_m = 127.7\ ℃$，升温热分析曲线的外推始点温度 $T_{im} =（128\pm5）℃$，峰温 $T_{pm} =（135\pm6）℃$。

将实验数据转换成Excel文件，并导入Origin数据处理软件。作出 $T$-$\Delta T$ 差热曲线。确定相变的外推始点温度和峰顶温度。

### 2. $CuSO_4 \cdot 5H_2O$脱水温度与升温速率的关系

文献报道 $CuSO_4 \cdot 5H_2O$ 样品在加热过程中，共有7个吸热峰，其外推始点温度及相应产物分别为：48 ℃，$CuSO_4 \cdot 3H_2O$；99 ℃，$CuSO_4 \cdot H_2O$；218 ℃，$CuSO_4$；685 ℃，$Cu_2OSO_4$；753 ℃，CuO；1032 ℃，$Cu_2O$ 和1135 ℃，液体 $Cu_2O$。本实验温度范围内可观察到前三个脱结晶水吸热峰，同时还可能在前两个峰之间夹杂一个液态水汽化过程的吸热峰。将数据导入Origin数据处理软件，进行多重峰拟合处理，对比不同升温速率DTA曲线的形态和温度，选择一条DTA曲线计算每个脱水峰下的面积，估算5个结晶水在三个脱水过程中所占的比例。结合DSC-TG实验数据，分析 $CuSO_4 \cdot 5H_2O$ 脱水过程的机理。

## 讨论与思考

1. 在什么情况下，升温过程与降温过程得到的差热分析结果是近似的？在什么情况下，只能采用升温或降温方法？

2. DTA实验中，一旦开始线性升温，谱图的基线就会开始偏离0线，并最终达成新的水平基线，这是什么原因造成的？请观察一下自己的实验曲线，判断此漂移过程平均经历的温度范围是多少？

3. 请问巧克力的熔点是多少？请设计一个DTA实验来测定巧克力的热稳定性质。

## 附录 恒温控制原理

物质的许多物理化学性质与温度成函数关系，在研究这些性质时，一般需要使用恒温装置。恒温控制可分为两类：一类是利用物质的相变点温度来获得恒温，但温度的选择受到很大限制，另外一类是利用电子调节系统进行温度控制，此方法控温范围宽，可以任意调节设定温度。

从原理上讲，电子调节系统包括三个基本部件：变换器、电子调节器和执行机构（见图4）。变换器的功能是将被控对象的温度信号变换成电信号；电子调节器的功能是对来自变换器的信号进行测量、比较、放大和运算，最后发出某种形式的指令，使执行机构进行加热或制冷。

按照自动调节规律划分，电子调节系统可以分为**位式控制**和**比例－积分－微分控制**两种。

### I 断续式二位控制

位式控制是将测量值与设定值相比较，其差值经

**图4 电子调节系统原理框图**

放大处理后，对控制对象作开或关控制的调节。位式控制只有"通"与"断"两种状态，故又称通断式控制，其输出功率要么是0（断），要么是100%（通）。常见的位式控制有二位式控制和三位式控制，前者是指用一个开关量控制负载方式，具有接线简单、可靠性高、成本低廉的优点，应用场合十分广泛；而后者是指用两个开关量控制分别控制两个负载，一般情况下一个设置为主控，另一个为副控，是为了克服二位式控制容易产生的调节速度与过冲量之间的矛盾而发展的一种控制方式。

二位控制是位式控制规律中最简单的一种，当控制对象是系统温度时，常用以下两种温度变换器。

（1）电接点温度计

若控温精度要求在1℃左右，实验室变换器多用电接点温度计，这是一支可以导电的特殊温度计，又称为导电表。图5是电接点温度计的结构示意图，它有两个电极，一个电极固定与底部的水银球相连（绿色接线），水银球上连接有毛细管，毛细管内的水银柱随控制对象的温度变化可升至不同位置，温度值可由温度测量标尺读出，此即为温度测量值；另一个可调电极是金属丝（橙色线），金属丝上部连接有螺旋丝杆，丝杆顶端有一磁铁，金属丝向下伸入毛细管内，可以旋转螺旋丝杆，用于调节金属丝的高低位置，从而调节设定温度，丝杆上装有温度游标，可根据其在温度设定标尺上的位置读出温度设定值（一般读取游标上沿位置的值）。为防止水银蒸气泄漏，整个系统是密封的，螺旋丝杆的调节是通过旋转温度计顶部外面加装的磁性调整旋柄，由磁传动带动丝杆顶端的磁铁进行的。当控制对象温度升高时，毛细管中水银柱上升，最终与金属丝底端接触，两电极导通，此时控制对象的温度已经达到（或超过）设定温度，电极导通给出停止加热的信号，通过电子调节器和执行机构断开加热器电流回路，加热器停止加热；当温度降低时，水银柱下降并最终与金属丝断开，此时控制对象温度低于设定温度，电极断开给出开始加热的信号，通过电子调节器和执行机构使加热器线路接通，温度又回升；如此不断反复，使控制对象的温度控制在一个微小的温度区间内波动，从而达到恒温的目的。

（2）双金属膨胀温度计

双金属膨胀温度计的感温元件是由膨胀系数不同的两种金属薄片焊接在一起而制成的，其中一端为固定端，另一端为自由端。当温度变化时，由于两种材料的膨胀系数不同，而使双金属片的曲率发生变化，自由端的位移通过传动机构带动指针指示出相应的温度。双金属膨胀温度计是一种固体膨胀温度计，结构简单、牢固，可将温度变化转换成机械量变化，不仅

**图5 电接点温度计结构示意图**

调整帽
调整旋柄
固定螺丝
电极引出线
螺旋丝杆
玻璃外壳
温度设定标尺
温度设定游标
温度设定丝
温度测定标尺
玻璃管
水银球

用于测量温度，而且还用于温度控制装置(尤其是开关的"通断"控制)，使用范围相当广泛。

**图6　双金属温度开关原理图**

图6是最简单的双金属温度开关原理图，温度低时电接点接触，电热丝导通加热；温度高时双金属片向下弯曲，电接点断开，加热停止。温度切换值可用调温旋钮调整，调整弹簧片的位置也就改变了切换温度的高低，可使其在不同温度区间内接通或断开，达到控制温度的目的。该类型控制器的缺点是控温精度差，一般温度波动范围有几度。双金属片被动层（线胀系数低的一层，图6中红色表示）常用铁镍合金制成，主动层（线胀系数高的一层，图6中绿色表示）材料有黄铜、康铜、镍铁铜合金等。增加双金属片的长度、减少其厚度、增大主动层与被动层材料的热膨胀系数差，皆可提高它的灵敏度，因此常将双金属片做成直螺旋形和盘形两种结构。

二位控制系统的电子调节元件常采用继电器，图7是最简单的晶体管继电器的线路图，当电接点温度计断开时，电源+E通过电阻$R_b$给PNP型三极管的基极b通入正向电流$I_b$，使

**图7　晶体管继电器线路图**

三极管导通，有电流通过收集极c和发射极e。继电器的核心就是电磁铁J和衔铁K，电流$I_c$流过J的线圈，使电磁铁产生磁性，吸下衔铁K，导致加热电路闭合，加热器开始加热。当控制对象温度升高，电接点温度计接通时，三极管发射极e与基极b被短路，三极管截止，J中无电流通过，K被弹簧拉回，加热电路断开，加热器停止加热。当J中线圈电流突然减少时会产生反电动势，二极管D的作用是将它短路，以保护三极管，避免被击穿。

除晶体管继电器外，早期还有电子管继电器。由于电接点温度计、双金属膨胀温度计等元件不能用于高温，因而在高温控制中也可采用热电偶作为变换器，比如较老型号的马弗炉上使用的动圈式温度控制器等。随着对实验温度控制要求的不断提高和电子技术的发展，位式控制在科学实验仪器中已经越来越少见了。

## II　比例–积分–微分控制系统（PID温度调节控制系统）

位式控制的控制量比较单一，在比较控制对象的实际温度与设定温度之间关系时，只有两个选项：达到或者未达到，实际温度达到设定温度，则加热器输出功率为0，实际温度未达到设定温度，则加热器输出功率为100%，这种控制方式非常容易造成温度的大幅波动，控温精度不高。

现代精密温度控制技术的核心是比例-积分-微分控制技术（简写为PID），PID控制器是一个在工业控制应用中常见的反馈回路部件，由比例单元P（proportion）、积分单元I（integration）和微分单元D（differentiation）组成。PID控制器简单易懂，使用中不需精确的系统模型等先决条件，作为实用化的控制器已有超过半个世纪的历史，现在仍然是应用最

广泛的工业控制器。PID控制器把收集到的数据和一个参考值进行比较，然后把这个差别用于计算新的输入值，这个新的输入值的目的是可以让系统的数据达到或者保持在参考值。和其他简单的控制运算不同，PID控制器可以根据历史数据和差别的出现率来调整输入值，这样可以使系统更加准确，更加稳定。

在实验室精密温度控制过程中，PID的核心思想是根据实际温度与设定温度间的误差值，计算出一个对系统的纠正值来作为输入结果，随时调整输出功率，这样系统就可以从它的输出结果中消除误差。图8是典型的精密温度自动控制系统的原理方框图，实验对象的实际温度用某种型号的热电偶测量，并变换为一个毫伏级的温差电动势；根据设定温度，毫伏定值器给出一个该型热电偶应有的温差电动势对应的毫伏值；将热电偶与毫伏定值器的电势信号反向串接以进行比较，就给出了实际温度与设定温度间的误差值，这个偏差信号经微伏放大器放大，再输入到PID调节器中进行比例、积分、微分的模拟运算，从而输出一个纠正电压信号耦合到可控硅触发器，可控硅触发器便输出一串受控触发脉冲去触发后级的可控硅，控制实验对象的加热电流，使其温度变化到设定值，此时偏差信号值就会变为零，实验体系达到设定温度，进入恒温状态。

**图8 精密温度自动控制PID系统原理方框图**

## 1. 可控硅元件

在PID温度控制系统中，调节加热功率的执行机构是可控硅元件，可控硅元件也称为晶闸管，是一种具有3个PN结的四层结构的大功率半导体器件，具有体积小、结构相对简单、功能强等特点，是比较常用的半导体器件之一，该器件被广泛应用于各种电子设备和电子产品中，多用来作可控整流、逆变、变频、调压、无触点开关等。

图9（a）是单向晶闸管的结构示意图，它是由四层半导体材料组成的，有3个PN结$J_1$、$J_2$、$J_3$，对外有三个电极：第一层P型半导体引出的电极叫阳极A，第三层P型半导体引出的电极叫控制极G，第四层N型半导体引出的电极叫阴极K；图9（b）是晶闸管剖面；图9（c）是其电路符号，可以看出它和二极管一样是一种单方向导电的器件，关键是多了一个控制极G，这就使它具有与二极管完全不同的工作特性，要使其导通，必须同时满足两个条件：一是在它的阳极A与阴极K之间外加正向电压，二是在它的控制极G与阴极K之间输入一个正向触发电压，导通后去掉触发电压，晶闸管仍然维持导通状态，由此可见，晶闸管的特点是"一触即发"。如果阳极或控制极外加的是反向电压，晶闸管就不能导通，因此可以断开阳极电源或使阳极电流小于维持导通的最小值（称为维持电流），以关断晶闸管。如果晶闸管阳极和阴极之间外加的是交流电压或脉动直流电压，那么，在电压过零时晶闸管会自行关断。

单向晶闸管最基本的用途就是可控整流，而二极管整流电路属于不可控整流电路，如果把二极管换成晶闸管，就可以构成可控整流电路。以最简单的单相半波可控整流电路为例（见图10），在正弦交流电压 $U_2$ 的正半周期，如果控制极没有输入触发脉冲 $U_g$，晶闸管仍然不能导通；只有在 $U_2$ 处于正半周，且控制极外加触发脉冲 $U_g$ 到来时，晶闸管被触发导通负载上才有电压输出，图10中，正半周期内晶闸管能够输出的工作区段如阴影部分所示。$U_g$ 信号到来得早，晶闸管导通的时间就早；$U_g$ 信号到来得晚，晶闸管导通的时间就晚。通过改变控制极上触发脉冲信号 $U_g$ 到来的时间，就可以调节负载上输出电压的平均值。在电工技术中，常把交流电的半个周期定为180°，称为电角度，因此在 $U_2$ 的每个正半周，从零值开始到触发脉冲到来瞬间所经历的电角度称为控制角 $\alpha$，在每个正半周内晶闸管导通的电角度叫导通角 $\theta$。显然，$\alpha$ 和 $\theta$ 分别表示晶闸管在承受正向电压的半个周期的阻断或导通范围，通过改变控制角 $\alpha$ 或导通角 $\theta$，改变负载上脉冲直流电压的平均值，实现了可控整流。对于PID温度的控制而言，将实际温度与设定温度间的误差值转换为不同时间间隔的触发信号，就能够根据误差值调节加热功率的大小，实现精密控温的目的。

图9　单向晶闸管　　　　　　图10　晶闸管单向半波可控整流示意图

在实际应用中，更多地使用的是双向晶闸管，这种器件在电路中能够实现交流电的无触点控制，以小电流控制大电流，具有无火花、动作快、寿命长、可靠性高以及电路结构简化等优点。从外表上看，双向晶闸管和单向晶闸管很相似，也有三个电极，但是除了其中一个电极G仍叫做控制极外，另外两个电极通常不再叫做阳极和阴极，而统称为主电极 $T_1$ 和 $T_2$。双向晶闸管是由N-P-N-P-N五层半导体材料制成的，其结构如图11（a）所示，相当于两个单向晶闸管的反向并联，但只有一个控制极［图11（b）］，与单向晶闸管一样也具有触发控制特性，不过它的触发控制特性与单向晶闸管有很大的不同，这就是无论在主电极之间接入何种极性的电压，只要在它的控制极上加上一个触发脉冲，也不管这个脉冲是什么极性的，都可以使双向晶闸管导通。双向晶闸管的符号也和单向晶闸管不同，是把两个可控硅反接在一起画成的［见图11（c）］。双向晶闸管的可控整流性能与单向晶闸管类似，且在正、负半周期都能够进行可控整流。

## 2. PID调节器和触发器

PID调节器由运算放大器及若干阻容元件构成，其核心是一个带有负反馈的放大器，兼有比例、积分、微分规律的调节功能，以下分别介绍各个部分。

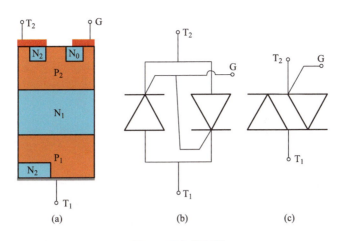

**图11 双向晶闸管**

（1）运算放大器

运算放大器（简称运放）实质上是一种高增益的直流放大器，其特点是：①输入阻抗很高，输入电流可以忽略；②开环增益很高；③输出阻抗很低，输出信号受负载影响很小。运算放大器常用一个三角形的图形符号表示（见图12），输入端 $U_i$ 在三角形的底边上，输出端 $U_o$ 在三角形的顶点上。另外，电源端 $\pm U$ 和频率补偿或零点校正等其他引线画在三角形的上方和下方，这些引线在线路图上不一定标出来。

**图12 运算放大器的图形符号**

运算放大器的多功能运用主要表现为它的闭环模式，也就是通过外接元件，使一部分输出电压反馈给输入端，使得输出值在 0～最大值之间，且能反映出输出端信号与输入端信号的某种关系。运算放大器具有以下两个特性：第一，运算放大器两个输入端之间的电压总是零，即"虚地"，或者"虚短路"；第二，运算放大器的两个输入端之间的阻抗非常大，接近无穷大，即输入运算放大器输入端的电流为零，称为"零输入电流"特性。利用这些特性可以很方便地计算运放电路的工作特性。

（2）比例放大电路

图13是简单反相直流放大电路示意图，由于运放的输入端为"虚短路"，因此 $U_{in} = 0$。电阻 $R_1$ 右边电位为0，因此 $R_1$ 两端的电压即为输入电压 $U_i$，故流过 $R_1$ 的电流为：

$$I_1 = \frac{U_i}{R_1} \tag{1}$$

由此可得

$$U_i = I_1 R_1 \tag{2}$$

根据运算放大器输入阻抗非常大的特性，输入运放负端的电流 $I_i = 0$，因此电流 $I_1$ 全部流过电阻 $R_f$，在 $R_f$ 两端的电压为 $I_1 R_f$。已知 $U_{in} = 0$，则 $R_f$ 左端的电位也是0，按照电流流过的方向，$R_f$ 右边的电位（即输出端）的电位是

$$U_o = -I_1 R_f \tag{3}$$

运算放大器的电压增益（或放大倍数）定义为输出电压与输入电压之比

$$A_V = \frac{U_o}{U_i} \tag{4}$$

则在反相放大线路中，电压增益为

$$A_V = -\frac{R_f}{R_1} \tag{5}$$

而输出电压与输入电压之间的关系是

$$U_o = A_V U_i = -\frac{R_f}{R_1} U_i \tag{6}$$

可见输出电压信号与输入电压信号成简单的比例关系，其比例系数可以通过改变$R_1$和$R_f$的值进行调整。

图14是同相放大器的示意图，输入电压加在同相输入端，反馈电路接在反相输入端。根据运算放大器的"虚地"特性，反相输入端与同相输入端的电位可以认为相等，即$U_i = U_a$，运放的增益为

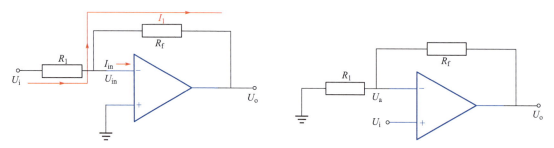

**图13 简单反相直流放大线路示意图**      **图14 同相放大器线路示意图**

$$A_V = \frac{U_o}{U_i} = \frac{U_o}{U_a} \tag{7}$$

根据运放的"零输入电流"特性，$U_a$由$R_1$和$R_f$对$U_o$的分压确定，即

$$U_a = \frac{R_1}{R_1 + R_f} U_o \tag{8}$$

因此

$$A_V = \frac{U_o}{U_i} = \frac{U_o}{U_a} = \frac{R_1 + R_f}{R_1} = 1 + \frac{R_f}{R_1} \tag{9}$$

输出电压信号

$$U_o = \left(1 + \frac{R_f}{R_1}\right) U_i \tag{10}$$

仍然与输入电压信号成比例关系。

（3）积分电路

用电容器取代图13中的电阻$R_f$作为反馈元件，就构成了积分电路，图15是有源积分电路的示意图。

根据运放输入阻抗接近无穷大的特性，反馈电流与输入电流相等，在该电路中，输入电流为

$$i = \frac{U_i}{R} \tag{11}$$

则电容$C$就以这样的电流进行充电，其两端的电压可以表示为

$$U_o=-\frac{1}{C}\int i\mathrm{d}t=-\frac{1}{C}\int\frac{U_i}{R}\mathrm{d}t=-\frac{1}{RC}\int U_i\mathrm{d}t \qquad (12)$$

说明输出电压信号是输入电压信号对时间的积分。

当输入电压信号为阶跃电压时（见图16），电容将以恒电流的方式进行充电，而输出电压与时间$t$近似呈线性关系

$$U_o=-\frac{U_i}{RC}t=-\frac{U_i}{\tau}t \qquad (13)$$

式中，$\tau=RC$，称为积分电路的积分常数。方程（13）描述的是理想化积分器的充电过程（见图16中蓝色虚线），实际积分器的充电行为会有所偏离，由波形可见，当阶跃电压降低为0后，输出信号并不立即变为0，而是通过电容放电缓慢地变为0，这与比例放大电路是不同的。

图15　有源积分电路示意图

图16　阶跃电压下有源积分电路的响应波形

（4）微分电路

用电容器取代图13中的电阻$R_1$作为反馈元件，就构成了微分电路，图17是有源微分电路的示意图。

假定初始状态时电容上的电压为零，当输入信号$U_i$突然接入后，就有电流通过电容，电流值为

$$i=C\frac{\mathrm{d}U_i}{\mathrm{d}t} \qquad (14)$$

由运放特性（"虚地"原理，$U_a=0$）可知

$$i=\frac{U_a-U_o}{R}=-\frac{U_o}{R} \qquad (15)$$

因此

$$U_o=-iR=-RC\frac{\mathrm{d}U_i}{\mathrm{d}t} \qquad (16)$$

可见输出电压信号与输入电压信号的变化率（对时间的一次微分）成正比。

图18是微分电路的信号波形，当输入信号是一个阶跃信号时，电容上的电压$U_c$将按指数函数（$1-e^{-t/\tau}$）形式从0增加到$U_i$，阶跃信号消失后，电容上的电压$U_c$将按指数函数$e^{-t/\tau}$形式逐步降低，相应地，输出信号$U_o$就表现为一对正负尖脉冲信号。这种输出的尖脉冲波反映了输入矩形脉冲的微分，故称这种电路为微分电路。微分电路的特点就是能突出反映输入信号的跳变部分，所产生的尖脉冲信号的用途十分广泛，常用作触发器的触发信号，如晶

**图17　有源微分电路示意图**

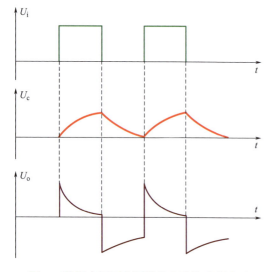

**图18　阶跃电压下有源微分电路的响应波形**

闸管的触发信号等。

（5）比例-积分-微分电路（PID调节器）

从前面的三种电路特点分析，可以看出比例、积分、微分这三种控制电路各自的特点和局限性，归纳如下。

① 比例控制（P）　最简单的控制方式是比例控制，其输出信号与输入误差信号成比例关系。当控制温度时，随着实际温度越来越接近设定温度，输入的误差信号也越来越小，输出信号随之成比例减小，导致输出的加热功率降低。在理想情况下，当实际温度趋近于设定温度时，加热功率将趋近于0，也就是说实际温度永远也不可能达到设定温度的值。在实际控制过程中，当比例调节使系统稳定后，其实际温度值与设定温度值之间有时会有一个偏差，即调节的结果值与设置的目标值之间有一差值，专业上称之为"稳态误差"（steady-state error）或"静差"，一般为几个摄氏度，可正可负。静差的大小和方向取决于全输出时加热功率的高低、环境温度或电网电压的改变和放大器电压增益的大小等多种原因。在一个自动调节系统中，静态精度要求越高，所需要的放大倍数也越大，即偏差一旦产生，放大器应立即作出强烈的调节，以消除偏差。但是，放大倍数越大，越有可能造成系统不稳定，引起系统的振荡。

② 积分控制（I）　积分控制器的输出信号与输入误差信号的积分成正比关系。对一个自动控制系统，如果在进入稳态后存在静差，则在控制器中必须引入"积分项"以消除。静差体现在输入误差信号中，而积分控制器的输出信号是输入信号对时间的积分，随着时间的增加，积分项会增大。这样，即便输入误差很小，输出的积分项也会随着时间的增加而加大，通过控制器反馈使得加热功率增大，使稳态误差进一步减小，直到等于零。因此，比例＋积分控制器（PI）可以在系统进入稳态后消除静差。但是，积分电路的输出信号始终滞后于输入误差信号，其变化总是落后于误差的变化，这会造成实际温度向设定温度的回复过程比较缓慢。

③微分控制（D）　微分控制器的输出信号与输入误差信号的一次微分成正比关系，它能即时反映误差随时间的变化率。在控制器中仅仅有"比例"项P往往是不够的，比例项的作用是放大误差的幅度，但是过度放大会使自动控制系统出现振荡甚至失稳；若采用较小的放大比例，加上"积分"项I的累积作用，对抑制系统振荡有积极作用，但是调节效果存在滞后效应。解决这些问题的方法是使消除误差的动作变化"超前"，即在误差刚产生时（输入误差信号突变，变化率最大时）就使控制系统做出强烈反应，而在误差接近于零之前，这种消除误差的作用就提前归零。可以看到，微分电路的特点是对于输入信号的变化极其敏感，在信号发生的初期输出最大，而又能比输出信号提前衰减，也就是说"微分项"D能预测

误差变化的趋势。这样，具有比例+微分的控制器就能够对输入误差提前反应，当误差突变时，微分项的高输出能够弥补比例项较小的不足，而当误差稳定或者减小时，微分项可以归零甚至为负值，从而避免了被控量的严重超调。所以，对有较大惯性或滞后的被控对象，比例+微分（PD）控制器能改善系统在调节过程中的动态特性。

图19是一个PID放大器的电路，以及输入恒定的误差信号后获得的比例（P）、积分（I）、微分（D）和三者合成的PID信号的波形。将比例、积分、微分这三部分的控制常数调节到合适的数值，就能对系统实现最迅速、最稳定的控制。当不完全了解一个系统和被控对象，或不能通过有效的测量手段来获得系统控制参数时，最适合用PID控制技术。在进行PID参数整定时，如果能够用理论方法确定PID参数当然是最理想的，但是实际上更多的是通过凑试法，主要的规律是：增大比例系数P能够加强系统的响应幅度，有利于减小静差，但是比例系数过大会使系统产生比较大的超调，导致振荡，使稳定性变差；增大积分时间I的同时降低比例系数，有利于减小超调和振荡，增加系统的稳定性，但是会加长系统消除静差的时间；增大微分时间D有利于加快系统的响应速度，缩短系统消除静差的时间，减小超调效应，但系统的抗扰动能力减弱。在凑试时，可参考以上参数对系统控制过程的影响趋势，按照先比例、后积分、再微分的整定步骤进行。

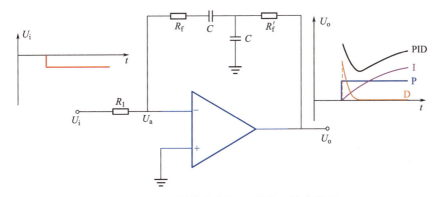

**图19　PID调节电路和PID输入—输出关系**

PID调节系统不仅可用于温度的恒定控制（比如恒温槽），也能够进行动态控温，比如差热分析实验中的线性程序升温过程的控制也是使用了PID技术。各种精密温度控制器的参数标识可能与P、I、D有所区别，比如AI 808P型智能温控仪的比例、积分、微分参数分别为P、M5和t。PID参数的设定需要依靠经验及对工艺过程的熟悉程度，尤其是进行线性控温时，必须反复调节P、I、D的大小，并不断比对测量曲线的形态，逐步调整直至符合要求，可以参考这样的经验口诀：

参数整定找最佳，从小到大顺序查；先是比例后积分，最后再把微分加；曲线振荡很频繁，比例度盘要放大；曲线漂浮绕大弯，比例度盘往小扳；曲线偏离回复慢，积分时间往下降；曲线波动周期长，积分时间再加长；曲线振荡频率快，先把微分降下来；动差大来波动慢。微分时间应加长；理想曲线两个波，前高后低4比1；一看二调多分析，调节质量不会低。

虽然很多过程控制的专家挺讨厌这个歌谣，不过基本套路还是不错的。

# 实验4  纯液体饱和蒸气压的测定

## 实验简介

本实验中我们将验证一些常识和观念，比如气温高时衣服干得快、高原上饭煮不熟等，这些问题涉及纯液体饱和蒸气压的概念以及气液两相的平衡，实验将试图建立纯液体饱和蒸气压与温度的关系（即克劳修斯-克拉佩龙方程），这个关系还广泛应用在有机化学实验中估算减压蒸馏的实验条件上。此外，本实验还将得到纯液体的蒸发潜热与沸点，对于水这样常见的液体来说，蒸发潜热是与蒸汽机密切相关的，而水的沸点究竟是不是100 ℃呢？

整个实验中需要调节的部件较多，学生应通过预习了解掌握真空实验操作技术、压力测量方法，尤其是整套实验装置各个阀门、罐体、容器、表头的功能和调节方式，以免实验时手忙脚乱，耽误时间。

## 理论探讨

饱和蒸气压是指一定温度下与纯液体相平衡时的蒸气压力，它是物质的特性参数。纯液体的蒸气压是随温度变化而改变的，温度升高，蒸气压增大；温度降低时，则蒸气压减小。当蒸气压与外界压力相等时，液体便沸腾。外压不同时，液体的沸点也不同，通常把外压为101325 Pa时沸腾温度定义为液体的正常沸点。

纯物质两相平衡时，液体饱和蒸气压与温度的关系可用克劳修斯-克拉佩龙方程式表示：

$$\frac{\mathrm{d}p}{\mathrm{d}T} = \frac{\Delta_{相}H}{T\Delta_{相}V} \tag{1}$$

式中，$\Delta_{相}H$为相变焓；$\Delta_{相}V$为相变过程的体积变化；$T$是相变温度。对于气-液平衡，方程（1）可以表示为

$$\frac{\mathrm{d}p}{\mathrm{d}T} = \frac{\Delta_{l}^{g}H_{m}}{T\Delta_{l}^{g}V_{m}} = \frac{\Delta_{vap}H_{m}}{T(V_{m}^{g} - V_{m}^{l})} \tag{2}$$

式中，$\Delta_{vap}H_{m}$为纯液体的摩尔蒸发焓变；$V_{m}^{g}$和$V_{m}^{l}$分别是气体摩尔体积和液体摩尔体积。

若假定两相平衡时，气相物质为理想气体，且摩尔蒸发焓变$\Delta_{vap}H_{m}$与温度无关，由于气体的摩尔体积远远大于液体的摩尔体积，即$V_{m}^{g} \gg V_{m}^{l}$，则方程（2）积分可以得到

$$\ln p = -\frac{\Delta_{vap}H_{m}}{RT} + C \tag{3}$$

式中，$C$是积分常数。由方程（3）可知，在一定外压时，测定不同温度下的饱和蒸气压，以$\ln p$-$1/T$作图，可得一直线，由直线的斜率可求得实验温度范围内液体的平均摩尔汽化热$\Delta_{vap}H_{m}$。当外压为101325 Pa、液体的蒸气压与外压相等时，可求得液体的正常沸点。

如果气相物质为非理想气体，则其状态方程可以表示为

$$Z = \frac{pV_{m}^{g}}{RT} \tag{4}$$

式中，$Z$为压缩因子。将方程（4）代入方程（2）中可以得到

$$\frac{\mathrm{d}\ln p}{\mathrm{d}(1/T)} = -\frac{\Delta_{\mathrm{vap}}H_{\mathrm{m}}}{ZR(1 - V_{\mathrm{m}}^{\mathrm{l}}/V_{\mathrm{m}}^{\mathrm{g}})} \qquad (5)$$

仍然考虑近似条件$V_{\mathrm{m}}^{\mathrm{g}} \gg V_{\mathrm{m}}^{\mathrm{l}}$，则方程（5）变为

$$\frac{\mathrm{d}\ln p}{\mathrm{d}(1/T)} \approx -\frac{\Delta_{\mathrm{vap}}H_{\mathrm{m}}}{ZR} \qquad (6)$$

若已知气体的$p\text{-}V\text{-}T$数据表，则可以直接计算不同状态下气体的压缩因子$Z$。若没有气体的$p\text{-}V\text{-}T$数据表，则可以根据Berthelot方程估算压缩因子

$$Z = 1 + \frac{9}{128} \times \frac{p}{p_{\mathrm{c}}} \times \frac{T_{\mathrm{c}}}{T}\left(1 - 6 \times \frac{T_{\mathrm{c}}^2}{T^2}\right) \qquad (7)$$

根据方程（5）或方程（6），以$\ln p\text{-}1/T$作图，在该曲线上取点，作出该点的切线，切线的斜率即为$\mathrm{d}\ln p/\mathrm{d}(1/T)$，再由该点的状态性质求出压缩因子$Z$，则可得到相应的摩尔蒸发焓$\Delta_{\mathrm{vap}}H_{\mathrm{m}}$。

饱和蒸气压的测定方法有动态法、静态法和饱和气流法等。本实验采用静态法，将被测物质放置在一个密闭的体系中，通过测定在不同外压下液体的沸点，得到其蒸气压与温度间的关系。实验装置为压力平衡管（见图1），它由三个相连的玻璃管a、b和c组成，a管中储存被测液体，b和c管中也有被测液体且通过底部U形管相通。当a和c管上部纯粹是待测液体的蒸气，而b和c管的液体在同一水平面时，则加在b管液面上的压力与加在c管液面上的蒸气压相等，b管液面上方的压力可由数字式真空压力计进行测定，此时液体温度即系统的气液平衡温度。

图1　压力平衡管示意图

## 仪器试剂

DP-AF 饱和蒸气压实验装置（南京桑力电子设备厂，包括真空泵、缓冲储气罐、数字真空计、平衡管和冷凝器等），福廷式气压计，数字式温-压面板，恒温水槽1套，电吹风机，温度计（0 ～ 100 ℃，分度值0.1 ℃），放大镜。

纯水，乙醇（A.R.），苯（A.R.）或环己烷（A.R.），氯化钠或粗盐。

## 安全须知和废弃物处理

- 正确操作真空系统：真空泵开启后，再缓慢关闭放空阀。未开启放空阀前，不得关闭真空泵，否则可能导致真空泵油倒灌，使整个系统报废。
- 如发生有机溶剂沾染皮肤，用水冲洗沾染部位10 min以上。
- 离开实验室前务必洗手。
- 使用过的有机溶剂应倒入指定的废液回收桶。
- 不要长时间接触冰/盐冷剂，防止冻伤；冰/盐冷剂不要漏洒在仪器金属面板上，引起腐蚀。

## 实验步骤

### 1. 系统检查

　　DP-AF 饱和蒸气压实验装置如图2所示，包括恒温水槽、压力平衡管、压力调节系统（缓冲罐）、数字压力（真空）计以及抽真空系统。将平衡管洗净，烘干。上端磨口涂抹真空脂后，用真空橡胶管连接到缓冲罐端口上，缓冲罐另一端口连接压力（真空）计。在保温杯中放置冷却剂（冰盐水混合物），放入冷阱。打开数字压力表，放空活塞及阀门1、2、3全部打开（三阀均为顺时针旋转关闭，逆时针旋转开启），按数字压力表"采零"键，使读数显示为"0.00 kPa"。将阀1关闭，启动真空泵，缓慢关闭放空活塞，抽真空至压力为 −100 kPa 左右，关闭阀门3。缓慢开启放空活塞后，关闭真空泵。观察数字压力计，若显示数值无上升（小于0.01 kPa/s），说明整体气密性良好。否则需查找并清除漏气原因，直至合格。关闭阀门2，用阀门1调整"微调部分"的压力，使之升高约50%，关闭阀门1，观察数字压力计，其显示值无变化，说明气密性良好。若显示值有上升，说明阀1泄漏；若下降，说明阀2泄漏。

图2　DP-AF 饱和蒸气压实验装置示意图

### 2. 向平衡管中装入待测液体

　　使液体灌满a管和U形等位计的大部分为宜，然后接在装置上。接通冷却水，调节玻璃恒温水浴温度为25 ℃，将平衡管放入恒温槽，注意a、c管上部横管要全部浸没。所有阀门、活塞全开，平衡管恒温10 min后，数字压力计采零，同时在实验室的标准压力计上读取大气压数值。关闭阀门1、2、3。按操作规程开启真空泵，打开阀门3使缓冲罐中的空气被抽出。缓慢开启阀门2，随着系统的压力降低，a、c管间封闭的气体被连续鼓泡通过b管抽出，注意控制阀门2的开启程度，以保持 1 ~ 2 s 一个气泡的鼓泡速率，直至a管中的液体沸腾 3 ~ 5 min（一般观察不到液体内部的沸腾状态，以连续鼓泡为准）。关闭阀门2，真空泵继续运行3 min后，关闭阀门3，按操作规程关闭真空泵。

### 3. 观察b、c管的液面

一般是b管的液面高于c管的液面，此时缓缓打开阀门1，漏入空气，当U形等位计中b、c管两臂的液面平齐时，关闭阀门1；若等位计液柱又发生变化，可缓慢打开阀1或阀门2重新调节，使液面平齐。当阀门1、2均处于关闭状态且液柱不再变化时，记下恒温槽温度和压力计上的压力值。若液柱始终变化，说明空气未被抽干净，应重复上述操作步骤，直至液柱不再变化为止。

### 4. 将恒温水浴温度升高5℃

升温过程中样品会重新沸腾，为控制过度沸腾导致的样品流失和污染真空系统，可根据实际情况微微开启阀门1压制，使不产生气泡。达到设定温度后，关闭阀门1，恒温5 min，按步骤3的方法调节，测定新温度下的样品蒸气压。按上述方法，每隔5℃依次测定样品的蒸气压，共测定5～8个温度点。**注意：**测定过程中如不慎使空气倒灌入试液球a，则需重新抽真空后方能继续测定。

### 5. 实验结束

依次慢慢打开阀门1和阀门2，使压力计恢复零位。关闭冷却水、恒温水浴和数字压力计，拔去所有的电源插头。清除冷阱和冷剂，将平衡管中样品全部倒出，回收废弃试剂，平衡管清洗烘干备用。

## 数据处理与结果分析

1. 自行设计实验数据记录表，正确记录全套原始数据并填入演算结果。

2. 以蒸气压$p$对温度$T$作图。

3. 由$p\text{-}T$曲线均匀读取10个点，列出相应的数据表，以$\ln p$对$1/T$作图，根据方程（3）进行线性拟合，由直线斜率计算出被测液体在实验温度区间的平均摩尔蒸发焓变$\Delta_{vap}\overline{H}_m$，计算样品的正常沸点，并与文献值比较。

4. 查阅样品的气态$p\text{-}V\text{-}T$数据表，或者根据Berthelot方程计算$Z$值，其中$V_m^g$用理想气体状态方程计算。根据方程（5）和方程（6）分别计算25℃、60℃和90℃的摩尔蒸发焓变$\Delta_{vap}H_m$，并与测量得到的平均摩尔蒸发焓变$\Delta_{vap}\overline{H}_m$进行比较。

## 讨论与思考

1. 压力和温度的测量都有随机误差，试导出$\Delta_{vap}H_m$的误差传递表达式。

2. 当压力$p$用不同单位表示时，所计算出的$\Delta_{vap}H_m$数值是否相同？

3. 查阅文献，说明温度和压力测量误差的详细校正步骤。

4. 方程（3）中的积分常数$C$有什么物理意义？

5. 在方程（6）中，$\Delta_{vap}H_m$与$Z$都是温度的函数，为什么$\ln p$对$1/T$仍然能够基本维持线性关系？

## 实验简介

  本实验中我们将观察液体纯物质以及稀溶液的冷却过程，当达到各自的凝固点温度时，这两种液体表现出不同的结晶行为，利用这一点可以计算出溶质的摩尔质量。实验原理很明确，就是稀溶液的依数性之一：凝固点降低。但是，实验数据与文献值的差别总是存在的，且很难消除，本实验将探讨其中的原因。

  学生应有两相平衡的基本概念，即两相平衡时两个相处于相同的温度、压力之下，其平衡温度和平衡压力的关系可以用克劳修斯-克拉佩龙方程描述。

## 理论探讨

### 1. 稀溶液的凝固点降低原理

  凝固点降低原理讨论的是体系液-固相间的平衡问题，对这一问题最直观的解读可以通过相图。图1是典型的单组分体系$T$-$p$相图，红、绿、蓝色三条实线分别是纯溶剂的气-液（G-L）、气-固（G-S）、液-固（L-S）两相平衡$T$-$p$线，$O$点是纯溶剂的三相点，对应温度和压力分别为$T_0$和$p_0$。由相图可以看到，纯溶剂液-固平衡时温度近乎与压力无关（蓝线），因此将纯溶剂的三相点温度$T_0$当作纯溶剂的凝固点温度$T^*$时误差极小，即$T_0 \approx T^*$。

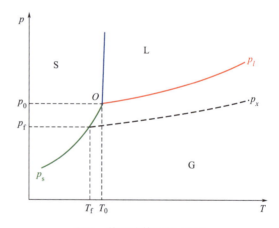

**图1　单组分体系$T$-$p$相图**

  考虑气-固平衡线上的一点$(T, p_s)$，它与三相点$(T_0, p_0)$之间适用克劳修斯-克拉佩龙方程

$$\ln \frac{p_s}{p_0} = \frac{\Delta_{sub}H_m}{R}\left(\frac{1}{T_0} - \frac{1}{T}\right) \tag{1}$$

式中，$\Delta_{sub}H_m$是纯溶剂的摩尔升华焓变（升华：sublimation）。方程（1）中隐含的假设是气体为理想气体、固相体积可以忽略以及$\Delta_{sub}H_m$与温度无关。

  对于气-液平衡线上的一点$(T, p_l)$同样应用克劳修斯-克拉佩龙方程

$$\ln \frac{p_l}{p_0} = \frac{\Delta_{vap}H_m}{R}\left(\frac{1}{T_0} - \frac{1}{T}\right) \tag{2}$$

式中，$\Delta_{vap}H_m$是纯溶剂的摩尔蒸发焓变。方程（2）中隐含的假设是气体为理想气体、液相体积可以忽略以及$\Delta_{vap}H_m$与温度无关。

  现在考虑一个稀溶液，并假定与溶液成平衡的气相或固相中均只有纯溶剂一个组分，溶剂的行为符合拉乌尔定律

$$\frac{p_x}{p_l}=x_0=1-x \tag{3}$$

式中，$p_x$是溶液上方溶剂的蒸气压；$x_0$是溶液中溶剂的摩尔分数；$x$是溶质的摩尔分数。由于$x_0 < 1$，因此溶液的气-液平衡 $T$-$p$ 线（图1中的黑色虚线）会低于纯溶剂的气-液平衡 $T$-$p$ 线（图1中的红线）。

根据方程（2）、方程（3）可以得到

$$\ln\frac{p_x}{p_0}=\ln\frac{p_x}{p_l}+\ln\frac{p_l}{p_0}=\ln(1-x)+\frac{\Delta_{vap}H_m}{R}\left(\frac{1}{T_0}-\frac{1}{T}\right) \tag{4}$$

考虑图1中黑色虚线与绿线的交点，此时$p_x=p_s$，$T=T_f$（$T_f$为溶液中溶剂的凝固点温度），则方程（4）变为

$$\ln\frac{p_s}{p_0}=\ln(1-x)+\frac{\Delta_{vap}H_m}{R}\left(\frac{1}{T_0}-\frac{1}{T_f}\right) \tag{5}$$

而根据方程（1）

$$\ln\frac{p_s}{p_0}=\frac{\Delta_{sub}H_m}{R}\left(\frac{1}{T_0}-\frac{1}{T_f}\right) \tag{6}$$

由此得到

$$\ln(1-x)=\frac{\Delta_{sub}H_m-\Delta_{vap}H_m}{R}\left(\frac{1}{T_0}-\frac{1}{T_f}\right)$$

式中，$\Delta_{sub}H_m-\Delta_{vap}H_m=\Delta_{fus}H_m$，$\Delta_{fus}H_m$为纯溶剂的摩尔熔化焓变，因此上式可以变为

$$\ln(1-x)=-\frac{\Delta_{fus}H_m}{RT_0T_f}\Delta T_f \tag{7}$$

式中，$\Delta T_f=T_0-T_f$，为凝固点降低值。由方程（7）可以看出，与纯溶剂相比，形成溶液后溶剂的凝固点会下降，凝固点下降的大小与溶质的浓度有关。

在热力学研究中，溶液组成常以质量摩尔浓度$b$表示，因为$b$的数值不随温度发生变化。质量摩尔浓度$b$的定义为：每千克溶剂中含有的溶质的物质的量，由此可以得出$b$与摩尔分数$x$的关系为

$$b=\frac{1000}{M_0}\times\frac{x}{1-x} \tag{8}$$

式中，$M_0$是纯溶剂的摩尔质量，$g \cdot mol^{-1}$。注意到稀溶液成立的条件是：$x \ll 1$，且凝固点降低值很小，则

$$\begin{cases} \ln(1-x) \approx -x \\ 1-x \approx 1 \\ T_0T_f \approx T_0^2 \end{cases} \tag{9}$$

因此方程（7）可以近似为

$$x=\frac{\Delta_{fus}H_m}{RT_0^2}\Delta T_f \tag{10}$$

根据方程（9）对方程（8）取近似，然后代入方程（10），整理得到

$$b = \frac{1000\Delta_{fus}H_m}{M_0 R T_0^2}\Delta T_f = \frac{\Delta T_f}{K_f} \tag{11}$$

式中，$K_f = (M_0 R T_0^2)/(1000\Delta_{fus}H_m)$，称为凝固点降低常数，$K \cdot molal^{-1}$（molal 等价于 $mol \cdot kg^{-1}$），是溶剂特有属性之一。

若一个溶液中溶质和溶剂的质量分别为 $w$ 和 $W$（单位：g），根据定义

$$b = \frac{w/M}{W/1000} \tag{12}$$

式中，$M$ 为溶质的摩尔质量，$g \cdot mol^{-1}$。将方程（12）代入方程（11），整理得到利用凝固点降低法测定溶质摩尔质量的公式为

$$M = 1000 \times \frac{w}{W} \times \frac{K_f}{\Delta T_f} \tag{13}$$

实验中只要测出纯溶剂和溶液的凝固点，以及溶质与溶剂的质量，就可以计算出溶质的摩尔质量。

方程（13）作为计算公式可以满足一般要求，但是利用高阶近似进一步优化计算仍然是值得考虑的。回到原始计算方程（7），令

$$y = -\frac{\Delta_{fus}H_m}{R T_0 T_f}\Delta T_f$$

则方程（7）可以变化为

$$1 - x = e^y \tag{14}$$

由此得到

$$\frac{x}{1-x} = \frac{1-e^y}{e^y} = \frac{1}{e^y} - 1 \tag{15}$$

考虑到 $\Delta_{fus}H_m$ 是几个千焦的数量级，而 $T_0$ 和 $T_f$ 是几百开的数量级，因此 $|y| \ll 1$，将 e 指数用泰勒级数展开，得到

$$e^y = 1 + y + \frac{y^2}{2!} + \cdots$$

或者

$$e^{-y} = 1 - y + \frac{y^2}{2!} - \cdots \tag{16}$$

方程（15）保留至二阶近似，其余高次项舍去，得到

$$\frac{x}{1-x} \approx -y\left(1 - \frac{y}{2}\right) \tag{17}$$

同样地，方程（9）中最后一个表达式应修正为

$$T_0 T_f = T_0^2 \frac{T_f}{T_0} = T_0^2\left(1 - \frac{\Delta T_f}{T_0}\right) \approx \frac{T_0^2}{1 + \Delta T_f / T_0} \tag{18}$$

方程（18）中利用了 Maclaurin 级数：$(1-a)^{-1} = 1 + a + a^2 + a^3 + \cdots$，并取一阶近似。将 $y$ 的定义和方程（18）代入方程（17），得到

$$\frac{x}{1-x} = \frac{\Delta_{fus}H_m}{R T_0^2}\Delta T_f\left(1 + \frac{\Delta T_f}{T_0}\right)\left[1 + \frac{\Delta_{fus}H_m}{2R T_0^2}\Delta T_f\left(1 + \frac{\Delta T_f}{T_0}\right)\right] \tag{19}$$

同样考虑摩尔熔化焓变$\Delta_{fus}H_m$与温度的关系，假设在温度区间$T_0 \to T_f$范围内固态、液态纯溶剂的热容不随温度变化，则可将$\Delta_{fus}H_m$取作该温度区间熔化焓变的平均值

$$\Delta_{fus}H_m = \Delta_{fus}H_m^{\ominus} - \frac{\Delta C_{p,m}}{2}\Delta T_f \tag{20}$$

式中，$\Delta_{fus}H_m^{\ominus}$为纯溶剂熔点温度时的摩尔熔化焓变；$\Delta C_{p,m} = C_{p,m}(l) - C_{p,m}(s)$，是熔化过程的摩尔热容变化。将方程（20）代入方程（19），展开多项式并舍弃$\Delta T_f$二次项以上部分，得到

$$\frac{x}{1-x} = \frac{\Delta_{fus}H_m^{\ominus}}{RT_0^2}\Delta T_f(1 + \beta\Delta T_f) \tag{21}$$

式中，$\beta = \frac{1}{T_0} + \frac{\Delta_{fus}H_m^{\ominus}}{2RT_0^2} - \frac{\Delta C_{p,m}}{2\Delta_{fus}H_m^{\ominus}}$，为修正系数。将方程（21）代入方程（8），并考虑方程（11）和方程（13），得到

$$b = \frac{\Delta T_f}{K_f}(1 + \beta\Delta T_f) \tag{22}$$

$$M = 1000 \times \frac{w}{W} \times \frac{K_f}{\Delta T_f} \times \frac{1}{1+\beta\Delta T_f} \approx 1000 \times \frac{w}{W} \times \frac{K_f}{\Delta T_f} \times (1 - \beta\Delta T_f) \tag{23}$$

表1中列出了两种常用溶剂（环己烷和水）的计算数据，若实验测定的凝固点下降值$\Delta T_f$约为2 K，则$b$和$M$的修正率均为1%左右。

如果溶剂行为不符合拉乌尔定律，而溶质也没有发生解离或缔合现象，则溶剂和溶质的行为都会偏离理想稀溶液模型，溶液浓度也将被活度代替，溶液浓度越高，偏离程度相应越大，实验测得的溶质摩尔质量将随溶液浓度发生改变。作为数据修正，可以在不同的溶质浓度下测量一系列的凝固点降低值$\Delta T_f$，并用方程（13）或方程（23）计算出相应的摩尔质量$M$，以$M$对$\Delta T_f$作图可近似拟合为直线，外推至$\Delta T_f = 0$可以获得较为准确的$M$值。在这种情况下，溶质的摩尔质量$M$与$\Delta T_f$之间的关系并不会符合方程（23），因为该方程仍然只是在理想稀溶液模型下推导出来的，实际的$M$-$\Delta T_f$变化关系会受到实验条件的影响，而呈现出不同的形式。

**表1 环己烷和水的数据**

| 性质 | 符号 | 环己烷 | 水 |
|---|---|---|---|
| 摩尔质量/g·mol⁻¹ | $M_0$ | 84.16 | 18.02 |
| 凝固点摄氏温度/℃ | $t_0$ | 6.68 | 0.00 |
| 凝固点热力学温度/K | $T_0$ | 279.83 | 273.15 |
| $T_0$时的摩尔熔化焓变/J·mol⁻¹ | $\Delta_{fus}H_m^{\ominus}$ | 2678 | 6008 |
| 熔化过程的摩尔热容变化/J·K⁻¹·mol⁻¹ | $\Delta C_{p,m}$ | 15.1 | 38.1 |
| 凝固点降低常数/K·mol⁻¹ | $K_f$ | 20.4 | 1.855 |
| 修正系数/K⁻¹ | $\beta$ | 0.003 | 0.005 |

## 2. 凝固点的测量

本实验测定凝固点的方法为步冷曲线法，测量样品管如图2所示，由同轴的内、外两层玻璃管构成，外层为玻璃恒温夹套管，双层夹套中通入循环冷冻剂，使管内空气温度下降；内层是玻璃样品管，与外层夹套管通过磨口连接，内、外层玻璃管之间的空气夹层能够保持

样品的冷却速率不致过快。样品管内放置螺旋形不锈钢搅拌器，由仪器电机驱动，搅拌器上下运动的行程可调，能够有效地整体翻动溶液样品，保证结晶不在样品管壁上大量析出。样品温度测量使用Pt-100热电阻温度传感器，温度测量精度为0.01 ℃，小范围温差测量精度为0.001 ℃。

(a)                                        (b)

**图2   SWC-LG$_D$凝固点实验装置(a)及凝固点测量管示意图(b)**

在实验条件下，内管中样品的温度$T$会高于外管中冷冻剂温度$T'$，两者之间的热对流速率正比于温度差，即

$$-\frac{\mathrm{d}H}{\mathrm{d}t}=D(T-T')\qquad(24)$$

式中，$H$为内管样品系统的焓值；$D$是常数，与样品管形状、热导率等因素有关。除非$T$非常接近$T'$，在一般实验条件下，$(T-T')$均足够大，以致可以认为$(-\mathrm{d}H/\mathrm{d}T)$为常数。

在没有相变的情况下，样品系统的温度变化为

$$-\frac{\mathrm{d}T}{\mathrm{d}t}=\frac{1}{C}\left(-\frac{\mathrm{d}H}{\mathrm{d}t}\right)\qquad(25)$$

式中，$C$是内管样品体系的热容。方程(25)表明当液体样品冷却时，其温度-时间曲线近似为一直线。当纯溶剂开始结晶后，只要两相共存，体系温度保持不变，即$\mathrm{d}T/\mathrm{d}t=0$。对于溶液来说，若固体溶剂从溶液中析出，则体系温度并不会保持不变，而是持续下降，因为此时溶液的浓度会不断增大，导致溶液的凝固点$T_f$不断降低，当析出纯溶剂固体数量较少时，可以认为内管样品体系的热容基本不变，样品体系的温度变化为

$$-\frac{\mathrm{d}T}{\mathrm{d}t}=\frac{1}{(n\Delta_{\mathrm{fus}}H_{\mathrm{m}}/\Delta T_{\mathrm{f}})+C}\left(-\frac{\mathrm{d}H}{\mathrm{d}t}\right)\qquad(26)$$

式中，$n$是析出固体纯溶剂的物质的量。因此，当溶液中开始析出纯溶剂固体后，温度

曲线的斜率将由方程（25）不连续地变化为更小一点的方程（26），即冷却曲线上出现一个转折。

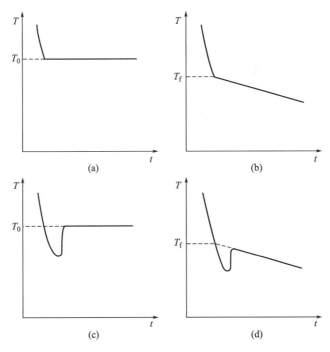

**图3　几种典型的冷却曲线及凝固点确定方法**

图3中给出了冷却曲线的几种形态，曲线（a）为纯溶剂的理想冷却曲线，液体无限缓慢地冷却，温度达到$T_0$时开始析出纯溶剂的固体；在析出固相过程中温度不再变化，曲线上出现一段平台，在纯溶剂的冷却曲线上，这个不随时间而变的平台相对应的温度$T_0$即为该纯溶剂的凝固点；曲线（b）是溶液的理想冷却曲线，与曲线（a）不同，当温度达到$T_f$时溶液中才开始析出纯溶剂的固体，此时$T_f<T_0$，随着纯溶剂固体的析出，溶液浓度不断增大，溶液的凝固点也不断下降，形成一段斜率变缓的斜线，溶液的凝固点即为两段不同斜率直线交点对应的温度$T_f$，此时刚有纯溶剂固体析出；曲线（c）是实验条件下纯溶剂的冷却曲线。因为实验做不到无限慢地冷却，而是较快速强制冷却，在温度降到$T_0$时不凝固，出现过冷现象，一旦固相出现，温度又回升而出现平台；曲线（d）是实验条件下的溶液冷却曲线，可以看出，适当的过冷使溶液凝固点的观察变得容易，在这种情况下，应通过外推法求得凝固点温度，即将液-固相冷却曲线向上外推至与液相冷却曲线相交，以该交点温度作为凝固点$T_f$。

冷却曲线法本质上是一种动态测量方法，如图3（c）、（d）中确定的凝固点温度是否真实准确，是不完全确定的。首先，溶剂经过液体过冷阶段后发生结晶，结晶过程放热导致系统温度回升，但是回升到达的平台温度并不一定是纯溶剂的凝固点温度，它可以是在凝固点以下的任意一个温度，具体数值取决于在哪一个温度时结晶放热与环境吸热两者之间达成基本平衡，如果冷冻剂温度过低，则过冷后结晶放热的数量可能不足以保证系统温度回升到真实凝固点。这种情况对于溶液而言同样存在，且过冷程度可能比纯溶剂更加严重，结晶放热导致的温升可能更无法保证系统温度回升至溶液的凝固点。其次，如果纯溶剂和溶液在液体降温段及结晶回升段的温度变化速率无法保持基本相等，采用图3（d）所示的外推溶液凝固点的方法就没有意义，因为判断纯溶剂和溶液凝固点的标准并不一致。实践证明，液体经历过冷阶段后，由于结晶而在冷却曲线上出现温度平台或温度回升最高点的值会受到冷冻剂温度、搅拌方式、液体此前冷却结晶经历等因素的影响，且这种影响是复杂的、非线性的，无法预测或测定。为保证通过冷却曲线法测出基本准确的凝固点，必须保证过冷结晶后放出的热量足以使得系统温度回升至准确的凝固点温度。为此，必须严格控制冷冻剂温度，使之与液体凝固点温度尽量接近，一般冷冻剂温度不低于液体凝固点温度以下0.5 ℃。

## 仪器试剂

SWC-LG₈自冷式凝固点测定仪（分体式）（南京桑力电子设备厂），Pt-100温度传感器，低温恒温槽，电子天平，恒温夹套，凝固点管，25 mL移液管，称量瓶，1000 mL大烧杯，硅橡胶管，1 mL玻璃注射器及针头。

环己烷（A.R.），萘（A.R.），乙二醇（冷却循环液之一）。

## 安全须知和废弃物处理

- 在实验室中需穿戴实验服、防护目镜或面罩。
- 在处理固体样品和溶液时需使用丁腈橡胶手套。
- 如发生皮肤沾染，请用水冲洗沾染部位10 min以上；不得用嘴吸移液管。
- 离开实验室前务必洗手。
- 使用过的溶液请倒入指定的废液回收桶。
- 使用过的固体废渣、碎屑要放入固体废弃物桶。

## 实验步骤

### 1. 开机

检查电源、温度传感器接口和数据传输线串行口是否正确连接。凝固点测定仪开机，电脑开机，开启低温恒温槽电源，调节温度为2.5 ℃左右，启动冷却剂循环泵，使冷却剂循环进入外层夹套管中。

### 2. 萘的摩尔质量粗测

取干燥洁净的样品管，管口贴上封口膜后置于天平上去皮清零。移去封口膜，用移液管吸取约20 mL环己烷加入样品管，注意不要使环己烷溅在管壁上，贴上封口膜，记录样品管中环己烷的质量$W$。将样品管封口膜去除，用带有螺旋搅拌杆的塞子塞紧，插入温度传感器，然后小心地放入恒温空气夹套中（不要用力塞，以免挤碎玻璃磨口）。安装搅拌连接杆，调整温度传感器位置，使之处于搅拌杆螺旋中间，且基本处于样品管中轴附近，用铁夹固定温度传感器，开启搅拌，观察与调整搅拌杆及温度传感器位置，使搅拌杆上下运动顺畅，其行程覆盖液面至样品管底部，且基本不与温度传感器碰撞。关闭搅拌，等待样品温度降低。打开电脑上凝固点测量软件界面，连接通讯口，准备测试。在此期间间歇性开启搅拌，使样品温度尽快均匀下降。当样品降低至7.0 ～ 7.5 ℃之间，开启快速搅拌，同时启动软件记录冷却曲线，直至过冷后系统温度回升至平台，并保持5 min以上，记录平台温度，即溶剂环

己烷的近似凝固点 $T_0$。在天平上准确称取 0.15 g 萘（质量为 $w$），将样品管连同盖子、搅拌杆与温度传感器一起取出空气夹套，在室温下手动搅拌使结晶溶解，然后加入称量好的萘，手动搅拌使之完全溶解，将样品管重新放入空气夹套中，重复测量该溶液的冷却曲线，取过冷结晶后温度回升最高点为溶液的近似凝固点 $T_f$。根据方程（13）计算萘的近似摩尔质量 $M$。将样品管从空气夹套中取出，待结晶溶解后，将溶液倒入废液桶中，彻底清洗样品管，置于 120 ℃烘箱中烘干，冷却备用。

### 3. 萘的摩尔质量的测定

在此阶段，冷冻剂温度应调节在样品理论凝固点以下 0.2 ～ 0.3 ℃；若无法结晶，可逐次降低冷剂温度，每次下降 0.1 ℃，直至结晶生成。

（1）在空气夹套外管中加入适量的水，使样品管放入后外管中的液面远高于样品管中的样品液面。环己烷的凝固点为 6.54 ℃，调节冷冻剂温度至其凝固点以下 0.2 ～ 0.3 ℃，即 6.3 ℃左右，待稳定后，用温度计测定冷冻剂的实际温度，计算其与系统设定温度的差值。调节冷剂温度，使得温度计实测温度达到 6.3 ℃，并记录系统设定温度值，再次计算两者的差值。将两次差值取平均，作为后续调节冷剂温度的依据。

（2）取干燥洁净的样品管，用移液管移入环己烷约 20 mL，按步骤 2 的方法测量纯溶剂的凝固点 $T_0$。测量结束后将样品管从空气夹套中取出，立即用纸擦干外壁黏附的冷冻液，待结晶溶解后，将溶液倒入废液桶中，彻底清洗样品管及其外壁，置于 120 ℃烘箱中烘干，冷却备用。

（3）取干燥洁净的样品管，管口贴上封口膜后置于天平上去皮清零。移去封口膜，向样品管中加入适量的萘，盖上封口膜，记录萘的质量 $w$。用移液管吸取约 20 mL 环己烷加入样品管，注意不要使环己烷溅在管壁上，贴上封口膜，记录样品管中样品总质量 $m$，环己烷的质量 $W=m-w$。按照步骤 2 测得的萘的近似摩尔质量 $M$，计算溶液中萘的质量摩尔浓度 $b$ 以及溶液凝固点降低近似值 $\Delta T_f$：

$$b / (\mathrm{mol \cdot kg^{-1}}) = \frac{w / M}{m - w_1} \times 1000$$

$$\Delta T_f = K_f \cdot b$$

估算溶液的凝固点温度：$T_f / ℃ = 6.54 - \Delta T_f$。

（4）将冷冻剂温度调节至该温度以下 0.2 ～ 0.3 ℃。手动搅拌使萘完全溶解在环己烷中，然后将样品管放入冷却夹套中，按步骤 2 的方法测量该溶液的凝固点 $T_f$。测量结束后将样品管从空气夹套中取出，立即用纸擦干外壁黏附的冷冻液，待结晶溶解后，将溶液倒入废液桶中，彻底清洗样品管及其外壁，置于 120 ℃烘箱中烘干，冷却备用。

（5）重复步骤（3），萘的质量摩尔浓度控制在 0.4 mol·kg⁻¹ 以内，测定 5 个不同浓度溶液的凝固点。实验过程中应将实验数据点实时标注在草图上，以判断实验测量的趋势是否正确。

### 4. 实验结束

清理台面，将外管中的冷冻剂吸出，残留的水用纸擦干。

## 数据处理与结果分析

1. 分别用方程（13）和方程（23）计算萘的摩尔质量 $M$、及其对应的凝固点降低值 $\Delta T_f$。

2. 将两个方程得到的 $M - \Delta T_f$ 数据分别作图，并外推到 $\Delta T_f \to 0$，求取萘的摩尔质量。

## 讨论与思考

1. 以方程（13）为基础，推导摩尔质量的绝对误差和标准偏差的传递公式，并按照本实验各参数的测量误差计算实验结果的绝对误差和标准偏差。

2. 某液体的冷却曲线上没有出现温度平台，是否说明该液体不是纯溶剂？

3. 精确测量溶液凝固点降低值应采用固液平衡静态法。请查阅文献，介绍该方法主要的实验技术和原理。

---

# 实验6　凝固点降低法测定活度系数

## 实验简介

本实验中我们将观测溶液的凝固点低于纯溶剂的凝固点的现象。在研究溶液的热力学性质时，凝固点降低的数据是非常有价值的。特别重要的是，通过这个方法，溶剂及溶质的活度系数与浓度间的函数关系都能够以很高的精度进行测量。

学生应熟悉溶液的热力学理论，掌握活度及活度系数的概念，理解凝固点降低法的实验原理。

## 理论探讨

### 1. 溶剂的活度及其测量

在温度 $T$ 下，溶液中溶剂的活度 $a_1$ 可以定义为

$$\mu_1^l = \mu_1^{l,*} + RT\ln a_1 \tag{1}$$

式中，$\mu_1^l$ 为溶液中溶剂的化学势，$\mu_1^{l,*}$ 为液体纯溶剂的化学势。假定固相中仅含有固体溶剂，则其化学势可表示为

$$\mu_1^s = \mu_1^{s,*} \tag{2}$$

式中，$\mu_1^{s,*}$ 为固体纯溶剂的化学势。当固、液两相达成平衡时，溶剂在固、液两相的化学势相等，即 $\mu_1^s = \mu_1^l$，由此得到

$$-\ln a_1 = \frac{\mu_1^{l,*} - \mu_1^{s,*}}{RT} = \frac{\Delta_s^l G_m(T)}{RT} \tag{3}$$

式中，$\Delta_s^l G_m(T)$ 为溶液在温度 $T$ 时熔化过程的摩尔吉布斯自由能变化。

对于纯溶剂而言，$a_1 = 1$，此时纯溶剂固、液两相的平衡温度就是纯溶剂的凝固点温度 $T_f$，方程（3）可以表达为

$$0 = \frac{\Delta_s^l G_m(T_f)}{RT_f} \tag{4}$$

方程（4）说明纯物质平衡相变过程的吉布斯自由能变化为零。

将方程（3）与方程（4）相减，可以得到

$$-\ln a_1 = \frac{\Delta_s^l G_m(T)}{RT} - \frac{\Delta_s^l G_m(T_f)}{RT_f} = \frac{\Delta_s^l H_m(T)}{RT} - \frac{\Delta_s^l S_m(T)}{R} - \frac{\Delta_s^l H_m(T_f)}{RT_f} + \frac{\Delta_s^l S_m(T_f)}{R}$$

对于稀溶液而言，溶剂凝固点下降的数值很小，即 $T$ 与 $T_f$ 非常接近，可以认为熔化过程的焓变和熵变都是不随温度变化的，即 $\Delta_s^l H_m(T) \approx \Delta_s^l H_m(T_f)$，$\Delta_s^l S_m(T) \approx \Delta_s^l S_m(T_f)$，则有

$$-\ln a_1 \approx \frac{\Delta_s^l H_m(T_f)}{R}\left(\frac{1}{T} - \frac{1}{T_f}\right) \approx \frac{\Delta_s^l H_m(T_f)}{RT_f^2}(T_f - T) \tag{5}$$

若定义溶液中溶剂的凝固点下降值为 $\theta = T_f - T$，则在纯溶剂凝固点温度 $T_f$ 时溶液中溶剂的活度可以表示为

$$-\ln a_1 = \frac{\Delta_s^l H_m(T_f)}{RT_f^2}\theta = \frac{M_1}{K_f}\theta \tag{6}$$

式中，$K_f$ 为溶剂的凝固点降低常数，$K \cdot mol \cdot kg^{-1}$（为溶液质量摩尔浓度的单位，表示 1 kg 溶剂中溶质的摩尔数）；$M_1$ 为溶剂的摩尔质量，$kg \cdot mol^{-1}$。

根据方程（6），可以分别配制一系列不同浓度的溶液，用凝固点降低法测出各溶液的凝固点降低值 $\theta$，即可计算出溶剂活度与溶液浓度间的关系。

## 2. 溶液中溶质的状态

与纯溶质相比，溶质在溶液中的状态有可能发生变化。理想稀溶液中溶剂的凝固点降低方程为

$$\theta = K_f m \tag{7}$$

式中，$m$ 为溶液的质量摩尔浓度，$mol \cdot kg^{-1}$。

如果溶质在溶液中发生缔合或者解离，为了能够将方程（7）作为有用的近似计算方法，必须准确认识溶质在溶液中所处的形态。假定某溶液含有 $n_1$ mol 溶剂和 $n_2$ mol 溶质，且该 $n_2$ mol 溶质在溶液中形成了 $\nu n_2$ mol 的溶质质点，则该溶液中溶剂的凝固点降低方程为

$$\theta = K_f \nu m \tag{8}$$

式中，$\nu > 1$ 表示溶质解离，$\nu < 1$ 表示溶质缔合，$\nu = 1$ 表示溶质非解离。

方程（8）的一个重要运用就是确定 $\nu$ 值。由于方程（7）、（8）都仅适用于理想稀溶液体系，因此方程（8）可以更加合理地表示为

$$\nu = \lim_{m \to 0} \frac{\theta}{K_f m} = \frac{1}{K_f} \lim_{m \to 0} \frac{\theta}{m} \tag{9}$$

实验中可以通过测定一系列不同浓度 $m$ 溶液的凝固点降低值 $\theta$，以 $\theta/m$-$m$ 作图并外推至 $m = 0$，即可求得 $\nu$ 值，由此判断溶液中溶质分子的形态。需要注意的是，由于该外推极限是由有限的确定浓度溶液实验测量数据获得的，$\nu$ 值实际反映的是实验测定的浓度下限处溶液的行为，而非真实的无限稀释溶液中的行为。

## 3. 溶质的活度及活度系数的计算

如果凝固点降低法实验数据足够准确，则可以计算得到溶质的活度 $a_2$ 和活度系数 $\gamma_2$。这里我们只考虑在低浓度范围内溶质既不解离也不缔合的情况，对于二元溶液，Gibbs-Duhem 公式可以写为

$$n_1 d\mu_1 + n_2 d\mu_2 = 0 \quad \Rightarrow \quad n_1 d\ln a_1 + n_2 d\ln a_2 = 0$$

由此得到

$$d \ln a_2 = -\frac{n_1}{n_2} d \ln a_1 = -\frac{1}{M_1 m} d \ln a_1 \tag{10}$$

为了通过方程（10）求出 $a_2$ 和 $\gamma_2$，必须先确定溶剂的活度 $a_1$ 与溶液浓度 $m$ 的关系。但是在稀溶液中，溶剂的摩尔分数接近于 1，活度也接近于 1，用溶剂的活度系数不能够准确反映溶液的非理想性。一般引入渗透因子（或渗透系数）的概念来表示溶剂对于理想溶液的偏差，合理的渗透因子 $g$ 的定义为

$$g = \frac{\ln a_1}{\ln x_1} \quad \Leftrightarrow \quad a_1 = x_1^g$$

$g$ 为无单位量。方程（1）可以重新表达为

$$\mu_1^1 = \mu_1^{1,*} + RTg \ln x_1 \tag{11}$$

将溶剂的摩尔分数 $x_1$ 表达为质量摩尔浓度的函数，有

$$x_1 = \frac{n_1}{n_1 + n_2} = \frac{1}{1 + n_2 / n_1} = \frac{1}{1 + M_1 m}$$

由此得到用溶质质量摩尔浓度表示的溶剂的化学势

$$\mu_1^1 = \mu_1^{1,*} - RTg \ln(1 + M_1 m) \tag{12}$$

对于稀溶液，$m \ll 1$，$\ln(1 + M_1 m) \approx -M_1 m$，对比方程（1）和方程（12），可以重新定义渗透因子 $\varphi$ 为

$$\varphi = -\frac{\ln a_1}{M_1 m} \quad \Leftrightarrow \quad \ln a_1 = -\varphi M_1 m \tag{13}$$

$\varphi$ 同样是无单位量。将方程（13）代入方程（1）中，得到用溶质质量摩尔浓度表示的二元稀溶液中溶剂的化学势

$$\mu_1^1 = \mu_1^{1,*} - RT\varphi M_1 m \tag{14}$$

渗透因子的一个重要特性是当溶质质量摩尔浓度 $m \to 0$ 时，$\varphi \to 1$。当 $m$ 比较小时，$\varphi = g$。

渗透因子 $\varphi$ 可以用凝固点降低法进行测定，将方程（6）和方程（13）联立求解，可得

$$\varphi = \frac{1}{K_f} \times \frac{\theta}{m} \tag{15}$$

即可以通过测定不同浓度 $m$ 溶液的凝固点下降值 $\theta$，计算出渗透因子 $\varphi$ 与浓度 $m$ 的关系。从原理上说，这样也就获得了溶剂活度 $a_1$ 与溶液浓度 $m$ 的关系。

现在回到方程（10），等号左边可以表示为

$$d \ln a_2 = d \ln(\gamma_2 m) = d \ln \gamma_2 + \frac{1}{m} dm$$

式中，浓度项 $m$ 应理解为 $m/m^{\ominus}$，为无单位量。同样地，等号右边可以表示为

$$-\frac{1}{M_1 m} d \ln a_1 = -\frac{1}{M_1 m}(-M_1 m d\varphi - M_1 \varphi dm) = d\varphi + \frac{\varphi}{m} dm$$

由此得到溶质活度系数 $\gamma_2$ 与溶液浓度 $m$ 之间的微分关系为

$$d \ln \gamma_2 = d\varphi + \frac{\varphi - 1}{m} dm \tag{16}$$

在 $0 \to m$ 浓度区间内对方程（16）进行积分，并利用极限条件 $\lim_{m \to 0} \gamma_2 = 1$ 和 $\lim_{m \to 0} \varphi = 1$，可得

$$\ln \gamma_2 = (\varphi - 1) + \int_0^m \frac{\varphi - 1}{m} \, dm \tag{17}$$

通过凝固点降低法实验测量数据，根据方程（15）可以得到

$$\varphi - 1 = \frac{(\theta / m) - K_f}{K_f} \tag{18}$$

画出$(\varphi - 1)/m$-$m$关系曲线，用图形积分法可以得到方程（17）中等号右边的积分数值，从而获得研究范围内任意浓度溶液中溶质的活度系数$\gamma_2$。

## 仪器试剂

SWC-LGD凝固点实验装置（一体化）（南京桑力电子设备厂），Pt-100温度传感器，低温恒温槽，电子天平，恒温夹套，凝固点管，玻璃滴管，100 mL烧杯，洗瓶。

正丁醇（A.R.），环己烷（A.R.），乙二醇（冷却循环液之一）。

## 安全须知和废弃物处理

- 正丁醇液体、蒸气易燃，操作时应远离热源/火花/明火，吞咽有害，皮肤接触或吸入可能有害，会造成严重的眼损伤，可能刺激呼吸道，可能造成晕眩或昏睡。
- 使用正丁醇时应佩戴必要的防护用品，如防护镜、手套等，实验全程应穿戴实验服，操作后应清洗皮肤，使用过程中不要进食、饮水和吸烟。
- 使用过的含正丁醇的液体应收集在专用废液桶中。
- 使用凝固点实验装置时注意搅拌杆不要松脱或卡死，如发生上述情况应立即停止搅拌，重新调整搅拌杆连接，以免造成电机损坏。

## 实验步骤

（1）在空气夹套外管中加入适量的水，使样品管放入后外管中的液面远高于样品管中的样品液面。环己烷的凝固点为6.54 ℃，开启冷剂循环系统，调节冷剂温度至其凝固点以下0.2 ~ 0.3 ℃，即6.3 ℃，待稳定后，用温度计测定冷剂的实际温度，计算其与系统设定温度的差值。调节冷剂温度，使得温度计实测温度达到6.3 ℃，并记录系统设定温度值，再次计算两者的差值。将两次差值取平均，作为后续调节冷剂温度的依据。在干燥洁净的样品管中加入约25 mL环己烷，在凝固点实验装置上测定纯溶剂环己烷的凝固点温差值$t_f$/ ℃。

（2）取干燥的凝固点实验样品管一根，放置在烧杯中，再一起置于电子天平托盘上，关闭天平窗，去皮清零；用玻璃滴管吸取适量正丁醇加入样品管中，关闭天平窗，待读数稳定后记录样品管中正丁醇的质量$w_1$；向样品管中加入环己烷，直至天平质量读数达到20 ~ 22 g，关闭天平窗，待读数稳定后记录样品管中液体总质量$w_2$。计算样品管中正丁醇水溶液的质量摩尔浓度$m$

$$m / (\text{mol} \cdot \text{kg}^{-1}) = \frac{w_1 / 74.12}{w_2 - w_1} \times 1000$$

根据方程（7）计算正丁醇水溶液的凝固点降低近似值$\theta$，调节冷剂温度为不低于（6.54 − $\theta$）值以下0.5 ℃，以防止严重过冷导致的实验测量误差。

（3）样品管加盖，插入温度传感器，手动搅拌使液体组分混合均匀后，插入温度传感器，放入凝固点实验装置冷却夹套中。

（4）溶液温度冷却至环己烷凝固点温差值 $t_f$ 之前，不要开启连续搅拌，溶液温度每下降 1 ℃左右，开启慢速搅拌 10～20 次，以保持溶液温度基本均匀。溶液温度低于 $t_f$ 后，开启连续中速搅拌，开启温差曲线记录程序，直至溶液过冷后出现结晶，温差曲线从最低点开始反弹，此时开启快速搅拌，直至温差回升到最高点并维持一段时间，在这段时间里记录多个温差值读数，取平均值作为该溶液的凝固点温度 $t/℃$，溶液的凝固点降低值 $\theta/K = t_f - t$。

（5）停止搅拌和数据记录，拆卸搅拌杆，将样品管取出用手温热熔化析出的结晶，将溶液倒入废液桶中。用水清洗样品管、温度传感器和搅拌棒，样品管在烘箱中烘干，温度传感器和搅拌棒用软纸吸干后在空气中晾干备用。

（6）重复实验步骤（2）～（5），在正丁醇质量摩尔浓度 0.005～0.80 mol·kg$^{-1}$ 范围内测定 6 个以上不同浓度溶液的凝固点降低值。在实验中随时将测得的 $\theta/m$-$m$ 数据点标示在草图上，数据点应随着溶液浓度增加呈现为单调下降且无拐点的简单凹形函数分布特征，偏差严重的数据应判定为测量失误。

## 数据处理与结果分析

1. 将下列实验数据和计算结果列表表示：$m$、$\theta$、$\theta/m$、$\varphi$、$(\varphi-1)/m$、$\ln a_1$、$a_1$。

2. 以 $\theta/m$-$m$ 作图，用合适的函数（多项式或 e 指数函数）拟合实验曲线，使误差最小，获得外推至零浓度时的 $\theta/m$ 值，并据此判断正丁醇在环己烷中存在的形态（解离、缔合或非解离）。

3. 以 $(\varphi-1)/m$-$m$ 作图，用合适的函数拟合实验曲线并外推至零浓度，求出不同浓度 $m$ 时对应的积分 $\int_0^m [(\varphi-1)/m]\mathrm{d}m$，根据方程（17）计算溶质正丁醇的活度系数，将 $m$、$\int_0^m [(\varphi-1)/m]\mathrm{d}m$、$\ln\gamma_2$、$\gamma_2$ 列表表示。

## 讨论与思考

1. 如果冷剂温度大大低于溶液的凝固点温度，对本实验涉及的正丁醇溶液体系，可能会得到什么不可能存在的结论？在这种实验条件下，如何尽可能地减少实验误差？

2. 方程（17）是否适用于溶质解离或缔合的溶液体系？为什么？

# 实验 7　二元溶液的气液平衡

## 实验简介

本实验中我们将拓展实验 4 的内容，转而研究溶液的气液平衡问题，实验对象是完全互溶的挥发性二组分溶液体系。我们将通过测定和绘制相图的方法来描述该体系的气液平衡行为，测量仪器主要是阿贝折光仪。同时，也将尝试利用热力学数据对相图进行计算模拟。

学生无须详尽掌握相平衡理论及相图等知识，知道概念即可，但是应对如何准确配制标准溶液做仔细思考和准备。

## 理论探讨

### 1. 二组分溶液的气–液平衡 *T-x* 相图及其测定

考虑一个二组分的溶液体系，两个组分分别用A和B表示，A、B都具有挥发性，且在常温常压下是完全互溶的。溶液与其上方的蒸气达成平衡的条件是：每个组分在两相中的化学势相等。对于组分A，化学势可以表达为

$$\mu_A(l) = \mu_A^*(l) + RT \ln a_A = \mu_A^*(l) + RT \ln \gamma_A x_A \tag{1}$$

式中，$\mu_A^*(l)$ 是液体纯A在温度 $T$、压力 $p$ 时的化学势；$a_A$、$\gamma_A$ 和 $x_A$ 分别是溶液中A的活度、活度系数和摩尔分数。对于组分B，同样有

$$\mu_B(l) = \mu_B^*(l) + RT \ln a_B = \mu_B^*(l) + RT \ln \gamma_B x_B \tag{2}$$

当 $\gamma_A = \gamma_B = 1$ 时，A、B的液态混合物就是理想溶液。

与溶液成平衡的A、B蒸气中，组分A和B都符合理想气体行为，则组分A的化学势为

$$\mu_A(g) = \mu_A^\ominus(g) + RT \ln \frac{p_A}{p^\ominus} \tag{3}$$

式中，$\mu_A^\ominus(g)$ 是温度 $T$ 时纯A蒸气处于标准态时的化学势；$p_A$ 是气相中A的分压，$p^\ominus = 100 \text{ kPa}$ 是标准态压力。

相平衡要求 $\mu_A(l) = \mu_A(g)$、$\mu_B(l) = \mu_B(g)$，对于组分A有

$$\mu_A^*(l) + RT \ln \gamma_A x_A = \mu_A^\ominus(g) + RT \ln \frac{p_A}{p^\ominus} \tag{4}$$

对于极限情况 $x_A \rightarrow 1$，相当于纯液体A与纯A蒸气达成平衡，此时活度 $a_A = 1$，方程（4）变为

$$\mu_A^*(l) = \mu_A^\ominus(g) + RT \ln \frac{p_A^*}{p^\ominus} \tag{5}$$

式中，$p_A^*$ 是纯A液体在温度 $T$ 时的饱和蒸气压，注意方程（5）中的 $\mu_A^*(l)$ 对应的压力为 $p_A^*$，而方程（4）中的 $\mu_A^*(l)$ 对应的压力为 $p$（蒸气总压力），两者略有差异，但是可以忽略。将方程（4）、方程（5）相减，得到

$$RT \ln \gamma_A x_A = RT \ln \frac{p_A}{p_A^*} \tag{6}$$

由此得到

$$p_A = \gamma_A x_A p_A^* \qquad p_B = \gamma_B x_B p_B^* \tag{7}$$

对于理想溶液，$\gamma_A = \gamma_B = 1$，方程（7）变形为拉乌尔定律

$$p_A = x_A p_A^* \qquad p_B = x_B p_B^* \tag{8}$$

此时溶液上方蒸气的总压为

$$p = p_A + p_B = (p_A^* - p_B^*) x_A + p_B^* \tag{9}$$

式中应用了关系 $x_A + x_B = 1$。对于非理想溶液，若实验测定的蒸气总压超过拉乌尔定律预测的

数值，则为正偏差，反之为负偏差。

测定二组分溶液气-液平衡相图有很多种方法，比如可以在恒定温度下测定溶液的压力-组成关系，得到 $p$-$x$ 相图，并将实验结果在理想溶液模型［方程（8）］与非理想溶液模型［方程（7）］之间进行比较。但是，从实验角度看，更加方便的是在恒定压力下测定溶液的沸点与组成的关系，将沸点分别对液相组成和气相组成作图，可以得到 $T$-$x$ 相图，本实验也将采用这个方法。图1是二组分理想溶液的三维气-液平衡相图，液相组成用 $x_B$ 表示，与之成平衡的气相组成用 $y_B$ 表示。在某恒定温度（$T_1$ 或 $T_2$）下，$p$-$x_B$ 线（l 线）和 $p$-$y_B$ 线（g 线）将某温度剖面划分为三个部分，其中 l 线以上是纯液相区，g 线以下是纯气相区，而夹在 l 线与 g 线之间的为气-液两相平衡区，这个温度剖面图就是在某个温度下体系的 $p$-$x$ 相图（图1中红线或橙线所在平面）。若体系压力恒定，如常压 $p = 1$ atm，则该压力剖面图就是常压下的体系 $T$-$x$ 相图（图1中绿线所在平面）。从图1中可以看出，在组成轴的两端分别是纯A和纯B，图中的棕色线和蓝色线分别是纯A和纯B的饱和蒸气压-温度曲线，即由克劳修斯-克拉佩龙方程描述的气-液平衡关系曲线。

图1中的 $T$-$x$ 相图表明，即使是理想溶液，其沸点与溶液组成之间也没有线性关系，对于非理想溶液体系，沸点与组成之间的关系就更加复杂，甚至在相图上会出现最高点或者最低点。

图2是丙酮-氯仿体系的气-液平衡相图，温度最高点 64.7 ℃ 出现在氯仿质量分数为 80.0% 的组成上，该组成称为共沸点组成（azeotrope composition）。当共沸点组成的溶液被蒸馏时，气相组成和液相组成完全相等，任何一个组分都不可能通过蒸馏的方法得到富集或浓缩。图2中的共沸点称为最高共沸点，若体系的共沸点温度在相图中处于最低位置，则为最低共沸点，本实验测定的乙醇-环己烷体系就具有最低共沸点。

测量溶液沸点的实验装置是沸点仪（见图3），螺旋电热丝直接浸没在溶液中，可减少溶液沸腾时局部过热现象和防止暴沸，沸点测量使用插入溶液中的 Pt-100 热电阻温度传感器，溶液经电热丝加热后达到沸腾，蒸气进入冷凝管冷凝后回流，通过一段时间的蒸发-冷凝-回流过程，整个沸点仪最终达成气-液平衡状态，此时温度传感器测得的温度就是该溶液的实测沸点；在沸点仪连接冷凝管的支管中段有一个小凹槽，在整个回流过程中会有一小部分冷凝液储存在凹槽中，这部分液体的组成相当于气相样品的组成，与之成平衡的液相样品就是沸点仪底部烧瓶中的液体。本实验中，气、液相样品的组成用折射率法测定，并需同时测定组成-折射率标准曲线。

## 2. 活度系数及二组分溶液气-液平衡 $T$-$x$、$p$-$x$ 相图的计算

对于达成气液平衡的二组分体系，一般将气相部分近似看作理想气体，若蒸气总压力为 $p$，则方程（7）可以写作

$$py_A = \gamma_A x_A p_A^* \qquad py_B = \gamma_B x_B p_B^* \tag{10}$$

式中，$y$ 表示气相组分的摩尔分数，且满足 $y_A + y_B = 1$，$p$ 即为实验体系所处的压力。由此可见，由实验测得某样品的沸点 $T$、压力 $p$、液相组成 $x_A$ 和 $x_B$ 以及气相组成 $y_A$ 和 $y_B$，就可以根据方程（10）计算出在温度 $T$、压力 $p$、液相组成 $x_A$ 溶液的活度系数：

$$\gamma_A = \frac{y_A p}{x_A p_A^*} \qquad \gamma_B = \frac{y_B p}{x_B p_B^*} \tag{11}$$

式中，饱和蒸气压 $p^*$ 是温度的函数，不同沸点温度时纯组分的饱和蒸气压可由安托茵（Antoine）方程计算

**图1 二组分理想溶液的三维气-液平衡相图**

**图2 丙酮-氯仿体系的气-液平衡相图**

**图3 沸点仪示意图**

$$\lg p^* = A - \left( \frac{B}{t+C} \right) \tag{12}$$

式中，$A$、$B$、$C$ 为物性常数，可以查阅数据库（如 http://webbook.nist.gov/chemisty/）得到；温度 $T$ 和压力 $p^*$ 的单位根据数据库规定[1,2]。

方程（11）计算的是特定温度 $T$ 时某个组成溶液的活度系数，活度系数与样品组成有关，如果要计算另一个组成的样品的活度系数，并不能简单地将另一组实验数据沸点 $T'$、压力 $p'$、液相组成 $x'_A$ 和 $x'_B$ 以及气相组成 $y'_A$ 和 $y'_B$ 直接代入方程（11），因为在实验中，不同组成溶液达成气 - 液平衡的温度（即沸点）是不一样的（$T' \neq T$），而需要计算的 $p$-$x$ 相图的数据必须在相同的温度下得到。

为了计算相同温度下不同组成溶液的活度系数，可以利用范拉尔（van Laar）方程

$$\ln \gamma_A = \frac{A_{12}}{\left( 1 + \frac{A_{12}}{A_{21}} \times \frac{x_A}{x_B} \right)^2} \qquad \ln \gamma_B = \frac{A_{21}}{\left( 1 + \frac{A_{21}}{A_{12}} \times \frac{x_B}{x_A} \right)^2} \tag{13}$$

式中，$A_{12}$ 和 $A_{21}$ 是可调参数。若已经根据实验结果，按照方程（11）计算出在特定温度 $T$ 时的一对 $(x_A, \gamma_A)$ 和 $(x_B, \gamma_B)$ 数据，则温度 $T$ 时范拉尔方程的参数为

$$A_{12} = \ln \gamma_A \left( 1 + \frac{x_B \ln \gamma_B}{x_A \ln \gamma_A} \right)^2 \qquad A_{21} = \ln \gamma_B \left( 1 + \frac{x_A \ln \gamma_A}{x_B \ln \gamma_B} \right)^2 \tag{14}$$

由此，温度 $T$ 时不同组成溶液的活度系数就可以根据方程（13）一一计算出来。

由方程（14）得到范拉尔方程参数后，就能计算出温度 $T$ 时的一系列 $(x_A, \gamma_A, \gamma_B)$ 值，根据方程（7），溶液体系总压

$$p = p_A + p_B = \gamma_A x_A p_A^* + \gamma_B x_B p_B^* = \gamma_B p_B^* + x_A (\gamma_B p_B^* - \gamma_A p_A^*) \tag{15}$$

由方程（15）可以得到一系列的 $(x_A, p)$ 数据点，连接起来就是 $p$-$x$ 相图上的液相线。由这些 $(x_A, p)$ 数据，根据方程（7）可以得到

$$y_A = \frac{\gamma_A x_A p_A^*}{p} \tag{16}$$

由此计算出一系列的 $(y_A, p)$ 数据点，连接起来就是 $p$-$x$ 相图上的气相线。注意方程（15）、方程（16）中的 $p_A^*$ 和 $p_B^*$ 均为特定温度 $T$ 时的饱和蒸气压，由安托茵方程计算。

在所有实验数据中，共沸点的值最有价值，因为此时 $x_A = y_A$，$x_B = y_B$，利用方程（11）和方程（14）计算相关参数时最简洁。

作为一种近似，如果假定溶液的活度系数与温度无关，则可以计算 $T$-$x$ 相图数据。将方程（15）中的饱和蒸气压用安托茵方程表示，常压下有

$$p_{amb} = \gamma_A x_A \times 10^{\left[ A_A - \left( \frac{B_A}{t+C_A} \right) \right]} + \gamma_B x_B \times 10^{\left[ A_B - \left( \frac{B_B}{t+C_B} \right) \right]} \tag{17}$$

取 $p_{amb} = 1$ atm（具体单位根据安托茵方程的形式确定），对于某个组成 $(x_A, x_B)$ 的溶液而言，$(\gamma_A, \gamma_B)$ 是已经用上述方法计算出来的，方程（17）中仅有一个未知量：温度 $t$，由非线性拟合或者数据迭代的方法，很容易得到一系列的 $(x_A, t)$ 数据；得到 $t$ 值后，根据方程（12）和方程（16）就可以计算出一系列的 $(y_A, t)$ 数据点；据此可以绘制常压下的二组分溶液体系气-液平衡的 $T$-$x$

相图，并与实验测定的相图进行对比。

## 仪器试剂

FDY双液系沸点测定仪（南京桑力电子设备厂），WYA阿贝折光仪，超级恒温槽，电子天平，长滴管，50 mL烧杯2只，250 mL烧杯，1 mL色谱进样瓶10只（螺旋盖带硅胶垫进针口），5 mL、10 mL刻度移液管，1 mL玻璃注射器2支。

环己烷（A.R.），乙醇（A.R.），丙酮（A.R.）。

## 安全须知和废弃物处理

- 在实验室中需穿戴实验服、防护目镜或面罩。
- 保证电热丝完全浸没在溶液中，没有暴露在空气中的部分；温度传感器顶端也要插入溶液中，注意不要与加热器接触。
- 打开取样口取样分析前，沸点仪必须停止加热且样品已经冷却到室温，取样滴管必须完全干燥。
- 实验过程中所有容器均不要用水洗涤，否则需在烘箱中完全干燥。
- 如发生皮肤沾染，需用水冲洗沾染部位10 min以上。
- 离开实验室前务必洗手。
- 使用过的溶液需倒入指定的废液回收桶，固体废弃物倒入指定回收箱。

## 实验步骤

### 1. 环己烷–乙醇溶液的组成–折射率标准曲线的测定

调节连接阿贝折光仪的超级恒温槽温度为20 ℃（或其他合适的温度），启动恒温水循环，使各台阿贝折光仪样品台保持恒温。

将两支注射器标记，分别吸取乙醇和环己烷。取一只清洁、干燥的色谱进样瓶，旋紧顶盖，在电子天平（精度0.1 mg）上称量或去皮清零；先用注射器将进样瓶部分抽空，以便注入液体样品；用注射器吸取一定量的乙醇注入进样瓶中，称量，计算瓶中乙醇的质量；用另外一支注射器再次将进样瓶部分抽空，然后吸取一定量的环己烷注入进样瓶中，再次称量，计算瓶中环己烷的质量；根据乙醇和环己烷的摩尔质量，计算所配制溶液中乙醇和环己烷的摩尔分数。按照同样方法，依次配制8个不同浓度的乙醇-环己烷标准溶液，另外2个进样瓶中放置乙醇和环己烷。

在阿贝折光仪上分别测定上述10个标准溶液的折射率，作出折射率-组成工作曲线图。（**注意**：阿贝折光仪使用前需对零点进行校正，每次测量前需用丙酮洗涤棱镜并干燥，防止上次测定的样品残留对下一次测量的影响。每个样品重复测定3次）。

测定结束后，将剩余溶液倒入回收瓶，进样瓶除去顶盖回收使用。

### 2. 乙醇–环己烷二组分溶液的气–液平衡数据测定

（1）乙醇侧溶液气液平衡数据测定。将电源和温度传感器与仪器连接，按图A6-3装配沸点仪实验装置，传感器勿与加热丝相碰。接通冷却水，量取35 mL乙醇从侧管加入蒸馏瓶内，使传感器和加热丝浸入溶液内。打开电源开关，调节"加热电源调节"旋钮，将液体缓慢加热至沸腾，保持沸腾约10 min。其间，因最初在冷凝管下端小槽内的液体不能代表平衡时气相的组成，为加速达到平衡，故需连同支架一起倾斜蒸馏瓶，使小凹槽中气相冷凝液倾回蒸馏瓶内，重复三次。待温度稳定后，记下乙醇的沸点和室内大气压，停止加热，待溶液冷却至室温。

用移液管量取 5 mL 环己烷由侧管加入蒸馏瓶内，按上述方法再次回流溶液，待温度稳定后，记下溶液的沸点和室内大气压，然后停止加热，待溶液冷却至室温后，用干燥的滴管依次从液相取样口和气相取样口取样，在阿贝折光仪上测定所取溶液的折射率。

重复上述过程，直至加入的环己烷累计数量达到 35 mL，在乙醇一侧至少测定 5 个不同组成的乙醇-环己烷溶液样品。

在坐标纸或计算机上即时标示测定的数据，判断数据是否合理，以决定是否需要加测。

将使用过的溶液倒入回收瓶。

（2）环己烷侧溶液气液平衡数据测定。重新取一套干燥的沸点仪和冷凝管，与 2（1）中方法类似，通过向环己烷中逐次加入乙醇的方式，依次测定环己烷和 5 个不同组成的环己烷-乙醇溶液样品的沸点、大气压以及气相和液相溶液的折射率。在环己烷侧的乙醇初始加入量以 0.5～1.0 mL 为宜，注意即时作图判断逐次应加入的乙醇体积。

（3）实验结束后，关闭仪器和冷凝水，清理实验台面。

## 数据处理与结果分析

1. 列表记录标准溶液的折射率-组成数据，作出折射率-组成工作曲线。各温度下乙醇-环己烷折射率-组成数据可参考文献［3］进行比对。

2. 由折射率-组成工作曲线查得所测样品的气液两相的组成，以环己烷的摩尔分数表示，列表记录各样品的沸点、大气压、液相组成和气相组成。

3. 绘制实验室大气压下乙醇-环己烷二组分溶液的 $T$-$x$ 相图，确定该体系的最低共沸点组成 $x_{az, cyclohexane}$ 和温度 $T_{az}$。

4. 列表计算最低共沸点温度时，所测定各溶液的活度系数（$\gamma_A$，$\gamma_B$），可用 Excel 等软件设置计算公式，批量计算。

5. 列表计算、并绘制在最低共沸点温度时乙醇-环己烷二组分溶液的 $p$-$x$ 相图，讨论该体系偏离理想溶液行为的方向。

6. 列表计算、并绘制在 1 atm 下乙醇-环己烷二组分溶液的 $T$-$x$ 相图，并与实测相图进行比较。

## 讨论与思考

1. 非理想溶液行为偏离理想溶液行为时，存在正偏差和负偏差两种倾向，如何从分子相互作用的角度解释正偏差和负偏差产生的原因？本实验测量的乙醇-环己烷溶液出现的是哪种偏差？如何从活度系数来判断体系究竟是出现正偏差还是负偏差？

2. 用折射率法测定溶液浓度尤其适用于何种对象？试设计其他可能用于测定本实验溶液体系组成的方法。

**参考文献**

[1] 环己烷: http://webbook.nist.gov/cgi/cbook.cgi?Name=cyclohexane&Units=SI&cTP=on.

[2] 乙醇: http://webbook.nist.gov/cgi/cbook.cgi?Name=ethanol&Units=SI&cTP=on.

[3] 粟智. 双液系折光率-组成-温度间的关系模型及应用. 仪器仪表学报, 2003（S2）: 34-35+41.

## 附录　折射率和阿贝折光仪

### 1. 阿贝折光仪的原理

光线从一种介质（如空气）射到另一种介质（如水）时，除了一部分光线反射回第一种介质外，另一部分进入第二种介质中并改变它的传播方向，这种现象叫光的折射，如图4。光的折射遵守以下定律：无论入射角怎样改变，入射角 $\alpha$ 正弦与折射角 $\beta$ 正弦之比，恒等于光在两种介质中的传播速度之比，即

$$\frac{\sin \alpha}{\sin \beta} = \frac{v_1}{v_2} \tag{18}$$

式中，$v_1$ 和 $v_2$ 分别是光疏物质和光密物质中的光速；真空光速 $c$ 和介质中光速 $v$ 之比，叫做介质的绝对折射率（简称折射率，或折光率），以 $n$ 表示，即 $n = c/v$。因此

$$n_1 = \frac{c}{v_1} \qquad n_2 = \frac{c}{v_2} \qquad \frac{\sin \alpha}{\sin \beta} = \frac{n_2}{n_1} \tag{19}$$

光密物质的折射率大于光疏物质的折射率，即 $n_2 > n_1$，由此可知，当光线由光疏物质进入光密物质时，折射角将小于入射角，反之亦然。当光线由光密物质进入光疏物质时，随着入射角的增大，折射角始终大于入射角，当入射角增大到某一角度，如图5中3的位置时，其折射线3'恰好与交界面重合，此时折射线不再进入光疏物质，而是沿两介质的交界面平行射出，这种现象称为全反射，发生全反射的入射角称为临界角，即图5中的 $\alpha_c$ 角。

将图5光路逆转过来，当光线由光疏物质进入光密物质时，若入射角小于90°，则折射角均将小于临界角，折射的结果是 $OC$ 面左面明亮，右面完全黑暗，形成明显的黑白分界。测出临界角 $\alpha_c$，可以得到

$$n_1 = n_2 \sin \alpha_c \tag{20}$$

若 $n_2$ 为棱镜的折射率且已知，则测定临界角后就可以得到样品的折射率 $n_1$。

阿贝折光仪是测量物质折射率的专用仪器，它能快速而准确地测出透明、半透明液体或固体材料的折射率（测量范围一般为1.4 ～ 1.7），它还可以与恒温、测温装置连用，测定折射率与温度的变化关系。

若待测物为透明液体，一般用透射光（即掠入射）方法来测量其折射率 $n_x$。阿贝折光仪中的阿贝棱镜组由两个直角棱镜（折射率为 $n$）组成，一个是进光棱镜，它的弦面是磨砂的，其作用是形成均匀的扩展面光源，另一个是折射棱镜。待测液体（$n_x < n$）夹在两棱镜的弦面之间，形成薄膜，如图6所示。光先射入进光棱镜 $A'B'C'$，由其磨砂弦面 $A'B'$ 产生漫射光穿过液层，因此到达液体和折射棱镜 $ABC$ 的交界面 $AB$ 上任意一点的各条光线（如蓝、绿、红等线）具有各种不同的入射角，最大的入射角是90°（此即为掠入射）。

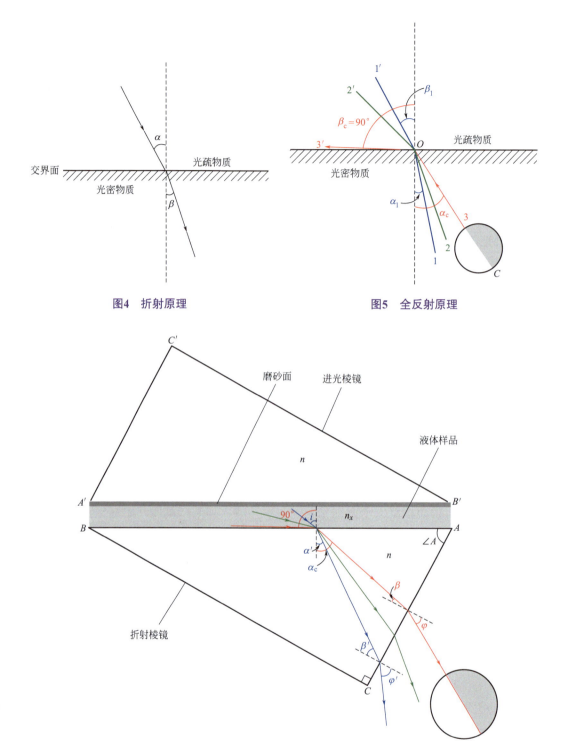

图4　折射原理　　　　　　　　　　　　图5　全反射原理

图6　阿贝折射测量原理

假定某条光线以入射角 $i$ 射向 $AB$ 面，经棱镜两次折射后，从 $AC$ 面以 $\varphi'$ 角出射，若 $n_x <n$，则由折射定律得

$$n_x \sin i = n \sin \alpha' \qquad\qquad n \sin \beta' = n \sin \varphi' \qquad\qquad (21)$$

式中，$\alpha'$ 为 $AB$ 面上的折射角；$b'$ 为 $AC$ 面上的入射角。由几何关系可以看出，折射棱镜顶角

$A$ 与 $\alpha'$ 角及 $\beta'$ 角的关系为

$$A=\alpha'+\beta' \quad \Rightarrow \quad \alpha'=A-\beta' \tag{22}$$

将方程（22）代入方程（21），得

$$n_x \sin i = n\sin(A-\beta') = n(\sin A\cos\beta' - \cos A\sin\beta') \tag{23}$$

$$\sin\beta' = \frac{\sin\varphi'}{n} \qquad \cos\beta' = \frac{\sqrt{n^2-\sin^2\varphi'}}{n} \tag{24}$$

将方程（24）代入方程（23），得到

$$n_x \sin i = \sin A\sqrt{n^2-\sin^2\varphi'} - \cos A\sin\varphi' \tag{25}$$

图6中的红线对应 $i \to 90°$，$\sin i \to 1$，$\sin\varphi' \to \sin\varphi$，此时方程（25）变为

$$n_x = \sin A\sqrt{n^2-\sin^2\varphi} - \cos A\sin\varphi \tag{26}$$

因此，若折射棱镜的折射率 $n$、折射棱镜顶角 $A$ 已知，只要测出出射角 $\varphi$ 即可求出待测液体的折射率 $n_x$。由图6可知，除红线外，其他光线在 $AB$ 面上的入射角皆小于 $90°$。因此当扩展光源的光线从各个方向射向 $AB$ 面时，凡入射角小于 $90°$ 的光线，经棱镜折射后的在 $AC$ 面上的出射角必大于角 $\varphi$ 而偏折于红线的左侧形成亮视场，而红线的另一侧因无光线而形成暗场，显然，明暗视场的分界线就是掠入射光束（红线）的出射方向。阿贝折光仪标出了与 $\varphi$ 角对应的折射率值，测量时只要使明暗分界线与望远镜叉丝交点对准，就可从视场中折射率刻度尺读出 $n_x$ 值。

阿贝折光仪也可以测量固体的折射率，具体原理和方法请参阅相关资料。

任何物质的折射率都与测量时使用的光波的波长有关，阿贝折光仪因此装有光补偿装置（阿米西棱镜组），进行折射率测量时可用白光光源，测量结果相当于对钠黄光（$\lambda = 589.3$ nm）的折射率（即 $n_D$）。另外，液体的折射率还与温度有关，阿贝折光仪一般配有恒温液接口，可测定温度为 $0 \sim 50$ ℃内的折射率。

**2. 阿贝折光仪的调节**

不同型号的阿贝折光仪的外形和功能键配置略有差别，但是基本操作都是类似的。图7为 WYA 型阿贝折光仪。

**图7　WYA型阿贝折光仪**

首先，折光仪应置于靠窗的位置或白炽灯前，但勿使仪器置于直照的日光中，以避免液体试样迅速蒸发。用橡皮管将进光棱镜和折射棱镜上保温夹套的进水口与超级恒温槽串联起来，恒温温度以折光仪上的温度计读数为准。

开启进光棱镜进光孔盖板，调节目镜焦距使视场清晰，能够清楚地看见视场中的×字准丝和刻度标尺。松开锁钮，开启样品台，用滴定管加少量丙酮清洗两侧棱镜镜面，促使难挥发的沾污物逸走，用滴定管时注意勿使管尖碰撞镜面，必要时可用擦镜纸轻轻吸干镜面，但切勿用滤纸。待镜面干燥后，滴加数滴试样于处于水平位置的棱镜镜面上，闭合样品台，旋紧锁钮。若试样易挥发，则可在两棱镜接近闭合时从加液小槽中加入，然后闭合两棱镜，锁紧锁钮。

阿贝折光仪一般配有两个调节旋钮，一个是测量调节旋钮，另一个是消色散旋钮，前者功能是移动整个视场直至找到明暗交界处，后者不能移动视场，其功能是消除棱镜系统折射产生的色散现象，使得明暗交界处保持清晰的黑白边界线。通过调节旋钮和观察目镜视场，能够很方便地分辨这两个旋钮。

阿贝折光仪的调节测量方法见图8。转动测量旋钮，直至观察到视场中出现彩色光带或黑白边界线为止；转动消色散旋钮，使视场内呈现一个清晰的明暗临界线；再次转动测量旋钮，使边界线正好处在×准丝交点上，若此时又呈微色散，必须重调消色散旋钮，使边界线明暗清晰。

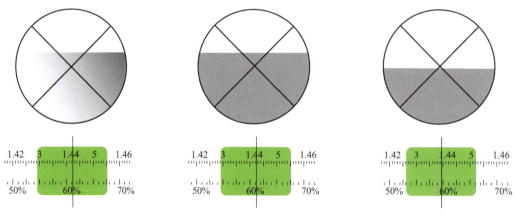

**图8 阿贝折光仪调节示意图**

调节完成后，从刻度盘读数视窗中读出标尺上相应的示值，读数视窗中上边为液体折射率刻度，下边为蔗糖溶液的质量分数（锤度Brix，0～95%，刻度）。由于眼睛在判断临界线是否处于准丝点交点上时，容易疲劳，为减少偶然误差，应转动手柄，重复测定三次，三个读数相差不能大于0.0002，然后取其平均值。试样的成分对折射率的影响是极其灵敏的，由于沾污或试样中易挥发组分的蒸发，致使试样组分发生微小的改变，导致读数不准，因此测一个试样需重复取三次样，测定这三个样品的数据，再取其平均值。

## 3. 仪器校正

折光仪上的刻度是在标准温度20 ℃下刻制的，所以最好在20 ℃下测定折射率。否则，应对测定结果进行温度校正。纯水的折射率在15～30 ℃之间的温度系数为−0.0001/℃，即在10～30 ℃范围内，水溶液的折射率温度校正公式为

$$n^{20} = n^t + 0.0001 \times (t/℃ - 20) \tag{27}$$

有机溶液的折射率温度校正公式为

$$n^{20} = n^t + 0.00038 \times (t/^{\circ}\!C - 20) \qquad (28)$$

由此可见，只有严格控制测定温度，才能准确地测定物质的折射率。一般来说，如果要求折射率的准确度为0.002，则温度波动应小于±3 ℃；如果要求折射率的准确度为0.0001，则温度波动应小于±0.2 ℃；如果要求折射率的准确度为0.00001，则温度波动应小于±0.02 ℃。当温度低于10 ℃或高于30 ℃时，不能用上述校正公式进行换算，而需通入恒温水，使样品达到规定温度后，再测定折射率。

折光仪的刻度盘上标尺的零点有时会发生移动，须加以校正。校正的方法是用一种已知折射率的标准液体，一般是用纯水，按上述方法进行测定，将平均值与标准值比较，其差值即为校正值。在精密的测定工作中，须在所测范围内用几种不同折射率的标准液体进行校正，并画成校正曲线，以供测试时对照校核。也可以直接校正仪器，校正时若读数有偏差，可先使读数指示于蒸馏水或标准样品的折射率值，再调节分界线调节旋钮，直至明暗分界线恰好通过十字交叉点。在以后的测定过程中，不许再动分界线调节旋钮。表1是纯水在10～30 ℃的折射率。

**表1　纯水的折射率（10～30 ℃）**

| 温度 $t/^{\circ}\!C$ | 折射率 | 温度 $t/^{\circ}\!C$ | 折射率 |
|---|---|---|---|
| 10 | 1.33371 | 21 | 1.33290 |
| 11 | 1.33363 | 22 | 1.33281 |
| 12 | 1.33359 | 23 | 1.33272 |
| 13 | 1.33353 | 24 | 1.33263 |
| 14 | 1.33346 | 25 | 1.33253 |
| 15 | 1.33339 | 26 | 1.33242 |
| 16 | 1.33332 | 27 | 1.33231 |
| 17 | 1.33324 | 28 | 1.33220 |
| 18 | 1.33316 | 29 | 1.33208 |
| 19 | 1.33307 | 30 | 1.33196 |
| 20 | 1.33299 | | |

## 实验8　二组分合金体系固液平衡相图的绘制

## 实验简介

本实验中我们将利用步冷曲线法测定二元合金的固液平衡相图。步冷曲线比较直观地通过温度-时间曲线分析二组分体系相变过程，是大多数物理化学课程和教材中用来描述构建相图的实验方法，这大概也是大多数物理化学实验中依然保留本实验的主要理由。

学生应了解温度-时间曲线上的转折、平台等特征形状对应的相变过程的含义，以便在实验过程中进行比对分析，该实验还涉及较高温度的测量与控制，应预先熟悉相关内容。

## 理论探讨

金属材料的研究和应用在很大程度上依赖于相图知识，它可以描述金属之间的物理化学作用。相图的研究始于19世纪对钢铁体系相图的测量和绘制，并一直持续至今。虽然现代合金材料的研究已经进入三组分以上合金体系的时代，但是二组分合金相图仍然是所有研究工作的基础性资料。在学生实验中涉及的二组分合金体系一般属于低熔点合金，如Pb-Sn、Pb-Bi、Sn-Bi等，该类合金的主要特征是形成共晶体（eutectic），且二组分存在固态部分互溶的现象，它们是电子焊接材料的主要来源。多组分低熔点合金在实践中有广泛应用，比如著名的武德合金（Alloy Wood's Metal）是一类含铋38% ～ 50%、铅25% ～ 31%、锡12.5% ～ 15%、镉12.5% ～ 16%的四元合金，熔点低至60 ～ 70 ℃，常用于消防自动喷淋系统的塞栓以及金属管道与玻璃管道间的连接密封剂。

图1（a）是铅-锡合金体系的固液平衡相图，纯铅和纯锡的熔点温度分别是327.502 ℃和231.9681 ℃，铅-锡体系形成的共晶体组成为$w(Sn)=61.9\%$，相当于Sn%（原子分数）=73.9%，共晶体结晶温度为183 ℃（即低共熔点$E$）。图1（a）中，$AEF$折线之上为熔融液相区，$AE$、$FE$线为液线（liquidus，在液线温度以下体系开始析出固体），$AB$、$EG$线为固线（solidus，在固线温度以下液相完全消失），$BEG$水平线也可以理解为特殊的固线，在此线段上存在三相平衡；在折线$ABC$左侧是Sn溶解于Pb形成的端部固溶体α单相区，$AB$、$BC$线无法用步冷曲线法测得，根据在各种温度下测量电阻的方法以及测量转变潜热的方法测出Sn在Pb中的溶解度如表1所示，用外推法将上述数据外推至共晶体的结晶温度，得到Sn在Pb中的最大溶解度为Sn%（原子分数）=29.0%，相当于Sn%（质量分数）=18.3%；同样地，折线$FGH$右侧是Pb溶解于Sn形成的端部固溶体β单相区，Pb在Sn中的最大溶解度为Pb%（原子分数）=1.45%，相当于Pb%（质量分数）=2.2%；此外，$AB$、$BE$、$EA$线围成的区域为液相和α固溶体二相平衡共存区，$EF$、$FG$、$GE$线围成的区域为液相和β固溶体二相平衡共存区，折线$CBEGH$围成的区域则为α、β固溶体二相平衡共存区，因铅在锡中的溶解度很低，历史上长期将β相当作纯锡。

表1　Sn在Pb中的溶解度

| 项目 | 测量电阻的方法 | | | | | 测量转变潜热的方法 | | | |
|---|---|---|---|---|---|---|---|---|---|
| 温度/℃ | 173 | 145.5 | 124 | 97.5 | 70 ～ 80 | 75 | 50 | 25 | 0 |
| Sn的溶解度/%（原子分数） | 25.6 | 17.7 | 12.8 | 8.4 | 5.1 | 7.7 | 3.3 | 2.2 | 1.4 |

本实验的目的是通过热分析法获得的数据来构建一个相图，用于表示不同温度、组成下的固相、液相平衡。不同组成的合金溶液在冷却过程中析出固相的温度可以通过观察温度-时间曲线的斜率变化进行检测。当固相析出时，冷却速率会变得比较慢，这可归因于固化过程释放的热量部分抵消了系统向低温环境辐射和传导的热量。在图1（b）中画出了部分样品的典型步冷曲线示意图，其中Sn%（质量分数）=0.0%样品（即纯铅）的步冷曲线上有一段平台，对应温度就是纯物质铅的凝固点，同样的步冷曲线也会在纯锡样品上观察到；锡含量处于$B$、$E$点之间的合金样品称为亚共晶（hypoeutectic）合金，当熔融的亚共晶合

**图1　铅-锡合金固液平衡相图(a)和典型步冷曲线示意图(b)**

金，例如图1（b）中的Sn%（质量分数）=30%样品，冷却到液线温度时，会在步冷曲线上出现一个斜率变化导致的转折，体系开始析出α固溶体，继续降温会不断析出α固溶体，并使液相组成逐步接近共晶体的组成，直至体系温度降低到共晶体析出温度（183℃），此时液相组成与析出的固相组成一致，类似纯物质凝固，体系温度不变，在步冷曲线上出现一段温度平台；锡含量处于E、G点之间的合金样品称为超共晶（hypereutectic）合金，其步冷曲线形态与亚共晶合金类似，如Sn%（质量分数）=80%样品；对于熔融的共晶体合金，其步冷曲线上仅在共晶点温度有一个平台，根据杠杆定律可以推论，在样品数量接近一致的条件下，合金样品的组成越接近共晶体组成，步冷曲线上的平台段相对长度就越长；对于铅-锡合金，Sn%（质量分数）小于18.3%时形成端部固溶体α（terminal solid solution α），步冷曲线上除在液线温度处出现转折外，没有其他明显特征，若降温较快，靠近B点左侧的样品会在略低于183℃的位置出现不明显的转折甚至小平台，这是由非平衡相变导致的。

　　图2中绘出了样品管以及温度测量装置，样品管由薄壁不锈钢管制作，底端封闭，样品管顶盖与温度传感器套管整体成型制作，套管底端处于合金样品的中部，合金样品上覆盖一薄层石墨粉，以隔绝空气，防止金属过度氧化。实验时先将样品加热熔融成一个均匀的液相，然后让系统缓慢冷却，在此过程中测量系统温度与时间的关系，作图得到一条曲线，即为步冷曲线或冷却曲线。步冷曲线的转折和平台表征了某一温度下发生相变的信息，由样品组成和相变点温度可以确定相图上的一个点，多个实验点的合理连接就形成了相图上的相线，并构成若干相区。

**仪器试剂**

　　KWL-Ⅲ金属相图（步冷曲线）实验装置（南京桑力电子设备厂），包括：SWKY-Ⅱ数字测控温巡检仪，KWL-10可控升降温电炉，Pt-100热电阻温度传感器，配套软件，样品管。

温度传感器

顶盖+温度
传感器套管

样品管

石墨粉

合金样品

**图2　样品管和
温度传感器**

锡（C.P.），铅（C.P.），铋（C.P.），苯甲酸（A.R.）。

合金样品应在样品管中预先制备，充分熔融混合均匀，加盖密封后冷却备用。每份样品的总质量约100 g，至少准备12个不同组成的样品，具体组成根据实验体系而定，以铅-锡合金体系为例，12个样品的组成为：Sn%（质量分数）=0、10%、18%、25%、30%、40%、50%、61.9%、70%、80%、90%、100%。

## 安全须知和废弃物处理

- 实验室中需穿戴实验服、防护目镜或面罩。
- 保持实验室处于良好通风状态，开启通风设备。
- 实验中电炉外表面和样品管可能处于高温状态，不得用身体各部位直接接触，以免人体烫伤和损坏衣物。
- 移动样品管务必使用坩埚钳等工具，加热升温的样品管不得置于实验炉管之外的任何场所。
- 实验过程中不得移动控温用温度传感器，以免炉温失控。
- 保证样品管顶盖封闭，不得随意打开样品管，以免重金属洒漏。
- 严格按照实验规程操作，不要将样品管长时间加热或在过高温度下加热。
- 发生高温烫伤时，应先用流动冷水和冰块冷却受伤部位，然后就医。
- 离开实验室前务必洗手。
- 废弃的样品管及样品应放入重金属固体废弃物桶。

## 实验步骤

（1）选取6根不同组成的样品管，放入KWL-10可控升降温电炉的6个样品管孔中，将Pt-100温度传感器1～6分别插入样品管中，并记录各传感器序号对应的样品组成。将Pt-100温度传感器7插入加热炉的小圆孔中。

（2）打开SWKY-Ⅱ型数字控温仪的电源开关，将仪器计数设置为"00"。设置控制温度，对于铅-锡合金，将温度传感器7控温炉温度设定为380 ℃，其他体系根据实际情况另行确定，原则是高于样品最高熔点温度约50 ℃。（**注意：实验中温度传感器7必须始终插在炉膛中，不得拔出，否则将导致炉温失控，后果严重！**）。

（3）设置完毕，按"工作/置数"键，置数指示灯熄灭，工作指示灯亮，仪表处于工作状态，即处于对加热炉进行控制加热的状态，这时显示器显示值为加热炉的温度值。仪表对加热炉自整定，将加热器温度自动准确地控制在所需的温度范围内。在控温过程中，如需察看被加热介质（样品）的温度，按"自动/手动"键，手动巡检指示灯亮时，再按"手动选择"键，仪器将在手动状态下轮流显示6组测量温度值；按"自动/手动"键，自动巡检指示灯亮时，仪器将自动轮流显示6组测量温度值。

（4）启动金属相图软件数据采集系统，点击"设置-通讯口"设置通讯端口。在6个数据采集窗口分别输入6个样品的组成信息，并将"最后停止温度"均设定为110 ℃（即该温度以下数据记录停止），各输入设定完成时均须回车确认。

（5）待熔融炉温度达到设定值后，再恒温放置10 min，使合金样品完全熔融。可在软件界面各样品的"实时温度"窗口观察样品的实际温度，也可以通过巡检仪观察。合金样品完全熔融的标志是：样品温度超过330 ℃且持续稳定上升，接近设定温度380 ℃。

（6）按"工作/置数"键，将仪器切换至置数状态，置数指示灯亮。在金属相图数据处理系统软件界面上依次点击每个样品窗口的"数据通讯-清屏-开始通讯"，系统开始采集各样品步冷曲线。也可以点击"全部开始"键，同时开始测量所选样品的步冷曲线。

（7）测量完成后（一般应降温至低共熔点温度以下，铅-锡合金低共熔点温度为183 ℃），点击"数据通讯-停止通讯"，保存数据文件。也可以选择"同时停止"，并"保存全部"为Excel格式。测量完成的样品管继续吹冷至接近室温后，取出后放置在样品架上至0。

（8）换一批6个样品，重复实验步骤（3）～（8），直至测完全部样品。

（9）如有必要，可对温度传感器进行校正：用两支空白样品管各装100 g铋和50 g苯甲酸，分别测定它们的步冷曲线，从步冷曲线上得到两者的熔点。将所测得的铅、铋、苯甲酸的熔点与标准值对照，以校正温度传感器。

（10）实验完成后，关闭所有仪器电源，清理实验台面及清扫实验室。

## 数据处理与结果分析

将实验数据（*.TXT或*.EXCEL形式）用Excel或Origin数据软件进行处理和作图，获得步冷曲线和相图。步冷曲线法无法测量的相线可查阅文献数据补齐[1,2]。

相图以温度为纵坐标，采用质量分数与原子分数双横坐标形式。主横坐标自行决定，为等比例坐标轴，副横坐标为非等比例坐标轴。从所得的合金相图确定最低共熔点的温度和组成。

## 讨论与思考

1．各样品的步冷曲线上是否都观察到过冷现象？根据自己的实验数据分析一下过冷现象产生的规律。

2．是否可以用差热分析法测定合金体系固液平衡相图？请考虑一下实验方案和注意事项。

3．以前的印刷工业中所用铅字在铸造时常要加入一定量的锡，这主要起什么作用？试从相图分析在铅字铸造过程中添加锡的合适浓度范围。

## 参考文献

[1] 铅锡合金标准相图．"Phase Diagrams"，in *CRC Handbook of Chemistry and Physics*，90th Edition（CD-ROM Version 2010）．

[2] 铅锡合金计算相图．https://www.crct.polymtl.ca/fact/documentation/．

## 附录  热电偶温度计

自1821年塞贝克（Seebeck）发现热电效应起，热电偶的发展已经历了一个多世纪。据统计，在此期间曾有300余种热电偶问世，但应用较广的热电偶仅有40～50种。热电偶是目前工业测温中最常用的传感器，这是由于它具有以下优点：测温点小，准确度高，反应灵敏。热电偶品种规格多，测温范围广，在−50～1600 ℃范围内可以实现连续测量，极限低

温可测至 −269 ℃，最高可测至2800 ℃。热电偶结构简单，使用维修方便，常作为自动控温检测器等。

## 1. 工作原理

把两种不同的导体或半导体A、B接成图3所示的闭合回路，如果将它的两个接点分别置于温度各为$T$及$T_0$的热源中，假定$T > T_0$，则在其回路内就会产生热电动势（简称热电势），这个现象称作热电效应。

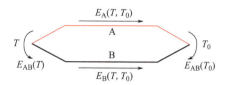

**图3　热电偶回路热电势分布**

在热电偶回路中所产生的热电势由两部分组成：接触电势和温差电势。

（1）温差电势

温差电势是在同一导体的两端因其温度不同而产生的一种热电势。由于高温端（$T$）的电子能量比低温端的电子能量大，因而从高温端跑到低温端的电子数比从低温端跑到高温端的电子数多，结果高温端因失去电子而带正电荷，低温端因得到电子而带负电荷，从而形成一个静电场。此时，在导体的两端便产生一个相应的电位差$U(T) - U(T_0)$，即为温差电势。图3中的A、B导体分别都有温差电势，分别用$E_A(T, T_0)$、$E_B(T, T_0)$表示。

（2）接触电势

接触电势产生的原因是，当两种不同导体A和B接触时，由于两者电子密度不同（如$N_A > N_B$），电子在两个方向上扩散的速率就不同，从A到B的电子数要比从B到A的多，结果A因失去电子而带正电荷，B因得到电子而带负电荷，在A、B的接触面上便形成一个从A到B的静电场$E$。这样，在A、B之间也形成一个电位差$U_A - U_B$，即为接触电势，其数值取决于两种不同导体的性质和接触点的温度，两个接点的接触电势分别用$E_{AB}(T)$、$E_{AB}(T_0)$表示。

这样，在热电偶回路中产生的总电势$E_{AB}(T, T_0)$由四部分组成：

$$E_{AB}(T, T_0) = E_{AB}(T) + E_B(T, T_0) - E_{AB}(T_0) - E_A(T, T_0)$$

由于热电偶的接触电势远远大于温差电势，且$T > T_0$，所以在总电势$E_{AB}(T, T_0)$中，以导体A、B在$T$端的接触电势$E_{AB}(T)$为最大，故总电势$E_{AB}(T, T_0)$的方向取决于$E_{AB}(T)$的方向。因$N_A > N_B$，故A为正极，B为负极。

热电偶总电势与电子密度及两接点温度有关。电子密度不仅取决于热电偶材料的特性，而且随温度变化而变化，不是常数。所以当热电偶材料一定时，热电偶的总电势成为温度$T$和$T_0$之差的函数。又由于冷端温度$T_0$固定，则对一定材料的热电偶，其总电势$E_{AB}(T, T_0)$就只与温度$T$成单值函数关系：

$$E_{AB}(T, T_0) = f(T) - C$$

每种热电偶都有它的分度表（参考端温度为0 ℃），分度值一般取温度每变化1 ℃所对应的热电势之电压值。

## 2. 热电偶基本定律

（1）中间导体定律

将A、B构成的热电偶的$T_0$端断开，接入第三种导体，只要保持第三种导体C两端温度相同，则接入导体C后对回路总电势无影响。这就是中间导体定律。

根据这个定律，我们可以把第三导体换上毫伏表（一般用铜导线连接），只要保证两个接点温度一样就可以对热电偶的热电势进行测量，而不影响热电偶的热电势数值。同时，也不必担心采用任意的焊接方法来焊接热电偶。同样，应用这一定律可以采用开路热电偶对液态金属和金属壁面进行温度测量。

（2）标准电极定律

如果两种导体（A和B）分别与第三种导体（C）组成热电偶产生的热电势已知，则由这两种导体（AB）组成的热电偶产生的热电势，可以由下式计算：

$$E_{AB}(T,\ T_0)=E_{AC}(T,\ T_0)-E_{BC}(T,\ T_0)$$

这里采用的电极C称为标准电极，在实际应用中标准电极材料为铂。这是因为铂易得到纯态，物理化学性能稳定，熔点极高。采用参考电极后，大大地方便了热电偶的选配工作，只要知道一些材料与标准电极相配的热电势，就可以用上述定律求出任何两种材料配成热电偶的热电势。

### 3. 热电偶电极材料

为了保证在工程技术中应用可靠，并且具有足够精确度，热电偶电极材料必须满足以下要求：

（1）在测温范围内，热电性质稳定，不随时间变化。

（2）在测温范围内，电极材料要有足够的物理化学稳定性，不易氧化或腐蚀。

（3）电阻温度系数要小，电导率要高。

（4）由它们所组成的热电偶，在测温中产生的电势要大，并希望这个热电势与温度成单值的线性或接近线性关系。

（5）材料复制性好，可制成标准分度，机械强度高，制造工艺简单，价格便宜。

最后还应强调一点，热电偶的热电特性仅决定于选用的热电极材料的特性，而与热电极的直径、长度无关。

### 4. 热电偶的结构和制备

在制备热电偶时，热电极的材料、直径的选择应根据测量范围、测定对象的特点，以及电极材料的价格、机械强度、热电偶的电阻值而定。热电偶的长度应由它的安装条件及需要插入被测介质的深度决定。

热电偶接点常见的结构形式如图4所示。热电偶热接点可以是对焊，也可以预先把两端线绕在一起再焊。应注意绞焊圈不宜超过2～3圈，否则工作端将不是焊点，而向上移动，测量时有可能带来误差。

**图4　热电偶接点常见的结构图**

（a）直径一般为0.5 mm；（b）直径一般为1.5～3 mm；
（c）直径一般为3～3.5 mm；（d）直径大于3.5 mm才使用

普通热电偶的热接点可以用电弧、乙炔焰、氢气吹管的火焰来焊接。当没有这些设备时，也可以用简单的点熔装置来代替。用一只调压变压器把市用220 V电压调至所需电压，以内装石墨粉的铜杯为一极，热电偶作为另一极，把已经绞合的热电偶接点处，沾上一点硼砂，熔成硼砂小珠，插入石墨粉中（不要接触铜杯），通电后，使接点处发生熔融，成一光滑圆珠即成。

**图5 热电偶的校正、使用装置示意图**

### 5. 热电偶的校正、使用

图5为热电偶的校正、使用装置示意图，使用时一般将热电偶的一个接点放在待测物体中（热端），而将另一端放在储有冰水的保温瓶中（冷端），这样可以保持冷端的温度恒定。校正一般通过用一系列温度恒定的标准体系，测得热电势和温度的对应值，据此来得到热电偶的工作曲线。

热电偶经过一个多世纪的发展，品种繁多，国际电工委员会（IEC）对其中被国际公认、性能优良和产量最大的七种制定标准，即IEC584-1和584-2中所规定的：S分度号（铂铑10-铂）；B分度号（铂铑30-铂铑6）；K分度号（镍铬-镍硅）；T分度号（铜-康钢）；E分度号（镍铬-康钢）；J分度号（铁-康钢）；R分度号（铂铑13-铂）等热电偶。表2列出热电偶基本参数。

**表2 热电偶基本参数**

| 热电偶类型 | 材质及组成 | 新分度号 | 旧分度号 | 使用范围 /℃ | 热电势系数 / mV·K$^{-1}$ |
|---|---|---|---|---|---|
| 廉价金属 | 铁-康铜（CuNi40）* | | FK | 0 ～ +800 | 0.0540 |
| | 铜-康铜* | T | CK | −200 ～ +300 | 0.0428 |
| | 镍铬10-考铜* | | EA-2 | 0 ～ +800 | 0.0695 |
| | 镍铬-考铜* | | NK | 0 ～ +800 | |
| | 镍铬-镍硅 | K | EU-2 | 0 ～ +1300 | 0.0410 |
| | 镍铬-镍铝（NiAl$_2$SiMg$_2$） | | | 0 ～ +1100 | 0.0410 |
| 贵金属 | 铂铑10-铂 | S | LB-3 | 0 ～ +1600 | 0.0064 |
| | 铂铑30-铂铑6 | B | LL-2 | 0 ～ +1800 | 0.0034 |
| 难熔金属 | 钨铼5-钨铼20 | | WR | 0 ～ +2300** | |

注：*康铜、考铜都是掺锰的铜镍合金，但是组分含量不同；** 在真空、还原、惰性气氛中。

目前在我国常用的有以下几种热电偶：

（1）铂铑10-铂热电偶

由纯铂丝和铂铑丝（铂90%，铑10%）制成。由于铂和铂铑能得到高纯度材料，故其复制精度和测量的准确性较高，可用于精密温度测量和作基准热电偶，有较高的物理化学稳定性。主要缺点是热电势较弱，在长期使用后，铂铑丝中的铑分子产生扩散现象，使铂丝受到污染而变质，从而引起热电特性失去准确性。成本高。可在1300 ℃以下温度范围内长期使用。

（2）镍铬-镍硅（镍铬-镍铝）热电偶

由镍铬与镍硅制成，化学稳定性较高，可用于900 ℃以下温度范围。复制性好，热电势大，线性好，价格便宜。虽然测量精度偏低，但基本上能满足工业测量的要求，是目前工业生产中最常见的一种热电偶。镍铬-镍铝和镍铬-镍硅两种热电偶的热电性质几乎完全一致。

由于后者在抗氧化及热电势稳定性方面都有很大提高，因而逐渐代替前者。

（3）铂铑30-铂铑6热电偶

这种热电偶可以测1600 ℃以下的高温，性能稳定，精确度高，但它产生的热电势小，价格高。由于其热电势在低温时极小，因而冷端在40 ℃以下范围时，对热电势值以下必修正。

（4）镍铬-考铜热电偶

该热电偶灵敏度高，价廉。测温范围在800 ℃以下。

（5）铜-康铜热电偶

铜-康铜热电偶的两种材料易于加工成漆包线，而且可以拉成细丝，因而可以做成极小的热电偶。其测量低温性极好，可达−270 ℃。测温范围为−270 ～ 400 ℃，而且热电灵敏度也高。它是标准型热电偶中准确度最高的一种，在0 ～ 100 ℃范围可以达到0.05 ℃（对应热电势为2 μV左右）。它在医疗方面得到广泛的应用。由于铜和康铜都可拉成细丝便于焊接，因而时间常数很小，为毫秒级。

## 实验9　正戊醇−乙酸−水三元体系等温等压相图的绘制

### 实验简介

本实验中我们用溶解度法测定三元溶液体系正戊醇-乙酸-水的等温等压相图，并用酸碱滴定法测量该体系中液-液二相平衡的连接线，正戊醇与水之间存在有限的溶解度，而乙酸与其他两个组分完全混溶，三者间的关系由三角形坐标法表示的三元相图进行分析。该实验展示了即使几乎不借助任何仪器（实际上本实验中最重要的仪器就是实验者的目视观察），仍然可以做出富有意义的研究工作。

学生应了解三元体系等温等压相图的基本标示方法，即Gibbs-Roozeboom等边三角形图示法，另外还应熟悉基本的酸碱滴定和标定操作。

### 理论探讨

了解一个二相系统中液体的饱和溶解度有时是非常必要的，比如当水相和有机相接触时，需要知道有多少水溶解在有机物中，也需要知道有多少有机物溶解在水中。当进行萃取操作时，就是面临着这样的情况，即通过加入萃取剂形成二相体系，从而将某个化合物富集到萃取剂相中，由于萃取的目的是分离，也就是说萃取操作的对象至少有两个组分，加上萃取剂本身，萃取体系至少有三个组分，因此三元相图的知识对于确定萃取条件有重要的指导作用。

根据相律$F=C-P+2$，三组分系统的组分数为$C=3$，因此体系的自由度$F=5-P$。若体系仅有一个相，$P=1$，则$F=5-1=4$，即需要有4个变量来描述体系的状态，比如常用$T$、$p$、$x_1$、$x_2$这四个参数。当然不可能在三维坐标系中将上述体系完整地用图形表示出来，因为在这样的坐标系中只能有两个自变量，结果是通常在恒温恒压条件下画出相图，此时系统的自由度$F=3-P$，最多只需要2个变量就可以描述系统的状态了。

体系的温度和压力固定后，剩下的变量就是组分变量$x_1$、$x_2$、$x_3$，且存在关系$x_1+x_2+x_3=1$，因此只需要知道任意两个组分浓度，就可以确定第三个组分浓度。当然，用直角坐标系绘制这样的相图仍然会造成相当的视觉困惑，因此Gibbs和Roozeboom采用等边三角形图示法来绘制恒温恒压下的三元体系相图，如图1所示，等边三角形的三个顶点各代表一纯组分（纯A、纯B、纯C），三角形的三条边$AB$、$BC$、$CA$上的点分别代表组分A和B、组分B和C、组分C和A所组成的二组分系统的某个组成状态，而三角形中的任意一个点就表示三组分系统的某个组成状态。

在等边三角形$ABC$中，平行于任一底边的直线的位置决定了该底边对应顶点纯物质的含量，比如在平行$BC$的任意一条平行线（见图1中蓝色虚线）上所有体系点的$x_A$相等，平行线越接近$A$点，其对应的$x_A$越大；同样地，平行于$AC$的绿色虚线上的$x_B$相等，而平行$AB$的红色虚线上的$x_C$相等。三角形$ABC$的三条边可以作为各组分含量的标尺，如图1所示，各组分含量由小到大按逆时针方向轮转排列标注，$AB$、$BC$、$CA$线分别为$B$组分、$C$组分和$A$组分的含量标尺；反之，若各组分含量由小到大按顺时针方向轮转排列标注，$BA$、$AC$、$CB$线分别为$A$组分、$C$组分和$B$组分的含量标尺。以$P$点为例，该点的系统组成可以这样确定，过$P$点分别作平行于等边三角形三条边的平行线，交$AB$、$BC$、$CA$于$E$、$F$、$G$点，则$x_A=CG=60\%$，$x_B=AE=10\%$，$x_C=BF=30\%$。有时，仅在三角形底边（$BC$）上标注含量，其他两条边（$AB$、$AC$）上没有含量标尺，此时$P$点的体系组成可以这样确定，过$P$点分别作$AB$、$AC$的平行线交$BC$于$F$、$H$点，由几何关系可以看出，$x_A=FH=60\%$，$x_B=HC=10\%$，$x_C=BF=30\%$。

等边三角形相图中的某些特殊线段对了解萃取过程和测量相图实验非常重要。若体系开始时处于$P_0$点［见图2（b）］，即为B和C的二组分体系，此时向体系中加入第三组分A，体系点将沿着直线$AP_0$向A点移动，加入A的数量越多，体系点越靠近A，反之亦然，在图2（b）中，$x_A(P_2)>x_A(P_1)>x_A(P_0)=0$。因此，三元相图中通过某个顶点的直线表示的是加入（或除去）该顶点代表组分的过程中体系点的移动路径，根据几何关系可以确定，直线$AP_0$上各体系点的

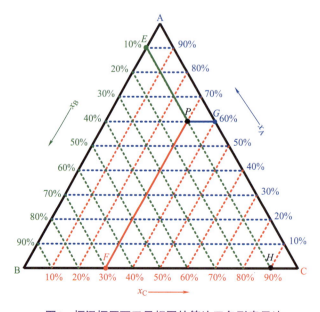

**图1　恒温恒压下三元相图的等边三角形表示法**

组分B、C含量的比例不变，即$x_B:x_C=$常数。另外，若有两部分溶液，其体系点分别为$P$和$Q$〔见图2（a）〕，则该两部分溶液合并形成新体系的体系点$x$一定处于$PQ$连线上，当$P$、$Q$点代表两个平衡相时，$x$点就代表体系的原始组成（或总组成），此时连线$PxQ$被称为连接线（tie line），必须注意到，三元相图中两相平衡的连接线不一定平行于三角形的任一条边。

本实验中，水和正戊醇是部分互溶的，而乙酸和正戊醇及乙酸和水则完全互溶，在正戊醇-水二元体系中加入乙酸可以促进正戊醇与水的互溶，由此构成了生成一对共轭溶液的三组分体系。

图3中紫色曲线是正戊醇-乙酸-水三元体系中的溶解度曲线，在曲线以下是二液相共存区，其余部分是单一液相区。本实验采用溶解度观察法（浊点法）测定溶解度曲线，假定

**图2　三元相图中的特殊线段**

（a）连接线；（b）二元体系加入第三组分后的体系移动路径

**图3　浊点法测定三元相图溶解度曲线示意图**

起始溶液是正戊醇-乙酸溶液$a$，为澄清的单一液相；向该溶液中慢慢加入水直到溶液变得浑浊，体系点将沿着$a$-$H_2O$直线移动到达$b$点；向该浑浊液中加入乙酸使之重新澄清，此时系统点沿$b$-$CH_3COOH$直线移动到$c$点；再次向该$c$溶液中慢慢加入水，直到溶液变得浑浊，体系点将沿着$c$-$H_2O$直线移动到达$d$点；然后向该$d$浑浊液中加入乙酸，使之重新澄清，此时体系点沿$d$-$CH_3COOH$直线移动到$e$点；向该溶液中慢慢加入水直到溶液变得浑浊，体系点将沿着$e$-$H_2O$直线移动到达$f$点……；图3中的$b$、$d$、$f$、$h$、$j$、$l$点均在溶解度曲线的左半支。同样地，由乙酸-水溶液开始，通过向体系中滴加正戊醇产生浊点的方法，可以测出溶解度曲线的右半支。将$b$、$d$、$f$……点连接起来，就得到了溶解度曲线。

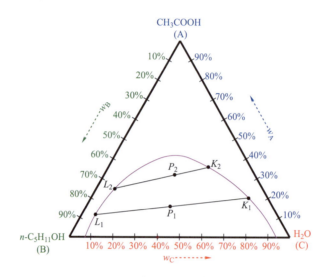

**图4　连接线测量示意图**

在两相区，由于乙酸在正戊醇层和水层中不是等量分配，因此代表两相浓度的连接线并不一定与底边平行，如图4所示，若设三组分系统的组成为$P_1$，则平衡两相称为共轭溶液，其组成由通过$P_1$点的直线与溶解度曲线的交点$K_1$、$L_1$表示。同样地，$K_2P_2L_2$表示另一对共轭溶液的连接线。连接线的测量可以采用如下方法：当两相达成平衡时，将两相分离，分别测定两相中某一组分的含量，表示该组分含量的平行线与溶解度曲线的交点即为该相的体系点。本实验通过酸碱滴定法测定共轭溶液中的乙酸含量，进行连接线的测定，应注意代表乙酸组成的水平线一定会与溶解度曲线有两个交点，若测定的是水层数据，则应取靠近$H_2O$组分（右侧）的交点，而正戊醇层数据则相反。若测得的连接线正好通过体系原始组成点，说明实验得到了很准确的结果。

## 仪器试剂

电子天平，25 mL具塞锥形瓶4只，50 mL、250 mL锥形瓶各4只，50 mL酸式、滴定管各1支，50 mL酸式滴定管（具特氟隆活塞）4支，1 mL、2 mL移液管各2支，150 mL分液漏斗2只，封口膜（4in×125ft）。

正戊醇（A.R.），冰醋酸（A.R.），二水合草酸或邻苯二甲酸氢钾（A.R.，基准物质），NaOH标准溶液（公用母液，约0.5 mol·L$^{-1}$），酚酞指示剂。

## 安全须知和废弃物处理

- 实验室中需穿戴实验服、防护目镜或面罩，佩戴口罩。
- 在处理溶液时需使用丁腈橡胶手套，尤其是正戊醇和乙酸。
- 使用封口膜局部封闭烧瓶、滴定管开口处，减少挥发性污染和人体吸入，保持室内良好通风。
- 乙酸和正戊醇刺激皮肤，尤其是乙酸，如发生皮肤沾染，用水冲洗沾染部位10 min以上，产生严重伤害的应立即就医。
- 乙酸和正戊醇严禁吞咽或接触眼睛等人体敏感部位，发生此类接触应立即就医。
- 离开实验室前务必洗手。
- 使用过的溶液需倒入指定的废液回收桶。
- 使用过的手套、封口膜等固体物质需放入固体废弃物桶。

## 实验步骤

实验注意点：

滴定管必须干燥而洁净，锥形瓶也必须干净，振荡后内壁不能悬挂液珠。

用水滴定如超过终点，则可滴加乙酸至刚由浑浊变清作为终点，并记录下实际滴加的各溶液的体积。

当正戊醇含量较少时，终点是逐渐变化的，刚出现的浑浊会慢慢消失，因此必须继续滴加水直至出现明显浑浊才停止，但是不能使溶液明显分层。

用移液管移取两相平衡的下层溶液时，可边鼓泡吹气边插入移液管，避免上层溶液沾污。也可以使用分液漏斗分出下层溶液。

### 1. 正戊醇－水二元体系溶解度的测定

分别在三支干燥、洁净的具特氟隆活塞滴定管中装入水、正戊醇和冰醋酸，将滴定管上端口用封口膜封闭，并戳一小透气孔，做好标记。

通过滴定管向50 mL干燥锥形瓶中加入20 mL水，准确记录加入水的体积和室温，用封口膜封闭锥形瓶。将装有正戊醇的滴定管滴嘴插入锥形瓶封口膜中，逐滴加入正戊醇并不断振荡溶液，直至溶液出现雾状浑浊，并保持5 min以上，记录加入正戊醇的体积和室温。

通过滴定管向50 mL干燥锥形瓶中加入20 mL正戊醇，准确记录加入正戊醇的体积和室温，用封口膜封闭锥形瓶。将装有水的滴定管滴嘴插入锥形瓶封口膜中，逐滴加入水并不断振荡溶液，直至溶液出现雾状浑浊，并保持5 min以上，记录加入水的体积和室温。

### 2. 溶解度曲线（左半支）测定

取干燥的250 mL具塞锥形瓶1只，向瓶中滴入20 mL正戊醇和1 mL冰醋酸，用封口膜封闭锥形瓶，记录加入的正戊醇、乙酸的体积和室温。

将装有水的滴定管滴嘴插入封口膜中，慢慢滴入水，同时不断振荡，滴至溶液出现浑浊终点并保持5 min，记录加入水的体积和室温。

将装有乙酸的滴定管滴嘴插入封口膜中，加入2 mL醋酸，振荡后溶液又变为澄清，记录加入的乙酸体积和室温。按上面同样方法用水滴定至浑浊终点，记录加入水的体积和室温。

以同样方法再依次加入4 mL、4 mL、4 mL、4 mL、2 mL、2 mL醋酸，用水滴定，记录各次测定的组分用量。

最后，向所得的溶液中加入 10 mL 正戊醇，溶液分层，记录加入正戊醇的体积和室温。加塞后放置静置 30 min，并时加振荡，该溶液将用作测定连接线。

### 3. 溶解度曲线（右半支）测定

按上述左半支测量类似方法，自行设计实验方案测量溶解度曲线右半支，此时正戊醇与水的角色互换。溶解度曲线的右半支比较靠近三角形的腰边，每次滴定产生及消除浊点所需的正戊醇和乙酸的数量均很小，要注意观察，仔细操作，起始的乙酸-水溶液中乙酸的质量分数不要超过 5%。最后所得溶液也将用作测定另一条连接线。

### 4. 连接线测量

在碱式滴定管中装入新配制的 NaOH 溶液（0.05 ～ 0.1 mol·L$^{-1}$），用基准物质标定 NaOH 溶液的浓度。

将 4 个 25 mL 有塞锥形瓶预先称量。上面所得的两个测定连接线的溶液静置后分层，用干净的移液管分别吸取上层溶液 2 mL、下层溶液 1 mL，放入 4 个 25 mL 具塞锥形瓶中，再称其质量，由此得到这 4 份溶液的质量。

将这 4 个锥形瓶中的溶液分别用水洗入容量瓶中定容（稀释程度根据滴定用 NaOH 溶液浓度自行决定），用已标定的 NaOH 溶液滴定每个溶液中醋酸的含量，用酚酞作指示剂。

## 数据处理与结果分析

### 1. 溶解度曲线的绘制

根据正戊醇、乙酸和水所用的实际体积以及实验温度下各物质的密度（见表 1 和表 2），实验温度取多个实测温度的平均值，计算各浑浊点时每个组分的质量分数，列表表示。将实验数据在三角形坐标系中作图，即获得溶解度曲线。正戊醇-水体系溶解度参见文献[1]。

### 2. 画连接线

计算两个测量连接线溶液中正戊醇、乙酸、水的质量分数，并在三角形相图上标出相应的 $P_1$、$P_2$ 点。将所取上述溶液各相中的乙酸含量计算出来，并标示到溶解度曲线上，由此可以作出两条连接线 $K_1L_1$ 和 $K_2L_2$，它们应分别通过 $P_1$、$P_2$ 点。

**表 1　不同温度下水和乙酸的密度（$\rho/\text{g·cm}^{-3}$）**

| $t/°C$ | 水 | 乙酸 |
| --- | --- | --- |
| 15 | 0.9991016 | 1.0546 |
| 16 | 0.9989450 | 1.0534 |
| 17 | 0.9987769 | 1.0523 |
| 18 | 0.9985976 | 1.0512 |
| 19 | 0.9984073 | 1.0500 |
| 20 | 0.9982063 | 1.0489 |
| 21 | 0.9979948 | 1.0478 |
| 22 | 0.9977730 | 1.0467 |
| 23 | 0.9975412 | 1.0455 |
| 24 | 0.9972994 | 1.0444 |
| 25 | 0.9970480 | 1.0433 |

| $t/℃$ | 水 | 乙酸 |
|---|---|---|
| 26 | 0.9967870 | 1.0422 |
| 27 | 0.9965166 | 1.0410 |
| 28 | 0.9962371 | 1.0399 |
| 29 | 0.9959486 | 1.0388 |
| 30 | 0.9956511 | 1.0377 |

表2　不同温度下正戊醇的密度（$\rho/g \cdot cm^{-3}$）

| $t/℃$ | 文献[2] | 文献[3] | CRC手册数据 |
|---|---|---|---|
| 20 | 0.8147 | 0.8152 | 0.8144 |
| 25 | — | 0.8120 | |
| 30 | 0.8073 | 0.8081 | |
| 40 | 0.7998 | 0.8006 | |
| 50 | 0.7925 | 0.7930 | |
| 60 | 0.7844 | 0.7853 | |
| 70 | 0.7765 | 0.7776 | |
| 80 | 0.7681 | 0.7692 | |
| 90 | 0.7594 | — | |
| 100 | 0.7507 | — | |
| 110 | 0.7415 | — | |
| 120 | 0.7317 | — | |
| 130 | 0.7217 | — | |

## 讨论与思考

1．除容量分析方法测定连接线外，还能提出什么方法进行这项工作？

2．如果测定的连接线$K_1L_1$、$K_2L_2$不能通过$P_1$、$P_2$，原因是什么？

3．查阅文献数据，用三棱柱图表示溶解度曲线随温度变化的趋势，三棱柱的棱长方向取作温度坐标轴。

## 参考文献

［1］Andrzej M，David G S，Marian G，et al. IUPAC-NIST Solubility Data Series. 82: Alcohols with Water—Revised and Updated: Part 2. C 5 Alcohols with Water165-179. J. Phys. Chem. Ref. Data，2007，36: 133-190.

［2］Boned C，Baylaucq A，J Bazile P. Liquid Density of 1-Pentanol at Pressures up to 140 MPa and from 293.15 to 403.15K. Fluid Phase Equilibria，2008，270: 69-74.

［3］鄢国森，Карапетьянц M X. 正戊醇及正庚醇的粘度及密度与温度的关系. 四川大学学报，1959，4: 51-54.

# 实验10 苯酚–叔丁醇固液平衡相图的绘制

## 实验简介

本实验中我们将用步冷曲线法在低温下测定有机物二元固液平衡相图。苯酚 - 叔丁醇二元体系具有三个低共熔点，并且在两个组成形成固态稳定化合物，通过实验测定如此复杂的相图是一件有趣的事情。实验测定的工作量很大，因此各实验小组必须合作才能完成整个相图的测定。低温下有机物凝固过程存在非常严重的过冷现象，这经常导致实验测定失败或者测定结果偏离预期趋势，而这种趋势的产生又依赖于各实验小组测定结果间的相互比对，因此每个同学的实验结果都会对整个实验团队的实验结果产生影响，并且会即时地接受其他实验小组的评价和取舍，这是一种全新的实验体验。

学生应熟悉相律、相图等基本概念和原理，尤其是二组分固液平衡相图的基本结构。相关实验测定的原理和技术可参阅实验5和实验7。

## 原理探讨

某些二组分体系可以形成稳定的固态化合物，并能与液相平衡共存，如苯酚（P）和苯胺（A）可以形成$C_6H_5OH \cdot C_6H_5NH_2$化合物（PA）。在这种情况下，体系的物种数为3，而又存在一个独立的化学反应，因此组分数仍为2，该体系还是属于二组分固液平衡体系。图1是苯酚（P）-苯胺（A）的固液平衡相图，苯酚的熔点为40 ℃，苯胺的熔点为 − 6 ℃，两者生成分子比1∶1的化合物$C_6H_5OH \cdot C_6H_5NH_2$（PA），熔点为31 ℃。固相的苯酚（P）、苯胺（A）和化合物（PA）彼此均不互溶，整个相图可以看作由P-PA体系和PA-A体系两个简单低共熔

图1 苯酚(P)-苯胺(A)固液平衡x-t相图

体系相图合并而成的，有两个低共熔点温度。在冷却过程中，根据体系的初始组成，当体系温度降低到这两个低共熔点温度时，会分别同时析出固态 P-PA 或固态 PA-A；若体系的初始组成正好是 $x_A=0.5$，则冷却后只有固态化合物 $C_6H_5OH \cdot C_6H_5NH_2$（PA）析出，且温度保持在 31 ℃不变，直至完全凝固，即此时体系表现得如同单组分体系，因为除一个化学反应外，还有一个浓度比例关系，因此组分数为1。

叔丁醇-苯酚二组分体系的固液平衡相图更加复杂一些，会形成两个化合物，有三个低共熔点温度（见表1）。本实验通过低温控制下的冷却系统，仔细测量各初始组成熔化物的步冷曲线，将整个相图确定下来。

表1　叔丁醇-苯酚二组分体系的相关参数

| 项目 | 组分I叔丁醇 | 组分II苯酚 | 共熔点 / ℃ | 组分II摩尔分数 $x_{II}$ | 组分II质量分数 /% |
|---|---|---|---|---|---|
| | | | 9.7 | 0.140 | 17.1 |
| 熔点/℃ | 25.69 | 40.89 | 10.0 | 0.537 | 59.6 |
| | | | 12.2 | 0.770 | 81.0 |

注：共熔点温度仅供参考，各文献值有差异，以实测为准。

## 仪器试剂

SWC-LG$_D$凝固点实验装置（一体化）（南京桑力电子设备厂），样品管2根，采样计算机系统，Pt-100温度传感器，低温超级恒温槽，恒温水槽（公用，2～3组一套），电子天平，0.1℃刻度水银温度计，恒温夹套，凝固点管，25 mL移液管，称量瓶，1000 mL大烧杯，硅橡胶管，电吹风。

叔丁醇（A.R.），苯酚（A.R.），高纯水，乙二醇（冷却循环液成分）。

## 安全须知和废弃物处理

- 在实验室需穿戴实验服、防护目镜或面罩。
- 苯酚对皮肤、黏膜、眼睛等部位有强烈的刺激性和腐蚀性，在处理时使用丁腈橡胶手套，佩戴专用实验口罩。
- 含苯酚样品加热熔融的操作需在通风橱中进行，操作完成后样品管应立即加盖并送入冷却套管中。
- 如发生皮肤沾染，立即用肥皂清洗，然后用水冲洗沾染部位10 min以上。
- 离开实验室前务必洗手。
- 使用过的溶液倒入指定的废液回收桶。
- 将散落的固体粉末样品小心收集起来，连同使用过的手套、口罩和称量纸等物品一起放入固体废弃物桶。

## 实验步骤

（1）检查电源、温度传感器接口和数据传输线串行口是否正确连接。开启低温恒温槽电源，调节温度为20.0 ℃左右。启动冷却剂循环泵，使冷却剂循环进入实验装置的恒温空气夹套中。

（2）开启SWC-LG$_D$凝固点实验装置（一体化）主机，设定基温，方法如下：将温度传感器置于恒温空气夹套中，当温度显示为10～30 ℃范围内的数值时，按"锁定"键，使基温选择由"自动"变为"锁定"，基温固定为20 ℃。若需要将基温调整为0 ℃，则需将低温恒温槽冷剂温度降低至5 ℃以下，当温度传感器显示为9.7 ℃以下时，按"锁定"键，使基温选择由"自动"变为"锁定"，基温固定为0 ℃。每次测定均应将基温记录下来，并据此校正步冷曲线的温度读数。类似方法可将基温设定为40 ℃（测定纯苯酚及高含量苯酚溶液步冷曲线时可能需要）。

（3）在45 ℃恒温水槽中将叔丁醇样品温热融化。将苯酚块体凿碎。样品管放置在合适大小的烧杯中，在电子天平上称量去皮校零，放入适量的苯酚颗粒并称量，然后再注入适量的叔丁醇溶液并再次称量，苯酚与叔丁醇样品的总质量控制在25～30 g，根据称量结果计算样品中苯酚的质量分数。将样品管盖和搅拌棒在样品管上装配好，在45 ℃恒温水槽中手动搅拌，使固体颗粒完全溶化，然后将样品管小心地放入仪器的恒温空气夹套中（不要用力塞，以免挤碎玻璃磨口）。

（4）低温恒温槽冷剂起始温度一般控制在20 ℃，将温度传感器放入样品管中，通过观察窗观察温度传感器在样品中的浸没深度，调节橡胶密封圈的高低，使温度传感器顶端处于液体样品的中心位置。**放入温度传感器的动作要缓慢，同时观察其顶部位置，防止顶破样品管**。将搅拌控制开关拨至"慢"挡，慢速搅拌样品，等待样品温度进入传感器可测量范围（基温±20 ℃），观察确认此时样品中没有固体析出，然后可以进入实际测量。

（5）在计算机上点开"凝固点实验数据采集处理系统"软件界面，点击"设置-通讯口-COM1"设定数据通讯通道。

（6）将低温恒温槽设定温度调整为–5 ℃，点击"数据通讯-清屏-开始通讯"，计算机开始实时采集温度-时间变化曲线（通讯指示灯闪烁）。样品随冷剂温度下降同步降低，两者之间大约有5 ℃的温差。**持续观察样品状态，当有固体析出且对搅拌产生阻碍时，立即停止搅拌，防止传动电机烧坏**。继续冷却直至步冷曲线上第二平台/转折出现或样品温度接近冷剂温度。

（7）实验结束后，点击"数据通讯-停止通讯"，保存实验数据（用*.NGD和*.XLS两种文件格式分别保存）。

（8）若步冷曲线上第二平台/转折未出现，将冷剂温度调整为–10 ℃，重新设定基温再测定一次。若仍未观察到该现象，可保存数据并结束该组成样品的测量。用手温热样品管，将温度传感器从样品中轻轻抽出后拭净待用；将样品管在45 ℃恒温水槽中温热融化，样品倒入废液收集桶中。洗净样品管，置于烘箱中烘干。

（9）换一根干净的样品管，另行配制不同组成的苯酚-叔丁醇样品，按相同方法测定其步冷曲线。

（10）重复测量过程直至测定完所有样品的步冷曲线，样品的苯酚质量分数组成为：0%、5%、10%、15%、20%、25%、30%、35%、40%、45%、50%、55%、60%、65%、70%、75%、80%、85%、90%、95%、100%。实验合作完成，每实验小组完成4～5个样品的步冷曲线测量。

（11）整理相关实验数据，记录室温和大气压。关闭电源开关，关闭计算机。将样品管、搅拌棒和温度传感器等清洗干净。

## 数据处理与结果分析

从实验获得的步冷曲线上确定相关的拐点温度和平台温度，查阅叔丁醇和苯酚熔点的文献值，根据实验结果对数据进行校正并列表。画出苯酚-叔丁醇固液平衡体系的 $w$-$t$ 相图和 $x$-$t$ 相图，确定所形成化合物的分子比，及低共熔点温度和组成。

相图绘制应注意以下几个问题：实际体系的相线是无法用数学方程描述的，因此绘制相图也不能采用任何数据拟合程序；一条液线本身及其一次微分必须单调变化，即单条液线上不能出现波浪形状和拐点，即使实验数据在一定范围内出现起伏波动；在最低共熔点两条液线相交，此处不能采用连续平滑过渡的绘图方法，必须表现为不连续的"奇点"；在稳定化合物熔化温度处相线的斜率为0。

## 讨论与思考

1. 固液平衡相图中的液线可以根据稀溶液的依数性原理，按照凝固点降低公式进行理论计算。反之，由实验测定的液线数据也可以推算纯物质的相变焓。试根据相图两端侧实验数据，按上述方法估算苯酚和叔丁醇的熔化焓，并与文献值对比。（参见文献 [1]、[2] 及其引用文献）

2. 试设计一个实验方法，测定出本实验体系中形成的两个化合物的熔化焓。在此基础上，能否从理论上计算该二组分体系的固液平衡相图，并确定共熔点的温度和组成？

3. 化学是不断进化的科学，这种进化有时造成我们今天查阅文献的困惑。查阅苯酚-叔丁醇二元体系固液平衡相图的文献数据，注明文献出处，指出自1870年以来文献中叔丁醇的英文名称的变迁。根据文献数据绘制相图，并与实验数据进行对比。

## 参考文献

[1] Xu X，Wang X，Wu M. Binary Solid-Liquid Phase Diagram of Phenol and *t*-Butanol: An Undergraduate Physical Chemistry Experiment. J. Chem. Educ., 2014，91：929-933.

[2] Gallus J，Lin Q，Zumbühl A，et al. Binary Solid-Liquid Phase Diagrams of Selected Organic Compounds. A Complete Listing of 15 Binary Phase Diagrams. J. Chem. Educ., 2001，78：961-964.

## 实验11 差热分析法测定 $NaNO_3$-$KNO_3$ 固液平衡相图

## 实验简介

本实验中我们将用差热分析法（DTA）测定二元熔盐体系 $NaNO_3$-$KNO_3$ 的固液平衡相图，了解复杂相变体系的特点和热分析图谱特征，观察固相相变过程，熟悉用Origin软件分析处理大量实验数据的方法。这是差热分析法用于实际研究目的的一个案例。

学生应熟悉差热分析法的原理和实验技术，相关内容可参阅实验3。

## 原理探讨

差热分析法用于相图的测定有许多优点，首先是样品用量少，传统的步冷曲线法样品用量一般为$10^2$ g数量级，差热分析法一般为毫克级；其次，温差曲线实际上是温度-时间曲线的变化率，因此更加灵敏，温度转折点也更加容易确定。与其他实验方法相比，差热分析曲线一点也不难理解和解释，甚至更加直观。图1中分别画出了某二元固液平衡体系的相图、某组分样品的步冷曲线和对应的降温过程的差热分析曲线，可以看出，由熔融液态$w$开始降温，直至$x$点开始析出固体B，该阶段在步冷曲线上表现为随时间下降的温度，而在DTA曲线上，由于样品没有发生吸热或放热的物理、化学变化过程，与参比物的温差保持基本恒定，故表现为一条水平基线；在$x \rightarrow y$的降温阶段，体系为固液两相共存，随着温度的降低，固体B不断析出，液相中A组分浓度不断增大，直至达到低共熔点组成，在步冷曲线上，该降温过程表现为与$wx$段曲线斜率不同的另一段曲线$xy$，理论上可以用$wxy$曲线的不连续点，即点$x$的温度代表该组成样品的相转变温度，但是实际上该点常常难以准确判断，而在DTA曲线上，伴随固体B的析出，样品放热过程导致其温度明显升高，与参比物之间的温差变大，呈现为突然向上的放热峰，随着温度降低，固体析出量相应减少，放热数量随之降低，样品温度逐步向参比温度回归，整个二相共存段在DTA曲线上表现为一个宽大的不对称峰；在低共熔点$y$，步冷曲线表现为一段水平线$yy'$，比较容易判断，但是若样品组成比较接近纯物质，根据杠杆规则，此时残余低共熔体数量较少，$yy'$水平段很短甚至无法维持，导致测量不准确，而在DTA曲线上，无论低共熔体数量多少，其析出过程均表现为一个比较尖锐的放热峰，非常容易判断$y$点的温度。

**图1　固液平衡体系的相图、步冷曲线和差热分析曲线**

与步冷曲线法采用的降温测量法不同，DTA的测定常常在程序升温条件下进行，尤其是对于固液相变过程的测量更是如此，这是因为降温过程往往存在比较严重的过冷现象，导致测出的相变温度偏差较大，而升温过程中的过热现象基本不存在，所测得的相转变温度比较接近真实值。对于复杂相变体系的固液平衡相图，步冷曲线法得到的信息往往模糊不清，细节无法判断，而DTA技术则能比较全面地研究各种相变过程。

图2是一个假想的二元体系的固液平衡相图及其DTA曲线，该体系包含有相合熔点和不相合熔点、固溶体、低共熔体以及液相反应，七个代表性组分在程序升温条件下的DTA曲线标示在相图之上，主要含义如下。

曲线1：仅有单一的固溶体α的熔化过程，直至达到液线温度，熔化峰后半部陡峭的下降峰边往往是体系完全进入液相的标志。

曲线2：该组分恰为不相合熔点化合物β，在DTA曲线上尖锐的吸热峰代表该化合物的等温分解过程为固相α和液相，在该温度以上，样品继续以越来越快的速率熔化，直至完全液化。

曲线3：该组分位于不相合熔点化合物靠近低共熔点一侧，第一个尖锐吸热峰对应于β相和γ相在低共熔点温度下的同时熔融过程，继续加热导致β相不断熔化，形成不对称熔化峰，直到不相合熔点温度β相完全分解，然后是α固相不断熔化直到液线温度。

曲线4：加热一个低共熔点组成的样品得到一个尖锐的放热峰，与纯物质类似。

曲线5：与曲线4类似，样品组成恰为相合熔点化合物γ，得到一个尖锐的吸热峰。

曲线6和7：有低共熔点混合物熔化的尖锐吸热峰，以及之后加热熔化剩余固相的不对称吸热峰。

**图2  假想二元固液平衡相图及其DTA曲线**

图2中明显的吸热峰都对应有固相的熔化过程。有时候，二元体系也可能经历固相间的转化过程，比如图2中的曲线1若向右边再偏移一点，升温时体系就可能经历二固相α+β混合物→单一固相α→固相α+液相→完全熔融液相的转变过程，其中第一步就是固相间的相转变过程。一般来说，这种固相间的转变过程速率较慢，且热效应不大，即使DTA也无法

明确测定。但是，如果固相转变过程涉及晶型转变，则会有明显的热效应，能够用DTA明确测定。KNO₃-NaNO₃二元熔盐体系就是这样一个涉及固相晶型转变的固液平衡体系，图3为该体系的固液平衡相图。

其中A区为熔融液态单相区，B区为固液平衡二相区，C区为Na，K//NO₃三方晶系固体单相区，D区为固溶体α+Na，K//NO₃三方晶系固体二相区，E区为固体NaNO₃+Na,K//NO₃三方晶系固体二相区，F区为NaNO₃溶于KNO₃中形成的固溶体α单相区，G区为固溶体α+NaNO₃固体二相区。纯净的KNO₃和NaNO₃分别在130 ℃和277 ℃发生由斜方晶系向三方晶系的转变。形成二元熔盐体系后，其晶系转变温度降低至109 ℃附近，随后的升温过程伴随有复杂的固相转变融合过程，在223 ℃以上开始部分熔融，直至达到液线温度。

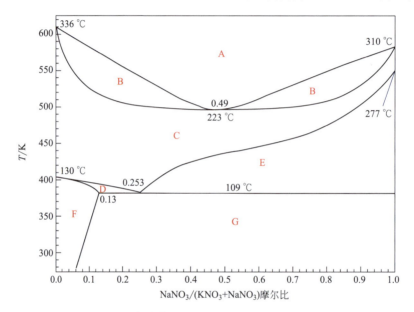

**图3　二元熔盐体系KNO₃-NaNO₃的固液平衡相图**

熔融盐用于盐浴已有很多年的历史，后来发现其还是非常优良的储热材料。众所周知，太阳能因其储量"无限性"、分布普遍性、利用清洁性、利用经济性等优势，正受到越来越多的关注，但是太阳能利用存在季节性差异、昼夜差异、地域差异等，为了实现能源利用上更好的供需时间匹配，国内外都积极开发新型的热能储能技术，其中相变材料储热技术研究相对成熟。相变材料在相变（固→液或固→固）过程中吸收（释放）大量热量而实现能量转换，其蓄能密度大、效率高、吸放热过程几乎在等温条件下进行，它能将太阳辐射能存储起来，在需要能量时再将其释放出来，这一特性解决了太阳能间歇性、波动性的特点。大多数硝酸盐的熔点在300 ℃左右，其突出的优点是价格低、腐蚀性小及在500 ℃以下不会分解。与其他熔盐（如碳酸盐、氯化盐、氟化盐）相比，硝酸盐具有很大的优势。

熔盐是一种低成本、长寿命、传热储热性能好的高温、高热通量和低运行压力的传热储热介质。采用熔盐作为光热发电的传热和储热工质，可显著提高光热发电系统的热效率、系统的可靠性和经济性，帮助光热发电站实现持续稳定运行。光热发电领域目前经商业化应用验证的成熟熔盐产品的成分组成为60%硝酸钠和40%的硝酸钾二元混合熔盐。虽然有研究机构或相关公司在研究更低熔点的三元及多元熔盐，但多元熔盐因其中成分更为复杂而可能对熔盐系统造成一些尚无法预知的不利影响，从而面临一些推广障碍，尚未从实验示范走向商业化的实践应用。

测定 $KNO_3$-$NaNO_3$ 二元熔盐体系的固液平衡相图，对于理解涉及固-固、液-固相间转化的规律，以及判断熔盐体系作为储热材料的使用条件，都具有重要的意义。

本实验采用 DTA 法测定 $KNO_3$-$NaNO_3$ 二元熔盐体系的固液平衡相图，并使用 Origin 软件对数据进行拟合与分析。

## 仪器试剂

ZCR-Ⅲ型差热分析仪，耳勺，小镊子，大镊子，称量纸，小烧杯，电子天平（公用）。

$KNO_3$（A.R.），$NaNO_3$（A.R.），不同组成的 $KNO_3$-$NaNO_3$ 熔融体粉末，α-$Al_2O_3$ 粉末，$\phi5\ mm \times 4\ mm$ 铝坩埚。

## 安全须知和废弃物处理

- 实验中注意保护样品支架，勿使炉体与支架发生碰撞。
- 拿取炉体隔热陶瓷盖片需使用镊子或者戴隔热手套，不要徒手拿取，以免烫伤。
- 在实验室需穿戴实验服、防护目镜或面罩。
- 处理盐类样品时需使用丁腈橡胶手套，仔细操作，不要洒漏在实验台和仪器上。
- 硫酸铜和硝酸钾可能刺激皮肤，如发生皮肤沾染，需用水冲洗沾染部位 10 min 以上。
- 离开实验室前务必洗手。
- 使用过的坩埚、固体废渣和碎屑放入固体废弃物桶。

## 实验步骤

全部测定任务合作完成，每实验小组至少测定 3 个不同组成的 $KNO_3$-$NaNO_3$ 熔融体样品，并至少测定一个纯物质（标定仪器用）。全体参加实验同学共同准备一张标准作图方格纸，将实验结果（用测量软件读图工具粗略读取）即时大略标示在坐标纸上，画出相图草图，若有样品测量数据明显偏离大多数实验数据时，应重新测量。草图也可以用计算机完成。

ZCR 差热分析实验装置使用说明可实验 3。

（1）取 2 只 $\phi5\ mm \times 4\ mm$ 铝坩埚，在试样坩埚中称取 20 ～ 30 mg 熔盐样品，准确记录样品的质量。在参比物坩埚中称取相近质量的 α-$Al_2O_3$ 粉末。将两个样品均轻轻压实。

（2）打开差热分析仪炉体，以面向差热炉正面为准，左边托盘放置试样坩埚，右边托盘放置参比物坩埚。然后反序操作放下炉体，依次盖上电炉罩盖，在此过程中仍应注意观察保证炉体不与坩埚托盘刚玉支架接触碰撞。

（3）接通循环冷却系统，打开差热分析仪电源，启动察热分析软件界面，连接通讯口，设置控温参数和数据采集参数，以 $10\ K \cdot min^{-1}$ 的升温速率，从室温升温至 350 ℃（纯 $KNO_3$ 升温至 370 ℃），记录样品相变过程的 DTA 曲线。

（4）测定结束后停止差热分析程序运行，保存实验数据，取下差热电炉罩盖（戴耐火手套或使用工具大镊子，防止烫伤），将炉体抬起旋转固定，露出坩埚托盘支架。接通冷却风扇电源，将风扇放置在炉体顶部吹风冷却，至软件界面上炉温"Ts（℃）"接近室温。

（5）将熔盐样品坩埚取下，放入回收烧杯中，参比物坩埚保留继续使用。重新称取新的熔盐样品进行测量，直至全部完成。

（6）实验结束，关闭电源和循环冷却系统，清理台面。将使用过的坩埚及其样品集中回收到有标记的废物桶中，不得与有机物混放，不得随意弃置于垃圾桶中，以免发生剧烈化学反应引起危害。

## 数据处理与结果分析

1. 将该温度-温差数据复制粘贴到Origin软件的数据表中。将温差信号$\Delta T$统一换算为25.0 mg样品的信号强度：$\Delta T$（换算后）$= \Delta T$（换算前）$\times 25.0/$（样品质量/mg）。

2. 以温度$t$-温差$\Delta T$数据作图，去除25 ℃以下数据点。

3. 做基线校正和扣除。

4. 根据图2所示差热曲线上各相变温度点的位置，参照实验3，确定各差热峰的外推熔融起始温度（$T_{im}$）和外推熔融终止温度（$T_{em}$），可使用Origin软件中的画切线工具"tangent"插件。使用一次微分确定低温侧和高温侧差热曲线的斜率最大点，若一次微分线上噪声波较大，适当平滑。

5. 按上面步骤将所有样品的DTA曲线进行处理，得到相转变温度值，然后标示到相图上，以硝酸钠摩尔分数为横坐标，温度为纵坐标，画出$KNO_3$-$NaNO_3$二元熔盐体系的固液平衡相图。

## 讨论与思考

1. 根据所绘制的相图，讨论本实验有何不足之处，DTA法对于哪些组成样品的相变过程测量仍然不够精密？

2. 你还能设计怎样的实验方法来观察该熔盐体系的固相晶型变化过程？

3. 如何由实验测定的DTA曲线判断$x(NaNO_3)=0.49$，$T=223$ ℃是否是该体系的最低共熔点？从理论上说，在该点的DTA相变吸热峰应该呈现为一根锐线，但是实际上是一个尖锐峰，如何考虑此种偏差并对实验结果进行校正？

## 参考文献

［1］Centre for Research in Computational Thermochemistry（CRCT）. FACT Compound and Solution Database. http://www.crct.polymtl.ca/FACT/phase_diagram.php?file=KNO_3-NaNO_3.jpg&dir=FTsalt.

［2］Kramer C M，Wilson C J. The Phase Diagram of NaNO_3-KNO_3. Thermochim. Acta.，1980，42：253-264.

［3］Zamali H，Jemal M. Diagrammes de Phase des Systemes Binaries KNO_3-CsNO_3 et KNO_3-NaNO_3. J. Therm. Anal.，1994，41：1091-1099.

［4］Sangster J. Thermodynamics and Phase Diagrams of 32 Binary Common-Ion Systems of the Group Li，Na，K，Rb，Cs//F，Cl，Br，I，OH，NO_3. J. Phase Equil.，2000，21（3）：241-268.

# 实验12 电解质溶液电导率的测定

## 实验简介

本实验中我们将测定电解质溶液的导电能力，今天实验仪器的便捷程度使得我们无须重复当年奥斯特瓦尔德、克尔劳施等人的艰辛工作，但是所观察到的现象仍然一样具有吸引力。强电解质、弱电解质的概念在这个实验中可以充分展现，通过电导率这样宏观性质的测量，我们得以窥探离子的微观运动规律。

学生无须任何预备知识，通过实验发现规律比先入为主的概念更加重要。

## 理论探讨

导电物体的电阻 $R$ 与该物体的长度 $l$ 成正比、与其横截面积 $A$ 成反比

$$R=\rho \times \frac{l}{A} \tag{1}$$

式中，$\rho$ 为电阻率，$\Omega \cdot m$；其倒数 $\kappa$ 为电导率，$\Omega^{-1} \cdot m^{-1}$ 或 $S \cdot m^{-1}$；而电阻的倒数为电导 $G$，$\Omega^{-1}$ 或 $S$。一般对金属导体使用电阻率的概念，而对电解质使用电导率的概念。上述物理量之间的关系可以重新表达为：

$$R=\rho \times \frac{l}{A}=\frac{l}{\kappa A}=\frac{1}{G} \qquad \kappa=\frac{1}{R} \times \frac{l}{A}=\frac{l}{A} \times G \tag{2}$$

如果需要测定一个溶液的电导率，必须首先测定电导池的几何尺寸，即 $l$ 和 $A$。这可以采用已知电导率溶液标定的方法，常用的标定溶液是KCl溶液。由此得到的标定数据称为电导池常数 $K_{池}$。

$$K_{池}=\frac{l}{A}=\kappa_{已知}R_{已知} \tag{3}$$

当电导池常数确定后，就可以计算出待测电解质溶液的电导率

$$\kappa=\frac{K_{池}}{R} \tag{4}$$

图1是常用的DJS型电导电极，电极前端环形玻璃架的两侧嵌有金属电极片（一般为金属铂片），测量时将电极前端浸没在电解质溶液中，所测量的就是两电极片之间的电解质溶液的电导率，其大小与电极片面积和电极片间距等几何因素有关，电导电极的电导池常数在出厂前已经过标定，但是在电极使用过程中仍然会发生变化，因此必须经常进行核查，一般采用交流电桥法，也可以在电导率仪上进行电导池常数的复核工作。

在电导池常数已经确定的情况下，使用电导率仪就可以很方便地测定电解质溶液的电导率，水的电导率应从电解质溶液电导率的测定值中扣除。图2为氯化钾和乙酸水溶液的电导率与溶液浓度的关系，可以看出不同电解质的导电能力和导电行为有很大的差异。

电解质溶液的电导率 $\kappa$ 与离子浓度、离子的电迁移率的相关性很强，考虑电解质 $A_{v+}B_{v-}$，其电离方程为

图1 DJS-0.1C、DJS-1C和DJS-10C型电导电极

图2 不同浓度下KCl和HAc水溶液的电导率

$$A_{v_+}B_{v_-} \longrightarrow v_+A^{z+} + v_-B^{z-} \tag{5}$$

若在浓度$c$（单位：$mol \cdot L^{-1}$）的溶液中电解质的电离度为$\alpha$，则每升溶液中正、负离子所携电荷的物质的量分别为$v_+z_+\alpha c$、$v_-z_-\alpha c$，且$v_+z_+=v_-z_-=v$。电解质溶液的电导率可以表示为

$$\kappa = 1000\alpha cF(v_+z_+U_+ + v_-z_-U_-) = 1000\alpha cvF(U_+ + U_-) \tag{6}$$

式中，$F$为法拉第常数，相当于 1 mol 电子所携电量，$1F=96485.31 \ C \cdot mol^{-1}$；$1000\alpha c$ 是 $A^+$（也是 $B^-$）的浓度，$mol \cdot m^{-3}$；$U_+$ 和 $U_-$ 分别是正、负离子的电迁移率，定义为在单位电势降（$1 \ V \cdot m^{-1}$）条件下离子的运动速率，$m^2 \cdot s^{-1} \cdot V^{-1}$。由此可以定义当量电导率 $\Lambda$ 为：

$$\Lambda = \frac{\kappa}{1000vc} = \alpha F(U_+ + U_-) \tag{7}$$

当量电导率$\Lambda$的单位是$S \cdot m^2 \cdot equiv^{-1}$（equiv表示当量），而电解质的摩尔电导率$\Lambda_m$定义为

$$\Lambda_m = \frac{\kappa}{1000c} \tag{8}$$

摩尔电导率$\Lambda_m$的单位是$S \cdot m^2 \cdot mol^{-1}$。对于简单的1-1价电解质 $A^+B^-$，当量电导率等于摩尔电导率。比较不同电解质的导电性应用当量电导率，图3中给出了不同电解质的摩尔电导率与浓度的关系曲线，注意$CuSO_4$是以其摩尔电导率的1/2绘出的。

摩尔电导率（或当量电导率）随着溶液的稀释而增加，并在浓度趋近于0时趋向一个极

限值 $\Lambda_\infty$，称为极限摩尔电导率。对于浓度较低的强电解质溶液，电离度 $\alpha$ 始终等于 1，因此 $\Lambda$ 的微小变化可以归因于电迁移率随浓度的变化，离子间的相互吸引会降低电迁移率，当浓度降低后，这种相互作用强度也相应降低，直至溶液无限稀释时完全消失。

对于强电解质的稀溶液，Kohlrausch 发现摩尔电导率与浓度的依赖关系可以表示为如下的经验公式：

$$\Lambda_m = \Lambda_\infty - k\sqrt{c} \tag{9}$$

根据 Kohlrausch 的经验公式，$\Lambda_m$-$c^{1/2}$ 作图应得到一条直线，该直线与纵坐标的交点即为极限摩尔电导率 $\Lambda_\infty$（见图 4）。在无限稀释的电解质溶液中，离子表现为完全的独立运动，极限摩尔电导率 $\Lambda_\infty$ 可以表达为离子极限摩尔电导率的简单加和

$$\Lambda_\infty = \nu_+\lambda_+^\infty + \nu_-\lambda_-^\infty \tag{10}$$

式中，$\lambda_+^\infty$、$\lambda_-^\infty$ 分别是正、负离子的极限摩尔电导率，方程（10）即为离子独立移动定律。

**图3  不同电解质溶液的摩尔电导率与浓度的关系**

**图4  不同电解质单元的摩尔电导率与物质的量浓度平方根的关系**

弱电解质的 $\Lambda$ 随浓度的变化非常显著，这是由于弱电解质的电离度 $\alpha$ 与浓度强烈相关。然而，当弱电解质溶液浓度趋向于0时，其极限摩尔电导率 $\Lambda_\infty$ 仍然是一个有限的定值，且适用离子独立移动定律［方程（10）］。对于弱电解质，使用外推法求出 $\Lambda_\infty$ 往往是不现实的，因为要达到完全电离，溶液的浓度将非常低，以致无法有效地测出电导率的值。但是，弱电解质的极限摩尔电导率可以通过强电解质的 $\Lambda_\infty$，利用方程（10）进行计算，以乙酸为例，可以有

$$\Lambda_\infty(\text{HAc}) = \Lambda_\infty(\text{HX}) + \Lambda_\infty(\text{MAc}) - \Lambda_\infty(\text{MX}) \tag{11}$$

式中，M 可以是常见的一价离子如 $Na^+$ 或 $K^+$，而 X 可以是一价负离子如 $Cl^-$ 或 $Br^-$，方程（11）成立的唯一要求就是 HX、MAc 和 MX 都是强电解质。

在足够稀释的弱电解质溶液中，离子浓度非常低，离子间相互吸引对电迁移率的影响也变得非常小，可以近似地认为电迁移率为常数，此时弱电解质的电离度 $\alpha$ 可以表达为

$$\alpha \approx \frac{\Lambda_m}{\Lambda_\infty} \tag{12}$$

如果在浓度 $c$ 时测得溶液的摩尔电导率 $\Lambda_m$，并根据方程（10）、方程（11）的方法计算出极限摩尔电导率 $\Lambda_\infty$，则根据方程（12）就可以计算出浓度 $c$ 时弱电解质的电离度 $\alpha$。

根据 Ostwald 稀释定律，对于乙酸的电离过程，其经验平衡常数可以表示为

$$K_c = \frac{c_{\text{H}^+} c_{\text{Ac}^-}}{c_{\text{HAc}}} = c \times \frac{\alpha^2}{1-\alpha} = \frac{\Lambda_m^2 c}{(\Lambda_\infty - \Lambda_m)\Lambda_\infty} \tag{13}$$

若假定 $K_c$ 为常数，则方程（13）可以变形为

$$\frac{1}{\Lambda_m} = \frac{1}{\Lambda_\infty} + \frac{\Lambda_m c}{K_c \Lambda_\infty^2} \tag{14}$$

实验中可以测出不同浓度 $c$ 溶液的摩尔电导率 $\Lambda_m$，以 $1/\Lambda_m$-$\Lambda_m c$ 作图可以得到一直线，由直线的截距可以求出弱电解质的极限摩尔电导率 $\Lambda_\infty$，再根据方程（12）求出弱电解质在各个浓度 $c$ 时的电离度 $\alpha$ 和电离过程经验平衡常数 $K_c$。注意按照方程（14）进行数据计算时存在的逻辑矛盾，即方程（14）隐含的假设是 $K_c$ 为常数，而当由方程（14）得到 $\Lambda_\infty$ 后，根据方程（12）和方程（13）计算出的 $K_c$ 并不能保证不随浓度 $c$ 变化。当然 $\Lambda_\infty$ 的值也可以用方程（11）的方法计算出来，这样在计算 $K_c$ 时就不必抱着这种矛盾的思想了。

由方程（13）计算出的乙酸电离过程经验平衡常数 $K_c$ 具有与浓度 $c$ 相同的单位，它与热力学平衡常数 $K_\alpha^\ominus$ 是有区别的。对于极稀的弱电解质溶液，存在关系

$$K_\alpha^\ominus = K_c \gamma_\pm^2 \tag{15}$$

因为不影响下面的计算结果，方程（15）中省略了单位物质的量浓度项 $c^\ominus = 1 \text{ mol} \cdot \text{L}^{-1}$，式中 $\gamma_\pm$ 为乙酸的平均离子活度系数。由方程（15）得到

$$\lg K_c = \lg K_\alpha^\ominus - 2\lg \gamma_\pm \tag{16}$$

根据德拜-休克尔理论，平均离子活度系数可以表达为

$$\lg \gamma_\pm = -|z_+ z_-| \frac{A\sqrt{I}}{1 + B\sqrt{I}} \tag{17}$$

式中，$I$ 为离子强度，定义为

$$I = \frac{1}{2} \sum_j b_j z_j^2 \tag{18}$$

式中，$b_j$为离子$j$的质量摩尔浓度，$mol \cdot kg^{-1}$；$z_j$为离子$j$所带电荷数，加和遍及溶液中的所有离子。在25 ℃时，在极稀的水溶液中，$A = 0.509 \ kg^{1/2} \cdot mol^{-1/2}$，$B$近似为1，且质量摩尔浓度与摩尔浓度在数值上近似相等（即$b_j \approx c_j$），对于乙酸，方程（16）可以近似为

$$\lg K_c = \lg K_\alpha^\ominus + 2 \times (0.509)\sqrt{\alpha c} \tag{19}$$

这样，如果对不同浓度$c$的乙酸溶液测量和计算得到了电离度$\alpha$和经验平衡常数$K_c$，以$\lg K_c$-$(\alpha c)^{1/2}$作图可得一直线，将直线外推至浓度为零，即得到热力学平衡常数$K_\alpha^\ominus$。

## 仪器试剂

DDS-11A型电导率仪，DJS-1C型电导电极，DJS-0.1C型电导电极，电子天平（精度0.0001 g），恒温水槽，250 mL容量瓶2只，100 mL容量瓶2只，25 mL和10 mL定容移液管各2支，100 mL锥形瓶4只，100 mL烧杯2只，500 mL具四氟活塞滴定管2支。

KCl（G.R.），乙酸（A.R.），盐酸（A.R.），乙酸钾（A.R.）氢氧化钠（A.R.），邻苯二甲酸氢钾或草酸基准物质，酚酞指示剂，氯化钾电导率标准溶液（1800、750、185、45 $\mu S \cdot cm^{-1}$）。

## 安全须知和废弃物处理

- 在实验室中需穿戴实验服、防护目镜或面罩。
- $1 \ mol \cdot L^{-1}$盐酸和乙酸溶液对皮肤有轻微腐蚀性，如发生皮肤沾染，用水冲洗沾染部位。
- 离开实验室前务必洗手。
- 溶液应倒入指定的废液回收桶。

## 实验步骤

本实验数据和结果的质量取决于正确的溶液稀释操作，以及有效地防止溶液被沾污，请严格按照稀释步骤操作。注意恒温槽温度始终保持恒定，实验中应多次记录恒温槽的温度并取平均值作为实验测定温度。实验中应随时粗略估算实验数据的合理性，以保证下一步测量的准确性，粗判依据为：强电解质溶液的电导率$\kappa$大致正比于稀释比例$M$（如1/4、1/10等），即$M/\kappa$基本不变，而弱电解质的$M/\kappa$将随着溶液浓度的降低而减小。

### 1. 配制标准贮备液（由实验室预先准备）

配制溶液所用的水应为去离子水，电导率不大于$2 \ \mu S \cdot cm^{-1}$（25 ℃）。

（1）$1 \ mol \cdot L^{-1}$ HCl溶液：用量筒量取浓盐酸83 mL，加水稀释到1 L，贮存在密封聚乙烯塑料瓶中，用NaOH标准溶液标定。

（2）$1 \ mol \cdot L^{-1}$ HAc溶液：用量筒量取冰乙酸59 mL，加水稀释到1 L，贮存在密封聚乙烯塑料瓶中，用NaOH标准溶液标定。

（3）$1 \ mol \cdot L^{-1}$ KCl溶液：将KCl（G.R.）在220～240 ℃下烘干2 h，然后放入干燥器中冷却至室温。称取74.5513 g KCl，加水溶解后定容稀释到1 L，稀释和操作应在（20±0.5）℃的恒温槽中进行，溶液贮存在密封聚乙烯塑料瓶中。

（4）$1 \ mol \cdot L^{-1}$ KAc溶液：将KAc（A.R.）在水-乙醇（1:1）体系中结晶三次，在真空

烘箱中恒重。称取98.1423 g KAc，加水溶解后定容稀释到1 L，溶液贮存在密封聚乙烯塑料瓶中。

## 2. 电导池常数的测定及KCl溶液电导率的测定

按照附录中电导率仪的操作程序，在25 ℃用氯化钾电导率标准溶液（$\kappa > 1000$ $\mu S \cdot cm^{-1}$）标定DJS-1C型电导电极的电导池常数，用氯化钾电导率标准溶液（$\kappa < 100$ $\mu S \cdot cm^{-1}$）标定DJS-0.1C型电导电极的电导池常数。

用标定的电导电极测定25 ℃实验用去离子水的电导率，重复三次。

## 3. KCl溶液电导率测定

溶液配制采用逐级稀释法，注意节约使用标准贮备液。

将100 mL容量瓶和2只250 mL容量瓶各用去离子水清洗三次，将100 mL烧杯和25 mL移液管用少量1 mol · L$^{-1}$ KCl溶液清洗三次。在烧杯中倒入适量1 mol · L$^{-1}$ KCl溶液，用移液管定量移取25 mL溶液至250 mL容量瓶中，用去离子水稀释至刻度，加塞摇匀，得到0.1 mol · L$^{-1}$ KCl溶液。

将100 mL烧杯和25 mL移液管用少量0.1 mol · L$^{-1}$ KCl溶液清洗三次。在烧杯中倒入适量0.1 mol · L$^{-1}$ KCl溶液，用移液管定量移取25 mL溶液至100 mL容量瓶中，用去离子水稀释至刻度，加塞摇匀，得到0.025 mol · L$^{-1}$ KCl溶液。用移液管定量移取25 mL溶液至250 mL容量瓶中，用去离子水稀释至刻度，加塞摇匀，得到0.01 mol · L$^{-1}$ KCl溶液。

用标定好的电导电极依次测定0.1 mol · L$^{-1}$、0.025 mol · L$^{-1}$和0.01 mol · L$^{-1}$ KCl溶液的电导率，重复三次。若0.1 mol · L$^{-1}$ KCl溶液电导率超量程，可适当稀释。

保留0.01 mol · L$^{-1}$ KCl溶液，其他容器清洗干净，按上述同样方法配制下一级0.0025 mol · L$^{-1}$和0.001 mol · L$^{-1}$ KCl溶液，测定其电导率，重复三次。

按上述同样方法配制下一级溶液，测定其电导率，直至接近100 $\mu S \cdot cm^{-1}$。

## 4. HCl、HAc和KAc溶液电导率的测定

用基准物质标定NaOH溶液，然后测定HCl和HAc溶液的浓度。

配制与测定不同浓度溶液的电导率，方法与KCl溶液电导率测定方法相同。

## 数据处理与结果分析

**注意**：所有计算结果和图表请标注实验测量温度。

1. 列表计算各浓度KCl、HCl、HAc和KAc溶液的电导率$\kappa$和摩尔电导率$\Lambda_m$。

2. 根据实验数据绘制$\kappa$-$c$曲线图和$\Lambda_m$-$c$曲线图。

3. 将各电解质的$\Lambda_m$-$c^{1/2}$曲线绘制在一张图上，用外推法计算出KCl、HCl和KAc溶液的极限摩尔电导率$\Lambda_\infty$。利用实验测出的$\Lambda_\infty$值，根据方程（11）计算HAc的极限摩尔电导率。查阅文献数据，与KCl、HCl、KAc和HAc极限摩尔电导率的实验测量结果进行比较。

4. 以HAc的$1/\Lambda_m$-$\Lambda_m c$作图，进行线性拟合，根据方程（14），由拟合直线方程的截距求出HAc的极限摩尔电导率，并与文献值和第3步计算的结果进行比较。

5. 分别根据第3、4步计算过程及文献数据计算所得到的HAc极限摩尔电导率，按照方程（12）、方程（13）列表计算各浓度HAc溶液的电离度$\alpha$和电离过程经验平衡常数$K_c$。

6. 以$\lg K_c$-$(\alpha c)^{1/2}$作图，观察该系列数据是否构成斜率为正的线性关系，若关系成立，则将该数据系列进行线性拟合并外推至浓度为零，得到电离过程的热力学平衡常数$K_\alpha^\ominus$，查阅文

献数据进行比较。若上述关系不成立，则将第5步计算中$K_c$取平均值或最佳值列入实验报告。

## 讨论与思考

1. 弱电解质溶液在浓度很稀时，几乎完全电离，为什么仍然不能用Kohlrausch定律外推求出极限摩尔电导率？

2. 在什么情况下，实验测定的电导率数据必须扣除水的电导率值？

3. 对于电解质稀溶液，渗透压的van't Hoff方程为：$\pi=icRT$，式中$i$为van't Hoff因子。假定1 mol电解质可以解离出$\beta$ mol离子（包括正离子和负离子），请推导出电离度$\alpha$与$i$因子的关系，并设计一个实验方案来验证这个关系。

4. 尝试根据HAc电离过程热力学平衡常数$K_\alpha^\ominus$的文献数据，计算各浓度HAc的电离度$\alpha$，绘制HAc溶液$\lg K_c$-$(\alpha c)^{1/2}$理论预测曲线，并与实验结果进行对比。

5. 奥斯特瓦尔德和范特霍夫于1889年在莱比锡编辑出版了物理化学学科的第一本学术期刊：*Zeitschrift für Physikalische Chemie*，其中包含大量关于电解质溶液性质的论文。将该期刊查找出来，并列出奥斯特瓦尔德、范特霍夫、阿伦尼乌斯、吉布斯、贝克曼等人发表在该期刊上的论文索引。

附录 **电导率仪和电导池常数的标定**

### 1. 电导率仪的工作原理

图5为电导率仪测量原理图，A为运算放大器，运算放大器具有以下两个特性：运算放大器两个输入端之间的电压总是零，即"虚地"，或者"虚短路"；运算放大器的两输入端之间的阻抗非常大，接近于无穷大，即输入运算放大器输入端的电流为零，称为"零输入电流"特性。利用这些特性可以很方便地计算运放电路的工作特性。

**图5 DDS-11D型电导率仪测量原理图**

将幅度恒定的电压$E$加在电导池的两个电极上，流过电解质溶液的电流$I_x$与溶液电阻$R_x$的关系符合欧姆定律

$$R_x=\frac{E}{I_x}=\rho\times\frac{l}{A} \tag{20}$$

式中，$\rho$为电解质溶液的电阻率；$l$为两电极之间的距离，cm；$A$是两电极之间液柱的截面积，$cm^2$。对于同一个电极，$l/A$是一个常数，称为电导池常数$K_{池}$，$cm^{-1}$。由此得到

$$\frac{E}{I_x}=\rho K_{池} \tag{21}$$

电解质溶液的电导率

$$\kappa=\frac{1}{\rho}=\frac{I_x}{E}K_{池}=\frac{I_f}{E}K_{池}=\frac{K_{池}}{ER_f}\times V_0 \tag{22}$$

在输入电压$E$、反馈电阻$R_f$和电导池常数$K_{池}$为定值时，被测物质的电导率与运算放大

器的输出电压$V_0$成正比，因此只需测定$V_0$的大小就能够显示出电解质溶液电导率的高低。

图6是电导率仪的电路框图，为降低极化作用及消除电导池电容性的影响，由振荡器产生幅值稳定的交流测量信号，此信号加于电导池后变换为电流信号输入运放A的反相端，经过比例运算后将$R_x$的大小转换成电压输出信号$V_0$。$V_0$经过检波后变为直流电压信号，由电表指示出溶液的电导率。

图6　DDS-11D型电导率仪电路框图

根据被测介质电阻率（电导率）的高低，选用不同常数的电极，并且测试方法也不同。一般当介质电阻率大于10 MΩ·m（小于0.1 μS·cm$^{-1}$）时，选用0.01 cm$^{-1}$常数的电极且应将电极装在管道内进行流动测量；当电阻率大于1 MΩ·m（小于1 μS·cm$^{-1}$）小于10 MΩ·m（大于0.1 μS·cm$^{-1}$）时，选用0.1 cm$^{-1}$常数的DJS-0.1C型电极，任意状态下测量，该型电导电极可测定范围0～200 μS·cm$^{-1}$；当电导率在1～100 μS·cm$^{-1}$时，选用常数为1 cm$^{-1}$的DJS-1C型光亮电极，该型电导电极可测定范围0～300 μS·cm$^{-1}$；当电导率为100～10000 μS·cm$^{-1}$时，选用DJS-1C型铂黑电极，任意状态下测量，该型电导电极可测定范围0～20000 μS·cm$^{-1}$；当电导率大于10000 μS·cm$^{-1}$时，选用DJS-10C型电导电极，该型电导电极可测定范围0～200000 μS·cm$^{-1}$。

### 2. DDS-11A型电导率仪的使用方法

DDS-11A型电导率仪是数字式测量仪器，仪器级别为1.5，电导率测量范围0.00～100.0 ms·cm$^{-1}$。

（1）仪器准备

连接电源，将标准电导率溶液（如1408 μs·cm$^{-1}$标液）放入25 ℃恒温水浴中恒温。将电导电极保护帽取下，或将电极从蒸馏水中取出，用蒸馏水冲洗干净。电导率仪开机，预热10 min。

图7　DDS-11A型电导率仪屏幕标识

（2）设置电极常数

图7为DDS-11A型电导率仪的屏幕标识，按"常数"键进入常数设置模式，继续按"常数"键切换"Type"类型（电极类型），直至显示为1.0（以选用DJS-1C型铂黑电极为例）。按"▲"或"▼"调整电极常数为1.000后，按"确认"键，保存设置。

选择温度设置，按"设置"键，通过"▲"或"▼"选择温度设置"1"，按"确认"后进入设置。通过"▲"或"▼"设置当前温度为25 ℃，按"确认"回到测量状态。

将清洗后的电极用软纸吸干，用标准润洗后，放入标液$C_s$中，仪器显示当前测量的电导率值，待读数稳定后，记录当前的电导率数据$C_t$。

根据常数$k=C_s/C_t$关系，计算该电导电极的电极常数$k$。然后进入常数设置，将计算的常数输入仪器内，按"确认"键保存设置。

（3）测量

用蒸馏水清洗电极，用软纸吸干，用被测溶液润洗电极后，放入测量溶液中，用温度计测定溶液的实际温度。

DDS-11A型电导率仪带有温度补偿功能，可将实验温度下测得的电导率换算成25 ℃下的电导率。用温度计测出被测介质温度后，把温度设置为相应介质的温度，即可进行温度补偿；若该功能置于25 ℃时，仪器就不进行温度补偿（无温度补偿方式）。在实测某确定温度下电解质溶液的电导率时，不可进行温度补偿。

按上述（2）中同样方法完成温度设置，仪器回到测量状态，待读数稳定后，即可读数，仪器显示当前溶液的电导率。

当进行准确测量时，标定和测量应在同一温度下进行。

（4）KCl标准溶液

中国的电导率基准是用相对法建立起来的，它建立于国际公认值的基础上，以标准物质为实物依据。1989年国家技术监督局发布了4种氯化钾溶液在5个温度下的电导率值，见表1和表2。

电导率标准溶液的配制应注意以下几点：①KCl应采用优级纯（G.R.），且需要在220 ～ 240 ℃下烘干2 h，然后放入干燥器中冷却至室温；②配制溶液的蒸馏水或离子水的电导率应不大于0.2 μS・cm$^{-1}$（25 ℃）；③应在（20±0.5）℃的恒温槽中进行稀释和操作；④标准溶液应储存在密封玻璃瓶中或聚乙烯塑料瓶中室温保存，有效期半年至一年。

**表1　KCl溶液浓度和电导率值**

| 近似浓度 /mol・L$^{-1}$ | 电导率/S・cm$^{-1}$ | | | | |
| --- | --- | --- | --- | --- | --- |
| | 15 ℃ | 18 ℃ | 20 ℃ | 25 ℃ | 35 ℃ |
| 1 | 0.09212 | 0.09780 | 0.10170 | 0.11132 | 0.13110 |
| 0.1 | 0.010455 | 0.011163 | 0.011644 | 0.012852 | 0.015353 |
| 0.01 | 0.0011414 | 0.0012200 | 0.0012737 | 0.0014083 | 0.0016876 |
| 0.001 | 0.0001185 | 0.0001267 | 0.0001322 | 0.0001466 | 0.0001765 |

表 2　KCl标准溶液的组成

| 近似浓度/mol·L$^{-1}$ | 容量浓度 KCl（20 ℃空气中）/g·L$^{-1}$（溶液） |
| --- | --- |
| 1 | 74.2650 |
| 0.1 | 7.4365 |
| 0.01 | 0.7440 |
| 0.001 | 将 100 mL 0.01 mol·L$^{-1}$溶液稀释 10 倍 |

# 实验13　希托夫法测定离子的迁移数

## 实验简介

本实验中我们将通过测定电场作用下的电解质溶液及电极的变化，来了解正、负离子在电场中的运动规律。实验采用希托夫法测定 $CuSO_4$ 溶液中 $Cu^{2+}$ 和 $SO_4^{2-}$ 的迁移数，希托夫法的基本假定是溶剂分子（水分子）在电场中保持不移动，而不同离子的电迁移率不同，导致阳极和阴极附近的电解质溶液浓度发生改变。通过测定电解前后阳极区或阴极区溶液的浓度，可以推算出离子的电迁移性质，分析过程的高精度是本实验完成的关键。

学生应熟悉电解质电离理论和离子电迁移规律，并掌握电解实验基本技术和溶液浓度测量的基本方法。

## 原理探讨

### 1. 离子的电迁移和迁移数

当电流通过电解质溶液时，正、负离子载运电荷分别向阴、阳两极迁移，在阳极上发生氧化反应，同时在阴极上发生还原反应。如果用铜电极电解硫酸铜溶液，根据法拉第定律，在阳极上生成的铜离子的物质的量应该等于在阴极上生成的金属铜的物质的量。然而，在围绕两个电极附近区域中铜离子的浓度不仅取决于电解时间长短和所加电流大小，还与铜离子和硫酸根离子的迁移速率有关。1853 年，希托夫（Johann Wilhelm Hittorf）提出各种离子能以不同的速率移动，因而到达一个电极的离子比到达另一个电极的离子多，这就导致了迁移数这一概念的产生，这是一个有价值的概念。根据阿伦尼乌斯提出的电离理论，由于溶液中的正、负离子的移动速度不同，所带电荷不等，因此它们在迁移电量时所分担的份额百分比也不同，这个份额百分比就是离子迁移数，它能有效地衡量电解质溶液中离子的特征，以及它们对溶液导电能力贡献的大小。

图 1 表示一个电解槽的剖面，在两个惰性电极之间设想两个假想截面 $AA$、$BB$，将电解池分成阳极区、中间区和阴极区。假定电解质溶液中仅含有一价正、负离子 $M^+$ 和 $A^-$，且负离子的运动速度是正离子运动速度的 3 倍，即 $v_- = 3v_+$。作为思想实验，考虑电解之前 3 个区中分别有 5 对正、负离子，通电时，有一个 $M^+$ 向阴极迁移进入阴极区，就会有 3 个 $A^-$ 向阳

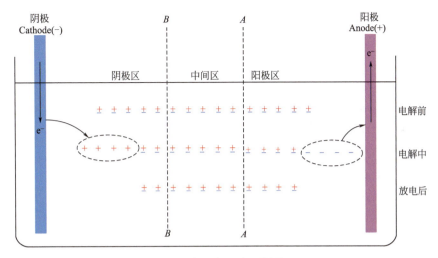

**图1 离子电迁移示意图**

极迁移进入阳极区，这造成了阳极区和阴极区溶液中正、负离子的不平衡，多余电荷借由在阴、阳两极上发生的还原反应和氧化反应放电消除，放电后的结果是

阴极区：只剩下2个离子对，这是由于从阴极区移出3个负离子所致

阳极区：只剩下4个离子对，这是由于从阳极区移出1个正离子所致

通过溶液的总电量$Q$为正、负离子迁移电量的总和，即4个电子电量，因此可以得到如下关系：

$$\frac{v_+}{v_-} = \frac{\text{阳极区减少的电解质}}{\text{阴极区减少的电解质}} = \frac{\text{正离子迁移的电荷量}（Q_+）}{\text{负离子迁移的电荷量}（Q_-）} \tag{1}$$

定义正离子迁移数为

$$t_+ = \frac{Q_+}{Q} \tag{2}$$

负离子迁移数为

$$t_- = \frac{Q_-}{Q} \tag{3}$$

由此得到

$$t_+ + t_- = \frac{Q_+}{Q} + \frac{Q_-}{Q} = 1 \tag{4}$$

## 2. 迁移数测定方法：希托夫法

图2是用于本实验的电解池组成示意图。以铜电极电解硫酸铜溶液为例，当1F电荷流过时，铜阳极上有0.5 mol铜被电解成铜离子进入溶液，同时有少于0.5 mol的铜离子通过电迁移从阳极管中被移出，因此电解过程中阳极周围溶液的$Cu^{2+}$浓度会逐步增加，溶液密度增大并沉于底部，因此把阳极放在电解管的下部，而阳极管与中间管的连接臂放在上部；另一方面，铜离子沉积到铜阴极上的速率快于铜离子迁入阴极管的速率，阴极区溶液密度将低于初始溶液密度，因此把阴极放在电解管的中上部，阴极管与中间管的连接臂放在下部；当实验装置这样构建时，可以保证在足够长的时间内阳极区变浓的溶液和阴极区变稀的溶液不会进入中间管，从而使中间管溶液浓度与初始溶液浓度相等。电解池外电路中串联有库仑电量计（本实验中采用铜电量计），可测定通过电流的总电量$Q$。对于阳极区的$Cu^{2+}$，通电前

后物质的量的平衡关系为

$$n_{电解后}=n_{电解前}+n_{反应}-n_{迁移} \tag{5}$$

因此电解过程中迁出阳极区的$Cu^{2+}$的量为

$$n_{迁移}=n_{电解前}+n_{反应}-n_{电解后} \tag{6}$$

式中，$n_{迁移}$表示迁移出阳极区的$Cu^{2+}$的物质的量；$n_{电解前}$表示通电前阳极区所含$Cu^{2+}$的物质的量；$n_{电解后}$表示通电后阳极区所含$Cu^{2+}$的物质的量；$n_{反应}$表示通电时阳极上Cu溶解（转变为$Cu^{2+}$）的物质的量；$n$反应也等于铜电量计阴极上析出铜的物质的量。

对于阴极区的$Cu^{2+}$，通电前后物质的量的平衡关系为

$$n_{电解后}=n_{电解前}-n_{反应}+n_{迁移} \tag{7}$$

因此电解过程中迁入阴极区的$Cu^{2+}$的物质的量为

$$n_{迁移}=n_{反应}+n_{电解后}-n_{电解前} \tag{8}$$

**图2　希托夫法实验装置示意图**

可以看出，希托夫法测定离子的迁移数至少包括两个假定：①电的输送者只是电解质的离子，溶剂水不导电，这一点与实际情况接近；②不考虑离子水化现象。实际上，正、负离子所带水量不一定相同，因此电极区电解质浓度的改变，部分是由于水迁移所引起的。这种不考虑离子水化现象所测得的迁移数称为希托夫迁移数。

## 仪器试剂

LQY离子迁移数测定装置（南京桑力电子设备厂），紫外-可见分光光度计，25 mL、100 mL锥形瓶各4只，5 mL、10 mL刻度移液管和25 mL定容移液管各2支，1000 mL容量瓶1只，100 mL容量瓶3只。

$CuSO_4 \cdot 5H_2O$（A.R.），镀铜液（每升含$CuSO_4 \cdot 5H_2O$ 150 g，硫酸50 mL，乙醇50 mL），无水乙醇（A.R.），乙二胺四乙酸二钠（EDTA，A.R.），$CuCl_2$（A.R.），硝酸（1 mol·$L^{-1}$）。

## 安全须知和废弃物处理

- 在实验室中需穿戴实验服、防护目镜或面罩。
- 金属盐溶液可能刺激皮肤，如发生皮肤沾染，用水冲洗沾染部位10 min以上。
- 离开实验室前务必洗手。
- 镀铜液和硝酸溶液可回收使用，其他金属溶液倒入指定的废液回收桶。
- 使用过的砂纸和固体废渣、碎屑应放入固体废弃物桶。

## 实验步骤

### 1. 配制溶液和测定$Cu^{2+}$溶液吸光度工作曲线

硫酸铜电解溶液：在1000 mL容量瓶中配制$CuSO_4$溶液，$Cu^{2+}$浓度范围为0.02～0.05 mol·$L^{-1}$，该溶液以下简称"原溶液"。

$Cu^{2+}$标准溶液（公用）：准确称取99.99%的二水合氯化铜（$CuCl_2 \cdot 2H_2O$）0.8525 g，用少量水溶解后定量移入100 mL容量瓶中，稀释至刻度，配制成铜离子物质的量浓度为0.05 mol·$L^{-1}$的铜离子标准溶液。

EDTA溶液（公用）：称取乙二胺四乙酸二钠盐74.5 g，用水溶解后再稀释至1000 mL，浓度为0.2 mol·$L^{-1}$。

吸光度标准曲线测定用$Cu^{2+}$溶液：用移液管移取适量0.05 mol·$L^{-1}$的铜离子标准溶液于50 mL容量瓶中，加入25 mL 0.2 mol·$L^{-1}$ EDTA溶液，用水稀释至刻度，加塞摇匀。铜离子浓度范围为0.003～0.008 mol·$L^{-1}$，至少配制5个$Cu^{2+}$浓度不同的溶液。在紫外-可见光谱仪上测量各溶液的吸光度，测定波长730 nm，水为参比。

### 2. 电极预处理及电解准备

将铜电量计的阴、阳极铜片用金相砂纸蘸水打磨，再用1 mol·$L^{-1}$ $HNO_3$溶液稍微浸洗一下，以除去表面的氧化层，然后用蒸馏水冲洗。在铜电量计中加入镀铜液，安装好电极，连接电源后，在5 mA电流下电镀1 h。取出铜阴极，用蒸馏水冲洗，乙醇润湿后用热风吹干（温度不可太高，电吹风离开电极一段距离），冷却后称量，得到铜阴极电解前的质量$W_1$。

将电解用铜电极用金相砂纸蘸水打磨，再用1 mol·$L^{-1}$ $HNO_3$溶液稍微浸洗一下，以除去表面的氧化层，蒸馏水冲洗后用软纸吸干。

用蒸馏水清洗迁移管，注意活塞是否漏水，沥干水分。用少量硫酸铜电解溶液荡洗迁移管两次，将迁移管的中间管颈部夹持在铁架台上，用硫酸铜电解溶液充满迁移管，注意连接臂中不能有气泡。

### 3. 电解过程

按图2连接实验装置，依次塞紧阴、阳极电极塞，最后塞紧中间管塞，尽量保持三管中溶液液面高度一致。接通电源，仔细调节使电流约在20 mA，通电90 min，电解过程中要避免振动、摇晃等能引起各管中溶液混合的行为。

### 4. 数据测量

（1）电解结束后切断电源，迅速将阳极管上的电极塞取下，打开阳极管底部活塞，将阳极区溶液放入已知质量、干燥的 100 mL 锥形瓶中称量，得到阳极区溶液的总质量 $m_1$，注意不要使中间管中的溶液一起流出。关闭阳极管底部活塞，将阳极管的电极塞重新塞紧，取出阴极管上的电极塞，打开阴极管底部活塞，将阴极区溶液放入已知质量、干燥的 100 mL 锥形瓶中称量，得到阴极区溶液的总质量 $m_2$。另取干燥洁净容器将中间区溶液收集起来。

（2）取出电量计中的阴极铜片，用蒸馏水冲洗，乙醇润湿后用热风吹干，冷却后称量，得到铜阴极电解后的质量 $W_2$。

（3）向 4 个已知质量、干燥的 25 mL 锥形瓶中分别准确移入 25 mL 阳极区溶液、阴极区溶液、中间区溶液和原溶液，在电子天平上准确称量，据此可以计算阳极区、阴极区、中间区和原溶液的密度 $\rho_{阳}$、$\rho_{阴}$、$\rho_{中}$ 和 $\rho_{原}$。

（4）按照吸光度标准曲线测定用 $Cu^{2+}$ 溶液的配制方法，将 4 个准确称量的溶液分别稀释至铜离子浓度范围为 $0.003 \sim 0.008 \text{ mol} \cdot L^{-1}$，在紫外-可见光谱仪上测量吸光度值，并计算出阳极区、阴极区、中间区和原溶液的浓度 $c_{阳}$、$c_{阴}$、$c_{中}$ 和 $c_{原}$。若原溶液与中间区溶液的测定浓度偏差大于 3%，说明中间区溶液已经与阳极区溶液发生返混，应重新进行测定。

## 数据处理与结果分析

1. 根据铜电量计阴极铜片在通电前后的质量差，计算迁移管阳极上铜溶解成 $Cu^{2+}$ 的物质的量

$$n_{反应}/\text{mol} = \frac{W_2 - W_1}{M_{Cu}} \tag{9}$$

式中，$M_{Cu} = 63.546 \text{ g} \cdot \text{mol}^{-1}$，是铜的摩尔质量。

2. 根据分光光度法测定的阳极区溶液的 $Cu^{2+}$ 浓度 $c_{阳}$（单位：$\text{mol} \cdot \text{dm}^{-3}$，以下各浓度 $c$ 的单位均与此相同），计算 25 mL 阳极区溶液中 $CuSO_4$ 的物质的量

$$n_{25\text{ mL},阳}/\text{mol} = 0.025 c_{阳} \tag{10}$$

再根据通电后整个阳极区溶液的质量 $m$（单位：g）和密度 $\rho_{阳}$（单位：$\text{g} \cdot \text{cm}^{-3}$），换算出通电后阳极区溶液中 $CuSO_4$ 的物质的量 $n_{电解后}$

$$n_{电解后}/\text{mol} = \frac{m_1}{25\rho_{阳}} \times n_{25\text{ mL},阳} \tag{11}$$

并计算出整个阳极区中溶剂水的质量 $W_{水,阳}$

$$W_{水,阳}/\text{g} = m_1 - n_{电解后} M_{CuSO_4} \tag{12}$$

式中，$M_{CuSO_4} = 159.6086 \text{ g} \cdot \text{mol}^{-1}$，是硫酸铜的摩尔质量。

3. 取 $c_{中}$ 和 $c_{原}$ 两者的平均值作为电解前溶液中 $CuSO_4$ 的浓度

$$\bar{c}_{中}/\text{mol} \cdot \text{dm}^{-3} = \frac{1}{2}(c_{中} + c_{原})$$

取 $\rho_{中}$ 和 $\rho_{原}$ 两者的平均值作为电解前溶液的密度

$$\bar{\rho}_{原}/\text{g} \cdot \text{cm}^{-3} = \frac{1}{2}(\rho_{中} + \rho_{原})$$

据此计算出电解前阳极区每克溶剂水中 $CuSO_4$ 的物质的量

$$\frac{0.025\bar{c}_{原}}{25\bar{\rho}_{原} - 0.025\bar{c}_{原} M_{CuSO_4}} \tag{13}$$

并换算出电解前整个阳极区溶液中$CuSO_4$的物质的量$n_{电解前}$

$$n_{电解前}/mol = \frac{0.025\overline{c}_原}{25\overline{\rho}_原 - 0.025\overline{c}_原 M_{CuSO_4}} W_{水,阳} \tag{14}$$

4. 根据方程(6)计算$Cu^{2+}$的电迁移量$n_{迁移}$。

5. 计算正、负离子的迁移数。

$$t_{Cu^{2+}} = \frac{n_{迁移}}{n_{反应}} \qquad t_{SO_4^{2-}} = 1 - t_{Cu^{2+}} \tag{15}$$

6. 按1～5的过程，用阴极区的测量数据再次计算，所用方程如下。

$$n_{反应}/mol = \frac{W_2 - W_1}{M_{Cu}}$$

$$n_{25\,mL,阴}/mol = 0.025c_阳$$

$$n_{电解后}/mol = \frac{m_2}{25\rho_阴} n_{25\,mL,阴}$$

$$W_{水,阴}/g = m_2 - n_{电解后} M_{CuSO_4}$$

$$\overline{c}_中/mol \cdot dm^{-3} = \frac{1}{2}(c_中 + c_原)$$

$$\overline{\rho}_原/g \cdot cm^{-3} = \frac{1}{2}(\rho_中 + \rho_原)$$

$$n_{电解前}/mol = \frac{0.025\overline{c}_原}{25\overline{\rho}_原 - 0.025\overline{c}_原 M_{CuSO_4}} W_{水,阴}$$

根据方程(8)计算$Cu^{2+}$的电迁移量$n_{迁移}$，再按方程(15)计算正、负离子的迁移数。

根据方程(6)

$$t_{Cu^{2+}} = 1 - \frac{n_{电解后} - n_{电解前}}{n_{反应}}$$

由于迁移数小于1，即$0 < t_{Cu^{2+}} < 1$，因此$n_{电解后} > n_{电解前}$，即电解后的阳极区$CuSO_4$浓度比电解前增大。

**文献数据**

水溶液中（1/2）$Cu^{2+}$的极限摩尔电导率$\lambda_+^\infty/(S \cdot cm^2 \cdot mol^{-1})$：0℃，28；18℃，45.3；25℃，53.6。

水溶液中（1/2）$SO_4^{2-}$的极限摩尔电导率$\lambda_-^\infty/(S \cdot cm^2 \cdot mol^{-1})$：0℃，41；18℃，68.4；25℃，80。

18℃无限稀释水溶液中的离子淌度$U \times 10^8/(m^2 \cdot V^{-1} \cdot s^{-1})$：$Cu^{2+}$ 4.6，$SO_4^{2-}$ 7.1。

## 讨论与思考

1. 当用希托夫法测定$H^+$的迁移数时，电极表面会产生气体，气泡上升过程会扰动溶液，导致中间区溶液浓度发生变化。试设计一个实验方案或装置克服这个干扰因素。

2. 除金属电镀型电量计外，还可以设计出怎样的电量计？

3. 参阅文献：Pikal M J，Miller D G. Hittorf Transference Numbers in Aqueous Copper Sulfate at 25℃. J. Chem. Eng. Data，1971，16：226-229. 讨论希托夫法测定$CuSO_4$溶液中离子迁移数的实验方法存在什么干扰因素，这些因素是否在本次实验过程中出现，如何克服这

些干扰因素？

4. 阅读下列文献，简述用电动势法测定迁移数的实验原理和技术。

Pearce J N，Mortimer F S. The Electromotive Force and Free Energy of Dilution of Lithium Chloride in Aqueous and Alcoholic Solutions.J. Am. Chem. Soc.，1918，40：509-523.

Mason C M，Mellon E F. An Experiment for the Determination of Transference Numbers by Electromotive Force Methods. J. Chem. Educ.，1939，16：512-513.

---

附录 **铜离子标准溶液的配制和铜离子浓度的分光光度法测定**

## 1. 试剂以及溶液配制

乙二胺四乙酸二钠盐溶液（EDTA）：称取乙二胺四乙酸二钠盐74.5 g，用水溶解后再稀释至1L，浓度为0.2 mol·L$^{-1}$。

醋酸-醋酸钠缓冲溶液：称取结晶醋酸钠132.3 g，溶于水后加入冰醋酸2.36 mL，用水稀释至1 L，溶液pH=6。缓冲溶液也可以用市售标准缓冲液的样品配制。

铜标准溶液：准确称取99.99%的氯化铜（CuCl$_2$）0.6722 g，溶解后移入100 mL容量瓶中，稀释至刻度，配制成铜离子浓度为0.05 mol·L$^{-1}$的铜标准溶液。

## 2. 吸光度测量实验方法

Cu$^{2+}$-EDTA络合物的吸光系数远远大于Cu$^{2+}$的吸光系数，因此可用足量的EDTA与Cu$^{2+}$充分络合后，再测定溶液的吸光度，这样比较准确。实验方法如下：

吸取铜标准溶液5 mL于50 mL容量瓶中，加入15 mL醋酸-醋酸钠缓冲溶液（起屏蔽杂离子作用，本实验可不用）和25 mL乙二胺四乙酸二钠盐溶液，用水稀释，定容，摇匀。在紫外-可见光谱仪上，用试剂空白（只含EDTA和缓冲溶液）或蒸馏水测定空白曲线，然后测定所配制的铜离子溶液的吸光度，波长为730 nm。

吸取不同数量的铜标准溶液，重复上述过程，在铜离子浓度为0.003～0.008 mol·L$^{-1}$范围内，共测定至少5个数据，作出铜离子浓度-吸光度工作曲线。

按上述方法，将待测定样品加入EDTA后配制成铜离子浓度处于工作曲线范围之内的溶液，然后测定其吸光度。

---

## 实验14　无限稀释氯化氢水溶液中离子迁移数的测定

## 实验简介

本实验中我们将采用界面移动法测定不同浓度氯化氢水溶液中H$^+$的迁移数。界面移动法是测量离子迁移数最简单、最准确的方法，迁移数的文献数据均来自于该方法的运用。通过实验可以理解和掌握Debye-Hückel-Onsager电解质导电理论，以及根据实验数据外推极限性质的方法。

## 原理探讨

### 1. 界面移动法测定离子迁移数的原理

当电流通过电解质溶液时，溶液中正离子和负离子分别向阴极和阳极迁移，在两极发生化学反应。假若正、负离子传递的电荷量分别为$q_+$和$q_-$，则通过电解池的总电荷量$Q$为

$$Q = q_+ + q_- \tag{1}$$

离子迁移数定义为离子传递的电荷量和总电荷量之比，用符号$t$表示，正、负离子的离子迁移数可以分别表示为

$$t_+ = \frac{q_+}{Q} \qquad t_- = \frac{q_-}{Q} \tag{2}$$

且有

$$t_+ + t_- = 1 \tag{3}$$

在包含数种正、负离子的混合电解质溶液中，$t_+$和$t_-$各为所有正、负离子迁移数的总和。一般增加某种离子的浓度，则该离子传递电荷量的百分数增加，离子迁移数也有所增加。但是对于仅含一种电解质的溶液，浓度改变使离子间的引力场改变，离子迁移数也会改变，但是变化的大小与正负因不同物质而异。温度改变，迁移数也会发生变化，一般温度升高时，$t_+$和$t_-$之间的差别减小。

离子的迁移数有多种测定方法，如希托夫法（Hittorf）、电动势法、界面移动法等，其中界面移动法是最准确的。界面移动法分为双指示剂双界面法和单一指示剂单一界面法，本实验采用单一界面法，它只使用一种指示离子或指示剂溶液，通过观察一个界面的移动来求算离子迁移数。以测量$H^+$和$Cl^-$的迁移数为例，如图1所示，在一截面均匀垂直放置的电迁移管中充满HCl溶液，假定在管的下部某处存在一个界面$aa$，在该界面以下没有$H^+$，而被其他的正离子（例如$Cd^{2+}$或$Cu^{2+}$等）取代。界面的位置可通过界面上下溶液性质的差异而定，例如$Cd^{2+}$与$H^+$溶液颜色不同，两者之间存在界面；也可以通过添加指示剂，根据pH的差异使两种溶液呈现不同颜色，形成界面。本实验在待测盐酸溶液中加入适量的甲基紫指示剂，用酸碱指示剂的不同颜色显示出界面。当电流通过电迁移管时，界面$aa$将随着$H^+$往上迁移而移动，在没有外界扰动时界面将保持清晰，界面以上的一段溶液保持均匀，$H^+$往上迁移的平均速率等于界面向上移动的速率。当有电荷量为$Q$的电流通过每个静止的截面时，$t_+Q$当量的$H^+$通过界面向上走，$t_-Q$当量的$Cl^-$通过界面往下行。在某通电的时间$t$内，界面由$aa$到达$a'a'$，扫过的体积为$V$，则$H^+$输送电荷的数量为该体积中$H^+$所带电荷的总数，即

$$q_+ = cVF \tag{4}$$

式中，$c$为$H^+$的物质的量浓度；$F$为法拉第常数。根据方程（2）、方程（3）可以计算出$H^+$和$Cl^-$的迁移数。

界面移动法的关键在于保持界面的清晰，这在电场存在的条件下是可以做到的。以阳极为Cd电极为例，Cd氧化进入溶液生成$CdCl_2$，逐渐顶替HCl溶液，在管中形成界面。由于溶液要保持电中性，且任一截面都不会中断传递电流，$H^+$迁移走后的区域，$Cd^{2+}$紧紧地跟上，两种正离子移动速度$v$是相等的，即$v(Cd^{2+}) = v(H^+)$。离子运动速度与溶液中的电场强度成正比，则有

**图1　单一指示剂单一界面法示意图**

$$U_{Cd^+}\frac{dE}{dl}=U_{H^+}\frac{dE}{dl'} \tag{5}$$

式中，$U_{Cd^{2+}}$ 和 $U_{H^+}$ 分别为 $Cd^{2+}$ 和 $H^+$ 的电迁移率（离子淌度），$dE/dl$ 和 $dE/dla'$ 分别是加在 $CdCl_2$ 溶液和 HCl 溶液上的电场强度。

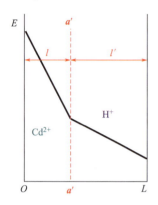

**图2　电迁移管中的电势分布**

由于 $U_{Cd^{2+}}<U_{H^+}$，因此有 $dE/dl>dE/dl'$，即在 $CdCl_2$ 溶液中电场强度是较大的，如图2所示。若 $H^+$ 因扩散作用落入 $CdCl_2$ 溶液层，它就不仅比 $Cd^{2+}$ 迁移得快，而且比界面上的 $H^+$ 也要快，将被赶回到 HCl 层；同样的，若任何 $Cd^{2+}$ 进入低电位梯度的 HCl 溶液，它就要减速，一直到它们重又落后于 $H^+$ 为止。因此，界面在通电过程中可以始终保持清晰，停止通电导致界面由于扩散作用而变得模糊，如果再次通电，又可以重新形成清晰界面。

总电量 $Q$ 的计算方法因实验仪器及测定方法的不同而异。一般而言，界面移动法使用的电解电源分为恒压源和恒流源两种类型。若采用恒压源，由于电解过程中 $CdCl_2$ 溶液体积不断增大，HCl 溶液体积不断缩小，而 $CdCl_2$ 溶液的电阻又大于 HCl 溶液，因此通过电迁移管的电流会不断减小，总电量应为电流对时间的积分，即

$$Q=\int_0^t I dt \tag{6}$$

式中，$I$ 是时间 $t$ 时的电流。数据处理时，首先作出实验测量的 $I$-$t$ 曲线，然后求出该曲线下的面积，比如采用方格面积法手工计算，或者用计算软件直接计算积分，也可以先通过非线性拟合法得到 $I(t)$ 函数再进行积分，拟合函数可以采用多项式或指数衰减式。

若采用恒流源，则总电量

$$Q=It \tag{7}$$

由于实验测量所得的 $I$-$t$ 为离散数据点，为避免实验中电流微小波动造成的误差，可以取多个时间分段的数据计算后取平均值的方法，比如在时间 $t_1$、$t_2$、$t_3$、$t_4$、$t_5$、$t_6$、$t_7$、$t_8$ 分别测定的界面位置为 $V_1$、$V_2$、$V_3$、$V_4$、$V_5$、$V_6$、$V_7$、$V_8$，电流平均值为 $\bar{I}$，则可以计算得到如下的迁移数

$$t_+=\frac{c(V_5-V_1)F}{\bar{I}(t_5-t_1)}\quad\frac{c(V_6-V_2)F}{\bar{I}(t_6-t_2)}\quad\frac{c(V_7-V_3)F}{\bar{I}(t_7-t_3)}\cdots\cdots \tag{8}$$

将这些数值取平均值即得 $H^+$ 的迁移数 $\bar{t}_+$。

本实验采用恒流源法进行测量，用甲基紫作为指示剂，以铜电极为阳极。甲基紫指示剂在 pH>3.0 时显紫色，在 pH<3.0 时显蓝灰色，因此当铜离子取代氢离子后，电迁移管中会呈现紫红-蓝灰界面。

### 2. 电解质溶液浓度 $c\to0$ 时迁移数与浓度的关系

根据 Debye-Hückel-Onsager 电导率方程，对于 1-1 价型电解质（如 HCl），其离子摩尔电导率 $\lambda$ 与溶液浓度 $c$ 的关系可以表达为

$$\lambda = \lambda^{\infty} - (p + q\lambda^{\infty})\sqrt{c} \qquad (9)$$

式中，$\lambda^{\infty}$ 为浓度为零时的离子极限摩尔电导率。在 25 ℃ 水溶液中，若浓度 $c$ 的单位是 $mol \cdot L^{-1}$，摩尔电导率的单位是 $10^{-4}\ S \cdot m^2 \cdot mol^{-1}$，则 $p = 30.1$，$q = 0.229$[1]。据此，正离子的迁移数可以表达为

$$t_+ = \frac{\lambda_+}{\lambda_+ + \lambda_-} = \frac{\lambda_+^{\infty} - (p + q\lambda_+^{\infty})\sqrt{c}}{(\lambda_+^{\infty} + \lambda_-^{\infty}) - [2p + q(\lambda_+^{\infty} + \lambda_-^{\infty})]\sqrt{c}} \qquad (10)$$

若令

$$\Omega = (\lambda_+^{\infty} + \lambda_-^{\infty}) - [2p + q(\lambda_+^{\infty} + \lambda_-^{\infty})]\sqrt{c} = \Lambda_m^{\infty} - (2p + q\Lambda_m^{\infty})\sqrt{c} \qquad (11)$$

式中，$\Lambda_m^{\infty}$ 为无限稀释条件下电解质溶液的极限摩尔电导率。正离子的极限迁移数与离子极限摩尔电导率的关系为

$$t_+^{\infty} = \frac{\lambda_+^{\infty}}{\lambda_+^{\infty} + \lambda_-^{\infty}} \qquad (12)$$

结合方程（11）、（12），将方程（10）分式的分子中的参数 $q$ 消去，则方程（10）可以重排为

$$t_+ = t_+^{\infty} - \left(\frac{1 - 2t_+^{\infty}}{\Omega}\right)p\sqrt{c} \qquad (13)$$

方程（13）即为在电解质浓度趋近于 0 时离子迁移数与浓度的关系式。由于参数 $\Omega$ 也是浓度 $c$ 的函数，因此 $t_+$ 既不与 $c$ 成线性关系，也不与 $c^{1/2}$ 成线性关系。

由方程（13）可以推出无限稀释条件下，$t_+$-$c^{1/2}$ 曲线的斜率在 $c \to 0$ 时应满足

$$\left(\frac{dt_+}{d\sqrt{c}}\right)_{c \to 0} = \left(\frac{2t_+^{\infty} - 1}{\Lambda_m^{\infty}}\right)p \qquad (14)$$

可见，该极限斜率与 $t_+^{\infty}$ 偏离 0.5 的差值成正比，与电解质极限摩尔电导率成反比。如果离子极限迁移数 $t_+^{\infty} > 0.5$，则该极限斜率为正值，正离子迁移数随溶液浓度增大而增大；反之亦然。

### 3. 实验测量数据外推离子极限迁移数的方法

方程（9）仅适用于电解质溶液浓度无限接近于零的极限浓度区，如对于 1-1 价型电解质，$c < 0.001\ mol \cdot L^{-1}$。界面移动法实验中电解质溶液的浓度范围一般为 $0.01 \sim 0.20\ mol \cdot L^{-1}$，因此上述方程对实验数据的处理是无效的。如图 3 所示，实验数据的测量区域与理论方程的适用区域是分离的，在两条红色虚线之间的区域就是所谓的"数据鸿沟"。若采用数据拟合方法将实验测量曲线（图 3 中的黑实线）外推至纵坐标轴，由于该曲线为非线性曲线，可能产生多个满足误差要求的拟合结果，从而导致数据分析结果的不确定性，即落入所谓的"局域最小化"陷阱。

为得到离子迁移数 $t_+$ 与溶液浓度 $c$ 之间的线性关系，Longsworth[2] 借鉴了 Shedlovsky 处理电导率与溶液浓度关系的成功案例[3,4]。首先，对实验测得到每一个浓度 $c$ 对应的迁移数 $t_+$，都可以根据方程（13）计算出一个"表观极限迁移数 $t_+^{\infty}$"，记为 $t_0$，计算公式为

$$t_0 = \frac{t_+ \Omega + p\sqrt{c}}{\Omega + 2p\sqrt{c}} \qquad (15)$$

注意式中的 $\Omega$ 也与浓度 $c$ 有关。实验证明，表观极限迁移数 $t_0$ 与 $c$ 成线性关系，即

$$t_0 = t_+^\infty + Ac \tag{16}$$

将 $t_0$ 与 $c$ 关系曲线做线性拟合，并外推到 $c=0$，所得截距即为正离子的极限迁移数 $t_+^\infty$。

**图3** "数据鸿沟"和拟合不确定性

方程（16）得到的极限迁移数 $t_+^\infty$ 是否符合理论方程的要求呢？可以将方程（15）、方程（16）联立求解，得到迁移数 $t_+$ 与溶液浓度 $c$ 的关系为

$$t_+ = t_+^\infty - (\frac{1-2t_+^\infty}{\Omega})p\sqrt{c} + Ac(1+\frac{2p\sqrt{c}}{\Omega}) \tag{17}$$

根据方程（17），计算 $t_+$ vs. $c^{1/2}$ 的极限斜率

$$\left(\frac{\mathrm{d}t_+}{\mathrm{d}\sqrt{c}}\right)_{c\to 0} = \left(\frac{2t_+^\infty-1}{\Omega}\right)p + 2A\sqrt{c}\left(1+\frac{2p\sqrt{c}}{\Omega}\right) + \frac{2pAc}{\Omega}\bigg|_{c=0} = (\frac{2t_+^\infty-1}{\Lambda_m^\infty})p \tag{18}$$

该极限斜率与方程（14）完全相同，说明方程（16）线性拟合外推得到的极限迁移数 $t_+^\infty$，其在无限稀释浓度附近区域内的变化趋势是符合 Debye-Hüchel-Onsager 理论模型的。

由方程（16）外推得到极限迁移数 $t_+^\infty$ 后，就可以通过方程（17）计算出高浓度条件下离子迁移数 $t_+$-$c^{1/2}$ 的拟合曲线，并考察实验测量数据与理论计算结果之间的相符程度。

## 仪器试剂

电迁移管，超级恒温槽，直流稳流电源，毫安表，铜导线（4 mm²），硅橡胶盲管塞（M3×25或M2×25），Pt电极，50 mL 滴定管2支，25 mL 移液管1支，250 mL 锥形瓶3只，100 mL 容量瓶1只，稀硝酸溶液。

HCl溶液（约0.2 mol·L⁻¹），甲基紫指示剂（0.5%），NaOH（约0.05 mol·L⁻¹），基准物质：邻苯二甲酸氢钾（或二水合草酸），酚酞指示剂。

## 安全须知和废弃物处理

- 电路接线注意绝缘，防止短路及电击伤害。
- 酸、碱及指示剂勿与人体接触。
- 电解后的废液请倒入指定的废液回收桶。
- 使用过的砂纸和固体废渣、碎屑请放入固体废弃物桶。

**实验步骤**

### 1. HCl溶液浓度标定和电迁移实验用溶液的配制

（1）自行配制合适浓度的NaOH和HCl溶液，以基准物质标定NaOH溶液的浓度，再以NaOH溶液标定HCl溶液浓度，指示剂均为酚酞溶液。

（2）在100 mL容量瓶中加入甲基紫指示剂5 mL，准确移取标定好的0.2 mol·L⁻¹HCl溶液若干毫升，用冷沸水稀释至刻度线。在0.03 ～ 0.15 mol·L⁻¹浓度范围内配制不同浓度电迁移实验用溶液4 ～ 5个。

### 2. HCl溶液的电迁移和迁移数的测定

（1）将铜导线一端胶皮剥去，使露出的铜线长度约3 cm，用砂纸打磨露出的铜线芯，将其置于硝酸溶液中清洗，然后用水冲洗干净，即为待插入溶液中的铜阳极。将导线另一端剥去适量胶皮。

（2）用少量待测溶液润洗电迁移管三次。在小烧杯中放入适量待测溶液，用手指封堵住电迁移管上端侧管，将下端口浸入溶液中，用洗耳球从上端口吸取溶液直至液面到达电迁移管顶部小球内，用手指封堵住上端的两个管口，检查电迁移管溶液中无气泡。

（3）微微调整手指压力，使电迁移管下端口有少量溶液悬出，立即将盲管塞密封端插入下端口并推紧，然后将铜电极从盲管塞管道装入，顶穿盲管塞密封端硅橡胶，使铜电极进入溶液5 mm左右。

（4）将电迁移管垂直安装在铁架台上，用滴管从上端口滴入少量待测液直至液面到达上端侧管下缘，然后在上端口装好Pt电极，连接恒温水管。再次检查溶液中是否有气泡及漏液情况，如有则需重装溶液和电极。

（5）按图4所示连接实验装置，打开超级恒温槽，调节温度为25 ℃（或其他适宜的温度）。打开直流稳流电源，调节电流，使界面扫过0.1 mL体积所消耗的时间不低于7 min，电流大小应随溶液浓度而改变，一般采用0.01 mol·L⁻¹浓度对应0.25 mA的比例。记录直流毫安表上的电流读数。电解一段时间，使电极附近形成紫红色液体出现清晰界面，当界面移动到第一个整刻度时，立即打开秒表，记录电流值及界面迁移到每个0.1 mL整刻度时的时间，直至界面扫过的体积大于1.0 mL。

（6）重复测量，直至测完所有待测溶液，每次测量需剪去已作为阳极使用过的铜线端部，再次清洗铜电极，并更换新的盲管塞。

（7）实验结束，收拾整理实验台。用过的试剂倒入废液桶中，电迁移管用水清洗干净，若有残留指示剂无法清除的，可用少量无水乙醇清洗后，再用水冲洗干净。

**图4　单一界面法电迁移管及电解电路示意图**

## 数据处理与结果分析

1. 采用恒流源方法计算各浓度溶液扫过每个0.1 mL界面体积对应的离子迁移数，取稳定的数据平均（一般在总体积0.5 mL之后）。

2. 根据方程（11）和（15）计算各浓度盐酸溶液中$H^+$的表观极限迁移数$t_0$，将$t_0$与$c$关系曲线做线性拟合，并外推到$c=0$，所得截距即为$H^+$的极限迁移数$t_+^\infty$，并据此推算$Cl^-$的极限迁移数$t_-^\infty$。

3. 将上述$t_-^\infty$代入方程（17），计算高浓度条件下离子迁移数$t_+$-$c^{1/2}$的拟合曲线，并考察实验测量数据与理论计算结果之间的相符程度。

4. 根据文献数据[1]，按照离子独立移动定律，由上述数据处理过程得到的$t_+^\infty$和$t_-^\infty$数值，计算$H^+$和$Cl^-$的无限稀释摩尔电导率，以及两者的无限稀释电迁移率（离子淌度）。将所得结果与文献值[5]进行比较。

## 讨论与思考

1. 为什么采用甲基紫指示剂时，电迁移管中界面下部的溶液呈紫红色？试分析原因。

2. 若采用甲基橙指示剂，电迁移过程会有什么实验现象？

3. 将实验测得的各浓度HCl溶液中$H^+$的迁移数与文献值[6]进行比较，请分析实验测定数据与文献值偏差的可能来源。除界面移动外，你还观察到什么其他实验现象，这些现象是否可能影响到实验测定结果？

4. 如果用与本实验同样的装置测量中性溶液中的离子迁移数（如KCl、NaCl），是否存在问题？应如何改进？

## 参考文献

［1］"Equivalent Conductivity of Electrolytes in Aqueous Solution"，in CRC Handbook of Chemistry and Physics，Internet Version 2005，David R. Lide，ed.，<http://www.hbcpnetbase.com>，CRC Press，Boca Raton，FL，2005.

［2］Longsworth L G. Transference Numbers of Aqueous Solutions of Potassium Chloride，Sodium Chloride，Lithium Chloride and Hydrochloric Acid at 25 ℃ by the Moving Boundary Method¹. J. Am. Chem. Soc.，1932，54（7）：2741-2758.

［3］Shedlovsky T. An Equation for Electrolytic Conductance. J. Am. Chem. Soc.，1932，54（4）：1405-1411.

［4］Shedlovsky T. The Electrolytic Conductivity of Some Uniunivalent Electrolytes in Water at 25 ℃ . J. Am. Chem. Soc.，1932，54（4）：1411-1428.

［5］"Ionic Conductivity and Diffusion at Infinite Dilution"，in CRC Handbook of Chemistry and Physics，Internet Version 2005，David R. Lide，ed.，<http://www.hbcpnetbase.com>，CRC Press，Boca Raton，FL，2005.

［6］MacInnes D A，Longsworth L G. Transference Numbers by The Method of Moving Boundaries Theory，Practice，And Results. Chem. Rev.，1932，11（2）：171–230.

# 实验15 原电池电动势的测定

## 实验简介

本实验中我们将测量可逆电池的电动势，考察其与电极材料、电解质溶液浓度之间的关系。

学生无须掌握有关化学电池的完备理论知识，建议将实验准备阶段的重点放在如何进行实验操作方面，希望能够从实验结果中归纳出相关理论知识点。

## 理论探讨

### 1. 半电池

化学电池的原理是基于氧化-还原反应，它由两个半电池构成：即阳极半电池和阴极半电池。氧化反应发生在阳极半电池，阳极就是电池的负极；还原反应发生在阴极半电池，阴极就是电池的正极。由于两个半电池的电极电势存在差异，就使得化学电池产生了电流。

本实验中的半电池由一片金属M及与之相接触的含有该金属离子$M^{z+}$的水溶液构成（见图1），金属片称为电极，水溶液即为电解质溶液。若电解质溶液的活度为1，则半电池处于标准态。

### 2. 化学电池

如果在两个半电池的金属电极之间用导线连接一个负载，并在两个电解质溶液之间放置一个盐桥，就会有直流电通过整个回路（见图2）。产生电流的原因是还原性较强的金属（见图2中的Zn）将转变为离子进入溶液，反应所产生的电子通过电极进入外电路并被输运到另外一个电极上（见图2中的Cu），然后与溶液中的离子复合生成金属沉积到电极上。通过测量电流方向或者电池产生电动势的大小，不同金属的还原性强弱顺序可以被确定下来。

**图1 半电池示意图**

**图2 化学电池示例：铜-锌原电池**

### 3. 盐桥

盐桥的作用是在两个半电池之间构成电荷输送回路。盐桥中的物质一般是强电解质，而且不与两半电池中的电解质发生反应，用作盐桥的溶液需要满足以下条件：阴、阳离子的迁移速度相近，盐桥溶液的浓度要大，盐桥溶液不与溶液发生反应或不干扰测定。当组成或活度不同的两种电解质接触时，在溶液接界处由于正、负离子扩散通过界面的离子迁移速度不同造成正、负电荷分离而形成双电层，这样产生的电位差称为液体接界扩散电位，简称液接电位。盐桥作用的基本原理是：由于盐桥中电解质的浓度很高，电解质与盐桥接触的两个新界面上的扩散作用主要来自盐桥，因此两个新界面上产生的液接电位稳定；同时，盐桥中正、负离子的迁移速度差不多相等，因此两个新界面上产生的液接电位方向相反、数值几乎相等，从而使液接电位减至最小，以至接近消除。当使用参比电极时，盐桥还可以防止溶液中的有害离子扩散到参比电极的内盐桥溶液中影响其电极电位。常用的盐桥溶液有：KCl、$NH_4NO_3$和$KNO_3$的饱和溶液或浓溶液，例如

（1）琼脂-饱和KCl盐桥

琼脂-饱和KCl盐桥不能用于含$Ag^+$、$Hg^{2+}$等与$Cl^-$反应的离子或含有$ClO_4^-$等与$K^+$反应的物质的溶液。

（2）3%琼脂-1 mol·$L^{-1}$ $K_2SO_4$盐桥

适用于与$Cl^-$作用的溶液，在该溶液中可使用$Hg$-$Hg_2SO_4$-饱和$K_2SO_4$电极。

（3）3%琼脂-1 mol·$L^{-1}$ NaCl或LiCl盐桥

适用于含高浓度的$ClO_4^-$溶液，在该溶液中可使用汞-甘汞-饱和NaCl或LiCl电极。

（4）$NH_4NO_3$盐桥和$KNO_3$盐桥

在许多溶液中都能使用，但它与通常的各种电极无共同离子，因而在使用时会改变参比电极的浓度和引入外来离子，从而可能改变参比电极的电势。另外，在含有高浓度的酸、氨的溶液中不能使用琼脂盐桥。

### 4. 电动势测量

电动势的测量可以使用简单的仪器（如伏特计或电压表），但是原电池电动势不能直接用伏特计来测量，因为电池与伏特计接通后有电流通过，半电池中将发生化学反应，在电池两极上会发生极化现象，使电极偏离平衡状态，溶液浓度也会改变，导致半电池电势不能保持稳定。另外电池本身有内阻，伏特计所量得的仅是不可逆电池的端电压。

准确测定电池的电动势只能在无电流（或极小电流）通过电池的情况下进行，采用的实验方法是对消法，即在待测电池上并联一个大小相等、方向相反的外加电势差，这样待测电池中没有电流通过，此时电池中的化学反应可以被看作是在接近热力学可逆条件下进行，外加电势差的大小即等于待测电池的平衡电动势。

图3是对消法原理线路示意图，其中$E_W$是工作电源（可用直流稳压电源或者大容量电池）；$R$是调节工作电流$I_W$的变阻器；$E_N$是标准电池；$E_X$是待测电池；G为灵敏检流计（用作电流示零仪表）；K为换向开关；$R_N$和$R_X$分别为标准电池和待测电池的补偿电阻。测量

**图3　对消法原理线路示意图**

时，首先将换向开关拨至位置1，调节电阻 $R$ 使得检流计 G 的读数为零，此时通过 $E_W$、$R_N$、$R_X$ 和 $R$ 的工作电流 $I_W = I$，因此 $E_N = IR_N$；然后将换向开关拨至位置2，调节电阻 $R_X$ 使得检流计 G 的读数为零，则 $E_X = IR_X$，由此得到

$$E_X = \frac{R_X}{R_N} E_N \tag{1}$$

对消法实验仪器包括电位差计及配套设备，电位差计原理和操作方法参见本实验附录。

## 5. 可逆电池热力学

电池除可用来作为电源外，还可用它来研究构成此电池的化学反应的热力学性质。从化学热力学知道，在恒温、恒压、可逆条件下，电池反应有以下关系：

$$\Delta_r G_m = -zFE \tag{2}$$

式中，$\Delta_r G_m$ 是电池反应的摩尔吉布斯自由能增量；$z$ 为电极反应中得失电子的数目；$F$ 为法拉第常数（其数值为 96500 $C \cdot mol^{-1}$）；$E$ 为电池的电动势。测出该电池的电动势 $E$ 后，便可求得 $\Delta_r G_m$，进而又可求出其他热力学函数。

以铜-锌电池为例，电池表示式为：

$$Zn|ZnSO_4(m_1)\|CuSO_4(m_2)|Cu$$

其中，单竖线表示两相界面；双竖线表示盐桥；$m_1$ 和 $m_2$ 分别为 $ZnSO_4$ 和 $CuSO_4$ 的质量摩尔浓度。当电池放电时

负极反应 $\qquad Zn \longrightarrow Zn^{2+}(a_{Zn^{2+}}) + 2e^-$

正极反应 $\qquad Cu^{2+}(a_{Cu^{2+}}) + 2e^- \longrightarrow Cu$

电池反应 $\qquad Zn + Cu^{2+}(a_{Cu^{2+}}) \longrightarrow Zn^{2+}(a_{Zn^{2+}}) + Cu$

电池反应的摩尔吉布斯自由能变化为

$$\Delta_r G_m = \Delta_r G_m^\ominus + RT \ln \frac{a_{Zn^{2+}} a_{Cu}}{a_{Cu^{2+}} a_{Zn}} \tag{3}$$

式中，$\Delta_r G_m^\ominus$ 为标准摩尔吉布斯自由能变化；$a$ 为各物质的活度。若参与电池反应的各物质均处于标准态，则

$$\Delta_r G_m^\ominus = -zFE^\ominus \tag{4}$$

式中，$E^\ominus$ 为电池的标准电动势。由方程（2）～方程（4）可得铜-锌电池的能斯特方程为

$$E = E^\ominus - \frac{RT}{zF} \ln \frac{a_{Zn^{2+}} a_{Cu}}{a_{Cu^{2+}} a_{Zn}} \tag{5}$$

对于任一电池，其电动势等于两个电极电势之差值

$$E = \varphi_+ - \varphi_- \tag{6}$$

对铜-锌电池而言

$$\varphi_+ = \varphi_{Cu/Cu^{2+}}^\ominus - \frac{RT}{2F} \ln \frac{1}{a_{Cu^{2+}}} \tag{7}$$

$$\varphi_- = \varphi_{Zn/Zn^{2+}}^\ominus - \frac{RT}{2F} \ln \frac{1}{a_{Zn^{2+}}} \tag{8}$$

式中，$\varphi_{Cu/Cu^{2+}}^{\ominus}$ 和 $\varphi_{Zn/Zn^{2+}}^{\ominus}$ 分别是铜电极和锌电极的标准电极电势。25 ℃时分别为0.3419 V 和−0.7618 V。

表1  电解质的平均离子活度系数 $\gamma_{\pm}$（25 ℃）

| $m$/mol·kg$^{-1}$ | 0.1 | 0.2 | 0.3 | 0.4 | 0.5 | 0.6 | 0.7 | 0.8 | 0.9 | 1.0 |
| --- | --- | --- | --- | --- | --- | --- | --- | --- | --- | --- |
| CuSO$_4$ | 0.150 | 0.104 | 0.0829 | 0.0704 | 0.0620 | 0.0559 | 0.0512 | 0.0475 | 0.0446 | 0.0423 |
| ZnSO$_4$ | 0.150 | 0.140 | 0.0835 | 0.0714 | 0.0630 | 0.0569 | 0.0523 | 0.0487 | 0.0458 | 0.0435 |

对于电解质溶液 $MSO_4$（M = Cu，Zn）来说，其活度可以表示为

$$a = \left( \gamma_{\pm} \frac{m}{m^{\ominus}} \right)^2 \tag{9}$$

式中，$\gamma$ 为电解质的活度系数，$m$ 为电解质溶液的质量摩尔浓度，$m^{\ominus} = 1$ mol·kg$^{-1}$。硫酸铜和硫酸锌的离子平均活度系数 $\gamma_{\pm}$ 见表1。

## 仪器试剂

SDC-Ⅱ数字电位差综合测试仪（南京桑力电子设备厂），直流电源（电镀用），电极管，U形玻璃管（盐桥管），饱和甘汞电极（SCE），50 mL 烧杯2只。

铜棒，锌棒，铁片，镍片，铅片，CuSO$_4$·5H$_2$O（A.R.），ZnSO$_4$·7H$_2$O（A.R.），KNO$_3$（A.R.），KCl（A.R.），硝酸（A.R.），硫酸（A.R.），琼脂，镀铜液（每升含 CuSO$_4$·5H$_2$O 150 g，硫酸50 mL，乙醇50 mL），饱和硝酸亚汞溶液（控制使用）。

硝酸、硫酸配制为3～6 mol·L$^{-1}$水溶液。

## 安全须知和废弃物处理

- 在实验室需穿戴实验服、防护目镜或面罩。
- 在处理金属样品和溶液时请使用丁腈橡胶手套，尤其是铅和铅盐。
- 金属盐溶液可能刺激皮肤，如发生皮肤沾染，需用水冲洗沾染部位10 min以上。
- 离开实验室前务必洗手。
- 镀铜液可回收使用，其他金属溶液倒入指定的废液回收桶。
- 使用过的砂纸和固体废渣、碎屑需放入固体废弃物桶。

## 实验步骤

### 1. 配制电解质溶液

在烧杯中准确称取100 g纯水，在称量纸上准确称取 CuSO$_4$·5H$_2$O 2.4968 g，将硫酸铜倒入纯水中，搅拌使之完全溶解，配成0.1 mol·kg$^{-1}$的 CuSO$_4$ 溶液。

在烧杯中准确称取100 g纯水，在称量纸上准确称取 ZnSO$_4$·7H$_2$O 28.7541 g，将硫酸锌倒入纯水中，搅拌使之完全溶解，配成1 mol·kg$^{-1}$的 ZnSO$_4$ 溶液。

### 2. 电极和盐桥制备

（1）锌电极汞齐化

用砂纸（用水蘸湿）打磨锌棒横端面（注意不要破坏外侧的环氧树脂保护层），用稀硫

酸洗净锌电极表面的氧化物，再用蒸馏水淋洗，然后浸入饱和硝酸亚汞溶液中 3 ～ 5 s，取出后用滤纸擦拭电极，使锌电极表面形成一层均匀的锌汞齐，再用蒸馏水冲洗干净（用过的滤纸不要随便乱丢，应投入指定的有盖广口瓶内，浸没于水中，以便统一处理），把处理好的锌电极插入放有 $1 \, mol \cdot kg^{-1}$ $ZnSO_4$ 溶液的电极管中。

汞齐化的目的是消除金属表面机械应力不同以及锌中杂质的影响，以获得重复性较好的电极电势。若实验安全条件不具备，也可以不进行汞齐化操作，只进行简单的打磨、酸洗和清洗，对学生实验结果影响不大。

（2）铜电极

用砂纸打磨 2 根铜棒，用稀硫酸洗净铜电极表面的氧化物，再用蒸馏水淋洗。在烧杯中放入适量镀铜液，取一根铜棒做阳极，另一根铜棒做阴极，连接直流电源进行电镀，估算铜棒入镀铜液中的面积，调节电流密度为 10 ～ 20 $mA \cdot cm^{-2}$，电镀时间约 30 min，使阴极铜棒表面有一紧密的镀层。取出阴极铜棒，用蒸馏水冲洗干净，马上放入装有 $0.1000 \, mol \cdot kg^{-1}$ $CuSO_4$ 的电极管中，注意镀层应在液面上方保留约 1 cm。由于新鲜铜表面极易氧化，故须在测量前进行电镀，且尽量使铜电极在空气中暴露的时间少一些。

（3）饱和 $KNO_3$-琼脂盐桥

烧杯中加入 3 g 琼脂和 97 mL 蒸馏水，使用水浴加热法将琼脂加热至完全溶解（琼脂溶化温度约 97 ℃），然后加入 30 ～ 35 g $KNO_3$ 充分搅拌，完全溶解后趁热用滴管或虹吸将此溶液加入 U 形玻璃管中，静置待琼脂凝结后便可使用。多余的琼脂-饱和 $KNO_3$ 密封保存，使用时重新加热溶化。

### 3. 不同半电池组合及电池电动势的测定

按照图 2 方法连接不同的半电池，将组装好的电池置于 25 ℃ 的恒温水浴中，并接入 SDC-Ⅱ 数字电位差综合测试仪，测定不同电池的电动势。所测电池组合如下：

$$Zn \left| ZnSO_4(1mol \cdot kg^{-1}) \right\| CuSO_4 (0.1 \, mol \cdot kg^{-1}) \left| Cu \right.$$

$$SCE \left| KCl(饱和) \right\| CuSO_4 (0.1 \, mol \cdot kg^{-1}) \left| Cu \right.$$

$$Zn \left| ZnSO_4(1 \, mol \cdot kg^{-1}) \right\| KCl(饱和) \left| SCE \right.$$

### 4. 电解质浓度对电池电动势的影响

依次配制 $m = 0.8$、0.6、0.4、0.2 $mol \cdot kg^{-1}$ 的 $CuSO_4$ 溶液，分别测定以下两种电池的电动势：$Zn \left| ZnSO_4 (1 \, mol \cdot kg^{-1}) \right\| CuSO_4 (m) \left| Cu \right.$，$SCE \left| KCl(饱和) \right\| CuSO_4 (m) \left| Cu \right.$。

## 数据处理与结果分析

1. 分别计算各浓度 $CuSO_4$ 溶液中电解质 $CuSO_4$ 的活度 $a$，将电池 $Zn \left| ZnSO_4(1mol \cdot kg^{-1}) \right\| CuSO_4 (m) \left| Cu \right.$ 的电动势 $E$ 分别对 $CuSO_4$ 浓度的自然对数 $\ln m$ 及 $CuSO_4$ 活度的自然对数 $\ln a$ 作图，对 2 条曲线进行线性拟合，给出线性方程和统计参数；说明斜率和截距的物理意义；计算斜率和截距的理论值，并与实验测量值进行对比，分析误差来源；根据拟合成果探讨能斯特方程的合理性。

2. 根据电池

$$SCE \left| KCl(饱和) \right\| CuSO_4 (0.1 \, mol \cdot kg^{-1}) \left| Cu \right.$$

$$Zn|ZnSO_4(1\ mol \cdot kg^{-1})\|KCl(饱和)|SCE$$

测得的电动势，分别计算实验温度下的标准电极电势 $\varphi_{Cu/Cu^{2+}}^{\ominus}$ 和 $\varphi_{Zn/Zn^{2+}}^{\ominus}$，所需离子平均活度系数可由 $\gamma_{\pm} = \gamma^{1/2}$ 进行估算。将所得的 $\varphi_{Cu/Cu^{2+}}^{\ominus}$ 数值与第1项计算中电池 $SCE|KCl(饱和)\|CuSO_4(m)|Cu$ 电动势 $E$-$\ln a$ 的拟合成果进行对比，从中可以得出什么结论？已知室温 $T$ 附近饱和甘汞电极的电极电势与温度关系可以表示为以下两种形式

$$\varphi_{SCE}/V = 0.2415 - 7.61 \times 10^{-4}(T/K - 298)$$

$$\varphi_{SCE}/V = 0.2412 - 6.61 \times 10^{-4}(t/℃ - 25) - 1.75 \times 10^{-6}(t/℃ - 25)^2 - 9 \times 10^{-10}(t/℃ - 25)^3$$

3. 将电池 $SCE|KCl(饱和)\|CuSO_4(m)|Cu$ 的电动势 $E$ 分别对 $CuSO_4$ 浓度的自然对数 $\ln m$ 及 $CuSO_4$ 活度的自然对数 $\ln a$ 作图，写出该电池能斯特方程的具体形式，重复第1步中的数据处理过程。

## 讨论与思考

1. 在用电位差计测量电动势过程中，若始终无法调节"检零指示"为"0000"，可能是什么原因？

2. 实验中能用金属导线代替盐桥吗？

3. 盐桥中的离子会不会进入原电池的电解质溶液中？反之，电解质溶液中的阴、阳离子会不会进入盐桥？盐桥能够长期使用不会损坏吗？

## 附录 SDC-Ⅱ数字电位差综合测试仪

### 1. 面板说明

仪器前面板见图4，其中补偿旋钮对应图3中的调节电阻 $R$，其余5个旋钮组成一套可调电位器，对应图3中的调节旋钮 $R_X$。外标插孔连接标准电池，测量方式选择"外标"；若测量方式选择"内标"，则无需连接标准电池，此时由仪器内部通过电子技术产生一个基准工

**图4 SDC-Ⅱ数字电位差综合测试仪前面板**

作电流。

## 2. 使用方法

（1）开机

用电源线将仪表后面板的电源插座与～ 220 V 交流电源连接，打开电源开关（ON），预热 15 min 再进入下一步操作。

（2）以内标为基准进行测量

**校验**

① 将"测量选择"旋钮置于"内标"。

② 将测试线分别插入测量插孔内，将"$10^0$"位旋钮置于"1"，"补偿"旋钮逆时针旋到底，其他旋钮均置于"0"，此时，"电位指标"显示"1.00000"V，将两测试线短接。

③ 待"检零指示"显示数值稳定后，按一下"采零"键，此时，"检零指示"显示为"0000"。

**测量**

① 将"测量选择"置于"测量"。

② 用测试线将被测电动势按"＋""－"极性与"测量"插孔连接。

③ 调节"$10^0 \sim 10^{-4}$"五个旋钮，使"检零指示"显示数值为负且绝对值最小。

④ 调节"补偿旋钮"，使"检零指示"显示为"0000"，此时"电位显示"数值即为被测电动势的值。

**注意：**

① 测量过程中，若"检零指示"显示溢出符号"OU.L"，说明"电位指示"显示的数值与被测电动势值相差过大。

② 电阻箱 $10^{-4}$ 挡值若稍有误差，可调节"补偿"电位器达到对应值。

（3）以外标为基准进行测量

**校验**

① 将"测量选择"旋钮置于"外标"。

② 将已知电动势的标准电池按"＋""－"极性与"外标"插孔连接。

③ 调节"$10^0 \sim 10^{-4}$"五个旋钮和"补偿"旋钮，使"电位指示"显示的数值与外标电池数值相同。

④ 待"检零指示"数值稳定后，按一下"采零"键，此时，"检零指示"显示为"0000"。

**测量**

① 拔出"外标插孔"的测试线，再用测试线将被测电动势按"＋""－"极性接入"测量插孔"。

② 将"测量选择"置于"测量"。

③ 调节"$10^0 \sim 10^4$"五个旋钮，使"检零指示"显示数值为负且绝对值最小。

④ 调节"补偿旋钮"，使"检零指示"为"0000"，此时"电位显示"数值即为被测电动势的值。

（4）关机

实验结束后关闭电源。

# 实验16　混合熵的测定

## 实验简介

本实验中我们将采用可逆电动势测量方法测定 $K_3[Fe(CN)_6]/K_4[Fe(CN)_6]$ 二元体系的混合熵。熵和熵变是热力学问题的核心，也是最为神秘的科学概念之一，本实验将通过巧妙的实验设计，把连续变化的混合过程分解为一系列静止的混合瞬间，以模拟热力学可逆的混合过程，从而测得混合熵变，并与理论计算结果互相对照。

学生应熟悉热力学基本原理，尤其是吉布斯自由能、化学势和可逆电池电动势等概念，以及理想溶液混合过程的性质。实验测量技术可参阅实验15附录。

## 原理探讨

### 1. 混合过程的热力学函数变化

溶液中某组分 $i$ 的化学势可以表示为：

$$\mu_i = \mu_i^*(T,p) + RT\ln\alpha_i = \mu_i^*(T,p) + RT\ln\gamma_i x_i \tag{1}$$

式中，$\mu_i^*$ 是纯组分 $i$ 在温度 $T$ 和压力 $p$ 时的化学势（摩尔吉布斯自由能）；$\alpha_i$、$\gamma_i$ 和 $x_i$ 分别是该组分在溶液中的活度、活度系数和摩尔分数。

A、B 两组分混合过程的吉布斯自由能变化为

$$\Delta_{mix}G = (n_A\mu_A + n_B\mu_B) - (n_A\mu_A^* + n_B\mu_B^*) \tag{2}$$

式中，$n_A$ 和 $n_B$ 分别是 A 和 B 的物质的量。方程（2）表示过程的始态为 $n_A$ mol 纯 A 和 $n_B$ mol 纯 B，终态为这两个组分的均相混合物。将方程（2）代入方程（1）中得到

$$\Delta_{mix}G = n_A RT\ln\gamma_A x_A + n_B RT\ln\gamma_B x_B \tag{3}$$

若溶液为理想溶液，$\gamma_A = \gamma_B = 1$，则

$$\Delta_{mix}G = n_A RT\ln x_A + n_B RT\ln x_B \tag{4}$$

理想溶液的混合焓为零，即 $\Delta_{mix}H = 0$，则混合熵为

$$\Delta_{mix}S = -\left(\frac{\partial \Delta_{mix}G}{\partial T}\right)_p = -n_A R\ln x_A - n_B R\ln x_B \tag{5}$$

本实验采用电化学方法测量，混合的对象不是纯化合物，而是含有两种价态铁离子的水溶液：亚铁氰化钾 $K_4[Fe(CN)_6]$ 水溶液和铁氰化钾 $K_3[Fe(CN)_6]$ 水溶液，分别用符号 HCFe Ⅱ 和 HCFe Ⅲ 表示 [即 hexacyanoferrate (Ⅱ) 离子和 hexacyanoferrate (Ⅲ) 离子的缩写 ]。显然，不能用方程（1）来表示混合物中各组分的化学势，因为该方程描述的标准态 $x_i = 1$ 表示是纯组分 $i$，而不是纯组分 $i$ 的水溶液。为此，重新选择一个参考态浓度 $m_0$（质量摩尔浓度），并将 HCFe Ⅱ 和 HCFe Ⅲ 的始态浓度以及混合溶液中铁氰根的总浓度（HCFe Ⅱ 和 HCFe Ⅲ 离子浓度的总和）均固定为 $m_0$，即研究图1所示的混合过程。

不考虑溶剂，在混合终态亚铁氰根 HCFe Ⅱ 的质量摩尔浓度为 $m_Ⅱ = m_0 x_Ⅱ$，铁氰根 HCFe Ⅲ 的质量摩尔浓度为 $m_Ⅲ = m_0 x_Ⅲ$，且 $x_Ⅱ + x_Ⅲ = 1$。混合前处于参考态浓度 $m_0$ 的两个组分

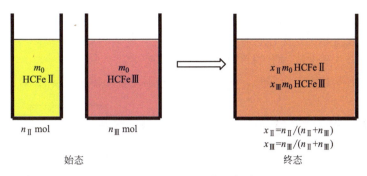

**图1　HCFeⅡ/HCFeⅢ混合过程**

的化学势分别为

$$\mu_{\text{Ⅱ}} = \mu_{\text{Ⅱ}}^{\ominus} + RT\ln(m_0\gamma_{\text{Ⅱ}}) \tag{6a}$$

$$\mu_{\text{Ⅲ}} = \mu_{\text{Ⅲ}}^{\ominus} + RT\ln(m_0\gamma_{\text{Ⅲ}}) \tag{6b}$$

式中，$m_0$ 已消除了量纲；$\gamma_{\text{Ⅱ}}$ 和 $\gamma_{\text{Ⅲ}}$ 分别是 HCFeⅡ和 HCFeⅢ在参考态浓度 $m_0$ 时的活度系数；$\mu_{\text{Ⅱ}}^{\ominus}$ 和 $\mu_{\text{Ⅲ}}^{\ominus}$ 分别是两个组分处于标准态（$1\ \text{mol}\cdot\text{kg}^{-1}$）时的化学势。两个溶液混合后，混合液中两个组分的化学势分别为

$$\mu_{\text{Ⅱ}}' = \mu_{\text{Ⅱ}}^{\ominus} + RT\ln(m_{\text{Ⅱ}}\gamma_{\text{Ⅱ}}') = \mu_{\text{Ⅱ}}^{\ominus} + RT\ln(m_0 x_{\text{Ⅱ}}\gamma_{\text{Ⅱ}}') \tag{7a}$$

$$\mu_{\text{Ⅲ}}' = \mu_{\text{Ⅲ}}^{\ominus} + RT\ln(m_{\text{Ⅲ}}\gamma_{\text{Ⅲ}}') = \mu_{\text{Ⅲ}}^{\ominus} + RT\ln(m_0 x_{\text{Ⅲ}}\gamma_{\text{Ⅲ}}') \tag{7b}$$

式中，$\gamma_{\text{Ⅱ}}'$ 和 $\gamma_{\text{Ⅲ}}'$ 分别是 HCFeⅡ和 HCFeⅢ在混合状态下的活度系数。

根据方程（2）可以得到上述两个溶液的混合吉布斯自由能为

$$\Delta_{\text{mix}}G = RT\left\{n_{\text{Ⅱ}}\left[\ln x_{\text{Ⅱ}} + \ln\left(\frac{\gamma_{\text{Ⅱ}}'}{\gamma_{\text{Ⅱ}}}\right)\right] + n_{\text{Ⅲ}}\left[\ln x_{\text{Ⅲ}} + \ln\left(\frac{\gamma_{\text{Ⅲ}}'}{\gamma_{\text{Ⅲ}}}\right)\right]\right\} \tag{8}$$

按照 Debye-Hückel 理论，常温下水溶液中离子平均活度系数可以表示为

$$\lg\gamma_{\pm} = -0.510 z_+\left|z_-\right|\sqrt{I}$$

溶液的离子强度

$$I = \frac{1}{2}\sum_i m_i z_i^2$$

由于始态溶液与终态溶液的铁氰根总浓度相等，可以认为离子强度也基本相等，因此以下关系基本成立

$$\frac{\gamma_{\text{Ⅱ}}'}{\gamma_{\text{Ⅱ}}} \approx \frac{\gamma_{\text{Ⅲ}}'}{\gamma_{\text{Ⅲ}}} \approx 1$$

由此得到

$$\Delta_{\text{mix}}G = RT(n_{\text{Ⅱ}}\ln x_{\text{Ⅱ}} + n_{\text{Ⅲ}}\ln x_{\text{Ⅲ}}) \tag{9}$$

方程（9）与方程（4）描述的理想溶液混合过程吉布斯自由能变化完全一致，说明在不考虑溶剂存在及保持溶液中两种铁氰根离子总浓度不变的情况下，HCFeⅡ和 HCFeⅢ的混合过程具有理想溶液的特性。

## 2. 混合过程热力学函数变化的电化学测量原理

从热力学原理上说，可逆过程的吉布斯自由能变化等于最大有用功（可逆有用功），即 $\Delta G = W_{\text{rev}}'$。对于 HCFeⅡ与 HCFeⅢ混合过程，可以设计图2所示的电化学装置，始态为浓度均为 $m_0$ 的 HCFeⅡ和 HCFeⅢ溶液分别置于多孔板两侧，终态为两种离子在多孔板两侧均达成平衡

分布浓度 $m_0/2$，通过测定整个变化过程中该装置在负载上释放的总电功，即可得到 $\Delta_{\mathrm{mix}}G$。

但是，该装置实际上是无法应用的，因为测定可逆电功意味着需要花费无限长的时间。为此，对上述实验方法进行如下的"静态法"测量改进：

①首先将两个半电池完全隔开，两池中的溶液不会发生混合（见图3）；

图2　混合过程动态测量的电化学装置　　　图3　改进的"静态法"电化学测量装置

②在两个半池中分别放入HCFeⅡ和HCFeⅢ混合溶液，左、右池溶液的铁氰根总浓度均为 $m_0$，且左、右池中两种铁氰根数量的比值HCFeⅡ/HCFeⅢ（摩尔比）恰为倒数，即左、右池溶液构成"共轭溶液"，用对消法测定该电池的零电流电动势；

③保持 $m_0$ 恒定不变，改变HCFeⅡ/HCFeⅢ比值，测定一系列共轭溶液组成电池的电动势，从HCFeⅡ/HCFeⅢ$\to\infty$直至HCFeⅡ/HCFeⅢ$\to 1$，相当于将图2所示的动态变化过程做成一系列静态画面，逐点测量，每一点都保持热力学可逆状态，电池电流趋近于零，电池内部化学反应（即混合过程）无限缓慢。

假定在恒温恒压条件下，在某个可逆电动势 $E_{\mathrm{rev}}$ 下电池迁移了 $\mathrm{d}n$ 电荷，则有

$$\mathrm{d}G=\delta W_{\mathrm{rev}}=-FE_{\mathrm{rev}}\mathrm{d}n \tag{10}$$

式中，$F=96485\ \mathrm{C}\cdot\mathrm{mol}^{-1}$，为法拉第常数。上述混合过程的吉布斯自由能变化应为方程（10）的积分，即

$$\Delta_{\mathrm{mix}}G=\int_{\text{混合前}}^{\text{混合后}}\mathrm{d}G=\int_{\text{混合前}}^{\text{混合后}}-FE_{\mathrm{rev}}\mathrm{d}n \tag{11}$$

现在必须找出 $E_{\mathrm{rev}}$ 与 $n$，即与溶液组成的关系，才能计算上述积分。

若在图3左边池中始终保持HCFeⅡ/HCFeⅢ$> 1$，则左池为电池负极。混合过程相当于左池的HCFeⅢ浓度由0上升至0.5 $m_0$。假定溶剂水的质量为 $W$ kg，则左池中Fe(Ⅲ)物种由浓度0上升至浓度为 $m_{\mathrm{Ⅲ}}$ 所需要输运的电荷数为

$$n=Wm_{\mathrm{Ⅲ}}$$

由于两池中Fe(Ⅱ)、Fe(Ⅲ)物种的浓度之和均为 $m_0$，所以在某个反应阶段左池中Fe(Ⅲ)物种的摩尔分数为

$$x_{\mathrm{Ⅲ}}=m_{\mathrm{Ⅲ}}/m_0$$

由此得到

$$n=Wm_0x_{\mathrm{Ⅲ}}\quad\Rightarrow\quad \mathrm{d}n=Wm_0\mathrm{d}x_{\mathrm{Ⅲ}} \tag{12}$$

上述结果对右池中的Fe(Ⅱ)物种同样成立，即

$$\mathrm{d}n = Wm_0\mathrm{d}x_{\mathrm{II}}$$

由于两池中放置的是共轭溶液，因此可以写出通式

$$\mathrm{d}n = Wm_0\mathrm{d}x_i \tag{13}$$

式中，$x_i$是任一池中任一铁氰根HCFe物种的摩尔分数。

将方程（13）代入方程（11），得到

$$\Delta_{\mathrm{mix}}G = -FWm_0\int_0^{0.5}E_{\mathrm{rev}}\mathrm{d}x_i \tag{14}$$

则摩尔混合吉布斯自由能可以表示为

$$\Delta_{\mathrm{mix}}G_{\mathrm{m}} = \frac{\Delta_{\mathrm{mix}}G}{Wm_0} = -F\int_0^{0.5}E_{\mathrm{rev}}\mathrm{d}x_i \tag{15}$$

根据方程（15），可以测定出一系列共轭HCFeⅡ/HCFeⅢ溶液电池的组成$x_i$与可逆电池电动势$E_{\mathrm{rev}}$的数据，以$E_{\mathrm{rev}}$-$x_i$作曲线，求出$x_i=0\sim0.5$范围内该曲线下的面积，即为方程（15）等号右边的积分

$$\int_0^{0.5}E_{\mathrm{rev}}\mathrm{d}x_i$$

由此就可以算出混合吉布斯自由能$\Delta_{\mathrm{mix}}G$和混合熵$\Delta_{\mathrm{mix}}S$

$$\Delta_{\mathrm{mix}}S = -\Delta_{\mathrm{mix}}G/T = \frac{FWm_0}{T}\int_0^{0.5}E_{\mathrm{rev}}\mathrm{d}x_i \tag{16a}$$

$$\Delta_{\mathrm{mix}}S_{\mathrm{m}} = \frac{F}{T}\int_0^{0.5}E_{\mathrm{rev}}\mathrm{d}x_i \tag{16b}$$

方程（16）成立的条件是HCFeⅡ、HCFeⅢ溶液的混合过程符合理想溶液的行为，即混合焓变为零。这个假设条件是否实际成立，可以通过将实验测量结果与理论计算数据进行对比来验证。

### 3. 混合过程热力学函数变化的理论计算方法

方程（4）、方程（5）描述了理想溶液混合过程的热力学函数变化，但是对HCFeⅡ、HCFeⅢ电解质溶液混合过程是否成立，仍然需要做出理论分析。

由共轭HCFeⅡ/HCFeⅢ溶液组成的电池可以表示为

$$\mathrm{Pt}\big|\mathrm{Fe(III)}(m_2),\mathrm{Fe(II)}(m_1)\big\|\mathrm{Fe(III)}(m_1),\mathrm{Fe(II)}(m_2)\big|\mathrm{Pt}$$

注意保持$m_1 > m_2$。根据能斯特方程，各电极电势和电池电动势可以表示为

$$\varphi_+ = \varphi^{\ominus} - \frac{RT}{F}\ln\frac{a_{\mathrm{II}}(m_2)}{a_{\mathrm{III}}(m_1)}$$

$$\varphi_+ = \varphi^{\ominus} - \frac{RT}{F}\ln\frac{a_{\mathrm{II}}(m_1)}{a_{\mathrm{III}}(m_2)}$$

$$E = \varphi_+ - \varphi_- = \frac{RT}{F}\ln\frac{a_{\mathrm{II}}(m_1)a_{\mathrm{III}}(m_1)}{a_{\mathrm{II}}(m_2)a_{\mathrm{III}}(m_2)}$$

将活度系数代入上面几个表达式得到

$$E = \frac{RT}{F}\ln\left(\frac{m_1^2}{m_2^2}\right) + \frac{RT}{F}\ln\frac{\gamma_{\mathrm{II}}(m_1)\gamma_{\mathrm{III}}(m_1)}{\gamma_{\mathrm{II}}(m_2)\gamma_{\mathrm{III}}(m_2)} \tag{17}$$

由于在两个半池中的电解质溶液的离子强度近似相等，因此方程（17）右边第二项中的对数

项近似为零，故

$$E = \frac{2RT}{F}\ln\left(\frac{m_1}{m_2}\right) \tag{18}$$

令

$$m_1 = m_0 x_1, \quad m_2 = m_0 x_2, \quad \text{且} \ x_1 + x_2 = 1$$

方程（17）可以改写为

$$E = \frac{2RT}{F}\ln\left(\frac{1-x_2}{x_2}\right) \tag{19}$$

将方程（19）代入方程（14）、方程（16a），则混合吉布斯自由能为

$$\Delta_{\mathrm{mix}}G = 2RTWm_0 \int_0^{0.5}\ln\left(\frac{1-x_2}{x_2}\right)\mathrm{d}x_2 \tag{20}$$

混合熵为

$$\Delta_{\mathrm{mix}}S = 2RWm_0 \int_0^{0.5}\ln\left(\frac{1-x_2}{x_2}\right)\mathrm{d}x_2 \tag{21}$$

虽然方程（20）、方程（21）等号右边的积分函数在积分下限处趋于无穷大，但是整个积分仍然是有限收敛的，可以证明

$$\Delta_{\mathrm{mix}}G = -2RTWm_0\ln 2 \tag{22}$$

$$\Delta_{\mathrm{mix}}S = 2RWm_0\ln 2 \tag{23}$$

$$\Delta_{\mathrm{mix}}G_{\mathrm{m}} = -2RT\ln 2 \tag{24}$$

$$\Delta_{\mathrm{mix}}S_{\mathrm{m}} = 2R\ln 2 \tag{25}$$

可见结果与电解质的性质无关。方程（22）～方程（25）的理论计算结果能够与方程（14）～方程（16）的实验测定结果进行对照。

## 仪器试剂

SDC-Ⅲ数字电位差综合测试仪，双联电极管，恒温夹套，U形玻璃管（盐桥管），铂电极2支，1000 mL棕色试剂瓶1只，1000 mL白色试剂瓶1只，1000 mL烧杯1只，玻棒若干，50 mL容量瓶4只，0.5 mL、1 mL、5 mL、10 mL刻度移液管各2支，滴管4根，导线若干，洗耳球2只（所有玻璃仪器应预先洗净烘干）。

公用：超级恒温槽，硅橡胶管（或乳胶管），电子天平，电子台秤，500 mL、100 mL烧杯各2只（盐桥制作用），滴管若干，玻璃棒若干，煤气灯，铁架，石棉网。

$K_3[Fe(CN)_6]$（A.R.，分子量329.2443），$K_4[Fe(CN)_6]\cdot 3H_2O$（A.R.，分子量422.38844），氯化钾（A.R.），琼脂，稀硝酸（清洗电极用）。

## 安全须知和废弃物处理

- 在实验室中需穿戴实验服、防护目镜或面罩。
- 稀硝酸溶液刺激皮肤，如发生皮肤沾染，请用水冲洗沾染部位10 min以上。
- 小心使用铂电极，防止铂电极片碰弯或折断。

- 离开实验室前务必洗手。
- 使用过的溶液倒入指定的废液回收桶。

## 实验步骤

### 1. 制作盐桥

将盛有 1.5 g 琼脂和 48.5 mL 蒸馏水的烧瓶放在水浴上加热（切勿直接加热），直到完全溶解，其间注意补充水，保持原有体积基本不变，然后加入 15 ～ 20 g KCl（氯化钾溶解度数据：0 ℃ 28 g，10 ℃ 31.2 g，20 ℃ 34.2 g，30 ℃ 37.2 g，40 ℃ 40.1 g，请根据盐桥实际使用温度估算所需用量），充分搅拌，待 KCl 完全溶解后，趁热用滴管或虹吸将此溶液装入盐桥管中，静置，待琼脂完全凝结后即可使用。

### 2. 配制 $0.1000 \, mol \cdot kg^{-1}$ $K_3[Fe(CN)_6]$ 和 $K_4[Fe(CN)_6]$ 水溶液

在电子台秤上尽可能准确地称得 600 g 水，在电子天平上准确称取 19.7546 g $K_3[Fe(CN)_6]$（0.0600 mol），将 $K_3[Fe(CN)_6]$ 固体溶于水中，配成 $0.1000 \, mol \cdot kg^{-1}$ $K_3[Fe(CN)_6]$ 水溶液，溶液转入 1000 mL 棕色试剂瓶中备用（**注意**：铁氰化钾会缓慢水解，该反应能被光催化，故 $0.1000 \, mol \cdot kg^{-1}$ $K_3[Fe(CN)_6]$ 溶液应随配随用并避光保存）。

按同样方法配制 $0.1000 \, mol \cdot kg^{-1}$ $K_4[Fe(CN)_6]$ 水溶液，注意称量水时应扣除 $K_4[Fe(CN)_6] \cdot 3H_2O$ 中的结晶水质量，溶液转入 1000 mL 白色试剂瓶中备用。

### 3. 配制共轭溶液

每对共轭溶液现配现用，配制完成后立即测定，测完一组后再配下一组。配制用的 50 mL 容量瓶要预先干燥，两组移液管和滴管不要互相沾污。

共需配制 10 对共轭溶液，Fe(Ⅱ) 与 Fe(Ⅲ) 的比值从 999/1 直至 52/48，共 20 瓶溶液。例如 Fe(Ⅱ)/Fe(Ⅲ)=4/1 的共轭溶液配制方法为：移取 10 mL 0.1000 $mol \cdot kg^{-1}$ $K_3[Fe(CN)_6]$ 溶液于 50 mL 容量瓶中，用 $0.1000 \, mol \cdot kg^{-1}$ $K_4[Fe(CN)_6]$ 溶液稀释至刻度摇匀；移取 10 mL $0.1000 \, mol \cdot kg^{-1}$ $K_4[Fe(CN)_6]$ 溶液于 50 mL 容量瓶中，用 $0.1000 \, mol \cdot kg^{-1}$ $K_3[Fe(CN)_6]$ 溶液稀释至刻度摇匀。

对于 50 mL 容量瓶，建议配制溶液时的第一组分用量为：0.05 mL、0.1 mL、0.2 mL、0.5 mL、1 mL、2 mL、4 mL、10 mL、20 mL 和 24 mL。

### 4. 装配和测量浓差电池电动势

将电极管和铂电极用稀硝酸清洗一下，用纯水彻底清洗干净，再用少量待测共轭溶液润洗一下（两组电极管和电极用不同的溶液！）。将共轭溶液分别放入两个电极管中，安装好铂电极和盐桥，电极管放入恒温夹套中恒温后（建议温度 30 ℃），按标准方法连接电位差计，做标准电路校正，然后测量电池电动势（注意电池正负极不要弄错），精度要达到 ±0.1 mV。重复测定一次，将数据记录下来。用过的溶液倒入特定的带标签的废液桶中回收，不得倒入下水道中。

重复步骤 3、4，直至将全部共轭溶液测完。作为验证仪器可靠性和溶液配制准确性考虑，若溶液有剩余，建议配制一个 Fe(Ⅱ)/Fe(Ⅲ)=1/1 的溶液并测定其电动势，应为 ±0.0 mV。

### 5. 实验结束

清洗所用仪器（包括移液管、滴管），倒置阴干。

## 数据处理与结果分析

建议使用Origin软件，当然Excel软件也可以进行相关处理。

1. 以Fe(Ⅲ)在铁氰根总量中所占摩尔分数$x_1$为横坐标，先计算各共轭溶液的$x_1$值。例如，0.05 mLFe(Ⅲ)与49.95 mLFe(Ⅱ)配成溶液的$x_1 = 0.0500/50.00 = 0.00100$，依次类推。将对应的$x_1$-$E_{rev}$填入软件数据表中，再加入一组数据：$x_1 = 0.5$，$E_{rev} = 0.0$。

2. 以$x_1$为横坐标，$E_{rev}$为纵坐标绘制实验曲线，用"Spline"或"B-Spline"模式平滑之，也可以用其他合适的非线性函数进行拟合。观察实验数据是否合理，实验曲线应为平滑的下降曲线，由$x_1 \to 0$时$E_{rev} \to \infty$至$x_1 \to 0.5$时$E_{rev} \to 0$。

3. 计算$x_1$-$E_{rev}$曲线下的总面积

因$x_1 \to 0$时，$E_{rev} \to \infty$，故采用外推法：自$x_1 = 0.5$，$E_{rev} = 0.0$点开始，在$x_1 = 0.0 \sim 0.5$范围不断取点$x$计算曲线下的面积$S$，共取10点以上；以$S$为纵坐标，$x$为横坐标，以$S$-$x$作图，用二项式拟合曲线，求得在$y$轴上的截距，即为$x_1$-$E_{rev}$曲线下的总面积$S_{max}$。

4. 根据方程（14）～方程（16）计算混合过程的吉布斯自由能$\Delta_{mix}G$和混合熵$\Delta_{mix}S$，及摩尔混合吉布斯自由能$\Delta_{mix}G_m$和摩尔混合熵变$\Delta_{mix}S_m$。

5. 用方程（22）～方程（25）计算混合过程吉布斯自由能和熵变的理论值，并与实验结果进行比较。

## 讨论与思考

1. 求取积分由方程（20）、方程（21）推出方程（22）、方程（23）。

2. 若两个电极管中均只含有一种铁氰根的溶液［比如左边只有Fe(Ⅱ)，右边只有Fe(Ⅲ)］，能否进行电动势的测量？

3. 试对方程（16a）和方程（16b）分别做量纲分析，说明这两个方程的合理性。

4. 分析HCFeⅡ和HCFeⅢ共轭溶液的离子强度表达式，说明在系列共轭溶液中，离子强度的最大偏差是多少，对实验结果可能产生多大的影响。

## 实验17　建筑钢筋在混凝土模拟液中的腐蚀行为

## 实验简介

本实验中我们将用恒电位法测定圆形钢筋在碱性溶液中的腐蚀过程，这实际上就是测定极化曲线，我们在这里将学习如何把一个实际工程问题简化为一个实验室课题，为其建立研究模型，设置实验参数，并进行测量与分析，得出结论。

学生应熟悉电极极化的概念，了解恒电位阳极极化曲线及其极化电位的测定方法。

实际的电化学过程并不是在热力学可逆条件下进行的。在电流通过电极时，电极电位会偏离其平衡值，这种现象称为极化。在外电流的作用下，阴极电位会偏离其平衡位置向负的方向移动，称为阴极极化；而阳极电位会偏离其平衡位置向正的方向移动，称为阳极极化。在电化学研究中，常常测定极化曲线以了解电极电位与电流密度的关系。

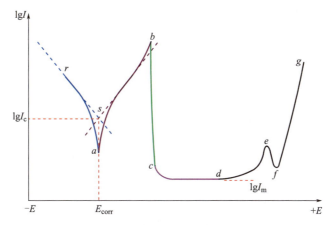

**图1　铁在硫酸溶液中的极化曲线**

铁在硫酸溶液中典型的极化曲线如图1所示，该曲线分为以下几个区域。

（1）$rab$区域，其中$ra$为阴极极化曲线，当对电极进行阴极极化时，铁电极处于负电势，电化学过程以$H_2$析出为主；$ab$为阳极极化曲线，当对电极进行阳极极化时，电化学过程以金属铁的溶解为主。在较高的超电势下，且阳极极化和阴极极化的控制步骤都是电极反应过程时，电极超电势与电流之间的关系均符合塔菲尔方程，两条塔菲尔直线交于$s$点，该点对应的纵坐标为自腐蚀电流$I_c$的对数$\lg I_c$，横坐标为自腐蚀电位$E_{corr}$。从点$a$到点$b$的电位范围称金属活化区，此区域内的$ab$曲线显示的是金属铁的正常阳极溶解过程，铁以二价形式进入溶液，即$Fe(s)\longrightarrow Fe^{2+}(aq)+2e^-$。

（2）$bcd$区域：当阳极电位继续增大时，阳极极化进一步加强，铁电极上的极化电流缓慢增大至$b$点对应的电流$I_b$，相应的电极电位是$E_b$。只要极化电位稍稍超过$E_b$，电流就会直线下降至一个非常小的值$I_m$，此后电位继续增加时电流几乎不变。从$b$点到$c$点称为钝化过渡区，$bc$线是由活化态到钝化态的转变过程，$b$点所对应的电位$E_b$称为致钝电位，其对应的电流$I_b$称为致钝电流，此时$Fe^{2+}$与溶液中的硫酸根离子形成$FeSO_4$沉淀层，阻碍了阳极反应的进行，导致电流密度开始下降，由于$H^+$不容易到达$FeSO_4$沉淀层的内部，因此铁表面的pH值逐步增大。从$c$点到$d$点的电位范围称为钝化区。由于金属表面状态发生变化，阳极溶解过程的过电位升高，金属的溶解速率急剧下降，电流很小且基本上不随电位的变化而改变，该电流$I_m$称为维持钝化电流，此时$Fe_2O_3$在铁表面生成，形成致密的氧化膜，极大地阻碍了铁的溶解，出现钝化现象。

（3）$defg$区域：$d$到$g$的范围称为过钝化区，在此区阳极电流又重新随电位增大而增大，金属的溶解速度又开始增大，这种在一定电位下使钝化了的金属又重新溶解的现象叫做过钝化，电流密度增大的原因可能是产生了高价离子（如$def$段，二价铁变为三价铁转入溶液），或者达到了氧的析出电位，析出氧气（如$fg$段）。

极化曲线的测量分稳态法和暂态法。稳态极化曲线是指电极过程达稳态时电流密度与电极电位（或过电位）之间的关系曲线，电极过程达到稳态是指组成电极过程的各个基本过程（如双电层充电、电化学反应及传质等）都达到稳定状态，即宏观物理化学性质不随时间发生变化。暂态过程是从电极开始极化到电极过程达到稳态的过程，与稳态不同，暂态考虑了时间因素。一般稳态下极化曲线的测量更加常用。

测定稳态极化曲线可以用恒电流和恒电位两种方法。恒电流法是控制通过电极的电流（或电流密度），测定各电流密度时的电极电位，从而得到极化曲线。恒电位法是将研究电极的电位恒定地维持在所需的数值，然后测定相应的电流密度，从而得到极化曲线。由于在同一电流密度下可能对应多个不同的电极电位，因此用恒电流法不能完整地描述出电流密度与电位间的全部复杂关系。

测量研究电极的稳态极化曲线，需要同时测定通过研究电极的电流密度和电极电位，测量中应该采用三电极系统，包括研究电极（WE）、参比电极（RE）和辅助电极（CE），其中研究电极（也称为工作电极）是要研究测量的对象，该电极的材料组成应该确定，表面状态均一，有较好的重现性，经打磨、除油及除锈等表面处理步骤使电极表面具有较低的粗糙度，有确定的易于计算的表面积，非工作表面要封闭绝缘（不与电解质溶液导通）；辅助电极也称为对电极，其作用是与研究电极构成回路，电流在研究电极和辅助电极间通过，实现研究电极的极化，辅助电极的表面积一般应大于研究电极，比如采用镀铂黑的铂电极；参比电极是用来测量研究电极的电极电位的，在测量过程中参比电极不能发生极化（即研究电极与参比电极之间没有电流通过），也不能被电解液污染。三电极体系中可以使用盐桥，还经常用到卢金毛细管，这是盐桥靠近研究电极的尖嘴部分，在极化曲线的测量中，因为有电流通过电解质溶液，溶液中各处都存在不同的电位降，盐桥和研究电极表面之间溶液的电位降将附加在测量的电极电位中，造成不能忽略的误差，卢金毛细管可以尽量靠近研究电极表面，以减小欧姆电位降带来的测量误差，一般尖嘴距研究电极应小于 1 mm，但是太近会屏蔽研究电极表面的电力线。由此可见，极化曲线的测量由极化回路和测量回路组成，其中极化回路中有极化电流通过，其作用是控制和测量极化电流的大小；测量回路则测量和控制研究电极与参比电极间的电极电位，该回路几乎无电流通过（电流 $<10^{-7}$ A）。

按自变量的给定方式，恒电位法测定稳态极化曲线分为阶跃法和慢扫描法。阶跃法分逐点手动调节和利用阶梯波信号两种方式。早期基本上都采用逐点手动调节方式，例如在测定恒电位稳态极化时，每给定一电位值，达稳态时记下相应的电流值，然后将电位增加到新的给定值，测定相应的稳态电流值，最后将测得的一系列数据画成极化曲线，这种经典的方法工作量大，且不同测量者对稳态的标准掌握不一样（实际上电流不可能一直恒定），因此测量结果的重现性差；阶梯波信号方式是将手动方法用阶梯波代替，即用阶梯波发生器控制恒电位仪，自动测绘恒电位稳态极化曲线。慢扫描法是利用慢速扫描信号电压控制恒电位仪，使极化测量的自变量电极电位连续线性变化，同时记录极化曲线。慢扫描法测量也可在电化学工作站进行，采用恒电位线性扫描法（也叫动电位扫描法），它实际上是研究暂态过程的一种方法，若要用该方法测量稳态极化曲线，必须使扫描速度足够慢，所谓"足够慢"的判断标准是：测量时依次减小扫描速度测定相应的极化曲线，一直到继续减小扫描速度时测得的极化曲线与上一个扫描速度测得的极化曲线重合，则这一数值即为测定该体系恒电位稳态极化曲线的扫描速度。由于线性扫描法可自动测绘极化曲线，迅速省时，测量结果的重现性好，特别宜于做对比实验。

本实验采用控制电极电位的恒电位法测定碳钢在碱性溶液中的阳极极化曲线。碳钢常用作建筑钢筋，是大量使用的建筑材料。普通硅酸盐水泥熟料主要由硅酸三钙（$3CaO \cdot SiO_2$）、硅酸二钙（$\beta\text{-}2CaO \cdot SiO_2$）、铝酸三钙（$3CaO \cdot Al_2O_3$）和铁铝酸四钙（$4CaO \cdot Al_2O_3 \cdot Fe_2O_3$）四种矿物组成，它们的相对含量大致为：硅酸三钙37%～60%，硅酸二钙15%～37%，铝酸三钙7%～15%，铁铝酸四钙10%～18%。这四种矿物遇水后均能起水化反应。

$$3(CaO \cdot SiO_2) + 6H_2O \longrightarrow 3CaO \cdot 2SiO_2 \cdot 3H_2O（胶体）+ 3Ca(OH)_2（晶体）$$
$$2(2CaO \cdot SiO_2) + 4H_2O \longrightarrow 3CaO \cdot 2SiO_2 \cdot 3H_2O + Ca(OH)_2（晶体）$$
$$3CaO \cdot Al_2O_3 + 6H_2O \longrightarrow 3CaO \cdot Al_2O_3 \cdot 6H_2O（晶体）$$
$$4CaO \cdot Al_2O_3 \cdot Fe_2O_3 + 7H_2O \longrightarrow 3CaO \cdot Al_2O_3 \cdot 6H_2O + CaO \cdot Fe_2O_3 \cdot H_2O（胶体）$$

硅酸三钙或硅酸二钙水化生成水化硅酸钙和氢氧化钙，前者不溶于水，并立即以胶体微粒析出，逐渐凝聚成为凝胶，氢氧化钙在溶液中的浓度很快达到过饱和，呈六方板状晶体析出。水化铝酸钙为立方晶体，在氢氧化钙饱和溶液中，其一部分还能与氢氧化钙进一步反应，生成六方晶体的水化铝酸四钙。因水泥中渗有少量石膏，故生成的水化铝酸钙会与石膏反应，生成高硫型水化硫铝酸钙（$3CaO \cdot Al_2O_3 \cdot 3CaSO_4 \cdot 32H_2O$）针状晶体，其矿物名称为钙矾石。当石膏完全消耗后，一部分将转变为单硫型水化硫铝酸钙晶体。因此，如果忽略一些次要的和少量的成分，硅酸盐水泥与水作用后，生成的主要水化产物为：水化硅酸钙和水化铁酸钙凝胶、氢氧化钙、水化铝酸钙和水化硫铝酸钙晶体。在完全水化的水泥石中，水化硅酸钙约占70%，氢氧化钙约占20%，钙矾石和单硫型水化硫铝酸钙约占7%。

混凝土凝结过程中析出的氢氧化钙等碱性物质，会形成孔隙液，在钢筋表面形成保护膜，阻止钢筋的腐蚀。同时，渗入混凝土内部的雨水等外来物质会带入$CO_2$、$Cl^-$等，混凝土中的黄沙、石料也可能带入其他杂离子，如$F^-$等，改变钢筋表面的pH值和腐蚀电位。本实验模拟钢筋在混凝土中所处的碱性环境，通过恒电位法测定其极化曲线，了解影响钢筋腐蚀的各种因素。在碱性溶液中，由于钢筋表面已经预先形成钝化的保护膜，因此酸性溶液中常见金属活化区和钝化过渡区可能不会出现。

## 仪器试剂

HDY-I型恒电位仪（南京桑力电子设备厂），三电极池及支架，碳钢电极，铂电极，饱和甘汞电极，通气乳胶管，螺旋夹，通气玻璃管，pH计（公用，或精密pH试纸），玻璃电极，100 mL烧杯2只，50 mL或100 mL量筒1只，100 mL容量瓶2只。

$Ca(OH)_2$饱和溶液（用氢氧化钠溶液调节pH值为12.5），2%（体积分数）硫酸溶液，NaCl(A.R.)，二氧化碳气体钢瓶，丙酮，金相砂纸。

## 安全须知和废弃物处理

- 实验室需穿戴实验服、防护目镜或面罩。
- 溶液可能刺激皮肤，如发生皮肤沾染，需用水冲洗沾染部位10 min以上。
- 离开实验室前务必洗手。
- 使用过的溶液倒入指定的废液回收桶。
- 使用过的砂纸和固体废渣、碎屑需放入固体废弃物桶。

## 实验步骤

图2为HDY-I型恒电位仪前面板示意图，仪器的提示和保护功能如下。

（1）实验过程中，若电压或电流值超量程溢出，相应的数码管各位全零"00000"闪烁显示，以示警示，提醒转换电流量程按键开关或减小内给定值。

（2）仪器工作状况指示为"通"，即仪器负载接通时，工作方式的改变将强制性地使仪器工作状态处于"断"的状态，即仪器负载断开，以保护仪器的工作安全。

（3）在 通/断 按键处于"断"的状态下选择 工作方式 、负载选择 。

（4）电极WE和CE不能短路。

**图2　HDY-I型恒电位仪前面板示意图**

### 1. 仪器调零

将标准电阻接入，电阻一端接"WE"，另一端接"CE"和"参比"。打开恒电位仪电源，内给定左旋到底，工作方式选"恒电位"，负载选择为"电解池"，按 通/断 键使显示为"通"。观察电压值是否为0.0000，若不是则用起子调节"电压调零"旋钮至电压显示为0.0000。然后观察电流值是否为0.0000，若不是也用起子调节"电流调零"旋钮至电压显示为0.0000。旋内给定电位器旋钮，使电压表显示"1.0000"，而电流表的显示值应为"−1.0000"左右；按一下 +/− 按键，电压表显示值反极性，调节内给定旋钮使电压表显示"−1.0000"，电流表显示值应为"1.0000"左右。若仪器工作如上所述，说明仪器工作正常。按 通/断 键使显示为"断"。

### 2. 钢筋在模拟混凝土孔隙液饱和 $Ca(OH)_2$ 溶液中的极化曲线测定

（1）通电实验前必须按照实验指导书正确连接好电化学实验装置，并根据具体所做实验选择合适的电流量程（如用恒电位法测定极化曲线，可将电流量程先置于"100 mA"挡），内给定旋钮左旋到底。

（2）电极处理：将钢筋浸入熔化的蜡中数次，封闭钢筋下部接触电解质溶液的部分。在近底部靠近卢金毛细管口位置用刀片刮出一小块矩形钢筋面（将蜡刮干净），用游标卡尺测量该小块钢筋面的尺寸，计算面积，该面积应小于辅助电极面积（**注意：辅助电极有正、反两个面**）。将电极浸入2%的 $H_2SO_4$ 溶液中，电磁搅拌5～10 min，取出用蒸馏水洗净备用。

（3）在 $Ca(OH)_2$ 饱和溶液中配入 $KNO_3$ 作为支持电解质，支持电解质浓度约为 $0.05\ mol\cdot L^{-1}$。将配制好的电解液由研究电极池一侧倒入电解池。研究电极（碳钢电极，电极平面靠近毛细管口约5 mm）、辅助电极（铂电极）、参比电极（甘汞电极）分别安装在对应的电极管中，并用连接电缆与恒电位仪连接。

（4）电流量程选择为"100 mA"。通过 工作/方式 按键选择"参比"工作方式；负载选择为电解池， 通/断 置"通"，等待约15 min直至电压值基本稳定不变，此时仪器电压显示的值为自然电位（约0.6 V）。

（5）按 通/断 置"断"，工作方式选择为"恒电位"，负载选择为模拟，再按 通/断 置"通"接通负载，调节内给定使电压显示为接近自然电位。

（6）按 通/断 置"断"，将负载选择为电解池。再按 通/断 置"通"接通负载，待电流显示基本稳定后记录相应的恒电位和电流值。然后间隔20 mV往减小的方向调节内给定，等电流稳定后，依次记录相应的恒电位和电流值，并观察工作电极和辅助电极表面的变化情况。

（7）当调到零电位附近时，微调内给定，使得有少许电压值显示，按 +/- 键使显示为"−"值，再以20 mV为间隔调节内给定直到约−1.2 V为止，记录相应的电流值。

（8）按 通/断 置"断"，将全部电极取出用水洗净，电解池、辅助电极和参比电极用稀硫酸清洗后用水洗净。再次用稀硫酸处理工作电极后备用。

### 3. 氯离子对钢筋极化曲线的影响

在容量瓶中分别配制支持电解质$KNO_3$浓度约为0.05 mol·$L^{-1}$，NaCl浓度为0.01 mol·$L^{-1}$、0.02 mol·$L^{-1}$、0.04 mol·$L^{-1}$、0.06 mol·$L^{-1}$、0.08 mol·$L^{-1}$的饱和$Ca(OH)_2$溶液，重复上述极化曲线测定步骤。

### 4. 氟离子对钢筋极化曲线的影响

在容量瓶中分别配制支持电解质$KNO_3$浓度约为0.05 mol·$L^{-1}$，$F^-$浓度为0.01 mol·$L^{-1}$、0.02 mol·$L^{-1}$、0.04 mol·$L^{-1}$、0.06 mol·$L^{-1}$、0.08 mol·$L^{-1}$的饱和$Ca(OH)_2$溶液，重复上述极化曲线测定步骤。

### 5. pH值对钢筋极化曲线的影响

将二氧化碳气体鼓泡通入$Ca(OH)_2$饱和溶液，至溶液的pH=12、11、10、9。配入$KNO_3$作为支持电解质，重复上述极化曲线测定步骤。

### 6. pH=11~12范围内氯离子对钢筋极化曲线的影响

在容量瓶中分别配制支持电解质$KNO_3$浓度约为0.05 mol·$L^{-1}$，NaCl浓度为0.01 mol·$L^{-1}$、0.02 mol·$L^{-1}$、0.04 mol·$L^{-1}$、0.06 mol·$L^{-1}$、0.08 mol·$L^{-1}$的饱和$Ca(OH)_2$溶液，将二氧化碳气体鼓泡通入溶液至pH=11～12，重复上述极化曲线测定步骤。

### 7. pH=10~11范围内氯离子对钢筋极化曲线的影响

在容量瓶中分别配制支持电解质$KNO_3$浓度约为0.05 mol·$L^{-1}$，NaCl浓度为0.01 mol·$L^{-1}$、0.02 mol·$L^{-1}$、0.04 mol·$L^{-1}$、0.06 mol·$L^{-1}$、0.08 mol·$L^{-1}$的饱和$Ca(OH)_2$溶液，将二氧化碳气体鼓泡通入溶液至pH=10～11，重复上述极化曲线测定步骤。

### 8. pH=9~10范围内氯离子对钢筋极化曲线的影响

在容量瓶中分别配制支持电解质$KNO_3$浓度约为0.05 mol·$L^{-1}$，NaCl浓度为0.01 mol·$L^{-1}$、0.02 mol·$L^{-1}$、0.04 mol·$L^{-1}$、0.06 mol·$L^{-1}$、0.08 mol·$L^{-1}$的饱和$Ca(OH)_2$溶液，将二氧化碳气体鼓泡通入溶液至pH=9～10，重复上述极化曲线测定步骤。

### 9. 不同pH值孔隙液中氟离子对钢筋极化曲线的影响

将实验步骤6、7、8中的氯离子换成氟离子，可以测定不同pH值模拟孔隙液中氟离子浓度对极化曲线的影响。

实验结束，清洗全部电极和电解池。将恒电位仪的内给定左旋到底，关闭电源。清理实验台面。

## 数据处理与结果分析

1. 以极化电流密度为纵坐标，给定电压为横坐标，绘出钢筋在溶液中的极化-钝化曲线。

2. 比较不同pH值、氯离子浓度（或氟离子浓度）对钢筋极化电位的影响，分析这些因素对钢筋在混凝土孔隙液中发生腐蚀过程的影响。

## 讨论与思考

1. 据新闻报道，深圳鹿丹村，一个建成仅20余年的社区，如今许多楼房已是墙面斑驳，楼板开裂，钢筋外露，有的用手轻轻一折就断。深圳市住建局在2013年3月15日的新闻发布会上承认，鹿丹村在当年建筑施工时使用了海砂，其释放的氯离子含量超标，腐蚀钢筋，导致墙面和主体结构出现问题。试查阅相关资料，估算其建筑材料孔隙液的氯、氟离子含量，并根据本次实验结果（可参考其他实验小组数据），对这一严重的建筑质量事故的成因作出简要说明。

2. 试为钢筋在混凝土中的腐蚀设计一个合理的微小原电池表达式，并利用热力学函数计算该电池的电极电势和电动势，并与实验结果进行对照。

3. 设计实验方案，考察本地区雨水渗透对建筑墙体中钢筋的影响并预测钢筋寿命，可使用新的实验技术和方法。

## 实验18　循环伏安法测定电极过程动力学参数

## 实验简介

本实验中我们将学习和掌握循环伏安法的实验原理和技术，并利用该实验方法研究电极表面的动力学过程。循环伏安法是现代电化学研究的常规方法，常用于偏离热力学平衡状态的电极过程，在这个实验中，将不仅会熟悉循环伏安图谱的一般特征，而且要将其特征参数与电极过程动力学方程相关联。这有助于理解深奥难懂的电化学动力学理论。

学生应熟悉电化学动力学理论的基本概念，如超电势、电流密度、离子扩散速率及其与电极表面化学反应速率的关系，请仔细阅读并理解本实验的"理论探讨"部分。

## 理论探讨

### 1. 循环伏安法原理

在电化学研究中，循环伏安法（cyclic voltammetry，简称CV）已经成为一种经典的测量技术，是一种用于表征发生在电极/电解质溶液两相界面上电化学过程的标准程序。

循环伏安法的主要实验内容是对一根浸没在静止的、未加搅拌的溶液中的电极进行电位循环扫描，同时测量所得到的电流。这根电极称为工作电极（working electrode，简称WE），其电势可通过与参比电极（reference electrode，简称RE）构成电势测量回路进行控制，常用的参比电极包括饱和甘汞电极（saturated calomel electrode，简称SCE）、银/氯化银电极（Ag/AgCl）等。可以将工作电极和参比电极间的可控电势看作是激发信号，循环伏安法的激发信号为三角波形的线性电势扫描信号，如图1所示，电极电势$E$将以恒定的扫描速率$dE/dt$在两个值之间来回扫描，这两个电势值有时也称为转换电势。在循环伏安实验中，常将电解质溶液开始分解的电极电势值选作转换电势，在水溶液中，这就是氧气和氢气开始

图1　循环伏安实验中的电极电势-时间变化曲线

在电极表面释放的电势值。图1中，激发信号首先导致电极电势（相对于SCE）由+0.80 V开始进行负向扫描，直至 −0.20 V（蓝线），然后在该点反转扫描方向，进行正向扫描直至回到初始电势 +0.80 V（红线）；由直线斜率可知扫描速率为50 mV·s$^{-1}$；第二轮扫描循环用虚线表示。电位负向扫描时发生还原反应：O+ e$^-$——→R，电位正向扫描时发生氧化反应：R——→O+ e$^-$，一次完整的扫描过程包括负向扫描和正向扫描，恰好完成一个氧化-还原过程的循环。循环伏安法实验可以进行单轮或多轮循环扫描，现代的实验仪器可以非常方便地改变转换电势和扫描速率。

在电势扫描过程中测量工作电极上的电流就得到循环伏安图，该电流可以看作是电势激发信号的响应信号，循环伏安图以电流信号为纵坐标，以电势信号为横坐标，由于电势随时间作线性变化，因此横坐标也可以看作时间。电流在工作电极和对电极（counter electrode，简称CE，也称为辅助电

图2　循环伏安三电极系统原理图

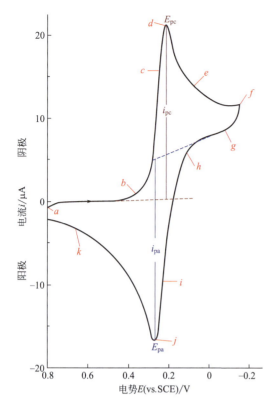

图3  $K_3[Fe(CN)_6]$ 循环伏安曲线，
扫描速率50 mV·s⁻¹，Pt电极面积2.54 mm²

极）之间通过，这可以保证参比电极上通过的电流极其微小，防止极化，从而精确地控制工作电极的电势。由此可见，循环伏安测量系统为典型的三电极系统（见图2），该系统含两个回路，一个为测试回路，由工作电极和参比电极组成，用来测试工作电极的电化学反应过程，另一个回路由工作电极和辅助电极组成，构成电解槽，满足电化学反应平衡要求。

图3为典型的循环伏安曲线，工作电极为铂电极，水溶液中含有$6×10^{-3}$ mol·L⁻¹的电化学活性物种$[K_3Fe(CN)_6]$，以1.0 mol·L⁻¹的KNO₃为支持电解质，除负向转换电势为$-0.15$ V外，电势激发信号与图1基本相同。起始扫描电位选定为$+0.8$ V（$a$点），这可以防止电极通电时引起$[K_3Fe(CN)_6]$分解；电势开始负向扫描，如图3中箭头所示，当电势变负至足以还原$[Fe^{III}(CN)_6]^{3-}$时，阴极电流开始产生（$b$段），电极反应为

$$[Fe^{III}(CN)_6]^{3-} + e^- \longrightarrow [Fe^{II}(CN)_6]^{4-} \quad (1)$$

此时工作电极变成了还原$[Fe^{III}(CN)_6]^{3-}$的强还原剂；接着，阴极电流快速增大（$b→c→d$），直至达到峰值（$d$点），电极表面的$[Fe^{III}(CN)_6]^{3-}$浓度大大降低；由于电解转化为$[Fe^{II}(CN)_6]^{4-}$，电极周围溶液中$[Fe^{III}(CN)_6]^{3-}$逐渐耗尽，电流随之衰减（$g$段）。

电势扫描在$-0.15$ V转向为正向扫描（$f$点）；尽管电势已经开始向正方向变化，此时电极电势仍负且足以还原$[Fe^{III}(CN)_6]^{3-}$，因此阴极电流继续存在（$g$段）；当电极变成足够强的氧化剂时（$h$段），聚集在电极周围的$[Fe^{II}(CN)_6]^{4-}$能够被氧化，电极过程为

$$[Fe^{II}(CN)_6]^{4-} \longrightarrow [Fe^{III}(CN)_6]^{3-} + e^- \quad (2)$$

这就导致阳极电流的产生（$i→k$）；阳极电流快速增大（$i$段），直至表面$[Fe^{II}(CN)_6]^{4-}$浓度大大降低，电流达到峰值（$j$点）；随着电极周围的$[Fe^{II}(CN)_6]^{4-}$逐渐耗尽，电流逐步衰减（$j→k$）；当扫描电势达到$+0.8$ V时，第一轮循环扫描完成。从所得到的循环伏安曲线上可以看出，在大于$+0.4$ V的条件下，$[Fe^{III}(CN)_6]^{3-}$都不会被还原，因此选择高于$+0.4$ V的电位，作为起始扫描电位，可以防止反应物种在实验中被提前分解。

## 2. 电化学可逆体系循环伏安曲线的解读

在循环伏安实验的前向扫描（负向扫描）过程中，阴极电流说明通过电化学反应由$[Fe^{III}(CN)_6]^{3-}$生成了$[Fe^{II}(CN)_6]^{4-}$；反之，在反向扫描（正向扫描）过程中，阳极电流说明所生成的$[Fe^{II}(CN)_6]^{4-}$又变回了$[Fe^{III}(CN)_6]^{3-}$。因此，循环伏安法可以在前向扫描中快速生成一种新的还原态，然后在反向扫描中立即考察该新还原态的变化规律，这是循环伏安法技术

的重要特征，对于研究复杂反应的机理非常有帮助。

　　为进一步了解循环伏安法，可以考虑能斯特方程以及电解过程中电极周围溶液的浓度变化。对于可逆体系，电势激发信号对氧化-还原物种比例 $[Fe^{III}(CN)_6]^{3-}/[Fe^{II}(CN)_6]^{4-}$ 的影响可以用能斯特方程表示

$$E = E^{0\prime} - \frac{RT}{nF}\ln\frac{[Fe^{II}(CN)_6^{4-}]}{[Fe^{III}(CN)_6^{3-}]} = E^{0\prime} + \frac{0.059}{1}\lg\frac{[Fe^{III}(CN)_6^{3-}]}{[Fe^{II}(CN)_6^{4-}]} \tag{3}$$

式中，$E$ 和 $E^{0\prime}$ 为相对参比电极的电势值；$E^{0\prime}$ 为氧化-还原对的表观电势（formal electrode potential 或 conditional electrode potential，也称为式量电极电势），它与标准电势相差一个活度系数的对数项。由方程（3）可以看出，若起始扫描电位大大高于 $E^{0\prime}$，$[Fe^{III}(CN)_6]^{3-}$ 在电极周围溶液中占绝对多数，因此当起始扫描电位设定为 +0.8 V 时，所导致的电流基本可以忽略；然而，当 $E$ 开始负向扫描后，$[Fe^{III}(CN)_6]^{3-}$ 必须通过还原反应生成 $[Fe^{II}(CN)_6]^{4-}$，以满足能斯特方程的要求；当扫描电位 $E$ 接近 $E^{0\prime}$ 时，浓度比 $[Fe^{III}(CN)_6]^{3-}/[Fe^{II}(CN)_6]^{4-}$ 接近1，这导致了在前向扫描过程中阴极电流的急剧升高（图3中 $b \rightarrow d$）。

　　对应于图3的循环伏安曲线，电位扫描各阶段电极附近溶液中各物质的浓度-距离关系曲线（$c$-$x$ 曲线）如图4所示，这些曲线描述了溶液浓度 $c$ 作为离开电极表面距离 $x$ 的函数所发生的变化。

　　（1）图4(a)为起始扫描电位下 $[Fe^{III}(CN)_6]^{3-}$ 和 $[Fe^{II}(CN)_6]^{4-}$ 的 $c$-$x$ 曲线，可以注意到，与体相溶液浓度相比，起始扫描电位 $E_{始}$ 并没有显著改变电极表面 $[Fe^{III}(CN)_6]^{3-}$ 的浓度；随着电势朝负向扫描，电极表面的 $[Fe^{III}(CN)_6]^{3-}$ 逐步下降，以保证在任意时刻所处的工作电位上都能满足能斯特方程要求的 $[Fe^{III}(CN)_6]^{3-}/[Fe^{II}(CN)_6]^{4-}$ 比例 [图4(c)～(e)]。在图4(c)中，电极表面的 $[Fe^{III}(CN)_6]^{3-}$ 和 $[Fe^{II}(CN)_6]^{4-}$ 的浓度恰好相等，这对应于扫描电位 $E$ 恰好等于氧化-还原对的表观电势 $E^{0\prime}$（相对于SCE）。

**图4　对应图3循环伏安曲线各阶段的浓度-距离关系示意图**

　　（2）在图4(e)和图4(g)中，扫描电位已经远远负于表观电势，电极表面的 $[Fe^{III}(CN)_6]^{3-}$ 浓度实际上已经降为零。一旦电势达到能够使反应物表面浓度为零的值，则电势及其变化率都将不会对扩散控制过程的电流产生实质性的影响，也就是说，如果在 $e$ 点将电势扫描截止，电流仍然会顺着原来的轨迹随时间变化，就仿佛电势扫描没有被截止一样，这个性质是

下面用来测量阳极峰电流时如何确定基线位置的基础。

电势扫描过程中电流的变化可以从图4得到定性理解。在循环伏安实验中，电流正比于 $c$-$x$ 曲线在电极表面的斜率，即

$$i = nFAD\left(\frac{\partial c}{\partial x}\right)_{x=0} = K\left(\frac{\partial c}{\partial x}\right)_{x=0} \tag{4}$$

式中，$i$ 为电流，A；$n$ 是每个离子的电子得失数；$A$ 是电极面积，$cm^2$；$D$ 是扩散系数，$cm^2 \cdot s^{-1}$；$c$ 是浓度，$mol \cdot cm^{-3}$；$x$ 是离开电极表面的距离，cm。由方程（4）可知，图3中循环伏安曲线上特定电势下的电流大小可以用图4中对应 $c$-$x$ 曲线的斜率变化予以解释：图4（a）曲线斜率为零，因此该电势下的电流基本可以忽略；电势朝负向扫描，曲线 $c$、$d$ 的 $(\partial c/\partial x)_{x=0}$ 变大，图3中的阴极电流随之增加；电势扫描越过 $d$ 点后，由于电极附近的 $[Fe^{III}(CN)_6]^{3-}$ 耗尽，$(\partial c/\partial x)_{x=0}$ 逐渐变小 [见图4（e）和图4（g）]，对应的阴极电流也随之下降。因此，循环伏安图前向扫描过程中电流变化的行为是：电流首先增大，达到峰值电流，然后衰减。

电势负向扫描过程中 $[Fe^{III}(CN)_6]^{3-}$ 被还原为 $[Fe^{II}(CN)_6]^{4-}$，在电极周围的 $[Fe^{III}(CN)_6]^{3-}$ 被耗尽的同时，$[Fe^{II}(CN)_6]^{4-}$ 也在不断累积，这可以从 $[Fe^{II}(CN)_6]^{4-}$ 的 $c$-$x$ 曲线上看出来。当电势扫描在 $-0.15$ V 转向后，还原反应仍然持续进行（阴极电流的存在证明这一点），直至工作电位足够正，使得累积的 $[Fe^{II}(CN)_6]^{4-}$ 开始被氧化；氧化反应发生的迹象来自于阳极电流的出现，与负向扫描一样，随着扫描电位变正，阳极电流逐渐增大，直至 $[Fe^{II}(CN)_6]^{4-}$ 耗尽，电流达到峰值，然后衰减 [见图4中（i）～（k）]。这样，在电势扫描的还原过程和氧化过程中都能够产生电流峰。

循环伏安曲线上的重要参数有阳极峰电流（anodic peak current，$i_{pa}$）和阴极峰电流（cathodic peak current，$i_{pc}$），以及阳极峰电位（anodic peak potential，$E_{pa}$）和阴极峰电位（cathodic peak potential，$E_{pc}$），这些参数都标示在图3中，直接读取峰电流的方法涉及外推基线的问题，正确确定基线是获得准确的峰电流的基本条件，这并不是一件容易的事情，尤其是对于复杂反应体系，可能存在多个连续重叠的电流峰。

对于任意一个还原反应：$O + ne^- \rightleftharpoons R$，初始溶液中仅含有氧化态物种O，且符合半无限线性扩散模型，即满足如下关系：

$$\frac{\partial c_O(x,t)}{\partial t} = D_O \frac{\partial^2 c_O(x,t)}{\partial^2 x} \qquad \frac{\partial c_R(x,t)}{\partial t} = D_R \frac{\partial^2 c_R(x,t)}{\partial^2 x} \tag{5a}$$

$$c_O(x,0) = c_O^* \qquad c_R(x,0) = 0 \tag{5b}$$

$$\lim_{x \to \infty} c_O(x,t) = c_O^* \qquad \lim_{x \to \infty} c_R(x,t) = 0 \tag{5c}$$

流量平衡关系为

$$D_O\left[\frac{\partial c_O(x,t)}{\partial x}\right]_{x=0} + D_R\left[\frac{\partial c_R(x,t)}{\partial x}\right]_{x=0} = 0 \tag{5d}$$

式中，$D_O$ 和 $D_R$ 分别为氧化态物种和还原态物种的扩散系数。

假定氧化还原物种在电极表面的电荷转移反应速率很快，这可以定义为电化学可逆体系，比如对于反应 $O + e^- \rightleftharpoons R$，若正向反应和逆向反应都很快并足以达成平衡，则满足可逆条件和能斯特方程

$$E = E^{0'} + \frac{RT}{nF}\ln\frac{c_O(0,t)}{c_R(0,t)} \tag{6}$$

在循环伏安实验中，初始扫描电位$E_始$时不发生任何电极反应，前向扫描电位与时间关系为

$$E(t) = E_始 - vt \tag{7}$$

式中，$v$为电位扫描速率，$V \cdot s^{-1}$。Randies[1]和Sevcik[2]首先考虑了方程（5）、（6）、（7）的求解问题，Nicholson和Shain[3,4]对此进行了更加明晰的分析，得到前向扫描（负向扫描）峰电流为

$$i_p = 0.4463 \left( \frac{F^3}{RT} \right)^{1/2} n^{3/2} A D_O^{1/2} c_O^* v^{1/2} \tag{8}$$

式中，$A$为电极面积，$cm^2$；$D_O$为氧化态物种扩散系数，$cm^2 \cdot s^{-1}$；$c_O^*$为体相浓度，$mol \cdot mL^{-1}$；$v$为电位扫描速率，$V \cdot s^{-1}$25 ℃时阴极峰电流（单位：A）

$$i_p = (2.686 \times 10^5) n^{3/2} A D_O^{1/2} c_O^* v^{1/2} \tag{9}$$

可见，$i_p$与电势扫描速率的平方根成正比，且正比于氧化态物种的体相浓度，一个可逆的循环伏安过程是一个扩散控制的过程，即电子转移速率由通过扩散向电极表面输送物质的速率控制。在循环伏安实验中，一般以第一次的前向扫描峰电流为定量分析参数，因为反向扫描的峰电流是转换电势的函数；对可逆体系进行多次来回扫描获得的CV曲线是类似的，但峰电流会略有下降，对于单电子转移反应，多次循环扫描并不会给出更多的信息，但是如果电极反应还与溶液中的化学反应复合，比如

$$O + e^- \rightleftharpoons R$$
$$R \longrightarrow 产物$$

则多次循环扫描可能给出更多的信息。

由此求得前向扫描的峰电位为

$$E_p = E_{1/2} - 1.109 \frac{RT}{nF} = E_{1/2} - \frac{28.5 \text{ mV}}{n} \quad (25 \text{ ℃}) \tag{10}$$

式中

$$E_{1/2} = E^{0\prime} + \frac{RT}{nF} \ln \left( \frac{D_R}{D_O} \right)^{1/2} \tag{11}$$

$E_{1/2}$可以认为是还原峰电位和氧化峰电位的平均值，若氧化物种和还原物种的扩散系数相等，即$D_O = D_R$，则$E_{1/2} = E^{0\prime}$。可以注意到，扩散系数对$E_{1/2}$的影响是不大的，即使$D_O/D_R = 2$，25 ℃时$E_{1/2}$与$E^{0\prime}$之间也仅相差约9 mV。

由于循环伏安曲线的峰顶往往较为宽平，$E_p$不容易确定，也常常将峰电流一半处的电位，即半峰电位$E_{p/2}$作为测量参数，$E_{p/2}$定义为

$$E_{p/2} = E_{1/2} + 1.09 \frac{RT}{nF} = E_{1/2} + \frac{28.0 \text{ mV}}{n} \quad (25 \text{ ℃}) \tag{12}$$

可见，$E_p$和$E_{p/2}$都与扫描速率$v$无关。图5中示出了上述各参数的位置，$E_{1/2}$处于$E_p$和$E_{p/2}$之间。

在循环伏安实验中，$i_p / (v^{1/2} c_O^*)$是一个常用的参数，也称为电流函数，它与$n^{3/2}$和$D_O^{1/2}$有关。如果已知扩散系数，则可以用该参数来估算电极反应涉及的电子数，反之亦然。

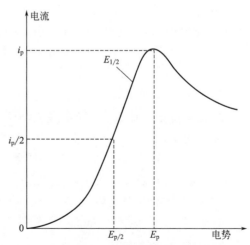

**图5　循环伏安曲线重要参数标示**

## 仪器试剂

电化学分析仪（表华604E），计算机，铂丝电极，饱和甘汞电极，电极架，100 mL、50 mL、25 mL容量瓶，5 mL、10 mL移液管，大号称量瓶（电解池）。

铁氰化钾[$K_3Fe(CN)_6$，A.R.]，硝酸钾（A.R.），硫酸钠（A.R.），硫酸（A.R.），硝酸，电极磨料。

## 安全须知和废弃物处理

- 在实验室需穿戴实验服、防护目镜或面罩。
- 在处理金属样品和溶液时需使用丁腈橡胶手套。
- 铁盐及含铁金属盐溶液可能刺激眼睛、皮肤、黏膜和呼吸道，应避免吸入或误食，如发生沾染，请用水冲洗沾染部位10 min以上。
- 离开实验室前务必洗手。
- 金属盐溶液倒入指定的废液回收桶。
- 使用过的砂纸和固体废渣、碎屑放入固体废弃物桶。

## 实验步骤

### 1. 配制溶液

配制1 mol·$L^{-1}$ $KNO_3$溶液作为支持电解质溶液备用。

准确称取0.33 g左右$K_3[Fe(CN)_6]$，用1 mol·$L^{-1}$ $KNO_3$溶液溶解后定容于100 mL容量瓶中，得到约10 mmol·$L^{-1}$浓度的$K_3[Fe(CN)_6]$母液。

在25 mL容量瓶中分别准确移入10 mmol·$L^{-1}$浓度的$K_3[Fe(CN)_6]$母液5 mL、10 mL、15 mL、20 mL，用1 mol·$L^{-1}$ $KNO_3$溶液定容至刻度，配成2 mmol·$L^{-1}$、4 mmol·$L^{-1}$、6 mmol·$L^{-1}$、8 mmol·$L^{-1}$浓度的$K_3[Fe(CN)_6]$溶液。

必须准确记录上述溶液中$K_3[Fe(CN)_6]$的浓度。

### 2. 铂丝电极准备和清洗

用铂丝电极作为工作电极和对电极，使用前用$Al_2O_3$粉抛光，再用蒸馏水淋洗干净。以饱和甘汞电极（SCE）作为参比电极。将WE、CE、RE以及通气管安装到电极架上。

更换测量体系后，应进行铂电极表面的清洁，方法是将电极浸入0.5 ~ 1 mol·$L^{-1}$ $H_2SO_4$溶液中，在−0.2 ~ +1.5 V范围内进行5轮以上的循环伏安扫描，扫描速度不大于100 mV·$s^{-1}$，扫描结束后将电极用蒸馏水清洗。电极表面的清洁过程可重复多次。

### 3. 测定支持电解质$KNO_3$的本底循环伏安（CV）曲线

在电解池中放入1 mol·$L^{-1}$ $KNO_3$溶液，以电极适当浸入为准。由通气管向溶液中鼓入$N_2$泡10 min，以除去氧气。如果实验条件允许，除氧结束后可以将通气管提离溶液，继续保持$N_2$流过溶液表面，防止$O_2$重新溶入。

进行除氧的同时可以设定实验参数，注意此时不要将工作电极连接到电化学工作站。启动电化学分析系统"Chi604E"软件，点击"Setup-Technique"，在弹出的对话框中选择"CV-Cyclic Voltammetry"，即循环伏安法。点击"Setup-Technique"，在弹出的对话框中设置实验参数如下：

| | |
|---|---|
| 初电位 Init E/V | +0.80 |
| 高电位 High E/V | −0.20 |
| 低电位 Low E/V | +0.80 |
| 终电位 Final E/V | +0.80 |
| 起始扫描极性 Initial San Polarity | Negative |
| 扫描速率 Scan Rate/（V/s） | 0.02 |
| 扫描段数 Sweep Segments | 2 |
| 采样间隔 Sample Interval/V | 0.001 |
| 静止时间 Quiet Time/s | 10 |
| 灵敏度 Sensitivity/（A/V） | 1.e−006 |

其中扫描起始电位+0.80 V，转换电势−0.20 V，所有电位扫描都从负向扫描开始，扫描速率 20 mV·s⁻¹（特殊说明除外）。扫描开始前在起始扫描电位停留10 s以上等待电流稳定，采样间隔和电流灵敏度先采用软件默认设置，可根据实验情况适当调整。

除氧结束后将工作电极接入测试系统，电流达到稳定值后开始扫描，测定支持电解质 $KNO_3$ 的本底CV曲线。

### 4. 在不同条件下测定 $[Fe^{III}(CN)_6]^{3-}/[Fe^{II}(CN)_6]^{4-}$ 可逆体系的CV曲线

断开工作电极的连接，清洗电解池，然后放入4 mmol·L⁻¹浓度的 $K_3[Fe(CN)_6]$ 溶液，按上述同样的程序测定 $[Fe^{III}(CN)_6]^{3-}$-$[Fe^{II}(CN)_6]^{4-}$ 氧化-还原电对的CV曲线。用游标卡尺测量工作电极浸入溶液的长度和铂丝直径，估算电极表面积A。以后每次实验测量应尽量保证电极浸入深度相同。

用上述溶液考察扫描速率v对循环伏安曲线的影响，扫描速率依次设定为20 mV·s⁻¹、50 mV·s⁻¹、75 mV·s⁻¹、100 mV·s⁻¹、125 mV·s⁻¹、150 mV·s⁻¹、175 mV·s⁻¹和200 mV·s⁻¹。要注意在每次测量前，必须将电极表面恢复原状，方法是将工作电极在溶液中平缓地上下晃动，但是不要把电极拉出溶液，在此过程中要防止气泡附着在电极表面。

溶液浓度也会影响到峰电流的大小，在20 mV·s⁻¹的扫描速率下，依次测定2 mmol·L⁻¹、6 mmol·L⁻¹、8 mmol·L⁻¹、10 mmol·L⁻¹ $K_3[Fe(CN)_6]$ 溶液的循环伏安曲线。

## 数据处理与结果分析

1. 画出 $KNO_3$ 溶液的CV曲线，说明本底溶液的循环伏安扫描特征。

2. 将各电位扫描速率下4 mmol·L⁻¹ $K_3[Fe(CN)_6]$ 溶液的CV曲线重叠绘制在一张图上，列表和计算如下参数：电位扫描速率 $v$/V·s⁻¹，$E_{pc}$/V(vs. SCE)，$E_{pa}$/V(vs. SCE)，$i_{pc}$/μA。

3. 在同一张图上绘出 $i_{pc}$-$v^{1/2}$ 和 $i_{pa}$-$v^{1/2}$ 曲线，进行线性拟合；计算铂丝电极面积，根据方程（8）或方程（9），估算 $[Fe^{III}(CN)_6]^{3-}$ 和 $[Fe^{II}(CN)_6]^{4-}$ 的扩散系数 $D_O$ 和 $D_R$，25 ℃时文献值[5]如下：

1.00 mol·L⁻¹KCl溶液中，$D_O$=（0.726±0.011）×10⁻⁵ cm²·s⁻¹，$D_R$=（0.667±0.014）×10⁻⁵ cm²·s⁻¹；

0.10 mol·L⁻¹KCl溶液中，$D_O$=（0.720±0.018）×10⁻⁵ cm²·s⁻¹，$D_R$=（0.666±0.013）×10⁻⁵ cm²·s⁻¹。

（$KNO_3$ 作为支持电解质时，扩散系数仅有微小差别）

4. 估算 $Fe^{III}(CN)_6^{3-}/Fe^{II}(CN)_6^{4-}$ 可逆体系的电子转移数 $n$。

5. 将 20 mV·s⁻¹ 的扫描速率下，2 mmol·L⁻¹、4 mmol·L⁻¹、6 mmol·L⁻¹、8 mmol·L⁻¹、10 mmol·L⁻¹ $K_3[Fe(CN)_6]$ 溶液和待测溶液的 CV 曲线重叠绘制在一张图上，读出各浓度溶液的 $i_{pc}$ 和 $i_{pa}$，并列表。

6. 在同一张图上绘制 $i_{pc}$-$c_O^*$ 曲线和 $i_{pa}$-$c_O^*$ 曲线，进行线性拟合，由拟合关系求出待测溶液的浓度。

## 讨论与思考

本实验项目理论探讨部分涉及峰电流的方程，无论是针对可逆体系、完全不可逆体系或者准可逆体系，都是以负向扫描的还原反应 O+$ne^-$——→R 为处理对象的。若现在首先进行正向扫描，处理对象改为 R——→O+$ne^-$，问这些方程是否能够继续使用？或者需要做出什么样的改变，请举例说明。

## 参考文献

［1］Randies J E B. A Cathode Ray Polarograph. Part Ⅱ-The Current-Voltage Curves. Trans. Faraday Soc.，1948，44：327-338.

［2］Ševčík A. Oscillographic Polarography with Periodical Triangular Voltage. Coll. Czech. Chem. Commun.，1948，13：349-377.

［3］Nicholson R S，Shain I. Theory of Stationary Electrode Polarography-Single Scan and Cyclic Methods Applied to Reversible，Irreversible，and Kinetic Systems. Anal. Chem.，1964，36：706-723.

［4］Nicholson R S. Theory and Application of Cyclic Voltammetry for Measurement of Electrode Reaction Kinetics. Anal. Chem.，1965，37：1351-1355.

［5］Konopka S J，McDuffie B. Diffusion Coefficients of Ferri- and Ferrocyanide Ions in Aqueous Media，Using Twin-Electrode Thin-layer Electrochemistry. An al. Chem.，1970，42：1741-1746.

## 实验19　旋光度法测定蔗糖酸催化转化反应的速率常数

## 实验简介

本实验中我们将使用旋光度测定法研究蔗糖在盐酸催化下转化为葡萄糖和果糖的反应动力学问题。蔗糖酸催化转化反应是化学反应动力学定量研究的第一个实例，1850年左右由德国的 L. Wilhelmy 首先进行过研究，30年后又由范特霍夫和阿伦尼乌斯再次进行了研究，阿伦尼乌斯还据此研究结果提出了著名的阿伦尼乌斯方程。本实验的测量方法几乎与这些大师的工作完全相同，因此这是一个有历史意义的实验项目。

学生应掌握简单的微积分知识，并熟悉关于旋光仪和旋光度测量的原理和方法。

## 理论探讨

蔗糖转化反应也就是蔗糖的水解反应，反应方程式为

$$C_{12}H_{22}O_{11} + H_2O \xrightarrow{H^+} C_6H_{12}O_6 + C_6H_{12}O_6 \tag{1}$$

（蔗糖） （葡萄糖） （果糖）

蔗糖、葡萄糖和果糖的分子结构中都含有手性原子，因此均具有对映体结构。

早在1885年药物学家坦瑞特（Tanret）就分离出物理性质不同的两种D-葡萄糖，一种是从乙醇中结晶出来的，称为$\alpha$-D-吡喃型葡萄糖（$\alpha$-D-glucopyranose），熔点为146 ℃，比旋光度$[\alpha]_D^{20} = +112°$；另一种是从吡啶中结晶出来的，称为$\beta$-D-吡喃型葡萄糖（$\beta$-D-glucopyranose），熔点是150 ℃，比旋光度$[\alpha]_D^{20} = +19°$。两者之中任何一种当溶解在水里时溶液的比旋光值都逐渐发生变化，直到+52.7°达到平衡，旋光度值不再改变。两种葡萄糖的溶液分别改变旋光，达到一个恒定值的现象叫做变旋现象（mutarotation），葡萄糖的变旋光可以在酸、碱的催化作用下完成，如图1所示。

$\alpha$-D-吡喃葡萄糖

$\beta$-D-吡喃葡萄糖

**图1 葡萄糖的变旋现象**

果糖有两种不同的环状结构，一种是六元含氧杂环，称为吡喃果糖；另一种是五元含氧杂环，它和杂环化合物呋喃的环型相似，称为呋喃果糖。每种环状结构都有$\alpha$和$\beta$两种构

型，加上开链结构，果糖总共有五种构型。自然界中以游离状态存在的果糖是$\beta$-D-吡喃果糖，而以结合状态存在的果糖是$\beta$-D-呋喃果糖。果糖的环状结构，在溶液中都可以通过开链结构互变而成一平衡体系，因此果糖也有变旋光现象（见图2）。$\alpha$构型的比旋光度$[\alpha]_D^{20}$为$-63.6°$，$\beta$构型的比旋光度$[\alpha]_D^{20}$为$-135.5°$，水溶液平衡后的比旋光度为$-92.3°$。

图2 果糖的变旋现象

图3 蔗糖的结构式

蔗糖是白色晶体，熔点186℃，易溶于水，比旋光度$[\alpha]_D^{20}=+66.5°$，甜度仅次于果糖。蔗糖既是$\alpha$-D-葡萄糖苷，也是$\beta$-D-果糖苷，其结构如图3所示。它是由$\alpha$-D-葡萄糖中的$C_1$上的$\alpha$-苷羟基和$\beta$-D-果糖中的$C_2$上的$\beta$-苷羟基脱水而成的二糖，蔗糖分子中无苷羟基，在水溶液中不能互变为开链结构，无还原性，是一种非还原性二糖，无变旋光现象。

蔗糖酸催化转化反应是一个复杂反应，反应速率方程可以表示为

$$-\frac{d[C_{12}H_{22}O_{11}]}{dt}=k[C_{12}H_{22}O_{11}]^{\alpha}[H_2O]^{\beta}[H^+]^{\gamma} \tag{2}$$

式中，[ ]表示物质的量浓度。许多实验教材指出速率方程（2）中的各浓度项指数为$\alpha=1$、$\beta=6$、$\gamma=1$，但是对蔗糖水解反应的详细研究[1]表明，反应初始阶段旋光度测定实验数据并不完全符合反应速率与蔗糖浓度一次方成正比的关系，而$\gamma=1$的结论也仅适用于低浓度盐酸催化剂（低于$0.1\ \text{mol}\cdot\text{L}^{-1}$），反应速率与$H^+$活度相关，而不是与$H^+$浓度相关，并且蔗糖对不同种类酸的$H^+$活度的影响没有一致的规律。

本实验不研究$H^+$对反应速率的影响，而只把$H^+$当做催化剂看待，其浓度在反应过程中将保持不变。同时在实验条件下$H_2O$大大过量，比如100 g 20%浓度的蔗糖溶液中蔗糖的物质的量约为0.058 mol，而水的物质的量约为4.444 mol，即使蔗糖全部反应完全，所消耗的水量仅略多于总水量的1%，可以认为在整个反应过程中水的浓度是不变的。这样，方程

（2）中的$[H_2O]^\beta[H^+]^\gamma$项为常量，可以与速率常数$k$合并，若蔗糖浓度指数项$\alpha=1$，方程（2）变为

$$-\frac{dc}{dt}=k_{obs}[C_{12}H_{22}O_{11}]=k_{obs}c \tag{3}$$

式中，$k_{obs}$称为表观速率常数，即通过实验测定的蔗糖转化反应的速率常数。因此，蔗糖转化反应可看作假一级反应，或称准一级反应。方程（3）积分可得

$$\ln c=\ln c_0-k_{obs}t \tag{4}$$

式中，$c_0$为反应开始时蔗糖的浓度。当$c=c_0/2$时，时间$t$可以用$t_{1/2}$表示，即为反应的半衰期

$$t_{1/2}=\frac{\ln 2}{k_{obs}} \tag{5}$$

一级反应的半衰期只决定于反应速率常数$k_{obs}$，而与起始浓度无关，这是一级反应的特点。同时，从方程（4）可以看出，在不同时间内测定反应物的相应浓度，并以$\ln c$对$t$作图，可得一直线，由直线斜率即可求得反应速率常数$k_{obs}$。

本实验研究的特点是能够在不干扰反应体系的情况下跟踪反应进程，即用旋光仪测量通过溶液的偏振光的旋光角。蔗糖溶液具有右旋光特性，但是其产物混合溶液却具有轻微的左旋光特性，因为左旋光的果糖具有比右旋光的葡萄糖更大的比旋光度。

测量物质旋光度所用的仪器为旋光仪，溶液的旋光度与溶液中所含旋光物质的旋光能力、溶剂性质、溶液浓度、液层厚度及温度等因素均有关，且具有简单的加和性。当固定其他条件时，旋光度$\alpha$与溶液浓度$c$呈线性关系，即

$$\alpha=\sigma c \tag{6}$$

式中，比例常数$\sigma$与物质的旋光能力、溶剂性质、液层厚度及温度等因素有关。蔗糖转化反应开始时，$t=0$，蔗糖尚未开始转化，设溶液的初始旋光度为

$$\alpha_0=\sigma_{反应物}c_0 \tag{7}$$

当蔗糖已完全转化时，溶液的旋光度为

$$\alpha_\infty=\sigma_{生成物}c_0 \tag{8}$$

在反应过程中的任意时刻$t$，蔗糖浓度为$c$，溶液旋光度为

$$\alpha_t=\sigma_{反应物}c+\sigma_{生成物}(c_0-c) \tag{9}$$

由此可得

$$c_0=\frac{\alpha_0-\alpha_\infty}{\sigma_{反应物}-\sigma_{生成物}} \qquad c=\frac{\alpha_t-\alpha_\infty}{\sigma_{反应物}-\sigma_{生成物}} \tag{10}$$

将方程（10）代入方程（4）可得

$$\ln(\alpha_t-\alpha_\infty)=-k_{obs}t+\ln(\alpha_0-\alpha_\infty) \tag{11}$$

显然，可通过旋光仪测定$\alpha_0$、$\alpha_\infty$以及不同反应时间$t$时的$\alpha_t$值，以$\ln(\alpha_t-\alpha_\infty)$对$t$作图可得一条直线，根据直线斜率可求得反应速率常数$k_{obs}$。

反应溶液的初始旋光度$\alpha_0$可以通过测定相应浓度蔗糖水溶液旋光度的方法得到。室温下，在$2\ mol\cdot L^{-1}$盐酸溶液中蔗糖完全反应需要2天以上，为快速测定$\alpha_\infty$，可将反应溶液在$50\sim60\ ℃$加热30 min以上，冷却至室温后进行测量。也可以通过测定相应浓度的葡萄糖、果糖混合溶液的旋光度获得$\alpha_\infty$值，该混合溶液需预先配制并放置过夜，以保证变旋为过程达成平衡。

葡萄糖和果糖的变旋光现象对实验测定会产生一定的影响，蔗糖转化反应在酸性条件下

进行的，水解生成的$\alpha$-D-葡萄糖和$\beta$-D-果糖都会逐步发生变旋过程，考虑此种效应，溶液旋光度与反应时间的关系应修正为（参见实验19附录2）

$$\ln(\alpha_t-\alpha_\infty)=-k_{obs}t+\ln(p-qe^{-at}) \tag{12}$$

式中，$p$、$q$、$a$为待定参数，且均大于零。当反应时间$t$足够长时，$e^{-at}\rightarrow 0$，方程（12）等号右边第二项变为与时间无关的常数，此时方程（12）与方程（11）的形式相同。由此可见，反应开始阶段的旋光度$\alpha t$与反应时间$t$之间的关系会明显偏离方程（11），当用方程（11）进行数据拟合计算时，应剔除反应初始阶段的实验数据（一般取反应开始5 min以后的数据）。

由于$\alpha_0$、$\alpha_\infty$的测定具有一定的不确定性，Guggenheim提出了一种无须测量初始值就可以进行一级反应速率常数计算的方法。根据准一级反应速率方程（4），在两个不同时间$t_1$和$t_2$，蔗糖浓度

$$c_1=c_0e^{-k_{obs}t_1} \qquad c_2=c_0e^{-k_{obs}t_2}$$

令$t_1=t$，和$t_2=t+\Delta t$，则

$$c_1-c_2=c_0e^{-k_{obs}t}(1-e^{-k_{obs}\Delta t}) \tag{13}$$

等号两边取对数得到

$$\ln(c_1-c_2)=-k_{obs}t+\ln[c_0(1-e^{-k_{obs}\Delta t})] \tag{14}$$

根据方程（10），溶液的旋光度$\alpha$与蔗糖浓度$c$成正比，即$\alpha=Ac+B$，因此方程（14）可变为

$$\ln(\alpha_1-\alpha_2)=-k_{obs}t+\ln[Ac_0(1-e^{-k_{obs}\Delta t})] \tag{15}$$

取固定的时间间隔$\Delta t$（一般取反应时间的1/3或1/2），则方程（15）右边第二项为常数。在$\alpha$-$t$拟合曲线上读取一系列$\alpha_1$、$\alpha_2$-$t$数据，作$\ln(\alpha_1-\alpha_2)$-$t$直线图，由斜率可以得到反应速率常数$k_{obs}$。

根据阿伦尼乌斯公式，反应速率常数$k$与温度$T$的关系为：

$$\ln k=\ln A-\frac{E_a}{RT} \tag{16}$$

式中，$E_a$是活化能，$A$是指前因子，$R$是气体常数。如果测定不同温度下的反应速率常数，以$\ln k$-$1/T$作图并进行线性拟合，由拟合直线的斜率即可求出反应的活化能。

## 仪器试剂

WXG-4型旋光仪，旋光管，超级恒温槽，秒表，25 mL移液管2支，100 mL锥形瓶，500 mL烧杯，250 mL试剂瓶。

蔗糖（A.R.），盐酸（3 mol·L$^{-1}$）。

## 安全须知和废弃物处理

- 实验室中需穿戴实验服、防护目镜或面罩。
- 在处理酸性溶液时需使用丁腈橡胶手套。
- 较高浓度酸溶液刺激皮肤，如发生皮肤沾染，用水冲洗沾染部位10 min以上。
- 注意保护光学部件，所有镜片，包括测试管两头的护片玻璃都不能用手直接揩拭，

应用柔软的绒布或镜头纸揩拭；保持试样管及其两端玻片洁净，以免影响透光；试样管已注入溶液，切勿打开试样管，以免溶液泄漏；试样管的两端经精密磨制，以保证其长度为确定值并透光良好，使用时要十分小心，以防损坏。

- 酸溶液会腐蚀旋光仪和旋光管密封件，旋光管放入旋光仪前应将外壁擦拭干净，实验结束后应将旋光管各部件冲洗干净。
- 离开实验室前务必洗手。
- 反应溶液倒入指定的废液回收桶。

## 实验步骤

旋光仪原理、调节、校零和测量方法参见实验19附录1。部分实验步骤可以穿插进行。测量旋光度时只能在同一方向转动刻度盘调节手柄，然后读取始、末示值，测定旋光角，不能在来回转动手柄时读取示值，以免产生回程误差。

### 1. 配制20%蔗糖溶液

在电子天平（精度0.1 g）上称取约60 g蔗糖，加水至总质量为300 g，搅拌溶解，若有沉淀需过滤，澄清溶液倒入试剂瓶中保存。

### 2. 旋光仪零点的校正

调整恒温槽至25 ℃恒温，然后将旋光管外套接上恒温水。蒸馏水为非旋光物质，可以用来校正旋光仪的零点（即$\alpha=0$时仪器对应的刻度）。校正时，先洗净旋光管各部分零件，将一端的盖子旋紧，并由另一端向管内灌满蒸馏水，在管口形成凸液面，然后取玻璃片沿管口轻轻推入盖好，再旋紧套盖，玻璃片紧贴于旋光管，勿使其漏水或有气泡。必须注意，旋紧套盖时，一手握住管上的金属鼓轮，另一只手旋套盖，不能用力太猛，以免压碎玻璃片。用滤纸或干布擦净旋光管两端玻璃片，擦干管外的液体，将旋光管放入旋光仪中。打开旋光仪电源开关，稳定10 min，调节目镜聚焦，使视野清晰，再旋转检偏镜至能观察到三分视野暗度相等为止。记下检偏镜的旋光度$\alpha$，重复测量数次，取其平均值。此平均值即为零点，用来校正仪器的系统误差。

### 3. $\alpha_0$的测定

在干燥洁净的100 mL锥形瓶中准确移入25.00 mL蔗糖溶液和25.00 mL蒸馏水，摇匀，先用少量溶液荡洗旋光管两次，然后将溶液注满旋光管，放置数分钟，待温度恒定后，测定其旋光度，重复调节读数3次，取平均值，即为反应溶液的初始旋光度$\alpha_0$。

将旋光管中的溶液倒回锥形瓶中，加塞保存，作为后续各温度测量$\alpha_0$之用。

### 4. 盐酸催化蔗糖水解过程中$\alpha_t$的测定

蔗糖溶液和盐酸溶液于恒温槽中恒温10～15 min。

待恒温后在干燥洁净的100 mL锥形瓶中准确移入25.00 mL蔗糖溶液，再移入25.00 mL盐酸溶液，摇匀。在盐酸溶液加入一半时开始计时，迅速用少量混合溶液荡洗旋光管两次，然后将混合液装满旋光管，盖好玻璃片，旋紧套盖（检查是否漏液和气泡！）。

擦净旋光管两端玻璃片，擦去旋光管外残留的溶液，立刻置于旋光仪中，调节旋光仪，测量时间$t$时溶液的旋光度$\alpha_t$。测定时要迅速准确。在反应开始15 min内，每次测量间隔约1 min，以后的测量时间间隔可随反应速率的放慢而逐渐加宽，一直测量到旋光度为负值为止。

同时，将锥形瓶洗净烘干备用。

## 5. $\alpha_\infty$ 的测定

另取一只干燥洁净的 100 mL 锥形瓶，准确移入 25.00 mL 蔗糖溶液和 25.00 mL 盐酸溶液，摇匀加塞后置于 50 ~ 60 ℃ 水浴或烘箱中温热 30 min 以上，加速水解反应的进行，使蔗糖溶液完全反应。溶液冷却至室温，将其注入旋光管中，恒温后测定其旋光度，重复测量数次，如在测量误差范围内，取其平均值，即认为是 $\alpha_\infty$。

将旋光管中的溶液倒回锥形瓶中，加塞保存，作为后续各温度测量 $\alpha_\infty$ 之用。

## 6. 不同温度下酸催化蔗糖水解反应

改变实验温度，重复实验步骤 2 ~ 5，测定 30 ℃、35 ℃、40 ℃ 下的反应速率常数。

## 7. 结束实验

立即将旋光管洗净擦干，防止酸对旋光管的腐蚀。记录室温、大气压等常规实验数据。将旋光仪管槽内外用柔纸擦拭干净，防止酸液腐蚀仪器。清理实验仪器和实验台面。

## 数据处理与结果分析

1. 列表记录在不同酸催化条件下反应过程中所测得的 $\alpha_t$ 与对应时间 $t$ 数据，并作出相应的 $\alpha_t$-$t$ 图。

2. 根据方程（11），以 $\ln(\alpha_t-\alpha_\infty)$-$t$ 作图，剔除反应开始后 5 min 以内数据，然后进行线性拟合，由直线斜率计算出反应速率常数 $k_{obs}$，并计算半衰期 $t_{1/2}$。观察拟合直线方程的截距是否符合理论值 $\ln(\alpha_0-\alpha_\infty)$。比较不同酸催化反应的速率常数和半衰期大小，并讨论可能导致差别的原因。

3. 按照 Guggenheim 方法即利用方程（13）~ 方程（15）计算各酸催化转化反应的速率常数和半衰期。

4. 以不同温度下的 $\ln k$-$1/T$ 作图并进行线性拟合，由拟合直线的斜率求出反应的活化能。

## 讨论与思考

1. 除了蔗糖浓度、酸浓度和温度外，还有什么因素可能影响蔗糖转化反应的速率？

2. 如何判断某一旋光物质是左旋还是右旋？

3. 混合蔗糖溶液和盐酸溶液时，将盐酸加到蔗糖溶液里去，可否将蔗糖溶液加到盐酸里？为什么？

4. 既然在整个反应过程中始终存在变旋过程，为什么 $\ln(\alpha_t-\alpha_\infty)$-$t$ 数据在初始反应阶段之后基本呈线性关系？

## 参考文献

[1] Fales H A，Morrell J C. The Velocity of Inversion of Sucrose as a Function of the Thermodynamic Concentration of Hydrogen Ion. J. Am. Chem. Soc.，1922，44: 2071-2091.

## 1. 偏振光及其分类

　　光是一种电磁波，电磁辐射包含交变的电场和磁场，其振动矢量方向均垂直于电磁波的传播方向，两者本身也互相垂直。由于电场强度远远大于磁场强度，因此在电磁波中主要是电场分量与物质发生相互作用，电矢量又称为光矢量，电场的振动称为光振动，电场振动方向与光波传播方向之间组成的平面叫振动面。如果光振动被限制在一个单一平面内，这种光称为平面偏振光，也叫做线偏振光，简称偏振。图4(a)所示偏振光的光振动方向平行于纸面，垂直纸面的光振动强度为零。普通光源发射的光是由大量原子或分子独立辐射而产生的，由于热运动和辐射的随机性，大量原子或分子所发射偏振光的光矢量出现在各个方向的概率是相同的，没有哪个方向的光振动占优势，这种光源发射的光不显现偏振的性质，称为自然光 [见图4(b)]，一束自然光可以分解成两束振动方向互相垂直的、等幅的、不相干的线偏振光。还有一种光线，光矢量在某个特定方向上出现的概率比较大，也就是光振动在某一方向上较强，这样的光称为部分偏振光。图4(c)所示的部分偏振光在平行纸面方向的光振动强度较大。此外，如果平面偏振光的强度和方向均随时间发生改变，则形成椭圆偏振光，当椭圆偏振光的强度不随时间变化时，就形成了圆偏振光。

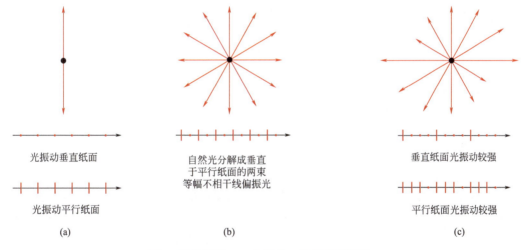

图4　线偏振光(a)、自然光(b)和部分偏振光(c)

## 2. 偏振光的产生和检测

　　将自然光变成偏振光的过程称为起偏，起偏的装置称为起偏器。常用的起偏过程有以下几种类型。

　　（1）反射、折射方法

　　反射和折射过程都能够将自然光变成部分偏振光，其中反射光中垂直于入射面的光振动多于平行于入射面的光振动，而透射光则正好相反 [见图5(a)]。在改变入射角的时候，出现了一个特殊的现象，即入射角为一特定值时，反射光成为完全线偏振光，折射光为部分偏振光，而且此时的反射光线和折射光线垂直，即 $i_0+\alpha_0=90°$ [见图5(b)]，根据折射定律 $n_1\sin i_0=n_2\sin\alpha_0=n_2\cos i_0$，因此 $\tan i_0=n_2/n_1$，该现象最早在1815年为布儒斯特所发现，称之为布儒斯特定律，入射角 $i_0$ 即为布儒斯特角。若自然光由空气入射至玻璃，则折射率 $n_1=1.00$（空气），$n_2=1.50$（玻璃），布儒斯特角 $i_0=\arctan（1.50/1.00）=56°18'$，折射角 $\alpha_0=$

33°42′。该方法是获得线偏振光的方法之一，不过反射光由于强度较小，通常不被利用，透射光的光强较大，但又不是完全线偏振光，实际工作中采用玻璃堆的方法成功地解决了该问题［见图5（c）］，通过多次的透射基本上可以滤掉垂直入射面的光振动分量，最后折射光几乎只剩下平行于入射面的光振动分量。

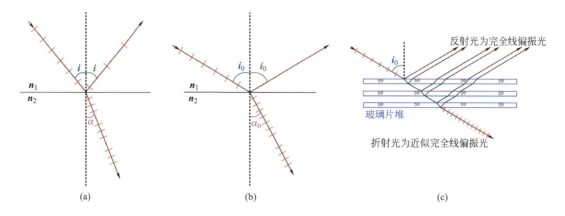

图5　反射、折射光路(a)、布儒斯特角(b)和玻璃堆起偏器(c)

（2）散射方法

在入射光作用下，分子中的电子进行受迫振动，形成振动的电偶极子，振动方向与入射光的电场振动方向一致，它可以向周围辐射电磁波（次波）。偶极子的轴向上不辐射电磁波，而只能在其他方向上辐射电磁波，而自然光可以看做由相互垂直的非相干的两个偏振光所组成，因此在沿自然光入射方向（$z$轴方程）看去时仍是自然光，但观察方向垂直于入射方向（$x$、$y$轴方向）时则是线偏振光，在其他方向（例如$PB$方向）上则是部分偏振光（见图6）。散射方法可以在特定的条件下观察到线偏振光，该现象发生的条件是散射的质点尺度小于入射光波长。

（3）双折射和二向色性

一束单色光在晶体表面折射时，一般可以产生两束折射光，这种现象叫做双折射。两束折射光中，有一束总是遵守折射定律，称为寻常光，用符号$o$表示，另一束一般不遵守折射定律，称为非常光，用符号$e$表示。$o$光和$e$光都是线偏振光。

当光沿着晶体中的某个特殊方向传播时，不发生双折射现象，并且$o$光和$e$光的传播速度相等，这个方向就是晶体的光轴。只有一个光轴方向的晶体，称为单轴晶体（如方解石、石英、红宝石等），有两个光轴方向的晶体，称为双轴晶体（如云母、霞石、蓝宝石等）。$o$光传播方向和光轴组成的面称$o$主平面，$e$光传播方向和光轴组成的面称$e$主平面。$o$光的电矢量振动方向垂直于$o$主平面，$e$光的电矢量振动方向则在$e$主平面内。由光轴和晶体表面法线组成的面称为主截面，可以证明，当光线以主截面为入射面时，$o$光和$e$光都在主截面内，这时主截面也是$o$光和$e$光的共同主平面。晶体产生双折射的原因，在于晶体在光学上的各向异性，由电磁理论可以证明，对于晶体内光轴以外的任意方向，允许两束电矢量互相垂直的线偏振光以不同的速度传播。利用晶体的双折射现象，可以制成各种偏振棱镜，使得可以直接从自然光中获得偏振光。

图7是尼柯尔偏振棱镜示意图，它是用方解石晶体（$CaCO_3$）制作的。方解石是一种双折射晶体，形状为平行六面体，各晶面均为菱形或平行四边形，一个晶面上两对对角分别约

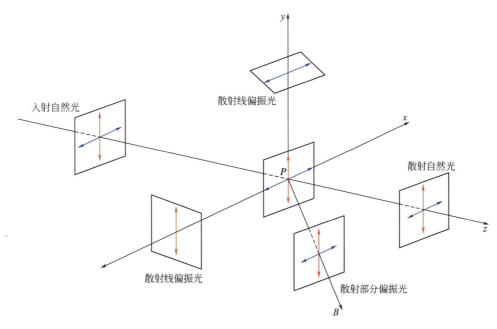

**图6　散射过程产生偏振光**

为钝角102°和锐角78°，在方解石晶体中，只有一对顶点是由三个钝角面会合而成的，光轴就通过这两个顶点中的一个，并位于与三个钝角界面成等角的直线方向上，若沿解离面截取等棱长的方解石菱体，则光轴就位于由三个钝角面会合而成的两个顶点的连线方向。制作尼科耳棱镜时，取一块长度约为宽度3倍的方解石晶体*ABCDKLMN*，在两端切去一部分，使得主截面*ACNL*上的锐角为68°，将方解石晶体垂直于主截面和两端面*ABCD*、*KLMN*并过对角顶点*AN*切开，然后用加拿大树胶黏合起来，在主截面内，光轴与*AC*成48°，前半个棱镜中的*o*光射到树胶层中产生全反射，最后被吸收涂层吸收，*e*光不产生全反射，能够透过树胶层，所以自尼科耳棱镜出来的偏振光的振动面在棱镜的主截面内。

尼科耳棱镜能使一束线偏振光全反射，另一束线偏振光出射，与之功能类似的还有格兰-汤姆逊棱镜和格兰-傅科棱镜，它们都属于偏振起偏棱镜。另一类棱镜可以改变两束线偏光的传播方向，得到两束分开的线偏光，如沃拉斯顿棱镜和洛匈棱镜等，它们都属于偏振分束镜。

大部分晶体在自然光入射的情况下产生的*o*光和*e*光的强度相等。但是，也有一些晶体

**图7　尼柯尔偏振棱镜示意图，主截面ACNL在纸面上**

对两支折射光的吸收相差很大，这种性质叫做二向色性，如电气石（六角形片状）对$o$光的吸收能力特别强，1 mm厚度的晶片就能100%吸收$o$光，结果只有$e$光可以穿出晶体，利用晶体的二向色性可以制作偏振片。此外，人造偏振片（如透明的聚乙烯醇膜片）具有梳状长链形结构分子，这些分子平行排列在同一方向上，此时胶膜只允许垂直于排列方向的光振动通过，因而产生线偏振光。

通过人工制造的偏振片、晶体起偏器和利用反射或多次透射（光的入射角为布儒斯特角）可以获得偏振光，自然光通过偏振片后，所形成偏振光的光振动方向与偏振片的偏振化方向（或称透光轴）一致。在偏振片上用符号"↕"表示其偏振化方向，如图8所示。

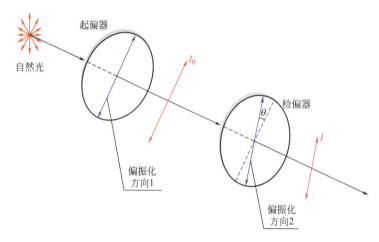

**图8　偏振光的产生和检测**

鉴别光的偏振状态的过程称为检偏，检偏的装置称为检偏器。实际上起偏器也就是检偏器，两者是通用的。自然光通过作为起偏器的偏振片后，变成光通量为$I_0$的偏振光，这个偏振光的光矢量与偏振化方向1同方位。起偏器偏振化方向1与检偏器偏振化方向2之间的夹角为$\theta$，根据马吕斯定律，$I_0$通过检偏器后，透射光通量$I=I_0\cos^2\theta$，透射光仍为偏振光，其光矢量与检偏器偏振化方向同方位。显然，当以光线传播方向为轴转动检偏器时，偏振光的透射光通量$I$将发生周期性变化：当$\theta=0°$时，透射光通量最大；当$\theta=90°$时，透射光通量为极小值（消光状态），接近全暗；当$0°<\theta<90°$时，透射光通量介于最大值和最小值之间。但是，当自然光直接投射到检偏器时，同样对自然光转动检偏器时，就不会发生上述现象，透射光通量不变。对部分偏振光转动检偏器时，透射光通量有变化但没有消光状态。因此根据透射光通量的变化，就可以区分偏振光、自然光和部分偏振光。

### 3. 旋光现象

阿喇果（Arago）在1811年发现，当偏振光通过某些透明物质后，偏振光的偏振面将旋转一定的角度，这种现象称为旋光现象。能产生旋光现象的物质称为旋光物质，例如石英、酒石酸溶液、蔗糖溶液等，当观察者迎着光线观看时，振动面顺时针方向旋转的物质称为右旋（或正旋）物质，振动面反时针方向旋转的物质称为左旋（或负旋）物质。

若一个分子的结构不能与其镜像结构重合，则该分子为手性分子。当偏振光穿过手性分子溶液或固体时，光振动矢量方向会发生转动，产生旋光现象。在大多数情况下，分子结构中含有手性碳原子是导致物质具有旋光性的主要原因，但并不是唯一的，比如无机阴离子$[Rh\{(HN)_2SO_2\}_2(H_2O)_2]^-$已经被分离出两种对映体。

对固体旋光物质，振动面的旋转角度 $\alpha$ 与光透过该物质的厚度 $d$ 成正比，即

$$\alpha = [\alpha]d \qquad (17)$$

式中，$[\alpha]$ 称为固体（或晶体）的旋光率，它在数值上等于偏振光通过厚度为 1 mm 的固体片（或晶体片）后振动面的旋转角度。

对于溶液，旋转角度 $\alpha$ 与偏振光通过的溶液长度 $l$ 和溶液中旋光物质浓度 $c'$ 成正比，其比例系数 $[\alpha]_D^{20}$ 称为比旋光度。实验表明，比旋光度还与入射光的波长和溶液温度有关，同一旋光物质对不同波长的光具有不同的旋光率。在一定温度下，它的旋光率与入射光波长的平方成反比，即随波长的减小而迅速增大，这个现象称为旋光色散。因此比旋光度规定为在 20 ℃ 及钠光 D 线（589.3 nm）的波长下的旋光能力，其定义为一个 10 cm 长、每立方厘米溶液中含有 1 g 旋光物质所产生的旋光角，可用方程表示为

$$[\alpha]_D^{20} = \frac{10\alpha}{lc'} \qquad (18)$$

式中，$l$ 的单位是厘米（cm）；$c'$ 的单位是每立方厘米中旋光物质的克数（g·cm$^{-3}$）。若将 $l$ 的单位取作分米（dm），$c'$ 的单位取作每 100 立方厘米中旋光物质的克数 [g·(100 cm$^{-3}$)]，则比旋光度可表示为

$$[\alpha]_D^{20} = \frac{100\alpha}{lc'} \qquad (19)$$

比旋光度的单位可等价表达为：deg·(10 cm)$^{-1}$·(g·cm$^{-3}$)$^{-1}$、deg·dm$^{-1}$·(g·cm$^{-3}$)$^{-1}$ 或 $10^{-2}$ deg·m$^2$·kg$^{-1}$。

若已知旋光性溶液的浓度 $c'$ 和液柱的长度 $l$，则测出旋光角度就可以算出其旋光率。若 $l$ 不变，且溶液温度和环境温度保持不变，依次改变浓度 $c'$，测出相应的旋光角度 $\alpha$，作 $\alpha$-$c'$ 曲线，即旋光曲线，则得到一条直线，其斜率为 $[\alpha]_D^{20}l$，从直线的斜率可计算出比旋光度 $[\alpha]_D^{20}$。反之，通过测量 $\alpha$，可以测定溶液中所含旋光物质的浓度 $c'$，即根据测出的旋转角度 $\alpha$，从该物质的旋光曲线上查出对应浓度 $c'$。

### 4. 旋光仪

旋光仪的主要元件是两块尼科耳棱镜。当一束单色光照射到尼科耳棱镜时，分解为两束光振动矢量相互垂直的平面偏振光，一束折射率为 1.658 的寻常光，一束折射率为 1.486 的非寻常光，这两束光线到达加拿大树脂黏合面时，折射率大的寻常光（加拿大树脂的折射率为 1.550）被全反射到底面上的墨色涂层被吸收，而折射率小的非寻常光则通过棱镜，这样就获得了一束单一的平面偏振光。用于产生平面偏振光的棱镜称为起偏镜，如让起偏镜产生的偏振光照射到另一个透射面与起偏镜透射面平行的尼科耳棱镜，则这束平面偏振光也能通过第二个棱镜，如果第二个棱镜的透射面与起偏镜的透射面垂直，则由起偏镜出来的偏振光完全不能通过第二个棱镜。如果第二个棱镜的透射面与起偏镜的透射面之间的夹角 $\theta$ 在 0°～90° 之间，则光线部分通过第二个棱镜，此第二个棱镜称为检偏镜。通过调节检偏镜，能使透过的光线强度在最强和零之间变化。如果在起偏镜与检偏镜之间放有旋光性物质，则由于物质的旋光作用，使来自起偏镜的光的偏振面改变了某一角度，只有检偏镜也旋转同样的角度，才能补偿旋光线改变的角度，使透过的光的强度与原来相同。旋光仪就是根据这种原理设计的。

图 9 是常见的 Landolt-Lippich 三分视界旋光仪原理图。由钠光灯 S 发出的自然光经过主尼柯尔棱镜 P 起偏，成为偏振光。在尼科耳棱镜 P 的后面放置了两块辅助尼科耳棱镜 P' 和

P″，辅助尼科耳棱镜P′和P″与主尼科耳棱镜P的偏振化方向之间相差一个小角度θ，θ角的大小可根据光源强度和仪器部件的透光性调整至最佳状态。检偏器，即分析尼科耳棱镜A，放置在旋光管之后，其转动角度作为仪器测量数据的标度。当检偏器A的偏振化方向与起偏器的偏振化方向成90°时，由放大目镜观察的圆形视界的中央条块是暗的，而圆形视界的两侧是亮的，如图9的Ⅰ所示；当检偏器A再转过一个小角度θ，此时A的偏振化方向与辅助尼科耳棱镜P′和P″的偏振化方向成90°，视界中两侧变暗，中央条块变亮，如图9的Ⅱ所示；把检偏器A回调至θ角一半的位置，则圆形视界中央条块与两侧的光强度相等，呈现为一个均匀的弱光强度视界，如图9的Ⅲ所示。旋光仪的标尺刻度正是以图9中的第Ⅲ种调节状态作为定标依据的，测量时通过旋光仪调节手柄（与刻度标尺同步）转动检偏器A，直至三分视界中的明暗条块恰好消失，此时标尺读数正是样品的旋光度。要注意的是，图9中的状态Ⅲ是状态Ⅰ、Ⅱ相互切换的中间过渡状态，其主要特征是光强度较弱，且将手柄稍加左右调节，即可显现状态Ⅰ或Ⅱ。

图9　Landolt-Lippich三分视界旋光仪原理图

由于尼科耳棱镜的制作工艺复杂，成本较高，因此商品化旋光仪中有时会将辅助尼科耳棱镜P′和P″用一块矩形石英片代替，矩形石英片位于圆形视界中央，大约遮挡1/3的视界，也就是形成一个中央条块。石英本身有旋光性和偏振化功能，且对偏振光的偏转角度可以通过改变石英片厚度非常方便地调节［方程（17）］，因此在主尼科耳棱镜P和旋光管之间放入石英片后，同样可以起到图9中辅助尼科耳棱镜的效果。

WXG-4型旋光仪可用来测量旋光性溶液的旋光角，其实物如图10所示。为了准确地测定旋光角$\alpha$，仪器的读数装置采用双游标读数，以消除度盘的偏心差。度盘等分360格，分度值$\alpha=1°$，角游标的分度数$n=20$，因此，角游标的分度值$\alpha/n=0.05°$，与20分游标卡尺的读数方法相似。度盘和检偏镜连接成一体，利用度盘转动手轮作粗（小轮）、细（大轮）调

图10　WXG-4型旋光仪

节。游标窗前装有供读游标用的放大镜。

实验时，首先开启钠光灯电源，预热10 min以上，使光源强度稳定。将旋光性溶液注入已知长度$L$的旋光管中，把旋光管放入旋光仪的槽筒内，盖上槽盖，首先调节目镜焦距，使视界清晰，然后用调节手柄进行三分视界的调整，直至达到读数测量状态（见图9中Ⅲ）。

**变旋过程对旋光度法测量蔗糖转化反应速率的影响**

一分子蔗糖（S）在酸或酶作用下，水解生成一分子D-葡萄糖（G）和一分子D-果糖（F）。蔗糖的催化转化反应是在酸性条件下进行的，水解生成的$\alpha$-D-葡萄糖和$\beta$-D-果糖都会逐步发生变旋光过程。在通常的实验中，当用旋光仪测定反应溶液的旋光度进行蔗糖水解反应动力学研究时，相关实验原理和计算公式推导时均把产物葡萄糖和果糖当作结构不变、旋光度固定的物质，这个假设与实际情况并不相符。为简单起见，仅考虑葡萄糖的两种变旋光构型的转化，分别标记为$G_\alpha$和$G_\beta$。酸催化反应机理如下

$$S \xrightarrow{k_1} F + G_\alpha \qquad G_\alpha \underset{k_{-2}}{\overset{k_2}{\rightleftharpoons}} G_\beta$$

| $t=0$ | $c_0$ | 0 | 0 | 0 | 0 |
|-------|-------|---|---|---|---|
| $t=t$ | $c_0-c$ | $c$ | $c_\alpha$ | $c_\alpha$ | $c_\beta$ |
| $t=\infty$ | 0 | $c_0$ | $c_\alpha^\infty$ | $c_\alpha^\infty$ | $c_\beta^\infty$ |

下面推导一下在存在变旋光过程的蔗糖转化反应中，溶液旋光度与反应产物浓度的关系，当仪器常数固定时，溶液的旋光度与物质浓度成正比，且具有加和性。因此，反应开始时溶液的初始旋光度为：

$$\alpha_0 = \sigma_s c_0 \tag{20}$$

反应结束时溶液的旋光度为：

$$\alpha_\infty = \sigma_F c_0 + \sigma_\alpha c_\alpha^\infty + \sigma_\beta c_\beta^\infty \tag{21}$$

在反应过程中的任意时刻$t$，溶液的旋光度可以表示为：

$$\alpha_t = \sigma_s(c_0-c) + \sigma_F c + \sigma_\alpha c_\alpha + \sigma_\beta c_\beta \tag{22}$$

已知

$$c_0 = c_\alpha^\infty + c_\beta^\infty, \quad c = c_\alpha + c_\beta$$

因此由式（21）、式（22）可得

$$\alpha_\infty = (\sigma_F + \sigma_\beta)c_0 + (\sigma_\alpha - \sigma_\beta)c_\alpha^\infty \tag{23}$$

$$\alpha_t = \sigma_s(c_0-c) + (\sigma_F + \sigma_\beta)c + (\sigma_\alpha - \sigma_\beta)c_\alpha \tag{24}$$

由反应机理可以得到

$$\frac{dc_\alpha}{dt} = k_1(c_0-c) - k_2 c_\alpha + k_{-2}c_\beta = k_1 c_0 + (k_{-2}-k_1)c - (k_2+k_{-2})c_\alpha \tag{25}$$

由一级反应动力学方程可以得到

$$c = c_0(1-e^{-k_1 t}) \tag{26}$$

将式（26）代入式（25）得到

$$\frac{\mathrm{d}c_\alpha}{\mathrm{d}t} = k_1(c_0 - c) - k_2 c_\alpha + k_{-2} c_\beta \tag{27}$$

$$= k_1 c_0 + (k_{-2} - k_1) c_0 (1 - \mathrm{e}^{-k_1 t}) - (k_2 + k_{-2}) c_\alpha$$

整理为

$$\frac{\mathrm{d}c_\alpha}{\mathrm{d}t} + (k_2 + k_{-2}) c_\alpha = c_0 [k_{-2} - (k_{-2} - k_1) \mathrm{e}^{-k_1 t}] \tag{28}$$

对形如 $(\mathrm{d}y/\mathrm{d}x) + py = Q$ 的微分方程，其积分式为

$$y \mathrm{e}^{\int P \mathrm{d}x} = \int Q \mathrm{e}^{\int P \mathrm{d}x} \mathrm{d}x$$

故式（28）的积分式为

$$c_\alpha \mathrm{e}^{\int_0^t (k_2 + k_{-2}) \mathrm{d}t} = \int_0^t c_0 [k_{-2} - (k_{-2} - k_1) \mathrm{e}^{-k_1 t}] \mathrm{e}^{\int_0^t (k_2 + k_{-2}) \mathrm{d}t} \mathrm{d}t \tag{29}$$

方程（29）展开得到

$$c_\alpha \mathrm{e}^{(k_2 + k_{-2})t} = \int_0^t c_0 [k_{-2} \mathrm{e}^{(k_2 + k_{-2})t} - (k_{-2} - k_1) \mathrm{e}^{(k_2 + k_{-2} - k_1)t}] \mathrm{d}t$$

$$= c_0 \frac{k_{-2}}{k_2 + k_{-2}} \mathrm{e}^{(k_2 + k_{-2})t} \Big|_0^t - c_0 \frac{k_{-2} - k_1}{k_2 + k_{-2} - k_1} \mathrm{e}^{(k_2 + k_{-2} - k_1)t} \Big|_0^t$$

$$= c_0 \left[ \frac{k_{-2}}{k_2 + k_{-2}} \mathrm{e}^{(k_2 + k_{-2})t} - \frac{k_{-2} - k_1}{k_2 + k_{-2} - k_1} \mathrm{e}^{(k_2 + k_{-2} - k_1)t} - \frac{k_{-2}}{k_2 + k_{-2}} + \frac{k_{-2} - k_1}{k_2 + k_{-2} - k_1} \right]$$

$$= c_0 \left[ \frac{k_{-2}}{k_2 + k_{-2}} \mathrm{e}^{(k_2 + k_{-2})t} - \frac{k_{-2} - k_1}{k_2 + k_{-2} - k_1} \mathrm{e}^{(k_2 + k_{-2} - k_1)t} - \frac{k_1 k_2}{(k_2 + k_{-2})(k_2 + k_{-2} - k_1)} \right]$$

由此得到

$$c_\alpha = c_0 \left[ \frac{k_{-2}}{k_2 + k_{-2}} - \frac{k_{-2} - k_1}{k_2 + k_{-2} - k_1} \mathrm{e}^{-k_1 t} - \frac{k_1 k_2}{(k_2 + k_{-2})(k_2 + k_{-2} - k_1)} \mathrm{e}^{-(k_2 + k_{-2})t} \right] \tag{30}$$

$$= c_0 [A_0 - A_1 \mathrm{e}^{-k_1 t} - A_2 \mathrm{e}^{-(k_2 + k_{-2})t}]$$

且

$$c_\alpha^\infty = c_0 A_0 \tag{31}$$

将式（26）、式（30）、式（31）代入式（23）、式（24），得到

$$\alpha_\infty = (\sigma_F + \sigma_\beta + A_0 \sigma_\alpha - A_0 \sigma_\beta) c_0 = \sigma_\infty c_0 \tag{32}$$

$$\alpha_t = \sigma_s c_0 \mathrm{e}^{-k_1 t} + (\sigma_F + \sigma_\beta) c_0 (1 - \mathrm{e}^{-k_1 t})$$

$$+ (\sigma_\alpha - \sigma_\beta) c_0 [A_0 - A_1 \mathrm{e}^{-k_1 t} - A_2 \mathrm{e}^{-(k_2 + k_{-2})t}]$$

$$= (\sigma_F + \sigma_\beta + A_0 \sigma_\alpha - A_0 \sigma_\beta) c_0 + [\sigma_s - (\sigma_F + \sigma_\beta) \tag{33}$$

$$- A_1 (\sigma_\alpha - \sigma_\beta)] c_0 \mathrm{e}^{-k_1 t} - A_2 (\sigma_\alpha - \sigma_\beta) c_0 \mathrm{e}^{-(k_2 + k_{-2})t}$$

$$= \alpha_\infty + m(c_0 - c) - n(c_0 - c) \mathrm{e}^{-(k_2 + k_{-2} - k_1)t}$$

式中，$m = \sigma_s - (\sigma_F + \sigma_\beta) - A_1(\sigma_\alpha - \sigma_\beta)$，$n = A_2(\sigma_\alpha - \sigma_\beta)$。

由此得到

$$\alpha_t - \alpha_\infty = c_s(m - ne^{-at}) \tag{34}$$

式中 $c_s = c_0 - c$ 为蔗糖浓度，$a = k_2 + k_{-2} - k_1$。根据实验测定结果，$k_2 + k_{-2} \gg k_1$（大一个数量级以上）。

根据 $c_s = c_0 e^{-k_1 t}$，可以得到溶液旋光度与反应时间的关系为

$$\ln(a_t - \alpha_\infty) = -k_1 t + \ln[c_0(m - ne^{-at})] \tag{35}$$

即非线性拟合公式形式为

$$\ln(a_t - \alpha_\infty) = -k_1 t + \ln(p - qe^{-at}) \tag{36}$$

拟合参数为 $k_1$、$p$、$q$、$a$。该方程对推算反应初始速率有重大影响。

当同时考虑果糖的变旋光现象时，推导过程更加复杂，但是最终得到的方程（36）的形式依然成立。

## 实验20　电导法测定乙酸乙酯皂化反应速率常数

### 实验简介

本实验中我们使用电导电极来跟踪乙酸乙酯的皂化反应进程，测定化学反应的速率，并计算反应特征的动力学参数。在不同的初始条件下，二级反应速率方程会有不同的形式，这对实验数据处理和结果分析提出了较高的要求。

学生应具备基本的微积分知识，了解化学反应动力学方程的基本形式，并掌握电导率测试方法。

### 理论探讨

乙酸乙酯皂化反应化学方程式为

$$\mathrm{CH_3COOC_2H_5 + OH^- \xrightarrow{\ k\ } CH_3COO^- + C_2H_5OH} \tag{1}$$

该反应是一个包含多个基元反应步骤的复杂反应，因此总反应方程式（1）并不能给出任何反应速率方程的信息。不过，研究表明反应（1）恰好符合二级反应速率方程的形式

$$r = \frac{d[\mathrm{CH_3COO^-}]}{dt} = k[\mathrm{CH_3COOH}][\mathrm{OH^-}] \tag{2}$$

式中，$k$ 为二级反应速率常数，量纲为：浓度$^{-1}$·时间$^{-1}$。

若假定 $\mathrm{CH_3COOC_2H_5}$ 和 $\mathrm{OH^-}$ 的初始浓度分别为 $a$、$b$，且反应时间 $t$ 时 $\mathrm{CH_3COO^-}$ 的浓度为 $x$，则 $[\mathrm{CH_3COOC_2H_5}] = a - x$，$[\mathrm{OH^-}] = b - x$，因此方程（2）可以变为

$$r = \frac{dx}{dt} = k(a-x)(b-x) \tag{3}$$

若将实验条件设定为两个反应物的初始浓度相等，即 $a = b$，此时方程（3）变成较为简单

的形式

$$r = \frac{\mathrm{d}x}{\mathrm{d}t} = k(a-x)^2 \qquad (4)$$

方程（4）积分得到

$$\frac{x}{a-x} = akt \qquad (5)$$

但是这样的反应条件实际上很难达到，一则是因为空气中的$CO_2$会不断与NaOH溶液反应，使得反应物$OH^-$的浓度不断发生变化，二则是乙酸乙酯本身的挥发性和自水解反应使得其浓度也不会始终保持稳定，因此所谓两个反应物初始浓度相等只不过是一种理想化的说法罢了，即使非常仔细地配制出相等浓度的乙酸乙酯和氢氧化钠溶液，随着时间的推移两者浓度也会发生差异。

因此，更普遍的实验状态是两个反应物的初始浓度不相等，即$a \neq b$，此时对方程（3）积分得到

$$\ln \frac{b(a-x)}{a(b-x)} = k(a-b)t \qquad (6)$$

从方程（6）或方程（5）中可以看出，只要测定反应过程中产物生成浓度$x$（也就是反应物消耗浓度）与反应时间$t$之间的关系，就可以计算出反应速率常数$k$。对于乙酸乙酯皂化反应体系，有多个物理性质可以用于跟踪反应进度随时间变化的关系，比如溶液的pH以及吸光度（紫外区）等，此外，随着反应的进行，溶液中导电能力强的$OH^-$被导电力弱的$CH_3COO^-$所取代，溶液导电能力逐渐减少，因此也可以用跟踪溶液电导变化的方式对该反应动力学行为进行研究。

本实验使用电导率仪测量乙酸乙酯皂化反应过程中电导率随时间的变化，从而达到跟踪反应物浓度随时间变化的目的。假定在反应时刻$t$溶液的电导为$G_t$，则

$$G_t = \frac{\kappa}{K_{池}} = \frac{1}{K_{池}} \sum_j c_j \lambda_j \qquad (7)$$

式中，$\kappa$为溶液的电导率；$K_{池}$为电导池常数；$\lambda_j$为离子$j$的摩尔电导率；$c_j$为离子$j$的物质的量浓度，加和遍及溶液中所有离子。方程（7）说明溶液的电导具有加和性。对于乙酸乙酯皂化反应体系，方程（7）表示为

$$G_t = \frac{\kappa}{K_{池}} = \frac{1}{K_{池}} \sum_j c_j \lambda_j = \frac{1}{K_{池}}[(b-x)\lambda_{OH^-} + x\lambda_{Ac^-} + b\lambda_{Na^+}] \qquad (8)$$

反应初始时刻溶液的电导为

$$G_0 = \frac{1}{K_{池}}[b(\lambda_{OH^-} + \lambda_{Na^+})] \qquad (9)$$

完全反应时刻溶液的电导为

$$G_\infty = \frac{1}{K_{池}}[b(\lambda_{Ac^-} + \lambda_{Na^+})] \qquad (a>b) \qquad (10a)$$

或者

$$G_\infty = \frac{1}{K_{池}}[(b-a)\lambda_{OH^-} + a\lambda_{Ac^-} + b\lambda_{Na^+}] \qquad (a<b) \qquad (10b)$$

离子的摩尔电导率$\lambda_{OH^-}$、$\lambda_{Ac^-}$和$\lambda_{Na^+}$与浓度有关，但是可以证明（详见实验20附录）。在实验浓度范围内，$CH_3COO^-$浓度$x$与溶液电导率$\kappa$近似成正比，即

$$x \approx \alpha - \beta\kappa_t$$

$$m \approx \alpha - \beta\kappa_\infty$$

$$0 \approx \alpha - \beta\kappa_0$$

式中，$m$为$a$、$b$中较小者。因此得到

$$\frac{x}{m} = \frac{\kappa_0 - \kappa_t}{\kappa_0 - \kappa_\infty} \tag{11a}$$

若所有的测量均是在同一支电导电极上完成的，则方程（11a）可以变为

$$\frac{x}{m} = \frac{G_0 - G_t}{G_0 - G_\infty} \tag{11b}$$

将方程（11a）代入方程（6），整理得到两个反应物浓度不相等时的实验测量工作方程为

$$\ln\left(\frac{b-a}{a} \times \frac{\kappa_0 - \kappa_\infty}{\kappa_t - \kappa_\infty} + 1\right) = k(b-a)t + \ln\frac{b}{a} \qquad (a<b) \tag{12a}$$

或者

$$\ln\left(\frac{a-b}{b} \times \frac{\kappa_0 - \kappa_\infty}{\kappa_t - \kappa_\infty} + 1\right) = k(a-b)t + \ln\frac{a}{b} \qquad (a>b) \tag{12b}$$

方程（12）可以用通式表示为

$$\ln\left(\frac{|a-b|}{m} \times \frac{\kappa_0 - \kappa_\infty}{\kappa_t - \kappa_\infty} + 1\right) = k\left|(a-b)\right|t + \left|\left(\ln\frac{a}{b}\right)\right| \tag{13}$$

式中，$m$为$a$、$b$中较小者。当所有的测量均是在同一支电导电极上完成时，方程（12）、方程（13）中的电导率$\kappa$可以用电导$G$代替。

方程（12）、方程（13）具有线性函数的形式，实验测得不同时间$t$时的溶液电导率$\kappa_t$（或电导$G$），以$\ln[|a-b|(\kappa_0-\kappa_\infty)/m(\kappa_t-\kappa_\infty)+1]$-$t$作图，若为一直线，则说明乙酸乙酯皂化反应对两个反应物均呈现为一级反应，总反应级数为2，由直线斜率可以计算出反应速率常数$k$。若在不同温度下测定$k$值，则根据阿伦尼乌斯方程可以计算反应的活化能$E_a$。

$$E_a = \frac{RT_1T_2}{T_2-T_1}\ln\frac{k_2}{k_1} \tag{14}$$

若将方程（11a）代入方程（5），则可得到两个反应物浓度相等时的实验测量工作方程

$$\kappa_t = \frac{1}{ak} \times \frac{\kappa_0 - \kappa_t}{t} + \kappa_\infty \tag{15}$$

即$\kappa_t$与$(\kappa_0-\kappa_t)/t$呈线性关系，由直线方程斜率可以求出$k$值，可见当初始反应物浓度相等时，工作方程较为简单。

## 仪器试剂

DDS-11A型电导率仪，DJS-1C型电导电极，电子天平（精度0.0001 g），秒表，恒温水浴，100 mL具塞锥形瓶4只，250 mL锥形瓶3只，5 mL、25 mL移液管各2支，100 mL、250 mL容量瓶各2只，500 mL试剂瓶1只，50 mL碱式滴定管1根，100 mL烧杯2只。

NaOH（A.R.），乙酸乙酯（A.R.），乙酸钠（A.R.），二水合草酸或邻苯二甲酸氢钾（基准物质），酚酞指示剂。

## 安全须知和废弃物处理

- 在实验室需穿戴实验服、防护目镜或面罩。
- 固体NaOH对人体有较强的腐蚀性，NaOH溶液和乙酸乙酯对皮肤、眼睛和软组织有轻微刺激，如发生皮肤沾染，用水冲洗沾染部位。
- 离开实验室前务必洗手。
- 溶液倒入指定的废液回收桶。

## 实验步骤

### 1. 配制溶液

在500 mL试剂瓶中配制浓度约为0.02 mol·L$^{-1}$的NaOH溶液，用基准物质标定其浓度，酚酞为指示剂。

根据滴定得到的NaOH溶液浓度，精确称取乙酸乙酯，用蒸馏水溶解稀释定容在100 mL容量瓶中，配制成浓度为NaOH浓度10倍的乙酸乙酯母液（比如1.8 g乙酸乙酯用水稀释至100 mL，浓度约0.2 mol·L$^{-1}$）。准确移取25 mL 0.2 mol·L$^{-1}$乙酸乙酯母液于250 mL容量瓶中，定容至刻度摇匀，得到进行反应的乙酸乙酯溶液，浓度与NaOH溶液浓度相同。

### 2. $a>b$条件下乙酸乙酯皂化反应动力学数据测量

调节恒温槽温度约为（25.00±0.10）℃，记录实验温度。在2个100 mL具塞锥形瓶中分别移入（25 mL+5 mL）乙酸乙酯和25 mL NaOH溶液，加塞后置于恒温槽中恒温，该两份溶液为反应液，乙酸乙酯稍过量。

另取一100 mL具塞锥形瓶，移入25 mL 0.02 mol·L$^{-1}$ NaOH和30 mL蒸馏水，摇匀后加塞置于恒温槽中恒温，此溶液用于测定$\kappa_0$值。在100 mL容量瓶中准确配制乙酸钠溶液，溶液浓度与测定$\kappa_0$值的NaOH浓度相等，此溶液用于测定$\kappa_\infty$值，将该溶液加塞后置于恒温槽中恒温。

检验校正电导率仪（参见实验12附录），然后分别测定$\kappa_0$值和$\kappa_\infty$值，测定前用待测溶液淋洗电导电极三次。

将两份反应液快速互相倾倒混匀几次，反应计时自混合时刻开始。用混合液淋洗电导电极3次，将混合液置于恒温槽中，放入电导电极，记录反应时间$t$与电导率$\kappa_t$关系数据，持续记录约1 h。

实验结束，清洗锥形瓶，烘干备用。

### 3. $b>a$条件下乙酸乙酯皂化反应动力学数据测量

在2个100 mL具塞锥形瓶中分别移入（25 mL+5 mL）NaOH和25 mL乙酸乙酯，加塞后置于恒温槽中恒温，该两份溶液为反应液，NaOH稍过量。

另取一100 mL具塞锥形瓶，移入30 mL NaOH溶液和25 mL蒸馏水，摇匀后加塞置于恒温槽中恒温，此溶液用于测定$\kappa_0$值。在100 mL容量瓶中准确配制用于测定$\kappa_\infty$值的溶液，此溶液中乙酸钠浓度与两反应液混合后乙酸乙酯的初始浓度相等，同时还要配入一定量的NaOH，其浓度应为两反应液混合后NaOH与乙酸乙酯初始浓度的差值，将该溶液加塞后置于恒温槽中恒温。

检验校正电导率仪（参见实验12附录），然后分别测定$\kappa_0$值和$\kappa_\infty$值，测定前用待测溶液淋洗电导电极三次。

将两份反应液快速互相倾倒混匀几次，反应计时自混合时刻开始。用混合液淋洗电导电极三次，将混合液置于恒温槽中，放入电导电极，记录反应时间$t$与电导率$\kappa_t$关系数据，持续记录约 1 h。

### 4. 改变实验温度

调节恒温槽温度约为（35.00±0.10）℃，记录实验温度。重复实验步骤 2、3。

### 5. 结束实验

关闭电源，取出电导电极，用蒸馏水洗净，放入盛有蒸馏水的锥形瓶中，洗净玻璃仪器，放入烘箱中干燥。

## 数据处理与结果分析

1. 列表和计算各次测量的实验温度、初始反应物浓度 $a$ 和 $b$、电导率 $\kappa_0$ 和 $\kappa_\infty$ 值、$\kappa_t$-$t$ 关系以及各反应时间对应的 $\ln[|a-b|(\kappa_0-\kappa_\infty)/m(\kappa_t-\kappa_\infty)+1]$ 值。

2. 以 $\ln[|a-b|(\kappa_0-\kappa_\infty)/m(\kappa_t-\kappa_\infty)+1]$-$t$ 作图，进行线性拟合，得到斜率和截距，由斜率计算乙酸乙酯皂化反应速率常数 $k$。在实验报告中列出拟合统计参数和误差分布，根据 $a$、$b$ 值计算理论截距值，并与拟合结果对比。比较相同温度下 NaOH 过量与乙酸乙酯过量时测得的速率常数 $k$ 的差别大小，并与文献值对比。

3. 根据不同实验温度下测得的速率常数 $k$，计算乙酸乙酯皂化反应的活化能 $E_a$。

4. 若反应级数不明确，乙酸乙酯皂化反应速率方程可以表示为

$$r=\frac{\mathrm{d}x}{\mathrm{d}t}=k(a-x)^\alpha(b-x)^\beta$$

为求出动力学参数，将该方程两边同时取对数，得到

$$\ln\left(\frac{\mathrm{d}x}{\mathrm{d}t}\right)=\ln k+\alpha\ln(a-x)+\beta\ln(b-x)$$

该方程为三参数非线性方程。实验中测得不同时间 $t$ 时的溶液电导率 $\kappa_t$（或电导 $G_t$），根据方程（11）计算出不同时间 $t$ 对应的 $x$ 值，做出 $x$-$t$ 曲线，在该曲线上求出若干点的切线斜率，得到一系列（$x$, $\mathrm{d}x/\mathrm{d}t$）数据，以 $\ln(\mathrm{d}x/\mathrm{d}t)$-$x$ 作图，按照该方程的形式进行非线性拟合，得到所需的动力学参数。请选择一组实验数据，按此方法计算反应动力学参数 $k$、$\alpha$、$\beta$，并讨论这种方法是否能够得到有意义的结果。

## 讨论与思考

1. 实验结果是否充分证明乙酸乙酯皂化反应的总反应级数为 2 级？

2. 挑选某个温度下的 2 组实验数据，用方程（15）处理计算一下，看看得到的 $k$ 值是什么结果，从中可以得到什么结论？

3. 以下两篇文献都提出了电导法测定乙酸乙酯皂化反应动力学参数数据处理的不同方法，请阐述这两种数据处理方法的思路，并比较其优劣。

[1] 冯安春，冯喆. 简化电导法测量乙酸乙酯皂化反应速率常数. 化学通报 1986,（3）：

55-58.

［2］Daniels F，Williams J W，Bender P，Alberty R A，Cornwell C D. Experimental Physical Chemistry，6th Ed. McGraw-Hill Book Co.，Inc.，NY 1962: pp135-139.

### 附录 溶液电导率与浓度的关系

电解质溶液的摩尔电导率与电解质浓度有关，图1是NaOH和NaAc水溶液的摩尔电导率与浓度的关系曲线，相关数据列于表1中。

**图1　NaOH和NaAc水溶液的摩尔电导率与浓度的关系曲线**

**表1　不同浓度NaOH和NaAc水溶液的摩尔电导率**

| $c$ /mol · L$^{-1}$ | $\Lambda_{\text{NaOH}}$ / $10^{-4}$ S · m$^2$ · mol$^{-1}$ | $\Lambda_{\text{NaAc}}$ / $10^{-4}$ S · m$^2$ · mol$^{-1}$ |
| --- | --- | --- |
| 0.00 | 247.7 | 91.00 |
| 0.0005 | 245.5 | 89.20 |
| 0.001 | 244.6 | 88.50 |
| 0.005 | 240.7 | 85.68 |
| 0.01 | 237.9 | 83.72 |
| 0.02 | 234.0 | 81.20 |
| 0.05 | 229.0 | 76.88 |
| 0.1 | 221.5 | 72.76 |
| 0.2 | 213.0 | — |

对于强电解质，根据Kohlrausch定律，在电解质浓度很低时，溶液的摩尔电导率与浓度的二分之一次方成线性关系，即$\Lambda_\alpha c^{1/2}$

图2是0.02 mol · L$^{-1}$以下的NaOH和NaAc水溶液的摩尔电导率与$c^{1/2}$的关系曲线，两者均呈现极好的线性关系，拟合直线方程分别为

$$\Lambda_{\text{NaOH}}/(10^{-4}\text{S} \cdot \text{m}^2 \cdot \text{mol}^{-1}) = 247.7 - 97.52524\sqrt{(c/\text{mol} \cdot \text{L}^{-1})} \qquad (16)$$

$$\Lambda_{\mathrm{NaAc}}/(10^{-4}\mathrm{S}\cdot\mathrm{m}^2\cdot\mathrm{mol}^{-1})=91.0-71.49086\sqrt{(c/\mathrm{mol}\cdot\mathrm{L}^{-1})} \tag{17}$$

两直线拟合方程的调整后确定系数（Adj. $R^2$）均大于0.99999。

根据定义，电解质溶液的电导率 $\kappa$ 与摩尔电导率 $\Lambda$ 之间的关系为

$$\Lambda=\frac{\kappa}{c} \tag{18}$$

若假定 $CH_3COOC_2H_5$ 和NaOH的初始浓度分别为 $a$、$b$，且反应时间 $t$ 时NaAc的浓度为 $x$，则 $c_{\mathrm{NaOH}}=b-x$，此时反应溶液的电导率为

$$\kappa_t=\Lambda_{\mathrm{NaOH}}c_{\mathrm{NaOH}}+\Lambda_{\mathrm{NaAc}}c_{\mathrm{NaAc}}=\Lambda_{\mathrm{NaOH}}(b-x)+\Lambda_{\mathrm{NaAc}}x \tag{19}$$

将方程（16）、方程（17）代入方程（19），得到

$$\kappa_t/10^3\mu\mathrm{S}\cdot\mathrm{cm}^{-1}=247.7b-156.7x-97.52524(b-x)^{3/2}-71.49.086x^{3/2} \tag{20}$$

式中，浓度 $b$ 和 $x$ 的单位均为 $\mathrm{mol}\cdot\mathrm{L}^{-1}$。

**图2　NaOH和NaAc的 $\Lambda_\infty\sqrt{c}$ 的关系曲线**

图3为 $b=0.01\ \mathrm{mol}\cdot\mathrm{L}^{-1}$ 时根据方程（20）绘制的 $\kappa_t$-$x$ 的关系曲线，该曲线近似保持线性（图3中的红色直线），近似线性拟合方程为

$$\kappa_t/10^3\mu\mathrm{S}\cdot\mathrm{cm}^{-1}=2.39651-154.12364x \tag{21}$$

直线拟合方程的调整后确定系数（Adj. $R^2$）为0.99973。

由此可知，虽然乙酸乙酯皂化反应溶液的电导率 $\kappa_t$ 与产物NaAc浓度 $x$ 之间不呈线性关系，但是可以近似当作线性关系处理，误差不大，即

$$\kappa_t/10^3\mu\mathrm{S}\cdot\mathrm{cm}^{-1}=\alpha-\beta x \tag{22}$$

式中，$\alpha$ 和 $\beta$ 与NaOH初始浓度 $b$ 有关。由方程（22）以及边界条件：

$$\kappa_0/10^3\mu\mathrm{S}\cdot\mathrm{cm}^{-1}=\alpha\text{和}\kappa_\infty/10^3\mu\mathrm{S}\cdot\mathrm{cm}^{-1}=\alpha-\beta m$$

可以得到方程（11a）

$$\frac{x}{m}=\frac{\kappa_0-\kappa_t}{\kappa_0-\kappa_\infty}$$

式中，$m$ 为 $a$、$b$ 中较小者。

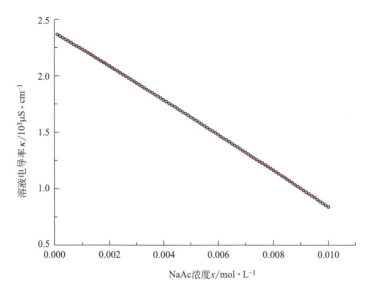

图3　方程(20)的计算曲线和拟合直线关系

## 实验简介

本实验中我们将用紫外-可见光谱仪跟踪具有双e指数时间依赖关系的化学反应进程，并对复杂反应机理涉及的化学反应动力学参数进行分析计算。我们将采用两种数据分析方法，即线性回归拟合方法和非线性回归拟合方法，并研究非线性回归拟合结果的合理性问题。同时，我们还要学会如何操作生物制剂。

学生应具有解析常规的微分方程的能力，熟悉化学反应动力学的相关理论和数据处理方法，学习和掌握Origin等科学数据处理软件的使用。

## 理论探讨

### 1. 反应机理

许多化学反应并不能简单地用一级反应或者二级反应进行描述，这些反应被划入复杂反应的范畴，比如可逆的多步骤连续反应。这些反应的动力学行为是迷人的，而且可以通过比较直观的数据采集和分析方法对实验数据进行严格的解析。

考虑如下反应机理

$$R \xrightarrow{k_1} I$$

$$I \xrightarrow{k_{-1}} R$$

$$I \xrightarrow{k_2} P$$

反应物 R 可逆地生成中间产物 I，然后 I 不可逆地转化为产物 P。上述机理可以更加直观地表示为

$$R \underset{k_{-1}}{\overset{k_1}{\rightleftharpoons}} I \overset{k_2}{\longrightarrow} P \tag{1}$$

该机理中每一步基元反应都是一级反应，与三个物种 R、I 和 P 相关的联合反应速率方程组为

$$-\frac{d[R]}{dt} = k_1[R] - k_{-1}[I] \tag{2}$$

$$\frac{d[I]}{dt} = k_1[R] - k_{-1}[I] - k_2[I] \tag{3}$$

$$\frac{d[P]}{dt} = k_2[I] \tag{4}$$

假定反应开始时仅有反应物 R，即 $[R]_{t=0}=[R]_0$，$[I]_{t=0}=0$，$[P]_{t=0}=0$，该反应随时间演化的动力学行为取决于三个反应速率常数 $k_1$、$k_{-1}$ 和 $k_2$ 的相对大小。求解方程（2）～方程（4）得到反应物 R、中间物 I 和产物 P 的浓度与时间的关系（详见实验 21 附录）。

$$[R] = [R]_0 \frac{\lambda_2 - k_1}{\lambda_2 - \lambda_1}(e^{-\lambda_1 t} + \alpha e^{-\lambda_2 t}) \tag{5}$$

$$[I] = \frac{k_1[R]_0}{\lambda_2 - \lambda_1}(e^{-\lambda_1 t} - e^{-\lambda_2 t}) \tag{6}$$

$$[P] = [R]_0 - [R] - [I] = [R]_0 \left(1 + \frac{\lambda_1 e^{-\lambda_2 t} - \lambda_2 e^{-\lambda_1 t}}{\lambda_2 - \lambda_1}\right) \tag{7}$$

式中，$\lambda_1 = (\beta - \Delta)/2$，$\lambda_2 = (\beta + \Delta)/2$，$\alpha = (k_1 - \lambda_1)/(\lambda_2 - k_1)$，其中 $\beta = k_1 + k_{-1} + k_2$，$\Delta = [(k_1 + k_{-1} + k_2)^2 - 4k_1 k_2]^{1/2} = (\beta^2 - 4k_1 k_2)^{1/2}$。由于 $\beta$ 和 $\Delta$ 均大于 0，因此 $\lambda_1 < \lambda_2$ 恒成立。

由方程（5）和方程（6）可以看出，反应物 R 浓度随时间呈双 e 指数下降变化，而中间物 I 则在起始阶段浓度上升，这是由方程（6）第二项负的 e 指数所致，然后呈现指数下降。机理（1）存在两种特殊情况：

（1）情况 1：$(k_1 + k_{-1}) \gg k_2$

此时 R 和 I 迅速达成化学平衡，对机理适用预平衡态近似（pre-equilibrium approximation），可以算得各物质浓度与反应时间的关系为

$$[P]_{pe} = [R]_0(1 - e^{-k_{obs}^{pe}t}) \tag{8a}$$

$$[I]_{pe} = \frac{k_1}{k_1 + k_{-1}}[R]_0 e^{-k_{obs}^{pe}t} \tag{8b}$$

$$[R]_{pe} = \frac{k_{-1}}{k_1 + k_{-1}}[R]_0 e^{-k_{obs}^{pe}t} \tag{8c}$$

式中，$k_{obs}^{pe} = k_1 k_2/(k_1 + k_{-1})$，为预平衡态近似下的表观速率常数。

（2）情况 2：$(k_{-1} + k_2) \gg k_1$

此时中间产物的消耗速率远远大于其生成速率，对机理适用稳态近似（steady-state approximation），可以算得各物质浓度与反应时间的关系为

$$[P]_{ss} = [R]_0(1 - e^{-k_{obs}^{ss}t}) \tag{9a}$$

$$[I]_{ss} = \frac{k_1}{k_1 + k_{-1} + k_2}[R]_0 e^{-k_{obs}^{ss}t} \tag{9b}$$

$$[R]_{ss} = \frac{k_{-1} + k_2}{k_1 + k_{-1} + k_2}[R]_0 e^{-k_{obs}^{ss}t} \tag{9c}$$

式中，$k_{obs}^{ss} = k_1 k_2/(k_1 + k_{-1} + k_2)$，为稳态近似条件下的表观速率常数。

由此可见，无论是预平衡态近似或者稳态近似条件下，反应物 R 的浓度随时间都呈单 e 指数下降的关系。

对于方程（5）中的参数 $\lambda_1$、$\lambda_2$ 和 $\alpha$，可以将实验数据通过所谓的"指数剥离法"（exponential stripping method）进行计算，也可以采用非线性回归拟合的方法得到。三个动力学速率常数 $k_1$、$k_{-1}$ 和 $k_2$ 可由参数 $\lambda_1$、$\lambda_2$ 和 $\alpha$ 通过下面方程得到

$$k_1 = \frac{\alpha\lambda_2 + \lambda_1}{\alpha + 1}, \quad k_2 = \frac{\lambda_1\lambda_2}{k_1}, \quad k_{-1} = \lambda_1 + \lambda_2 - k_1 - k_2 \tag{10}$$

由方程（5）、方程（10）可知，速率常数 $k_1$、$k_{-1}$ 和 $k_2$ 能否成功确定，取决于参数 $\lambda_1$、$\lambda_2$ 的相对差别和参数 $\alpha$ 的大小。如果 $\lambda_1$、$\lambda_2$ 之间的差别很小，以及 $\alpha$ 非常大（或者非常小），都可能使得方程（5）变成单 e 指数下降函数，即方程（8c）或方程（9c），此时由于信息不足，将无法给出 $k_1$、$k_{-1}$ 和 $k_2$ 的具体数值。因此，本实验中必须选择合适的反应条件，使得反应物浓度-时间关系满足双 e 指数下降的规律。

## 2. 指数剥离法

将方程（5）改写为

$$[R] = B(e^{-\lambda_1 t} + \alpha e^{-\lambda_2 t}) \tag{11}$$

式中，$B = [R]_0(\lambda_2 - k_1)/(\lambda_2 - \lambda_1)$。

因为 $\lambda_1 < \lambda_2$，方程（11）右边括号中的第二项，即 $e^{-\lambda_2 t}$，会更快地衰减，当反应时间足够长以后，[R] 的变化将趋向于一个单 e 指数慢速衰减函数，即 $e^{-\lambda_1 t}$。因此，在某个时刻 $t'$ 后，方程（11）将变成如下形式

$$[R]_{t>t'} \approx [R]_{慢} = Be^{-\lambda_1 t} \tag{12}$$

方程（12）两边取对数后得到

$$\ln[R]_{慢} = \ln B - \lambda_1 t = g_1 - \lambda_1 t \tag{13}$$

式中，$g_1 = \ln B$。由此可见，可以通过对 $\ln[R]$-$t$ 曲线的直线部分进行线性拟合，测算出参数 $g_1$、$\lambda_1$ 和 $B$ 等。

现在，如果将方程（12）描述的"慢速衰减"函数从实验测定的 [R]-$t$ 关系中扣除，则剩下的就是"快速衰减"函数，即

$$[R]_{快} = [R] - [R]_{慢} = B\alpha e^{-\lambda_2 t} \tag{14}$$

方程（14）两边取对数后得到

$$\ln[R]_{快} = \ln\{[R] - [R]_{慢}\} = \ln(B\alpha) - \lambda_2 t = g_2 - \lambda_2 t \tag{15}$$

式中，$g_2 = \ln(B\alpha)$。通过对 $\ln\{[R]-[R]_{慢}\}$-$t$ 关系进行线性拟合，可以测算出参数 $g_2$、$\lambda_2$ 和 $B\alpha$

等，而参数$\alpha$可以通过下面关系计算

$$\alpha = e^{g_2 - g_1} \qquad (16)$$

一旦由实验数据测算出参数$\lambda_1$、$\lambda_2$和$\alpha$，就可以通过方程（10）计算出速率常数$k_1$、$k_{-1}$和$k_2$。

指数剥离法的处理过程表示在图1中，黑色实线是实验测定曲线，对黑色实线$t>t'$部分进行线性拟合并外推到$t=0$，得到慢速衰减线（红色虚线）；注意快速衰减线（蓝色虚线）不是黑色线与红色虚线直接相减得到的：

$$\ln[R]_{\text{快}} = \ln\{[R]_{\text{实验}} - [R]_{\text{慢}}\} \neq \ln[R]_{\text{实验}} - \ln[R]_{\text{慢}}$$

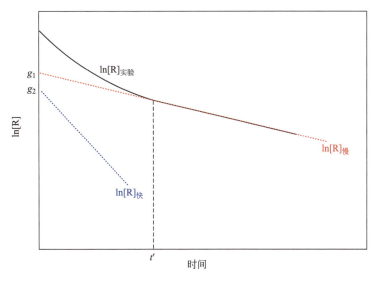

**图1　指数剥离法示意图**

## 3. 非线性回归分析

对实验数据进行非线性回归分析，是获得速率常数$k_1$、$k_{-1}$和$k_2$的更为严格的方法。方程（11）含有4个参数$B$、$\lambda_1$、$\lambda_2$和$\alpha$，用该方程对实验测量的[R]-$t$曲线进行拟合，可以得到"最优化"的参数$\lambda_1$、$\lambda_2$和$\alpha$。对于多参数非线性方程，拟合计算必须借助适当的科学计算软件完成，并且应对需要拟合的参数赋予初始值。理想化的非线性回归分析过程是在由拟合参数决定的误差复平面上寻找全局极小值（global minimum），无论参数初值如何选择，都能回归到同一套最优化参数。但是，实际操作中非线性回归分析有可能陷入误差复平面上的局域极小值（local minimum），所获得的参数与最优化结果相去甚远。图2表示一个单参数误差曲线上全局极小值与局域极小值的分布，若有$N$个参数，则误差复平面将是（$N$+1）维。

克服非线性回归分析陷入局域极小值困境的方法之一是指定拟合参数的初值，且使得拟合参数初值尽可能

**图2　单参数的拟合误差函数曲线**

合理地接近最优化结果。在本实验中，可以选择指数剥离法获得的结果作为拟合参数初值。

## 4. 动力学实验及测量技术

本实验中，将研究在pH近中性条件下谷胱甘肽与Cr（Ⅵ）之间氧化还原反应的动力学行为。

谷胱甘肽（glutathione）是由谷氨酸、半胱氨酸和甘氨酸结合，含有 $\gamma$-酰胺键和巯基的三肽（tripeptide），IUPAC命名为(2S)-2-amino-5-[[(2R)-1-(carboxymethylamino)-1-oxo-3-sulfanylpropan-2-yl]amino]-5-oxopentanoic acid，别名 $\gamma$-L-Glutamyl-L-cysteinylglycine，由于半胱氨酸基团上的巯基为活性基团，故谷胱甘肽常简写为GSH。谷胱甘肽存在于身体的几乎每一个细胞，能帮助保持正常的免疫系统的功能，易与某些药物（如扑热息痛）、毒素（如自由基，碘乙酸，芥子气，铅、汞、砷等重金属）等结合，具有抗氧化作用和整合解毒作用。

谷胱甘肽有还原型（L-glutathione reduced）和氧化型（L-glutathione oxidized）两种形式，在生理条件下以还原型谷胱甘肽占绝大多数（> 95%）。氧化型谷胱甘肽是由两分子GSH氧化脱氢后以二硫键（—S—S—）相连形成的，具有二硫醚结构，IUPAC命名为(2S)-2-amino-5-[[(2R)-3-[[(2R)-2-[[(4S)-4-amino-4-carboxybutanoyl]amino]-3-(carboxymethylamino)-3-oxopropyl]disulfanyl]-1-(carboxymethylamino)-1-oxopropan-2-yl]amino]-5-oxopentanoic acid，别名 glutathione disulfide，简写为GSSG。GSH和GSSG的结构见图3，谷胱甘肽还原酶可以催化两者间的互变。

**图3　还原型和氧化型谷胱甘肽的结构式**

两个GSH分子在六价铬Cr（Ⅵ）作用下会通过巯基连接起来，并被氧化成GSSG，同时Cr（Ⅵ）被转化为Cr（Ⅲ），反应方程式为

$$2CrO_4^{2-}+6GSH+10H^+ \longrightarrow 2Cr^{3+}+3GSSG+8H_2O \tag{17}$$

由于Cr（Ⅵ）能够通过反应(17)改变生物体内GSH/GSSG的比例，从而干扰GSH参与的抗氧化作用和整合解毒作用，被认为是六价铬引起生物毒性和致癌性的原因之一，因此对该反应的动力学和反应机理进行过广泛深入的研究。

反应(17)的机理比较复杂，在不同的实验条件下可能存在多种反应的中间体和预平衡步骤，比如 $CrO_4^{2-}$ 与 $Cr_2O_7^{2-}$ 之间的转化平衡、$CrO_4^{2-}$ 与 $HCrO_4^-$ 之间的水解平衡以及 $CrO_4^{2-}$ 与缓冲溶液的相互作用等，但是反应机理的关键在于两个步骤：首先是 $CrO_4^{2-}$ 与一个GSH分子可逆地生成铬（Ⅵ）硫酯中间体［chromium（Ⅵ）thioester intermediate］，接着该中间体再与另一个GSH分子发生氧化还原反应（其间还会经历多个非控速、快速反应步骤），最终生成产物Cr（Ⅲ）和GSSG。机理表示如下：

$$CrO_4^{2-}+GSH \rightleftharpoons CrO_4^{2-}-GSH(thioester) \tag{18a}$$

$$thioester + GSH \longrightarrow \cdots \longrightarrow GSSG + Cr^{3+} \qquad (18b)$$

当GSH和$H^+$过量时，机理（18）所示的三个动力学重要步骤都是准一级反应，因此可以利用前面讨论的一级可逆连续反应机理来描述这个反应，在这里，R、I和P分别是六价铬Cr（Ⅵ）、铬硫酯Cr（Ⅵ）-GSH和三价铬Cr（Ⅲ）。

谷胱甘肽还原六价铬的反应可以非常方便地用光谱法进行研究，因为Cr（Ⅵ）（反应物R）和铬硫酯（中间体I）的吸收光谱有很大的差别。根据朗伯-比耳定律，物质的浓度$c$与吸光度$A$之间存在线性关系，在给定波长$\lambda$，可以写出

$$A_\lambda = \varepsilon_\lambda c l \qquad (19)$$

式中，$\varepsilon_\lambda$是吸光系数；$l$是吸收池的光程长度。本实验中，Cr（Ⅵ）浓度与时间的关系可以在波长370 nm测量吸光度进行跟踪，而铬硫酯中间体浓度的起伏则可以在波长430 nm进行跟踪测量。当然，如果要定量测定中间体的浓度，则必须对430 nm处的吸光度进行校正，因为Cr（Ⅵ）在这个波长同样存在一个很小的吸光度。

在计算实验结果时，并不需要将吸光度换算成浓度。如果采用指数剥离法，利用方程（13）、方程（15）、方程（16）计算参数$\lambda_1$、$\lambda_2$和$\alpha$时，用吸光度$A_{370}$直接代替相应方程中的[R]，对实验结果没有任何影响。如果采用非线性拟合，利用方程（11）获得参数$\lambda_1$、$\lambda_2$和$\alpha$，用$A_{370}$代替[R]仅仅影响到参数$B$的拟合值，也不会对实验结果产生任何影响。注意参数$\lambda_1$、$\lambda_2$的量纲都是"时间$^{-1}$"，具体单位与实验时间的单位相同，而参数$\alpha$为无量纲量。

## 仪器试剂

TU-1901紫外-可见光谱仪（北京普析通用仪器有限责任公司），PTC-2帕尔帖恒温控制器，pH计，石英比色皿（带盖，光程10 mm）2只，0.5 mL、5 mL刻度移液管各2支。以下部分共同使用：25 mL、100 mL、250 mL容量瓶各1只，5 mL定容移液管2支、250 mL烧杯一只，滴管若干。

重铬酸钾（A.R.），盐酸（A.R.），氢氧化钠（A.R.），磷酸氢二钾（A.R.），谷胱甘肽，pH缓冲剂（pH 4.01、pH 6.86、pH 9.18）。

## 安全须知和废弃物处理

- 在实验室中需穿戴实验服、防护目镜或面罩。
- 不要用嘴吸移液管。
- 重铬酸钾为高毒性氧化剂，在处理含铬样品时必须使用丁腈橡胶手套。
- 含铬溶液和酸、碱溶液刺激皮肤，如发生皮肤沾染，用水冲洗沾染部位10 min以上。
- 离开实验室前务必洗手。
- 含铬溶液必须倒入指定的重金属废液回收桶。

## 实验步骤

### 1. 溶液配制

Cr（Ⅵ）溶液：将分析纯重铬酸钾放在110 ℃烘箱内烘2 h，取出后放在干燥器内冷却至室温。准确称取0.5884 g重铬酸钾（分子量294.19），用少量水溶解后定量移入250 mL容量瓶

中，加水稀释至刻度摇匀备用，$K_2Cr_2O_7$浓度为$8.0\times10^{-3}$ mol·$L^{-1}$。实验时，准确移取5 mL该溶液于25 mL容量瓶中，加水稀释至刻度摇匀，配制成浓度为$1.6\times10^{-3}$ mol·$L^{-1}$的$K_2Cr_2O_7$溶液。

GSH溶液：谷胱甘肽溶液在空气中会缓慢氧化分解，因此必须在实验当天现场配制使用。准确称取谷胱甘肽0.2458 g（分子量307.32），用少量水溶解后定量移入100 mL容量瓶中，加水稀释至刻度摇匀，GSH浓度为$8.0\times10^{-3}$ mol·$L^{-1}$。配制好的GSH溶液放入冷藏箱中保存。

按常规方法配制1 mol·$L^{-1}$HCl溶液、1 mol·$L^{-1}$NaOH溶液和0.4 mol·$L^{-1}$ $K_2HPO_4$溶液。

### 2. 调节GSH反应液的pH

用标准pH缓冲液标定pH计。在250 mL烧杯中放入100 mL GSH溶液、20 mL $K_2HPO_4$溶液和30 mL HCl溶液，混合均匀。在溶液中放入pH电极，测量溶液的pH，逐滴加入1 mol·$L^{-1}$HCl（或NaOH）溶液，直至溶液的pH达到6.0。

以上1、2步骤配制的溶液均为各实验小组共同使用。

### 3. 吸光度校零

光谱仪通电预热30 min，打开帕尔帖恒温器，设定循环恒温液温度为20～25 ℃。取2只光程为10 mm的带盖石英比色皿，在样品池和参比池中分别注入3 mL经过pH调节的GSH反应液，分别放入样品支架和参比支架，恒温10 min。设定光谱仪测定波长为370 nm，并在此波长处将光谱仪校零。

### 4. Cr(Ⅵ)吸光度-时间关系（$A_{370}$-$t$）测定

将样品池取出，迅速向样品池中注入0.2 mL（200 μL）Cr(Ⅵ)溶液，同时开始数据采集。盖上池盖，反复颠倒样品池几次，使溶液混匀，马上将样品池放入样品支架中，继续数据采集，直至60 min。

### 5. 改变条件，重复实验

改变Cr(Ⅵ)浓度，注入Cr(Ⅵ)溶液为0.1 mL（100 μL），其他操作不变，重复步骤4。

### 6. 铬硫酯浓度-时间关系（$A_{430}$-$t$）测定

重复步骤3、4（参比池及其溶液可不换），光谱仪测定波长设定为430 nm。

**注意**：三次测量吸光度-时间曲线时，加入Cr(Ⅵ)溶液的操作时间应尽量一致。所有的时间扫描测量均采用相同的采样时间间隔，以便数据校正。

## 数据处理与结果分析

1. 采用实验步骤4的数据，注意将数据采集开始至样品池重新插入样品支架这段时间内的吸光度值删除（时间变量不要删除）。以$\ln A_{370}$-$t$作图，在衰减曲线上找到线性部分开始的时间点$t'$（参见图1）。根据方程（13），对$\ln A_{370}$-$t$曲线上$t>t'$部分进行线性拟合，得到参数$g_1$和$\lambda_1$。

2. 对于$t<t'$部分，取时间0～$t'$之间前75%的数据，以$\ln[A_{370}-(e^{g_1}e^{-\lambda_1 t})]$-$t$作图。根据方程（15），对所得曲线进行线性拟合，得到参数$g_2$和$\lambda_2$。

3. 根据方程（16），计算参数$\alpha$。

4. 以$A_{370}$-$t$作图，根据方程（11），对所得曲线进行非线性回归拟合，得到参数$B$、$\lambda_1$、$\lambda_2$和$\alpha$。参数$B$的拟合初值可取为$e^{g_1}$，其他参数初值参考上述指数剥离法结果。

5. 分别以指数剥离法和非线性回归拟合法得到的参数，根据方程（10）计算三个反应速率常数$k_1$、$k_{-1}$和$k_2$，根据拟合处理给出的偏差，用误差传递理论计算这三个速率常数的偏差。

6．将实验步骤5的数据按照上述1～5的方法同样处理，讨论所得结果的可靠性。

7．中间体铬硫酯浓度与时间关系的处理

首先校正波长430 nm处测定的吸光度$A_{430}$，以扣除Cr（Ⅵ）在该波长处的影响。以实验步骤4中加入Cr（Ⅵ）溶液后测得的第一个吸光度值作为370 nm处的初始吸光度$A^0_{370}$；同样地，以实验步骤6中加入Cr（Ⅵ）溶液后测得的第一个吸光度值作为430 nm处的初始吸光度$A^0_{430}$。中间体铬硫酯在430 nm处的吸光度校正值可以表示为

$$A^{校正}_{430} = A_{430} - A_{370} \times \frac{A^0_{430}}{A^0_{370}} \tag{20}$$

以$A^{校正}_{430}$-$t$作图，可以观察到铬硫酯浓度随时间变化先上升、然后下降的规律。根据方程（6），中间体浓度与时间的关系可以表示为

$$[\text{I}] = B'(\text{e}^{-\lambda_1 t} - \text{e}^{-\lambda_2 t}) \tag{21}$$

式中，$B'=k_1[\text{R}]_0/(\lambda_2-\lambda_1)$。根据方程（21）对$A^{校正}_{430}$-$t$曲线进行非线性回归拟合，参数$\lambda_1$、$\lambda_2$的拟合初值可取前面的拟合计算结果；参数$B'$的拟合初值可以由第4步拟合计算的参数$B$，按照方程（11）、方程（21）关于$B$、$B'$的定义，以及方程（10）中关于$k_1$的表达式，计算得到

$$B' = \kappa B \frac{\alpha \lambda_2 + \lambda_1}{\lambda_2 - \lambda_1} \tag{22}$$

式中，$\kappa$是中间体铬硫酯在430 nm处吸光系数与反应物Cr（Ⅵ）在370 nm处吸光系数之比，作为计算拟合初值之用，不要求非常精确时，可以将$\kappa$当作1。据此，由非线性回归拟合可以得到拟合参数$\lambda_1$、$\lambda_2$，并与370 nm测量拟合的结果进行比较。

## 讨论与思考

1．请在预平衡态近似和稳态近似条件下，直接将方程（5）～方程（7）化简，推导出方程（8）和方程（9）。

2．尝试在非线性回归拟合中，有意偏离被优化的拟合初值，观察是否会使拟合结果跌入"局域极小值"的陷阱。

## 参考文献

［1］Gregory I G. Application of Kinetic Approximations to the A ⇌ B → C Reaction System. J. Chem. Educ.，1995，72（3）：196-199.

［2］Joaquin F P，Driss L，Conchita A. Three Rate Constants from a Single Kinetic Experiment：Formation，Decomposition，and Reactivity of the Chromium（Ⅵ）- Glutathione Thioester Intermediate. J. Phys. Chem.，1994，98：12621-12629.

## 附录　一级可逆-连续反应动力学方程推导

根据方程（1）所示的一级可逆-连续反应机理由方程（3）可以解得

$$[\text{R}] = \frac{1}{k_1} \frac{\text{d}[\text{I}]}{\text{d}t} + \frac{k_{-1}+k_2}{k_1}[\text{I}] \tag{23}$$

将方程（23）代入方程（2）整理得到

$$\frac{d^2[I]}{dt^2} + (k_1 + k_{-1} + k_2)\frac{d[I]}{dt} + k_1 k_2[I] = 0 \tag{24}$$

方程（24）为常系数齐次线性二阶微分方程，其特征方程为

$$x^2 + (k_1 + k_{-1} + k_2)x + k_1 k_2 = 0 \tag{25}$$

令 $\beta = k_1 + k_{-1} + k_2$ 由于二次方程（25）解的判别式

$$\Delta = \sqrt{(k_1 + k_{-1} + k_2)^2 - 4k_1 k_2} = \sqrt{\beta^2 - 4k_1 k_2} > 0 \tag{26}$$

恒成立，因此微分方程（24）有两个实特征根，分别为

$$x_1 = \frac{-(k_1 + k_{-1} + k_2) + \sqrt{(k_1 + k_{-1} + k_2)^2 - 4k_1 k_2}}{2}$$

$$x_2 = \frac{-(k_1 + k_{-1} + k_2) - \sqrt{(k_1 + k_{-1} + k_2)^2 - 4k_1 k_2}}{2}$$

[I] 的通解为其两个特征解 $e^{x_1 t}$ 和 $e^{x_2 t}$ 的线性组合，为表示浓度与时间之间的指数下降关系，可以设

$$\lambda_1 = -x_1 = \frac{\beta - \Delta}{2}, \quad \lambda_2 = -x_2 = \frac{\beta + \Delta}{2} \tag{27}$$

则 [I] 的通解可以表达为：

$$[I] = c_1 e^{-\lambda_1 t} + c_2 e^{-\lambda_2 t}$$

根据初始条件 $[R]_{t=0} = [R]_0$，$[I]_{t=0} = 0$，$[P]_{t=0} = 0$，可以得到 $c_1 = -c_2 = c$，则

$$[I] = c(e^{-\lambda_1 t} - e^{-\lambda_2 t}) \tag{28}$$

将方程（28）代入方程（23）中，得到 [R] 的表达式为

$$k_1[R] = c[(k_{-1} + k_2 - \lambda_1)e^{-\lambda_1 t} - (k_{-1} + k_2 - \lambda_2)e^{-\lambda_2 t}] \tag{29}$$

根据初始条件，得到方程（28）中的待定参数为

$$c = \frac{k_1[R]_0}{\lambda_2 - \lambda_1} \tag{30}$$

将表达式（30）分别代入方程（28）和方程（29）中，并利用 $\lambda_1$、$\lambda_2$ 的定义进行整理和计算，得到反应物R、中间物I和产物P的浓度与时间的关系分别为方程（5）~方程（7）。[P] 的表达式也可以通过将方程（6）代入微分方程（4）后再积分得到，结果与方程（7）相同。因此，一级可逆-连续反应过程中反应物R浓度随时间的变化关系呈现为双指数衰减函数。

## 实验22　蔗糖酶催化蔗糖转化反应

**实验简介**

本实验中我们将再次用旋光度法研究蔗糖的水解反应，所使用的催化剂是生物大分子蛋

白质——蔗糖酶。在酶的作用下，蔗糖水解反应不是一个简单的准一级反应，我们将用常规的Michaelis-Menten酶促反应机理进行讨论，虽然实际的酶催化反应机理往往要更加复杂，但是酶催化反应米氏常数和最大速率的测定仍然是一般酶催化动力学研究的重要参数。本实验的结果可与蔗糖酸催化转化反应实验结果进行比较，加深对酶催化动力学理论和概念的理解。

学生需要掌握基本的化学反应动力学理论，以及推导反应动力学方程的近似方法，如稳态近似法和平衡态近似法。

## 理论探讨

酶是由生物体内产生的具有催化活性的一类蛋白质。这类蛋白质表现出特异的催化功能，因此把酶叫做生物催化剂。它和一般催化剂一样，在相对浓度较低的情况下，仅能影响化学反应速率，而不改变反应平衡点，并在反应前后本身不发生变化。但酶的催化效率比一般催化剂要高$10^7 \sim 10^{13}$倍，且具有高度的选择性，一种酶只能作用某一种或某一类特定的物质。又由于酶是一类蛋白质，所以其催化作用一般在常温、常压和近中性的溶液条件下进行。

本实验用的蔗糖酶是一种水解酶，它能使蔗糖水解成葡萄糖和果糖，该反应的底物及产物都具有旋光性，但是它们的旋光能力不同，所以可以利用体系在反应过程中旋光度的变化来描述反应进程。

### 1. 反应机理

Michaelis和Menten应用酶反应过程中形成中间络合物的假说，导出了米氏方程，给出了酶催化反应机理。蔗糖酶（E）与底物蔗糖（S）先形成中间化合物（ES），然后中间化合物（ES）再进一步分解为产物葡萄糖（G）和果糖（F），并释放出酶（E）。机理图示如下

$$S + E \underset{k_{-1}}{\overset{k_1}{\rightleftharpoons}} ES \overset{k_2}{\rightleftharpoons} G + F + E \tag{1}$$

反应速率

$$r = -\frac{d[S]}{dt} = \frac{d[G]}{dt} = \frac{d[F]}{dt} = k_2[ES] \tag{2}$$

设底物浓度远远大于酶浓度，即$[S]_0 \gg [E]_0$，则酶-底物络合物的形成速率可以表示为：

$$\frac{d[ES]}{dt} = 0 = k_1[E][S] - k_{-1}[ES] - k_2[ES] \tag{3}$$

假定反应体系中酶的总浓度为$[E_0]$，它是游离态酶浓度$[E]$和中间化合物浓度$[ES]$的总和，即

$$[E_0] = [E] + [ES] \quad 或者 \quad [E] = [E_0] - [ES] \tag{4}$$

将方程（4）代入方程（3）中，消去$[E]$项，并设$[S] \approx [S]_0$，则有

$$\frac{d[ES]}{dt} = k_1[E]_0[S]_0 - (k_{-1} + k_2 + k_1[S]_0)[ES] \tag{5}$$

设$X = k_1[E]_0[S]_0$，$Y = k_{-1} + k_2 + k_1[S]_0$，则

$$\frac{d[ES]}{dt} = X - Y[ES]$$

取初始条件$t = 0$，$[ES] = 0$，分离变量积分得到

$$\int_0^{[ES]} \frac{d[ES]}{X - Y[ES]} = \int_0^t dt \quad \Rightarrow \quad \ln\left(\frac{X - Y[ES]}{X}\right) = -Yt \tag{6}$$

整理得到

$$[ES] = \frac{X}{Y} \times (1 - e^{-Yt}) \qquad (7)$$

将方程（7）代入方程（2）中，得到

$$r = \frac{d[P]}{dt} = k_2 \times \frac{X}{Y} \times (1 - e^{-Yt}) \qquad (8)$$

式中，P代表产物G或F。取初始条件 $t = 0$，$[P] = 0$，积分方程(8)得到

$$[P] = \frac{k_2 X}{Y} \times t - \frac{k_2 X}{Y^2} \times (1 - e^{-Yt}) \qquad (9)$$

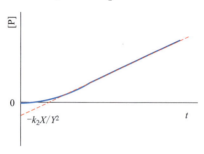

**图1  产物浓度随时间变化曲线（—）及拟合直线（- - -）**

方程（9）表示的产物浓度随时间变化曲线如图1所示，其特征可进行如下讨论：

（1）当经过一段时间后，方程（9）右边第二项趋向定值 $(-k_2 X/Y^2)$，此时产物浓度与反应时间呈线性关系，表现为零级反应的特征，如图1红色虚线所示。

（2）反应开始阶段，产物浓度增加缓慢，随后反应速率逐步增大并达到恒定。

（3）反应的零级反应部分外推截距为 $(-k_2 X/Y^2)$，而 $t \to 0$ 时的 $[P]$-$t$ 曲线斜率为0。

酶反应最终将达到稳定速率 $r$，此时

$$r = \frac{d[P]}{dt} = \frac{k_2 X}{Y} = \frac{k_1 k_2 [E]_0 [S]_0}{k_{-1} + k_2 + k_1 [S]_0} = \frac{k_2 [E]_0 [S]_0}{K_M + [S]_0} \qquad (10)$$

式中，$K_M = (k_{-1} + k_2)/k_1$，称为米氏常数。方程（10）等号右边的项 $(k_2 X/Y)$ 就是零级反应部分的反应速率常数，该方程即为Michaelis-Menton方程(米氏方程)，也可以由稳态近似法应用于方程（3）导出。

当反应温度和酶的总浓度确定时，$k_2$、$K_M$ 和 $[E_0]$ 均为常数。当底物浓度 $[S] \to \infty$ 时，反应速率趋向一定值 $r_m = k_2[E_0]$，即最大速率。因此方程（10）也可以表示为

$$r = -\frac{d[S]}{dt} = \frac{r_m [S]}{K_M + [S]} \qquad (11)$$

即酶催化反应动力学米氏方程中有两个待定参数 $r_m$ 和 $K_M$。

## 2. 实验测量原理

采用旋光度法测定反应体系中蔗糖浓度时，反应体系的旋光度 $\alpha_t$ 与葡萄糖或果糖浓度 $[P]$ 的关系为

$$[P] = \frac{\alpha_t - \alpha_\infty}{\alpha_0 - \alpha_\infty}[S_0] \qquad (12)$$

式中，$\alpha_t$ 为反应时刻 $t$ 时反应体系的旋光度；$\alpha_0$ 为反应初始时刻反应体系的旋光度；$\alpha_\infty$ 为完全反应时反应体系的旋光度；$[S_0]$ 为蔗糖的初始浓度。

方程（9）可以改写为如下形式：

$$[P] = \frac{\alpha_0 - \alpha_t}{\alpha_0 - \alpha_\infty}[S]_0 = \frac{k_2 X}{Y} \times t - \frac{k_2 X}{Y^2} + \frac{k_2 X}{Y^2} \times e^{-Yt} \tag{13}$$

等号右边前两项描述了图 1 中 [P]-$t$ 曲线在某个时间 $t$ 之后的直线部分，由实验测得的直线部分进行线性拟合，即可得到其斜率为 $A = (k_2 X/Y)$，截距为 $B = (-k_2 X/Y^2)$，而 $Y =$ 斜率 / 截距 $= A/B$。所获得的参数 $A$、$B$ 和 $Y$ 值均为蔗糖初始浓度 $[S]_0$ 的函数。

作为对比，可以将某个时间 $t$ 之前的实验测量 [P] 值与拟合直线方程计算的产物浓度 $[P]_{拟}$ 相减，即扣除 [P]-$t$ 曲线的线性部分

$$[P] - [P]_{拟} = \frac{k_2 X}{Y^2} \times e^{-Yt} \tag{14}$$

两边取对数，得到

$$\ln([P] - [P]_{拟}) = \ln B - Yt \tag{15}$$

根据方程（15）进行线性拟合，同样可以得到参数 $B$ 和 $Y$。

在固定蔗糖酶的初始总浓度 $[E]_0$ 不变的条件下，测定一系列不同蔗糖初始浓度 $[S]_0$ 对应的 [P]-$t$ 曲线，通过上述线性拟合 [方程（13）的前两项和方程（15）]，即可得到拟合参数 $A$、$B$、$Y$ 与 $[S]_0$ 的对应关系。根据 $Y$ 的定义：$Y = k_{-1} + k_2 + k_1[S]_0$，即 $Y$ 与 $[S]_0$ 成线性关系，拟合直线的斜率即为酶 - 底物络合物生成反应速率常数 $k_1$，截距即为该络合物消耗的反应速率常数之和 $k_{-1}+k_2$。

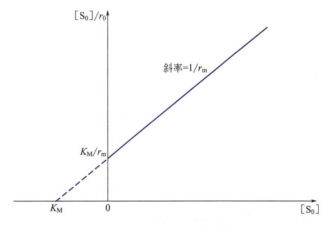

**图 2　Hanes-Woolf 作图法**

根据方程（10），拟合参数 $A$ 就是反应稳态速率 $r$。将方程（11）等号两边取倒数，得到

$$\frac{1}{r} = \frac{K_M}{r_m} \times \frac{1}{[S]_0} + \frac{1}{r_m} \tag{16}$$

即以 $1/r_0$-$1/[S]_0$ 作图可得一直线，该方法称为 Lineweaver-Burk 作图法（双倒数作图法），是酶催化反应动力学的常用数据处理方法，但是该方法由于是以浓度的倒数作为自变量，往往造成实验数据沿 $x$ 轴的分布不均匀。本实验采用 Hanes-Woolf 作图法（$[S]_0/r_0$-$[S]_0$ 作图法），将方程（11）两边同乘以 $[S]_0$，可得 $[S]_0/r_0$ 对 $[S]_0$ 的直线方程

$$\frac{[S]_0}{r_0} = \frac{1}{r_m}[S]_0 + \frac{K_M}{r_m} \tag{17}$$

直线斜率为 $1/r_m$，在纵轴上截距为 $K_M/r_m$，直线延伸于横轴交点为 $-K_M$，如图 2 所示。

## 仪器试剂

超级恒温槽，旋光仪，旋光管2根（带恒温夹套），秒表，250 mL 容量瓶2只，50 mL 容量瓶6只，100 mL 具塞锥形瓶6只，10 mL 刻度移液管和25 mL 定容移液管各2支。

pH=4.6乙酸-乙酸钠缓冲液，4 mol·L$^{-1}$盐酸溶液，蔗糖（分析纯），葡萄糖（分析纯），果糖（分析纯），蔗糖转化酶（活性＞300 u/mg）。

## 安全须知和废弃物处理

- 实验室需穿戴实验服、防护目镜或面罩。
- 在处理溶液时使用丁腈橡胶手套，盐酸和乙酸-乙酸钠缓冲液对眼睛、黏膜和皮肤有刺激作用，如发生沾染，用水冲洗沾染部位 10 min 以上。
- 离开实验室前务必洗手。
- 使用过的溶液倒入指定的废液回收桶。

## 实验步骤

本实验采用两根恒温旋光管串联方式，一根旋光管用于测定酶催化蔗糖水解反应，另一根旋光管用于测定$\alpha_0$和$\alpha_\infty$。前者耗时较多，应保持连续测定状态，后者的测定可穿插在前者的测量读数间隙中进行。请合理安排实验程序，确保实验在规定时间内完成。

### 1. 配制蔗糖转化酶溶液

将蔗糖转化酶溶液配成每1000 mL溶液中含酶10～100 mg（视酶活性而定，应预先测定），以6个实验小组计算，需要酶溶液500 mL。

### 2. 测定不同浓度蔗糖溶液在35 ℃的初始旋光度和完全反应后的终态旋光度

称取蔗糖128.00 g，定容至250 mL容量瓶中，配制成1.5 mol·L$^{-1}$的蔗糖溶液。

在50 mL容量瓶中配制0.04～0.4 mol·L$^{-1}$的蔗糖初始溶液共5个，置于35 ℃恒温的旋光管中，分别测出其旋光度，作出$\alpha_0$-$[S_0]$工作曲线，注意零点校正。

在50 mL容量瓶中先加入25 mL 4 mol·L$^{-1}$盐酸溶液，然后移入适量的蔗糖溶液，配制0.04～0.40 mol·L$^{-1}$的蔗糖反应溶液共5个。将配制好的蔗糖反应液倒入100 mL具塞锥形瓶中，加塞后在55 ℃加热45 min，使蔗糖水解完全，冷却后将反应溶液置于35 ℃恒温的旋光管中，分别测出其旋光度，作出$\alpha_\infty$-$[S_0]$工作曲线，注意零点校正。

反应终态溶液也可以用葡萄糖和果糖按1∶1（摩尔比）配制不同浓度溶液的方法模拟，但是溶液应预先配制并放置12 h以上，保证溶液达成变旋平衡（参见实验13）。

### 3. 蔗糖酶催化蔗糖转化反应动力学测定

将蔗糖溶液、乙酸-乙酸钠缓冲液和酶溶液置于35 ℃水浴中恒温。

旋光管预先洗净，用软纸擦干内管及接头。旋光管连接循环水软管，接入35 ℃循环水，将旋光管一端拧紧，一端打开，待用。

在50 mL容量瓶中移入10 mL 1.5 mol·L$^{-1}$蔗糖溶液，加入25 mL乙酸-乙酸钠缓冲液（pH=4.6）摇匀，快速加入10 mL酶溶液，同时开始计时，用水稀释至刻度，摇匀，溶液的蔗糖初始浓度为0.3 mol·L$^{-1}$。用少量溶液快速荡洗旋光管3次，然后将溶液灌满旋光管（尽量不留空隙），拧紧接头，擦干外壁后放入旋光仪中，待温度稳定后，调节旋光仪进行读数（刚装入溶液开始恒温时，旋光管内溶液温度不均匀，会扭曲观察图像，几分钟后三分视野开始清晰）。实验过程中将测得的溶液旋光度 $\alpha_t$-时间 $t$ 数据作草图，直至两者明显呈线性关系，即可停止测定。

依次测定 8 个不同初始浓度蔗糖溶液的酶促反应曲线，蔗糖初始浓度范围为 $0.04 \sim 0.40 \text{ mol} \cdot \text{L}^{-1}$，尽量保持初始浓度间隔均匀。

实验结束，清洗旋光管和其他玻璃仪器，关闭仪器，清扫实验台面。

**4. 附加实验：产物浓度对蔗糖酶催化蔗糖转化反应的影响**

预先推导理论公式，自行设计实验方案，用实验方法验证果糖或葡萄糖对蔗糖酶的抑制作用。

## 数据处理与结果分析

1. 按照方程（12），计算各蔗糖初始浓度 $[S]_0$ 对应的（$[P]$, $t$）数值表，作出每个浓度对应的 $[P]$-$t$ 曲线。

2. 对上述 $[P]$-$t$ 曲线的直线部分进行线性拟合，获得参数 $A$、$B$、$Y$ 与蔗糖初始浓度 $[S]_0$ 的对应数值，将数据列表表示。将参数 $Y$-$[S]_0$ 作图并线性拟合，由斜率得到速率常数 $k_1$，截距得到速率常数之和 $k_{-1}+k_2$。

3. 根据方程（14）、方程（15），重新计算参数 $B$、$Y$ 与蔗糖初始浓度 $[S]_0$ 的对应数值，将数据列表表示。将参数 $Y$-$[S]_0$ 作图并线性拟合，由斜率得到速率常数 $k_1$，截距得到速率常数之和 $k_{-1}+k_2$。将 2、3 计算过程获得的速率常数进行对比。

4. 将计算得到的参数 $A$-$[S]_0$ 关系，按照方程（16）、方程（17）分别作图，得到米氏常数 $K_M$ 和最大速率 $r_m$。比较这两种线性拟合方法对本实验结果的影响。

文献值：不同来源蔗糖酶的米氏常数差别较大，其数量级为 $10^{-2} \text{ mol} \cdot \text{L}^{-1}$。

## 讨论与思考

1. 有文献指出，蔗糖转化反应的产物果糖可能对蔗糖酶产生竞争抑制作用，而葡萄糖可能产生非竞争抑制作用。试分别讨论这两种情况下，本实验采用的数据处理方法是否仍然有效？如有偏差，应如何修正？

2. 除本实验所使用的作图法外，酶催化动力学反应数据处理还有 Lineweaver-Burk 作图法（双倒数作图法）、Eadie-Hofstee 作图法和 $r_m$ 对 $K_M$ 作图法等，试分别用这三种方法重新计算本实验结果，并分析造成拟合相关性变差的原因。

---

## 实验23　酶反应——$\alpha$-糜蛋白酶催化有机酯水解反应动力学

## 实验简介

本实验中我们将研究一个复杂的酶催化反应：$\alpha$-糜蛋白酶催化三甲基乙酸对硝基苯酯。

酶催化反应往往是复杂反应动力学的生动实例，在一个反应历程中，可逆反应步骤和连续反应步骤被巧妙地组合起来，在温和的反应条件下完成从反应物到产物的转化。仅仅通过一条简单的吸光度曲线，我们将推导出这个复杂反应各基元步骤的反应速率常数。

学生应熟悉化学反应动力学的基本原理，尤其是复杂反应机理及其近似处理方法；了解酶催化反应的基本概念，熟悉关于酶及其反应的专业术语，建议预先熟悉Origin软件，以便处理大量的实验数据。

## 理论探讨

### 1. $\alpha$-糜蛋白酶的结构和催化活性

酶是具有催化功能的生物大分子，分子量为10000以上，甚至可高达百万。有意思的是，酶所催化的反应物（即底物）却大多为小分子化合物，其分子量比酶要小几个数量级，因此酶的催化活性中心只是酶分子中很小的一部分。酶通过蛋白质多肽链的盘曲折叠，在酶分子表面形成一个具有三维空间结构的孔穴或裂隙，可以容纳进入的底物分子并与之结合，进而催化底物分子转变为产物分子，这个具有特定结构的区域就是酶的催化活性中心，组成酶活性中心的氨基酸残基侧链存在不同的官能团，如氨基、羧基、巯基、羟基和咪唑基等。

从分子水平看，氨基酸序列是酶的空间结构、活性中心的形成以及酶催化的专一性等问题的基础。比如消化道分泌的糜蛋白酶、胰蛋白酶和弹性蛋白酶都能水解食物蛋白质的肽键，这三种酶的一级结构（氨基酸序列）和三级序列（所有原子的空间排布）相似，三种酶的40%左右的氨基酸序列相同；三种酶的活性中心都是丝氨酸残基，且都是在同一位置（Ser-195），三种酶在丝氨酸残基周围都有Gly-Asp-Ser-Gly-Pro序列；X射线衍射研究显示这三种酶有相似的空间结构；这些共性是这三种酶都能水解肽键的基础。但是这三种酶水解肽键的类型也存在差异，糜蛋白酶优先水解含芳香族氨基酸残基（如酪氨酸、色氨酸和苯丙氨酸等）提供羧基的肽键，胰蛋白酶优先水解碱性氨基酸残基（如精氨酸、赖氨酸等）提供羧基的肽键，而弹性蛋白酶则水解侧链较小且不带电荷氨基酸残基（如丙氨酸、甘氨酸、异亮氨酸和亮氨酸等）提供羧基的肽键，它们水解肽键时的特异性来自酶与底物结合部位氨基酸组成上的微小差别，这说明酶的催化特性与酶分子结构的紧密关系。

$\alpha$-糜蛋白酶是胰腺分泌的一种蛋白质水解酶，属于丝氨酸蛋白酶家族的众多成员之一。为防止对人体内部组织的破坏，消化系统中的各种蛋白酶一般都以无活性的前体形式合成和分泌，然后输送到特定的部位。当体内需要时，经特异性蛋白水解酶的作用转变为有活性的酶而发挥作用，这些不具催化活性的酶的前体称为酶原，某种物质作用于酶原使之转变成有活性的酶的过程称为酶原的激活。由牛胰腺提取的糜蛋白酶原（bovine chymotrypsinogen）是245个氨基酸残基组成的单一肽链，分子内部有5对二硫键相连，氨基酸序列如下：

糜蛋白酶原的激活过程如图1所示，由胰蛋白酶水解15位精氨酸（Arg）和16位异亮氨酸（Ile）残基间的肽键，激活成有完全催化活性的$\pi$-糜蛋白酶（$\pi$-chymotrypsin），但此时酶分子尚未稳定，经$\pi$-糜蛋白酶自身催化再去除两分子二肽，即14位（丝氨酸）-15位精氨酸（Arg）和147位苏氨酸（Thr）-148位天冬酰胺（Asn），成为有催化活性且具有稳定结构的$\alpha$-糜蛋白酶（$\alpha$-chymotrypsin）。

$\alpha$-糜蛋白酶是一种分子量为24800D的蛋白质，这里"D"是表示生物大分子质量的单位，称为"道尔顿（Dalton）"。对于分子而言，一个分子的质量用道尔顿单位表示时，其

| 1 | CGVPAIQPVL | SGLSRIVNGE | EAVPGSWPWQ | VSLQDKTGFH | FCGGSLINEN |
| 51 | WVVTAAHCGV | TTSDVVVAGE | FDQGSSSEKI | QKLKIAKVFK | NSKYNSLTIN |
| 101 | NDITLLKLST | AASFSQTVSA | VCLPSASDDF | AAGTTCVTTG | WGLTRYTNAN |
| 151 | TPDRLQQASL | PLLSNTNCKK | YWGTKIKDAM | ICAGASGVSS | CMGDSGGPLV |
| 201 | CKKNGAWTLV | GIVSWGSSTC | STSTPGVYAR | VTALVNWVQQ | TLAAN |

**图1　糜蛋白酶原的激活：蛋白质水解裂解过程**

值相当于分子量。α-糜蛋白酶分子由三条肽链（A、B、C链）通过双硫键连接在一起，通过空间盘旋折叠，在每个分子上形成一个活性中心，活性中心由组氨酸His57、天冬氨酸Asp102、甘氨酸Gly133和丝氨酸Ser195组成（见图2）。

**图2　α-糜蛋白酶的空间结构和活性中心**

　　α-糜蛋白酶水解肽键的机理如图3所示，活性中心的疏水袋形结构能够吸引含芳香基的非极性基团，形成酶-底物络合物，底物的目标肽键被切断后，含N原子的多肽链（产物1）

**图 3  α- 糜蛋白酶水解肽键的机理**

脱离活性中心，留下含 C 原子的多肽链与酶结合的乙酰化酶，然后水分子进入发生去乙酰化反应，生成酶-产物 2 络合物，最后产物 2 脱离活性中心，酶活性中心复原。

## 2. α- 糜蛋白酶催化水解三甲基乙酸对硝基苯酯反应动力学

有机酯的官能团结构与肽键有类似之处，因此在体外实验中 α- 糜蛋白酶也能够催化特定的酯类化合物的水解反应。本实验用紫外-可见光谱法研究底物三甲基乙酸对硝基苯酯（4-nitrophenyl-trimethylacetate，S）在 α- 糜蛋白酶（α-Chymotrypsin，E）的催化下水解生成对硝基苯酚（4-nitrophenol，$P_1$）和三甲基乙酸（trimethylacetic acid，$P_2$），反应在 pH≈8 的碱性缓冲水溶液中进行，生成的产物以其共轭碱的形式存在。反应方程如图 4 所示：

**图 4  三甲基乙酸对硝基苯酯酶催化分解反应**

选用三甲基乙酸对硝基苯酯作为底物主要是因为：①叔丁基基团的空间位阻效应降低了反应速率，使得反应能够在较长时间内完成，便于测量；②产物$P_1$在可见光区显色（呈现明显的黄色，吸收波长约400 nm），便于使用分光光度法进行实验测量；③对硝基苯基团是非极性的疏水基团，满足$\alpha$-糜蛋白酶对底物结构的要求。

实验测得，当酶与底物混合后，产物$P_1$立刻有"爆发性"的增长，然后$P_1$的浓度进入平缓增长期（见图5）。这个现象与传统的酶催化反应机理（Michaelis-Menton机理）并不完全一致。

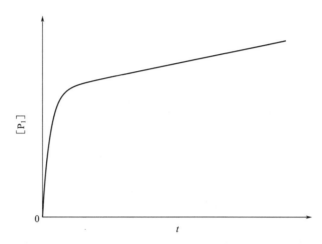

**图5** $\alpha$-糜蛋白酶催化水解三甲基乙酸对硝基苯酯生成对硝基苯酚的浓度-时间曲线

Bender及其同事详细研究了上述酶催化反应动力学，提出如下机理：

第一步，在快速预平衡条件下，酯（S）与酶（E）形成可逆的络合物。

第二步，酯与酶的活性位结合，导致酶的乙酰化（AE），同时释放出对硝基苯酚离子（$P_1$）。

第三步，乙酰化酶（AE）发生去乙酰化反应，释放出三甲基乙酸根离子（$P_2$），重新生成活性酶（E），再次催化另一个酯分子的水解反应。

上述机理的动力学过程可以表达如下：

$$E + S \underset{k_{-1}}{\overset{k_1}{\rightleftharpoons}} ES \quad 可逆酶\text{-}底物键合$$

$$ES \overset{k_2}{\longrightarrow} P_1 + AE \qquad 酶乙酰化$$

$$AE \overset{k_3}{\longrightarrow} P_2 + E \qquad 酶去酰化$$

式中，AE 表示乙酰化酶（acylenzyme）。在这个机理中，虽然产物 $P_1$ 早于 $P_2$ 被释放出来，但是最后一步基元反应才是最重要的，因为这一步释放出活性酶。

假定 $[S]_0 \gg [E]_0$，因为 $P_1$ 是分光光度法的检测对象，现在将找出 $[P_1]$ 与时间 $t$ 之间的关系。首先写出微分方程：

$$\frac{d[P_1]}{dt} = k_2[ES] \tag{1}$$

$$\frac{d[ES]}{dt} = k_1[E][S] - k_{-1}[ES] - k_2[ES] \tag{2}$$

酶的物质平衡关系为：

$$[E]_0 = [E] + [ES] + [AE] \tag{3}$$

第一步快速预平衡步骤有：

$$K = \frac{k_{-1}}{k_1} = \frac{[E][S]}{[ES]} \approx \frac{[E][S]_0}{[ES]} \tag{4}$$

由方程（3）、方程（4）消去 $[E]$，得到

$$[ES] = \frac{[E]_0 - [AE]}{1 + K/[S]_0} \tag{5}$$

为了表达 $[ES]$，现在必须先得到 $[AE]$ 的表达式。写出微分方程：

$$\frac{d[AE]}{dt} = k_2[ES] - k_3[AE] \tag{6}$$

将方程（5）代入方程（6）中，整理得到：

$$\frac{d[AE]}{dt} = \frac{k_2[E]_0}{1 + K/[S]_0} - \left( \frac{k_2}{1 + K/[S]_0} + k_3 \right)[AE] \tag{7}$$

定义

$$A = \frac{k_2[E]_0}{1 + K/[S]_0} \qquad B = \frac{k_2}{1 + K/[S]_0} + k_3 \tag{8}$$

$$\Rightarrow \quad \frac{d[AE]}{dt} = A - B[AE]$$

根据初始条件 $t=0$，$[AE]=0$，将方程（8）分离变量并积分得到：

$$\ln\left( \frac{A - B[AE]}{A} \right) = -Bt \quad 或者 \quad [AE] = \frac{A}{B}(1 - e^{-Bt}) \tag{9}$$

将方程（9）代入方程（5），得到

$$[ES] = \frac{[E]_0 - A/B}{1 + K/[S]_0} + \frac{A/B}{1 + K/[S]_0}e^{-Bt} \tag{10}$$

应该注意到，根据方程（10），在时间 $t=0$ 时 $[ES]$ 有一个确切的浓度，这个不合理的结果来自于快速预平衡假设。

将方程（10）代入方程（1），得到

$$\frac{d[P_1]}{dt} = k_2 \left( \frac{[E]_0 - A/B}{1 + K/[S]_0} \right) + \frac{k_2(A/B)}{1 + K/[S]_0} e^{-Bt} \tag{11}$$

将方程（11）积分后得到：

$$[P_1] = Xt + Y(1 - e^{-Bt}) \tag{12}$$

式中

$$X = k_2 \left( \frac{[E]_0 - A/B}{1 + K/[S]_0} \right) \tag{13}$$

$$Y = \frac{k_2(A/B)}{B(1 + K/[S]_0)} \tag{14}$$

方程（12）的曲线图形与图5相同。原则上，对一组$[P]$-$t$实验数据用方程（12）进行拟合，得到三个参数$X$、$Y$、$B$，然后通过方程（13）、方程（14）以及方程（8），就可以计算出酶催化反应的动力学参数$k_2$、$k_3$和$K$。但是在实际计算中，非常困难。

### 3. 反应动力学参数计算

底物同时进行着酶催化水解反应和非催化水解反应，这两个反应都产生$P_1$，能够被光谱仪检测。当计算酶催化动力学参数时，必须先扣除非催化水解反应的"空白"数据。

$\alpha$-糜蛋白酶并不是纯净物质，其中含有杂质，其整体浓度并不等于酶的物质的量浓度。假定实验中通过称量获得的初始酶整体浓度为$[E]_{0bulk}$，而初始的活性酶（纯酶）浓度为$[E]_{0act}$，则有

$$[E]_{0act} = p[E]_{0bulk}$$

式中，$p$是粗酶原料的纯度百分数。通过动力学测量，可以估算$p$值。

如果固定粗酶浓度$[E]_{0bulk}$，然后测定一系列初始浓度$[S]_0$下的$[P_1]$-$t$关系曲线，通过曲线拟合就得到了一系列$X$、$Y$、$B$参数。首先考虑$X$，将方程（8）中关于$A$、$B$的定义代入方程（13），按照Michalis-Menton方程的形式整理得到

$$X = \frac{\left( \dfrac{k_2 k_3}{k_2 + k_3} \right)[E]_{0act}[S]_0}{[S]_0 + \left( K \dfrac{k_3}{k_2 + k_3} \right)} \tag{15}$$

$X$的量纲是"浓度·时间$^{-1}$"（如$mol \cdot L^{-1} \cdot s^{-1}$），与反应速率量纲相同。令

$$k_{act} = \frac{k_2 k_3}{k_2 + k_3} \qquad K_M = K \frac{k_3}{k_2 + k_3}$$

方程（15）变形为米氏方程的形式：

$$X = \frac{k_{act}[E]_{0act}[S]_0}{[S]_0 + K_M} \tag{16}$$

将方程（16）写成双倒数方程的形式：

$$\frac{1}{X} = \frac{1}{k_{act}[E]_{0act}} + \frac{K_M}{k_{act}[E]_{0act}} \times \frac{1}{[S]_0} \tag{17}$$

以$1/X$-$1/[S]_0$作图得一直线，由直线的斜率和截距可以计算出表观米氏常数$K_M$；如果已知活性酶浓度$[E]_{0act}$，则就可以计算出$k_{act}$。

在 $[S]_0 \gg K_M$ 的条件下，方程（16）可以简化为：

$$X = k_{act}[E]_{0act} \qquad (18)$$

如果已知活性酶的浓度 $[E]_{0act}$，就可以由 $X$ 直接计算出 $k_{act}$。

为了计算出 $\alpha$-糜蛋白酶的纯度百分数 $p$，利用参数 $Y$。将方程（8）中关于 $A$、$B$ 的定义代入方程（14），并重排得到

$$Y = [E]_{0act}\frac{\left(\dfrac{k_2}{k_2 + k_3}\right)^2}{\left(1 + \dfrac{K_M}{[S]_0}\right)^2} \qquad (19)$$

利用实验条件 $[S]_0 \gg K_M$，并考虑近似条件 $k_2 \gg k_3$，方程（19）简化为

$$Y = [E]_{0act} \qquad (20)$$

即由参数 $Y$ 可以直接得到活性酶浓度 $[E]_{0act}$，将其代入方程（18）中，就可计算出 $k_{act}$。也可以利用方程（17）计算得到 $k_{act}$ 和表观米氏常数 $K_M$。若考虑不等式 $k_2 \gg k_3$，则 $k_{act} \approx k_3$。

即使不考虑不等式导致的方程简化，依然能够通过方程（19）变换为双倒数方程形式得到

$$\frac{1}{\sqrt{Y}} = \frac{k_2 + k_3}{k_2\sqrt{[E]_{0act}}} + \frac{K_M(k_2 + k_3)}{k_2\sqrt{[E]_{0act}}} \times \frac{1}{[S]_0} \qquad (21)$$

显然以 $1/Y_{1/2}$-$1/[S]_0$ 作图将得到一直线，拟合可得相应的斜率和截距，并计算出表观米氏常数 $K_M$，该值可以与通过方程（17）计算的结果相对照。

为了计算其他几个动力学参数，将方程（8）定义的 $B$ 参数重新表达为：

$$B = \frac{k_2}{1 + K/[S]_0} + k_3 = \frac{(k_2 + k_3)[S]_0 + k_3 K}{[S]_0 + K} \approx \frac{(k_2 + k_3)[S]_0}{[S]_0 + K}$$

式中最后的近似使用了条件 $[S]_0 \gg K_M$，即 $(k_2 + k_3)[S]_0 \gg k_3 K$。将上式也表达成双倒数形式：

$$\frac{1}{B} = \frac{1}{k_2 + k_3} + \left(\frac{K}{k_2 + k_3}\right) \times \frac{1}{[S]_0} \qquad (22)$$

以 $1/B$-$1/[S]_0$ 作图得到一直线，由直线的斜率和截距可以求出 $(k_2 + k_3)$ 和 $K$ 的值。将 $(k_2 + k_3)$ 的值代入 $k_{act}$ 表达式中，可以得到 $k_2 k_3$ 的值，解联立方程可以分别计算出反应速率常数 $k_2$ 和 $k_3$。

如果没有在不同底物浓度下测出 $[B]$ 值，可以采用近似条件 $k_2 \gg k_3$ 和 $[S]_0 \ll K$ 得到

$$[B] = \frac{k_2}{K}[S]_0 \qquad (23)$$

## 仪器试剂

TU-1901 紫外-可见光谱仪（北京普析通用仪器有限责任公司），PTC-2 帕尔帖恒温控制器，石英比色皿（带盖，光径 10 mm）2 只，25 mL、50 mL 容量瓶各 1 只，色谱进样瓶 1 只，100 μL、250 μL 液相色谱进样针各 1 支，移液管若干。

$\alpha$-糜蛋白酶（800 U/mg），三甲基乙酸对硝基苯酯（>98%），对硝基苯酚（A.R.），三（羟甲基）氨基甲烷（TRIS）（标准缓冲物质，>99.9%），乙腈（A.R.），盐酸（A.R.）。

## 安全须知和废弃物处理

- 在实验室中需穿戴实验服、防护目镜或面罩。
- 在处理样品和溶液时需使用丁腈橡胶手套，尤其是乙腈和盐酸。
- 所有溶液均可能刺激皮肤，如发生皮肤沾染，用水冲洗沾染部位 10 min 以上。
- 离开实验室前务必洗手。
- 使用过的溶液倒入指定的废液回收桶。

## 实验步骤

### 1. 溶液配制

（1）三（羟甲基）氨基甲烷（TRIS缓冲液）：0.01 mol·L$^{-1}$，pH=8.5。

准确称取 1.2114 g 三（羟甲基）氨基甲烷，加入 800 mL 水溶解，用 6 mol·L$^{-1}$ 盐酸调节 pH 至 8.5，移入 1000 mL 容量瓶中用水定容。

（2）乙酸-乙酸钠缓冲液：乙酸、乙酸钠浓度均为 0.2 mol·L$^{-1}$，pH≈4.6。

（3）底物：（三甲基乙酸对硝基苯酯）溶液：3.4×10$^{-3}$ mol·L$^{-1}$，乙腈溶液，10～25 mL 均可。

准确称取 0.0190 g 三甲基乙酸对硝基苯酯，在 25 mL 容量瓶中用乙腈定容。

（4）α-糜蛋白酶溶液：准确称取 50 mg α-糜蛋白酶干粉，在色谱进样瓶中用 1 mL 水溶解，溶液置于冰水浴中冷藏备用。

（5）对硝基苯酚溶液：准确称取 0.0487 g 对硝基苯酚，在 250 mL 容量瓶中用 TRIS 缓冲液定容，再取该溶液 1 mL 用 TRIS 缓冲液定容至 50 mL，该溶液对硝基苯酚浓度 2.8×10$^{-5}$ mol·L$^{-1}$，用作测定对硝基苯酚的摩尔吸光系数。

### 2. 动力学测量

**注意**：所有"时间扫描"模式测定实验必须以相同的时间间隔采样读数，包括"空白"；光谱读数记录开始时间为样品加入混合时刻，不是比色皿插入样品池的时刻，光谱数据取稳定吸光度曲线段，舍弃读数记录开始阶段的不规则曲线段。

（1）实验准备

紫外-可见光谱仪开机预热 30 min，调节帕尔帖恒温控制器循环液温度为 25 ℃，在两个石英比色皿中均加入 TRIS 缓冲液进行仪器检零操作。

（2）测定对硝基苯酚的摩尔吸光系数

采用"光度测量"模式，调节光谱仪吸收波长为 400 nm，以 TRIS 缓冲液为参比，测定对硝基苯酚溶液的吸光度。

（3）空白反应收光度曲线测量

采用"时间扫描"模式，调节光谱仪吸收波长为 400 nm，以 TRIS 缓冲液为参比，在测量比色皿中加入 3 mL TRIS 缓冲液，用液相色谱进样针加入 100 μL 三甲基乙酸对硝基苯酯溶液，比色皿盖上盖子上下翻动摇匀后，放入恒温池架，读数记录至少 30 min。

（4）酶催化反应吸光度曲线测量

采用"时间扫描"模式，调节光谱仪吸收波长为 400 nm，以 TRIS 缓冲液为参比，在测量比色皿加入 3 mL TRIS 缓冲液，用液相色谱进样针加入 40 μL 三甲基乙酸对硝基苯酯溶液，比色皿盖上盖子上下翻动摇匀，再用液相色谱进样针（**换针，不要与底物互相沾污！**）加入

80 μL α-糜蛋白酶溶液，加盖摇匀后放入恒温池架，读数记录至少30 min。

将三甲基乙酸对硝基苯酯溶液的数量依次增加为50 μL、60 μL、70 μL、90 μL、100 μL，其他条件不变，重复上述酶催化反应吸光度曲线的测量过程。实验过程中，应将已测得的吸光度曲线叠加在一张图谱上，观察其强度是否与浓度成正相关关系，如不符合，则应重新测量。

若实验课时不足以完成全部测量，建议测定加入三甲基乙酸对硝基苯酯溶液数量为60～90 μL的样品，极端情况下可以仅测定加入三甲基乙酸对硝基苯酯溶液数量为90 μL的样品。

## 数据处理与结果分析

1. 计算对硝基苯酚的摩尔吸光系数，计算各样品酯的初始浓度$[S]_0$。

2. 扣除非催化反应"空白"本底

将初始浓度为$[S]_0$的酶催化反应吸光度-时间曲线与非催化"空白"反应吸光度-时间曲线对应值相减。扣除"空白"本底时要注意先做相应的浓度校正，比如"空白"实验用100 μL酯，酶催化实验时用60 μL酯，则"空白"本底的吸光度要先乘以（60/100）的因子，然后再扣除。

3. 用预先测定过的对硝基苯酚离子的吸光系数，将扣除本底后的吸光度值换算为产物$P_1$的浓度值。

4. 在Origin软件中将各初始浓度为$[S]_0$样品的$[P_1]$-$t$数据输入，作图，用自定义方程

$$[P_1] = Xt + Y(1 - e^{-Bt})$$

进行非线性拟合，求出拟合参数$X$、$Y$、$B$，其中$X$的量纲为浓度·时间$^{-1}$，$Y$的量纲为浓度，$B$的量纲为时间$^{-1}$。

5. 将拟合数据列表$[S]_0$、$X$、$Y$、$[B]$。

6. 观察$Y$的值是否基本恒定，根据方程（18）用$Y$的平均值计算初始的活性酶（纯酶）浓度为$[E]_{0act}$，计算酶的纯度。

7. 根据方程（17），以$1/X$-$1/[S]_0$作图，进行直线拟合，获得表观米氏常数$K_M$和酶催化反应速率常数$k_{act}$。根据方程（21）进行类似处理，得到$K_M$和$k_{act}$。对这两种方法获得的参数进行比较，评价数据偏差的来源。

8. 根据方程（22），以$1/B$-$1/[S]_0$作图，进行直线拟合，得到基元反应速率常数之和$(k_2 + k_3)$和酶-底物络合物可逆分解反应平衡常数$K$。将参数$(k_2 + k_3)$和$K$代入$K_M$的表达式中，计算$k_2$和$k_3$的值；同样将参数$(k_2 + k_3)$和$K$代入$k_{act}$的表达式中，再次计算$k_2$和$k_3$的值；比较这两种方法计算得到的$k_2$和$k_3$的差别。

9. 分析获得的参数是否符合不等式：$[S]_0 \gg K_M$和$k_2 \gg k_3$，以及$k_{act} \gg k_3$且略小于$k_2$。

10. 若未获得不同底物浓度下的实验数据，则可根据方程（18）、方程（20）和方程（23），计算得到$[E]_{0act}$、$k_{act}$和$k_2/K$，并估算$K_M$和$k_3$。

## 讨论与思考

1. 若假定本实验反应的第一步是底物S与酶E的可逆结合为酶-底物络合物ES，第二步是该络合物分解为产物P（$P_1$、$P_2$）和酶E：

$$E+S \underset{k_{-1}}{\overset{k_1}{\rightleftharpoons}} ES \xrightarrow{k_2} P+E$$

且酶-底物络合物分解为产物的反应步骤为控速步骤，则底物、酶的可逆结合反应达成平衡，适用平衡态近似。请推导产物 P 浓度与时间的关系，画出 [P]-$t$ 曲线，并指出该机理是否符合实验事实。设底物初始浓度远远大于活性酶总浓度，即 $[S]_0 \gg [E]_0$。

2. 解除上题中第一步反应的预平衡假设，并保留底物浓度远远大于酶浓度的假设，即 $[S]_0 \gg [E]_0$，再次推导产物 P 浓度与时间的关系，画出 [P]-$t$ 曲线，并指出该机理是否符合实验事实。当反应时间足够长，反应达到稳态后，该机理是否等价于 Michaelis-Menton 方程？

### 参考文献

[1] Bender M L，Kézdy F J，Wedler F C. $\alpha$-Chymotrypsin : Enzyme Concentration and Kinetics. J. Chem. Educ.，1967，44（2）：84-88.

[2] Blow D M. Structure and Mechanism of Chymotrypsin. Acc. Chem. Res.，1976，9（4）：145-152.

[3] Gutfreund H，Sturtevant J M. The Mechanism of Chymotrypsin-Catalyzed Reactions. Proc. Nat. Acad. Sci.，1956，42（10）：719-728.

[4] Spencer T，Sturtevant J M. The Mechanism of Chymotrypsin-catalyzed Reactions. III. J. Am. Chem. Soc.，1959，81（8）：1874-1882.

## 实验24　热动力学分析：固体分解反应活化能的测定

### 实验简介

本实验中我们将采用差热分析法（DTA）进行反应动力学的测量。差热分析法不仅可以研究物质在升温/降温过程中的热效应，也可以测定相图，现在要用差热分析法定量测出某个化学的动力学参数，比如活化能和反应级数等。化学反应动力学的主要测量对象是随时间变化的反应物浓度，在热动力学分析中，反应物浓度的变化相当于热效应大小，DTA测量中温度与时间又呈现线性关系，因此差热分析曲线中蕴含着随反应时间改变的物质数量的信息。如何从实验图线的位置、大小和形状中抽取有用的信息，需要恰当的假设、严密的数学分析及合理的近似，这是理论分析的力量，本实验提供了一个很好的实例。

学生应熟悉差热分析仪器的操作和DTA曲线测量技术，掌握DTA曲线上重要参数的确定方法，能够使用科学数据处理软件（如Origin）进行曲线微分、积分、归一化等数据计算和分析工作。

## 1. 差热峰（谷）温度与反应活化能

对于常见的固相分解反应来说，其反应方程式可以表示为

$$A(s) \xrightarrow{k} B(s)+C(g) \tag{1}$$

假设 $\alpha$ 表示在反应时刻 $t$ 已经反应掉的固体 A（s）的摩尔分数，则反应（1）的速率方程可以表示为

$$\frac{\mathrm{d}\alpha}{\mathrm{d}t} = k(1-\alpha)^n = Ae^{-E_a/RT}(1-\alpha)^n \tag{2}$$

式中，$n$ 为反应级数，$k$ 为反应速率常数；$A$ 为指前因子；$E_a$ 为活化能。

热分析常采用线性升温法。假定温度 $T$ 与时间 $t$ 之间满足线性关系

$$T = T_0 + \beta t \tag{3}$$

式中，$T_0$ 为起始温度，K；$\beta$ 为升温速率，$K \cdot min^{-1}$。则

$$\mathrm{d}t = \frac{\mathrm{d}T}{\beta} \tag{4}$$

代入式（2）得到

$$\frac{\mathrm{d}\alpha}{\mathrm{d}T} = \frac{A}{\beta}e^{-E_a/RT}(1-\alpha)^n \tag{5}$$

DTA理论认为，差热曲线的峰（谷）面积正比于热效应。当样品在恒定升温速率条件下受热分解时，若反应过程伴随有热效应，则反应进行程度正比于热效应。因此，在反应时刻 $t$（相当于某温度 $T$）已经反应掉的固体A（s）的摩尔分数 $\alpha$ 可以表示为

$$\alpha = \frac{S}{S_0} \tag{6}$$

式中，$S_0$ 是差热曲线下的总面积，即图1中温度 $T_0 \rightarrow T_e$ 之间差热曲线下的面积，而 $S$ 是 $T_0$ 至某个温度 $T_i$ 之间差热曲线下的面积，比如反应进行到温度 $T_1$ 时差热曲线下的面积 $S_1$ 就是图-1中的阴影部分面积，在 $T_1$ 时反应掉的物质摩尔分数 $\alpha_1 = S_1/S_0$。

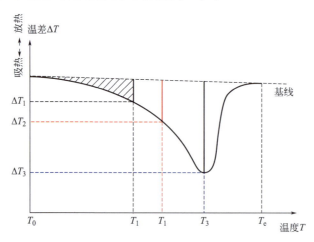

**图1 反应过程的差热曲线**

由方程（6）得到

$$\frac{\mathrm{d}\alpha}{\mathrm{d}T} = \frac{\mathrm{d}S}{S_0\mathrm{d}T} = \frac{1}{S_0} \times \frac{\mathrm{d}\int_{T_0}^{T}(\Delta T)\mathrm{d}T}{\mathrm{d}T} = \frac{\Delta T}{S_0} \tag{7}$$

式中，$\Delta T$是图1所示的差热曲线的纵坐标温差，其是温度$T$的函数。当其他条件固定时，差热曲线下的总面积$S_0$为确定值，差热曲线$\Delta T(T)$实际上就是反应速率曲线。

在差热曲线的极值点温度$T_p$，$\mathrm{d}\alpha/\mathrm{d}T$的一阶导数为零，即

$$\left[\frac{\mathrm{d}}{\mathrm{d}T}\left(\frac{\mathrm{d}\alpha}{\mathrm{d}T}\right)\right]_{T=T_p} = 0 = \left\{\frac{\mathrm{d}}{\mathrm{d}T}\left[\frac{A}{\beta}\mathrm{e}^{-E_a/RT}(1-\alpha)^n\right]\right\}_{T=T_p} \tag{8}$$

该微分求解的结果为：

$$\frac{\mathrm{d}}{\mathrm{d}T}\left(\frac{\mathrm{d}\alpha}{\mathrm{d}T}\right) = \frac{A}{\beta} \times \frac{E_a}{RT^2}\mathrm{e}^{-E_a/RT}(1-\alpha)^n - \frac{A}{\beta}\mathrm{e}^{-E_a/RT}n(1-\alpha)^{n-1}\frac{\mathrm{d}\alpha}{\mathrm{d}T}$$

$$= \left[\frac{E_a}{RT^2} - \frac{A}{\beta}\mathrm{e}^{-E_a/RT}n(1-\alpha)^{n-1}\right]\frac{\mathrm{d}\alpha}{\mathrm{d}T}$$

且根据方程（7）可知，在峰顶温度时，$\mathrm{d}\alpha/\mathrm{d}T \neq 0$，由此可以得到

$$\frac{\beta E_a}{RT_p^2} = An(1-\alpha_p)^{n-1}\mathrm{e}^{-E_a/RT_p} \tag{9}$$

式中，$\alpha_p$是在差热曲线峰顶温度时的$\alpha$值，它与峰顶温度$T_p$有关，而且不容易从DTA曲线上准确地计算出来。方程（9）中有两个待定参数：反应级数$n$和反应活化能$E_a$，若要通过拟合法得到这两个参数，必须知道$\alpha$的表达式。

将方程（5）分离变量并积分，得到

$$\int\frac{\mathrm{d}\alpha}{(1-\alpha)^n} = \frac{A}{\beta}\int\mathrm{e}^{-E_a/RT}\mathrm{d}T \tag{10}$$

根据反应级数$n$的数值，有以下三种情况：

（1）当$n \neq 0$或$n \neq 1$时，方程（10）等号左边积分为

$$\int\frac{\mathrm{d}\alpha}{(1-\alpha)^n} = \frac{1}{n-1} \times \frac{1}{(1-\alpha)^{n-1}}$$

方程（10）等号右边积分为

$$\int\mathrm{e}^{-E_a/RT}\mathrm{d}T = \int\frac{RT^2}{E_a}\mathrm{d}(\mathrm{e}^{-E_a/RT}) = \frac{RT^2}{E_a}\mathrm{e}^{-E_a/RT} - \int\mathrm{e}^{-E_a/RT} \times \frac{2RT}{E_a}\mathrm{d}T$$

$$= \frac{RT^2}{E_a}\mathrm{e}^{-E_a/RT} - \int\frac{2RT}{E_a} \times \frac{RT^2}{E_a}\mathrm{d}(\mathrm{e}^{-E_a/RT})$$

$$= \frac{RT^2}{E_a}\mathrm{e}^{-E_a/RT} - \frac{RT^2}{E_a}\mathrm{e}^{-E_a/RT} \times \frac{2RT}{E_a} + \int\mathrm{e}^{-E_a/RT}6\left(\frac{RT}{E_a}\right)^2\mathrm{d}T$$

$$= \frac{RT^2}{E_a}\mathrm{e}^{-E_a/RT} - \frac{RT^2}{E_a}\mathrm{e}^{-E_a/RT} \times \frac{2RT}{E_a} + \int\frac{RT^2}{E_a} \times 6\left(\frac{RT}{E_a}\right)^2\mathrm{d}(\mathrm{e}^{-E_a/RT})$$

$$= \frac{RT^2}{E_a}\mathrm{e}^{-E_a/RT} - \frac{RT^2}{E_a}\mathrm{e}^{-E_a/RT} \times \frac{2RT}{E_a} + \frac{RT^2}{E_a}\mathrm{e}^{-E_/RT_a}6\left(\frac{RT}{E_a}\right)^2 - \int\cdots$$

该积分的计算进入幂级数加和的形式，由于$RT \ll E_a$，因此该积分仅保留前两项计算结果就可以了

$$\int e^{-E_a/RT} dT \approx \frac{RT^2}{E_a} e^{-E_a/RT} \left(1 - \frac{2RT}{E_a}\right)$$

由此得到方程（10）的积分形式为

$$\frac{1}{n-1} \times \frac{1}{(1-\alpha)^{n-1}} = \frac{ART^2}{\beta E_a} e^{-E_a/RT} \left(1 - \frac{2RT}{E_a}\right) \tag{11}$$

式中 $n \neq 0$ 或 $n \neq 1$。

（2）当 $n=1$ 时，该积分为

$$\ln \frac{1}{1-\alpha} = \frac{ART^2}{\beta E_a} e^{-E_a/RT} \left(1 - \frac{2RT}{E_a}\right) \tag{12}$$

（3）当 $n=0$ 时，该积分为

$$\alpha = \frac{ART^2}{\beta E_a} e^{-E_a/RT} \left(1 - \frac{2RT}{E_a}\right) \tag{13}$$

当温度由 $T_0 \rightarrow T$，固体反应的摩尔分数则由 $0 \rightarrow \alpha$，考虑积分（10）的定积分

$$\int_0^\alpha \frac{d\alpha}{(1-\alpha)^n} = \int_{T_0}^T \frac{A}{\beta} e^{-E_a/RT} dT \tag{14}$$

在 $T_0$ 时反应还不能发生，此时活化能 $E_a \rightarrow \infty$，因此方程（11）等号右边在积分下限时为 0。由此得到，当 $n \neq 0$ 或 $n \neq 1$ 时，$\alpha$ 与温度 $T$（即与时间 $t$）的关系为

$$\frac{1}{n-1} \left[ \frac{1}{(1-\alpha)^{n-1}} - 1 \right] = \frac{ART^2}{\beta E_a} e^{-E_a/RT} \left(1 - \frac{2RT'}{E_a}\right) \tag{15}$$

当 $n=1$ 或 $n=0$ 时，定积分结果与方程（12）或方程（13）相同。

在差热曲线的峰顶温度 $T_p$ 时，方程（15）同样成立

$$\frac{1}{n-1} \left[ \frac{1}{(1-\alpha_p)^{n-1}} - 1 \right] = \frac{ART_p^2}{\beta E_a} e^{-E_a/RT_p} \left(1 - \frac{2RT_p}{E_a}\right)$$

将方程（9）整理后代入上式，得到

$$\frac{1}{n-1} \left[ \frac{1}{(1-\alpha_p)^{n-1}} - 1 \right] = \frac{1}{n(1-\alpha_p)^{n-1}} \left(1 - \frac{2RT_p}{E_a}\right)$$

整理化简后得到

$$n(1-\alpha_p)^{n-1} = 1 + (n-1) \frac{2RT_p}{E_a} \tag{16}$$

由于 $RT_p \ll E_a$，因此

$$n(1-\alpha_p)^{n-1} \approx 1 \tag{17}$$

据此，方程（9）可以化简为

$$\frac{\beta E_a}{RT_p^2} = A e^{-E_a/RT_p} \tag{18}$$

将方程（18）两边取对数，得到 Kissinger 方程

$$\ln \left[ \frac{\beta}{T_p^2} \right] = \ln \left( \frac{AR}{E_a} \right) - \frac{E_a}{RT_p} \tag{19}$$

在不同的升温速率 $\beta$ 下测定热降解差热曲线的峰顶温度 $T_p$，以 $\ln(\beta/T_p^2)$-$1/T_p$ 作图可得一直线，

由该直线斜率可以求出反应活化能 $E_a$，由截距可以求出指前因子 $A$。

方程（19）适用于所有级数的反应：对于一级反应（$n=1$），方程（9）直接就化为了方程（18）；对于零级反应（$n=0$），根据方程（5），差热曲线不存在数学上可分析的峰顶位置，其差热峰顶应当在反应物耗尽时出现，即 $\alpha=1$，根据方程（13）及近似关系 $RT_p \ll E_a$，同样可以得到方程（19）。因此，对于简单的固体分解反应而言，利用方程（19），采用差热分析方法测量反应的活化能是可行的，而且无需考虑反应级数的影响。

### 2. 反应级数对差热峰（谷）形状的影响

根据方程（16），用数值计算可以很容易地证明：在差热曲线峰（谷）温度 $T_p$，当反应级数 $n$ 减小时，未发生分解的固体的摩尔分数（$1-\alpha_p$）也随之减小，这说明随着反应级数的减小，差热峰将变得越来越不对称。如果假定差热峰的形状与升温速率及反应动力学参数无关，则有可能将差热峰（谷）的不对称性与反应级数 $n$ 关联起来。

可以用"形状因子"$I$ 来定量描述差热峰（谷）的形状，其定义为峰（谷）两侧拐点处斜率之比的绝对值

$$I = \left| \frac{\left(\dfrac{d^2\alpha}{dT^2}\right)_1}{\left(\dfrac{d^2\alpha}{dT^2}\right)_2} \right| = \frac{a}{b} \quad (20)$$

式中，下标 1 和 2 分别代表差热峰的下降侧和上升侧，图 2 中给出了 $I$ 的定义方式。

差热曲线峰（谷）两侧拐点的定义为

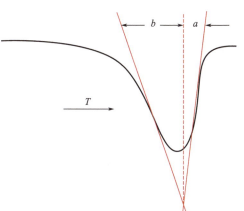

**图 2　差热峰（谷）形状因子的定义**

$$\frac{d^2}{dT^2}\left(\frac{d\alpha}{dT}\right) = 0$$

对方程（5）进行二次微分计算，并经过多步化简和数值计算后，H. M. Kissinger[1]发现形状因子 $I$ 仅是反应级数 $n$ 的函数，且大致满足如下经验关系

$$I = 0.63n^2 \quad (21)$$

反应级数可以由形状因子计算如下

$$n = 1.26I^{1/2} \quad (22)$$

### 3. 含水硫酸盐的受热脱水分解反应

五水合硫酸铜的脱水过程可以简单表示为

$$CuSO_4 \cdot 5H_2O(s) \xrightarrow{k_1} CuSO_4 \cdot 3H_2O(s) + 2H_2O(g)$$

$$CuSO_4 \cdot 3H_2O(s) \xrightarrow{k_2} CuSO_4 \cdot H_2O(s) + 2H_2O(g)$$

$$CuSO_4 \cdot H_2O(s) \xrightarrow{k_3} CuSO_4(s) + H_2O(g)$$

其中第一、第二步脱水过程发生在 45～130 ℃，每个硫酸铜分子脱出的 4 个水分子，属于配位水。若升温速率较高，则两个脱水过程的 DTA 吸热峰会重叠，直至不可分辨。第三步脱水过程发生在 170～260 ℃，每个硫酸铜分子脱出的 1 个水分子，属于结构水。

石膏是重要的建筑材料，二水石膏的分子式是 $CaSO_4 \cdot 2H_2O$，是含有两个结晶水的硫

酸钙晶体。在不同条件的加热处理中，其结构水容易脱出，成为半水石膏和无水石膏。试剂级二水石膏加热至 $100 \sim 200 \, ℃$ 会分步脱除 2 个结晶水，首先排出 1.5 个水分子，随后立即排出 0.5 个水分子，转变为无水石膏 $CaSO_4$。

$$CaSO_4 \cdot 2H_2O(s) \xrightarrow{k_1} CaSO_4 \cdot 0.5H_2O(s) + 1.5H_2O(g)$$

$$CaSO_4 \cdot 0.5H_2O(s) \xrightarrow{k_2} CaSO_4(s) + 0.5H_2O(g)$$

这两个过程在 DTA 图谱上不能完全分离鉴别，常将两者合并作为一个脱水过程处理。

七水合硫酸亚铁的脱水过程可以表示为

$$FeSO_4 \cdot 7H_2O(s) \xrightarrow{k_1} FeSO_4 \cdot 4H_2O(s) + 3H_2O(g)$$

$$FeSO_4 \cdot 4H_2O(s) \xrightarrow{k_2} FeSO_4 \cdot H_2O(s) + 3H_2O(g)$$

$$FeSO_4 \cdot H_2O(s) \xrightarrow{k_3} FeSO_4(s) + H_2O(g)$$

第一步脱水过程温度范围是 $35 \sim 95 \, ℃$，第二步温度范围是 $95 \sim 180 \, ℃$，每步均脱出 3 分子水，所脱出的均为配位水。第三步脱水过程发生在 $180 \sim 320 \, ℃$，脱出 1 分子水，为结构水，在升温速率较低时（$1 \, ℃ \cdot min^{-1}$ 左右），该脱水过程在 DTA 曲线上有时不明显。

## 仪器试剂

ZCR 差热实验装置（南京桑力电子设备厂），电子天平，采样及数据分析计算机，铝坩埚（$\phi 5 \, mm \times 4 \, mm$），氧化铝坩埚（$\phi 5 \, mm \times 4 \, mm$）。

$CuSO_4 \cdot 5H_2O(A.R.)$，$CaSO_4 \cdot 2H_2O(A.R.)$，$FeSO_4 \cdot 7H_2O(A.R.)$，$KNO_3(A.R.)$，$\alpha\text{-}Al_2O_3$。

## 安全须知和废弃物处理

- 实验中注意保护样品支架，勿使炉体与支架发生碰撞。
- 拿取炉体隔热陶瓷盖片需使用镊子或者戴隔热手套，不要徒手拿取，以免烫伤。
- 在实验室中需穿戴实验服、防护目镜或面罩。
- 在处理盐类样品时需使用丁腈橡胶手套，仔细操作，不要洒漏在实验台和仪器上。
- 硫酸铜和硫酸亚铁可能刺激皮肤，如发生皮肤沾染，需用水冲洗沾染部位 10 min 以上。
- 离开实验室前务必洗手。
- 使用过的坩埚、固体废渣和碎屑需放入固体废弃物桶。

## 实验步骤

用 DTA 法进行热动力学测量时，各次测定的样品数量应尽量一致，样品数量以（$10 \pm 1$）mg 为宜。坩埚中装入样品后，应轻轻敦实，其中石膏样品还应用尺寸合适的玻棒轻旋压实，使样品紧贴坩埚底部，然后称重。每次测量后，均须待炉温降至 30 ℃ 以下，才能进行下一个样品的 DTA 测量（$KNO_3$ 除外）。差热分析实验步骤请参阅"实验 3 差热分析"。

DTA 测量条件如下（静态空气氛）。

（1）$CuSO_4 \cdot 5H_2O$，温度范围，室温 ~ 280 ℃，升温速率（$℃ \cdot min^{-1}$）：4、6、9、14、20。

（2）$CaSO_4 \cdot 2H_2O$，温度范围，室温 ~ 200 ℃，升温速率（$℃ \cdot min^{-1}$）：4、6、9、14、20。

（3）$FeSO_4 \cdot 7H_2O$，温度范围，室温 ~ 320 ℃，升温速率（$℃ \cdot min^{-1}$）：4、6、9、14、20。

（4）$KNO_3$校正，温度范围，室温～150 ℃，升温速率10 ℃·$min^{-1}$。

实验结束后，清理差热分析仪和实验台面，废弃物放入指定容器中。

## 数据处理与结果分析

### 1. $KNO_3$相变温度的确定

$KNO_3$是被国际标准化组织（ISO）和国际纯粹与应用化学联合会（IUPAC）所认定的供DTA（或DSC）用的检定参样之一，热力学平衡相变温度：$T_m=127.7$ ℃，升温热分析曲线的外推始点温度$T_{im}=(128\pm5)$ ℃，峰温$T_{pm}=(135\pm6)$ ℃。

将实验数据转换成Excel文件，并导入Origin数据处理软件。作出$T$-$\Delta T$差热曲线。做基线校正，用不对称峰函数进行拟合，将拟合函数曲线做一次微分确定DTA峰升温侧的拐点，使用"Tangent"插件画出该拐点处的切线，确定相变的外推始点温度和峰顶温度。

### 2. 含水硫酸盐脱水温度与升温速率的关系

在Origin软件中做基线扣除校正，重叠峰首先做多重峰拟合，读取不同升温速率$\beta$时，样品每个脱水分解吸热峰（谷）温度$T_p$，输入Origin数据处理软件，按照Kissinger方程（19），以$\ln(\beta/T_p^2)-1/T_p$作图，直线拟合，求出脱水分解反应的活化能和指前因子。

**进行计算时，请首先将温度单位换算至热力学温标体系。**

### 3. DTA峰形和反应级数

在Origin软件中对实验数据进行多重峰拟合，找出每个脱水峰两侧的拐点，作出拐点的切线，依据图2的方法确定形状因子$I$，并计算各脱水步骤的反应级数。

## 讨论与思考

能否用图1和方程（7）所示的方法，直接由DTA曲线计算反应速率，进而得出各动力学参数？请对此进行讨论分析，并说明推论的依据。

## 参考文献

[1] Kissinger H M. Reaction Kinetics in Differential Thermal Analysis. Anal. Chem.，1957，29：1702-1706.

## 实验 25　溶液表面吸附的测定

## 实验简介

本实验中我们将采用最大气泡压力法测定低级醇水溶液的表面张力，根据吉布斯吸附方程计算表面过剩量，并据此推算一个醇分子的截面积。

本实验的测量方法比较简单，但是后续数据处理和计算比较复杂，尤其是对于吸附类型不明确的实验体系，切忌先入为主地假定其符合某种吸附机理或者给定拟合函数等，否则在方法论上会出现问题。

## 理论探讨

### 1. 最大气泡压力法测定气液表面的表面张力

本实验采用最大气泡压力法测定液体的表面张力，实验装置如图1（a）所示，被测液体装于试样瓶中，使毛细管的下端面与液体相切。打开抽气瓶的活塞缓缓地放水抽气，则试样管中的压力逐渐减少，大气压力将毛细管中液面压出毛细管口形成气泡，这就造成了一个弯曲的气-液表面。在气泡的生成过程中，弯曲气-液表面的曲率半径 $R$ 经历由大到小、再由小到大的变化过程，如图1（b）所示，根据拉普拉斯-杨公式，弯曲液面上的附加压力

$$\Delta p = \frac{2\sigma}{R} \tag{1}$$

式中，$\sigma$ 为液体的表面张力。当气泡形成半球形时曲率半径达到最小值，此时气泡半径等于毛细管半径 $r$。

**图1** 最大气泡压力法测定表面张力实验装置 **(a)** 和毛细管底端气泡变化过程 **(b)**

附加压力 $\Delta p$ 的大小与U形压力计两边的液位差 $\Delta h$ 成正比，不过各种液体产生气泡的过程不尽相同，且气泡的曲率半径 $R$ 在不断变化，因此无法直接用方程（1）计算表面张力 $\sigma$。但是无论如何，所有液体在同一根毛细管口产生气泡的最小曲率半径都是一样的，即毛细管半径 $r$，此时附加压力达到最大值

$$\Delta p_{max} = \frac{2\sigma}{r} = \rho g \Delta h_{max} \tag{2}$$

由此得到液体表面张力为

$$\sigma = \frac{\rho g r \Delta h_{max}}{2} = K \Delta h_{max} \tag{3}$$

式中，$\rho$ 为U形压力计中液体介质的密度；$g$ 是重力加速度；$K$ 是仪器常数，与 $\rho$、$r$ 有关，可用已知表面张力的液体进行标定。

### 2. 吉布斯表面吸附理论和表面过剩量

　　一个有限尺度的宏观物体必然存在边界，也就是表面或者界面。表面层的性质与相邻体相的性质相关，但又有所不同，主要是表面分子存在配位不饱和，比如位于气 - 液表面的分子就处于一个合力指向液体内部的不对称力场中，将一个液体内部分子移动到表面上需要对其做功，因此表面分子就具有比体相分子更高的自由能，这部分表面分子所具有的、超出体相分子的自由能增量，称为表面自由能，简称为表面能。从宏观上说，体相分子移动到表面上会使液体产生新的表面积 $\Delta A$，这是需要做功的，功的大小与 $\Delta A$ 成正比

$$W = \Delta G_{T,p} = \sigma \Delta A \qquad (4)$$

式中，$\sigma$ 为液体的比表面自由能，相当于恒温恒压下增加单位表面积时体系自由能的增量

$$\sigma = \left( \frac{\partial G}{\partial A} \right)_{T,p} \qquad (5)$$

表面自由能与表面张力的概念等价，前者单位是$J \cdot m^{-2}$，后者单位是$N \cdot m^{-1}$，两者量纲相同。纯溶剂的表面自由能与温度、压力和溶剂性质有关，根据能量最低原理，一个体系倾向于保持总表面自由能处于最低的状态。

　　溶剂中加入溶质会导致表面自由能发生改变，溶质分子与溶剂分子间的相互作用性质与纯物质不同，此时表面自由能还与溶质的性质和浓度有关。实验表明，大多数的低分子量极性有机物，如醇、醛、酮、胺等，其水溶液的表面自由能随溶质浓度的增加而逐渐降低。这些化合物一般具有一个极性基团（如羟基或羧基）和一个非极性碳氢基团，表面自由能低于纯水的表面自由能，形成溶液时这些有机分子倾向于聚集在表面层，将极性部分指向体相溶液中的水分子，而将非极性部分指向空气。

　　溶质在溶液的表面层中发生相对富集或贫化的现象称为溶液的表面吸附，吸附导致表面浓度与体相浓度存在差异，这种差异称为表面过剩。由于表面吸附，表面层的组成和性质与体相不同，形成体系中独立于两个体相之外的表面相。若体系由 $\alpha$ 相和 $\beta$ 相组成，Gibbs 将两相交界处的表面相视为一个没有厚度的几何平面，在此分界面两侧的 $\alpha$ 相和 $\beta$ 相中的强度性质与纯体相 $\alpha$ 和 $\beta$ 中的强度性质相同。表面相没有体积，即 $V^s = 0$，上标"s"代表表面相中的任何热力学性质。若 $V$ 表示体系的总体积，$V^\alpha$ 和 $V^\beta$ 分别表示 $\alpha$ 相和 $\beta$ 相的体积，则

$$V = V^\alpha + V^\beta + V^s = V^\alpha + V^\beta$$

根据 Gibbs 关于表面相的定义，表面相除没有体积外，其他热力学性质都是存在的，比如体系总的内能 $U = U^\alpha + U^\beta + U^s$，或者表面相内能 $U^s = U - U^\alpha - U^\beta$。

　　考虑表面相对体系性质的影响，可以有热力学基本方程

$$dG = -SdT + Vdp + \sigma dA + \sum_i \mu_i dn_i \qquad (6)$$

式中，$\mu_i$ 是体系中第 $i$ 组分的化学势；$n_i$ 是体系中第 $i$ 组分的摩尔数。

对于表面相，可以写出

$$dG^s = -S^s dT + \sigma dA + \sum_i \mu_i dn_i^s \qquad (7)$$

式中，$G^s$ 和 $S^s$ 分别是表面相的吉布斯自由能和熵，$n_i^s = n_i - n_i^\alpha - n_i^\beta$ 为表面相中第 $i$ 组分物质的量，由于表面相与体相保持平衡，表面相中第 $i$ 组分的化学势可以用某体相组分 $i$ 的化学势表示。

　　体系温度、压力和组成保持恒定，则 $\sigma$、$\mu_i$ 也保持不变，此时若表面相的面积和浓度发生改变，则方程（7）的积分为

$$\int_1^2 \mathrm{d}G^s = \sigma \int_1^2 \mathrm{d}A + \sum_i \mu_i \int_1^2 \mathrm{d}n_i^s$$

$$\Rightarrow \quad G_2^s - G_1^s = \sigma(A_2 - A_1) + \sum_i \mu_i (n_{i,2}^s - n_{i,1}^s)$$

将始态 1 设定为没有界面的理想状态，即完美体相状态，则 $G_1^s = 0$、$A_1 = 0$、$n_{i,1}^s = 0$，将终态 2 的下标去掉后得到

$$G^s = \sigma A + \sum_i \mu_i n_i^s \tag{8}$$

将 Gibbs-Duhem 公式应用于表面相方程（8），在恒温条件下

$$A \mathrm{d}\sigma + \sum_i n_i^s \mathrm{d}\mu_i = 0 \tag{9}$$

方程（9）称为 Gibbs 吸附等温式，整理得到

$$\mathrm{d}\sigma = -\sum_i \Gamma_i \mathrm{d}\mu_i \tag{10}$$

式中，$\Gamma_i = n_i^s / A$，为单位表面上吸附的第 $i$ 组分的量，也称为表面过剩量。

图 2（b）说明实际溶液体系中表面层处于 α 相和 β 相界面处的 $AA$ 面-$BB$ 面所夹区域内，这个实际存在的表面层是有厚度和体积的。在实际表面层中，某组分的浓度会从 $c^\alpha$ 到 $c^\beta$ 发生连续的渐进式变化，如图 2（a）或（c）的浓度变化曲线图中实线所示。Gibbs 表面相，即无厚度的分界层 $ss$（或 $s's'$），应处于 $AA$ 面-$BB$ 面之间的某个位置，在分界层上下该组分浓度发生突跃式变化，如图 2（a）或（c）的浓度变化曲线图中虚线所示。表面过剩量的概念来自于 Gibbs 二维表面模型与实际表面层之间的差异。以图 2（a）为例，按照 Gibbs 表面相的概念，二维分界面 $s's'$ 以上部分均为 α 相，其含有某组分的数量为 $n^\alpha = c^\alpha V^\alpha$，在这里 α 相的体积 $V^\alpha$ 一直算到 $s's'$ 面，与实际溶液表面层中该组分的实际浓度变化曲线相比，Gibbs 模型算出的 α 相中的该组分数量变小了，减少的部分如图 2（a）中红色阴影区域①所示；同样的，Gibbs 模型算出的 β 相中的该组分数量变大了，增加的部分如图 2（a）中绿色阴影区域②所示；假设该组分的总量为 $n$，则 Gibbs 表面相中该组分的含量为 $n^s = n - n^\alpha - n^\beta$，在图 2（a）中，区域①量 >区域②量，说明 α 相少算的量大于 β 相中多算的量，由此导致 $n^s > 0$，该组分的表面过剩量为正值，即形成正吸附。上述分析表明，表面过剩量并不是某组分的实际表面浓度，若假定 β 相就是溶液液相，即使不存在表面吸附，即表面过剩量为零，$s's'$ 面上该组分含量对应

图 2　实际溶液体系与 Gibbs 模型中不同位置处某组分的浓度分布

的体相浓度仍然是$c^\beta$；由此可见，表面过剩量是某组分的实际总量与Gibbs表面相模型计算得到的该组分在$\alpha$、$\beta$两相中的总量的差值，在Gibbs模型中，这个差值(即表面过剩量)被全部叠加到二维表面层$s's'$上，成为该组分在$s's'$面上含量的一部分。

乍一看，似乎可以由方程(10)计算出每个组分的吸附量

$$\Gamma_i = -\left(\frac{d\sigma}{d\mu_i}\right)_{T,p,\mu_j(i\neq j)}$$

但实际上行不通，因为无法使得各组分的化学势独立变化，对于平展的表面而言，不能从Gibbs等温式中得到表面过剩量。Gibbs通过引入相对吸附量的概念解决这个问题，对于二组份溶液体系，一般将溶剂取为组份1，溶质取为组份2，Gibbs提出$ss$面的位置可以取作使体系中组份1的表面过剩量为零，如图2(c)所示，区域①量=区域②量，此时方程(10)可写为

$$d\sigma = -\Gamma_2^{(1)}d\mu_2 \tag{11}$$

式中，$\Gamma_2^{(1)}$的上标表示取$\Gamma_1=0$。因此溶质的表面过剩量为

$$\Gamma_2^{(1)} = -\left(\frac{d\sigma}{d\mu_2}\right)_T \tag{12}$$

根据化学势公式$\mu_2=\mu_2^\ominus+RT\ln a_2$，上式可以表示为

$$\Gamma_2^{(1)} = -\frac{1}{RT}\left(\frac{d\sigma}{d\ln a_2}\right)_T \tag{13}$$

式中，$a_2$为溶质的活度。溶质的质量摩尔浓度$m_2$表示单位质量溶剂中所含溶质的摩尔数，其值与温度无关，活度$a_2=\gamma_2 m_2/m^\ominus$，其中$\gamma_2$为活度系数，$m^\ominus=1\ \text{mol}\cdot\text{kg}^{-1}$。由于活度为无因次量，因此溶质浓度的表示方法仅在活度计算时需要注意单位换算，与表面过剩量的计算值无关。当$\sigma$、$T$、$R$等采用SI单位制时，方程(13)中$\Gamma_2^{(1)}$的单位是：$\text{mol}\cdot\text{m}^{-2}$。

根据方程(13)，只要测出一系列浓度溶液的表面自由能，就可以计算出任意浓度时溶质的表面过剩量，方法如下：测定不同浓度溶液的表面张力$\sigma$，将溶液浓度$m$换算为活度$a$，以实验测定的$\sigma$-$\ln a_2$关系作图，曲线尽量平滑通过每一个合理的实验点；因实验测量点有限且不一定恰好落在实验曲线上，因此要在曲线上重新取点，过该点做切线并求出切线的斜率，即得到一组$[a_2, (d\sigma/d\ln a_2)_T]$数据，由此可以计算出一组$(a_2 m^\ominus, \Gamma_2^{(1)})$数据；重复这一作图计算过程可以得到一系列$(a_2 m^\ominus, \Gamma_2^{(1)})$数据，以$\Gamma_2^{(1)}$-$a_2 m^\ominus$作图，得到溶液表面过剩量随浓度变化曲线。

## 3. 溶质分子的横截面积计算

如果溶质的加入能够显著降低表面自由能，这将有利于溶质分子聚集到表面层中，在极端的情况下，可在溶液表面形成由溶质分子组成的"单分子层"，根据这种紧密排列的方式，可以计算每个溶质分子的截面积

$$q = \frac{1}{N^\infty} \tag{14}$$

式中，$N^\infty$是表面相中溶质分子的最大表面数密度，SI制单位为"个·$\text{m}^{-2}$"。

由Gibbs表面吸附理论可知，溶质的表面过剩量是在单位面积的表面层中，所含溶质物质的量与具有相同数量溶剂的本体溶液中所含溶质物质的量之差。由此可知，$N^\infty$由两部分构成：最大表面过剩量$\Gamma^\infty$对应的单位面积上的溶质分子数$N^s$，以及$\Gamma^\infty$对应浓度$c_2$本体溶液

中单位面积上溶质分子数 $N^b$，即

$$N^\infty = N^s + N^b \tag{15}$$

其中

$$N^s = L\Gamma^\infty \tag{16}$$

$$N^b = (L a_2 m^\ominus)^{2/3} \tag{17}$$

式中，$L$ 是阿伏伽德罗常数。方程(15)～方程(17)意味着即使不存在表面吸附，表面相中依然是存在溶质分子的，可以将本体溶液想象为一沓纸，如图3所示，每张纸上都是溶质分子以微小立方体密集排列形成的，大量的纸张叠放在一起构成本体溶液，其中溶质分子的数密度即为 $L a_2 m^\ominus$，由此可以推知，本体溶液中单位面积上溶质分子数 $N^b$ 就是最上面一张纸的单位面积所包含的溶质分子数目，其计算式即方程(17)。

由此推想，表面吸附相当于这张白纸上写的字。

最大表面过剩量 $\Gamma^\infty$ 也称为饱和吸附量，在实验测量体系中可能存在，也可能不存在。若 $\Gamma_2^{(1)}$-$a_2 m^\ominus$ 关系曲线上存在最高点(如乙醇水溶液体系)，则可由该点坐标读出 $\Gamma^\infty$ 及其对应溶质浓度 $a_2 m^\ominus$。若实验测量范围内 $\Gamma_2^{(1)}$-$a_2 m^\ominus$ 关系曲线为一单调上升的平滑曲线（如正丁醇水溶液体系），则不考虑饱和吸附量的概念，可对每一个溶液活度计算出一个溶质分子横截面积值，并考查其随浓度变化的规律。

图 3　本体溶液想象为一沓纸

## 仪器试剂

带磨口塞毛细管1根，带磨口样品管1支，磨口减压滴水瓶1套（或增压/减压机械装置），U形压力计（带标尺）一套（或数字压力计），恒温槽1套，50 mL 容量瓶3只，200 mL 烧杯1只，精密电子天平一台。

正丁醇（A.R.），纯水。

## 安全须知和废弃物处理

- 在实验室中需穿戴实验服、防护目镜或面罩。
- 在处理洗液或热的稀硝酸时需使用丁腈橡胶手套，务必佩戴护目镜。
- 洗液中含重金属铬和浓硫酸，若沾染皮肤应立即用软纸吸收，然后用大量流水冲洗 10 min 以上；稀硝酸和醇刺激皮肤，如发生皮肤沾染，需用水冲洗沾染部位 10 min 以上；发生口、眼部沾染的应立即就医。
- 离开实验室前务必洗手。
- 洗液和稀硝酸可回收使用，其他溶液需倒入指定的废液回收桶中。
- 接触过洗液的纸或者纺织品用水浸湿后放入专用含水废物桶中。

## 实验步骤

### 1. 配制溶液：以正丁醇为例

正丁醇（$n$-butanol），分子式 $CH_3CH_2CH_2CH_2OH$，摩尔质量为 74.12 g·mol$^{-1}$，室温下正丁醇在水中的饱和溶解度约为 7.7% ～ 7.8%。

正丁醇水溶液的组成以正丁醇质量摩尔浓度表示。配制方法为：将干燥的50 mL容量瓶在精密电子天平上去皮，用滴管加入少量的正丁醇，并记录正丁醇的质量；然后向容量瓶中加入蒸馏水至适当体积，记录总质量，容量瓶加塞摇匀；计算加入水的质量，由此得到该溶液的质量摩尔浓度，有效数字保留到小数点后第四位。

在$0.01 \sim 0.90$ mol·$kg^{-1}$浓度范围内配制10个不同浓度的正丁醇水溶液，建议配制浓度为0.015、0.025、0.040、0.055、0.10、0.20、0.40、0.55、0.70、0.85 mol·$kg^{-1}$。

## 2. 清洗毛细管

毛细管的洁净程度直接影响实验结果。毛细管可用洗液或热的稀硝酸浸泡冲洗，然后用水清洗，最后用蒸馏水淋洗干净。

## 3. 仪器检漏

根据仪器原理和实物连接实验装置。在抽气瓶中盛入水，试验管用纯水荡洗后装入适量纯水，毛细管也用纯水清洗后插入试样管中，打开抽气瓶的放空活塞，打开样品管下端活塞，放出部分纯水，使毛细管管口刚好与液面相切。调节恒温槽温度为25 ℃，将试样管整体接入恒温水槽恒温5 min。检查U形压力计两侧液位是否相平，关闭放空活塞，将抽气瓶的滴液开关缓慢打开放水，使体系内的压力降低，U形压力计两侧显示一定的液位差。关闭滴液瓶的开关，若$2 \sim 3$ min内液位差基本不变，则说明体系不漏气，可以进行实验。

## 4. 仪器常数的测量

缓慢打开抽气瓶的滴液开关，调节滴液开关使气泡由毛细管尖端成单泡逸出，出泡速率小于每分钟10个，记录U形压力计两侧液位高度（液位较高一侧记录最高值，液位较低一侧记录最低值）各3次，求出平均值。试样瓶换装纯水，再重复两次。

## 5. 表面张力随溶液浓度变化的测定

按照步骤3、4，浓度由低到高依次测定配制的醇溶液的附加压力。注意每次换装样品时，试样管和毛细管均需仔细荡洗，以保证浓度准确。

## 6. 实验完毕，洗净玻璃仪器

使用过的溶液倒入专用回收桶内。洗液或稀硝酸可回收重复使用，不能随意倾倒在下水池中。

## 数据处理与结果分析

1. 以纯水测量结果计算$K$值，纯水在不同温度下的表面张力文献值见表1。

**表1　不同温度下水的表面张力**

| $t$ / ℃ | $10^3\sigma$ / N·$m^{-1}$ | $t$ / ℃ | $10^3\sigma$ / N·$m^{-1}$ | $t$ / ℃ | $10^3\sigma$ / N·$m^{-1}$ |
|---|---|---|---|---|---|
| −8 | 77.0 | 18 | 73.05 | 60 | 66.18 |
| −5 | 76.4 | 20 | 72.75 | 70 | 64.4 |
| 0 | 75.6 | 25 | 71.97 | 80 | 62.6 |
| 5 | 74.9 | 30 | 71.18 | 100 | 58.9 |
| 10 | 74.22 | 40 | 69.56 | | |
| 15 | 73.49 | 50 | 67.91 | | |

2. 计算各正丁醇水溶液的表面张力$\sigma$值。

3. 根据各溶液的质量摩尔浓度$m$，计算其对应的活度$a$。0 ℃时水溶液中正丁醇的质量摩尔浓度-活度系数-活度关系见表2，并假定25 ℃时的活度系数与0 ℃时相同。在较小的浓度变化范围内，水溶液中正丁醇的质量摩尔浓度 $m$ 与活度 $a$ 之间近似呈线性关系，因此某个浓度下正丁醇的活度可由表 2 中相邻两个浓度 - 活度数据用线性插值法进行计算。

表 2　0 ℃时水溶液中正丁醇的质量摩尔浓度 - 活度系数 - 活度关系表[1]

| 质量摩尔浓度 $m/mol \cdot kg^{-1}$ | 活度系数 $\gamma$ | 活度 $a$ |
|---|---|---|
| 0.00100 | 0.9990 | 0.0009990 |
| 0.00300 | 0.9971 | 0.0029913 |
| 0.00600 | 0.9942 | 0.0059652 |
| 0.01000 | 0.9906 | 0.0099060 |
| 0.02000 | 0.9823 | 0.019646 |
| 0.03000 | 0.9753 | 0.029259 |
| 0.04000 | 0.9691 | 0.038764 |
| 0.05000 | 0.9638 | 0.048190 |
| 0.07000 | 0.9546 | 0.066822 |
| 0.10000 | 0.9433 | 0.094330 |
| 0.15000 | 0.9276 | 0.13914 |
| 0.20000 | 0.9161 | 0.18322 |
| 0.25000 | 0.9058 | 0.22645 |
| 0.30000 | 0.8974 | 0.26922 |
| 0.40000 | 0.8817 | 0.35268 |
| 0.50000 | 0.8681 | 0.43405 |
| 0.60000 | 0.8563 | 0.51378 |
| 0.70000 | 0.8465 | 0.59255 |
| 0.80000 | 0.8379 | 0.67032 |
| 0.90000 | 0.8301 | 0.74709 |
| 1.00000 | 0.8227 | 0.82270 |

4. 以 $\sigma$-ln$a$ 作图，在图上标出实验测量数据点。用手工作图法画出平滑、单调、无拐点的拟合线，不采用任何函数拟合方式。

5. 在上述 $\sigma$ vs. ln$a$ 拟合线上均匀读取 30～100 个点的坐标，然后用这些数据点重新绘制 $\sigma$-ln$a$ 曲线，在该曲线上求取 10 个点的切线斜率 d$\sigma$/dln$a$ 及其对应的 ln$a$ 值。Origin 软件画线读点方法可参见"实验 25 附录"。

6. 根据方程（13），计算上述 10 个取点的表面过剩量 $\Gamma$、及其对应的活度值 $a$。

7. 绘制 $\Gamma$-$am^{\ominus}$ 关系曲线，观察是否存在表面过剩量最大值。

8. 若 $\Gamma$-$am^{\ominus}$ 关系曲线存在最大值点，则取作 $\Gamma^{\infty}$，结合该最大值对应的有效浓度 $am^{\ominus}$，根据方程（14）～方程（17）计算溶液表面吸附层中正丁醇分子的横截面积 $q$。

9. 若 $\Gamma$-$am^{\ominus}$ 关系曲线不存在最大值点，则根据方程（14）～方程（17）逐点计算各有效浓度下溶液表面吸附层中正丁醇分子的横截面积 $q$，并分析 $q$ 随浓度的变化规律，指出 $q$ 的趋近值。计算过程列表表示，表格示例如下：

| 质量摩尔浓度 $m/mol \cdot kg^{-1}$ | 有效浓度 $am^{\ominus}/mol \cdot kg^{-1}$ | 表面过剩量 $10^{10}\Gamma/mol \cdot cm^{-2}$ | 单位面积分子数 $/(10^{14}$个$\cdot cm^{-2})$ | | | 每个吸附分子的面积 /Å$^2$ | 每个分子的面积 $q$/Å$^2$ |
|---|---|---|---|---|---|---|---|
| | | | 吸附 | 已有 | 总和 | | |
| ××× | ××× | ××× | ××× | ××× | ××× | ××× | ××× |
| ××× | ××× | ××× | ××× | ××× | ××× | ××× | ××× |
| ××× | ××× | ××× | ××× | ××× | ××× | ××× | ××× |

上述各项计算中，正丁醇溶液总体积近似取为溶剂水的体积。表格所列各项的数量级已经标示，计算时应统一方程中变量的单位，表格中计算结果均无10的幂指数项。

## 讨论与思考

1. 表面张力仪的清洁与否和恒温水浴温度是否稳定对测量结果有何影响？在测量过程中，抽气的速度能否过快？为什么？

2. 本实验中为什么要读取最大压力差？实验时将毛细管部分末端插入溶液内，对实验结果有何影响？

3. 一般实验测定的醇分子的截面积会大于文献值，分析一下造成这一现象的原因。

4. 很多文献和物理化学实验教材提出，可以将朗格缪尔吸附等温式代入Gibbs吸附等温式中，直接求出表面张力和溶液浓度的函数关系 $F$，然后用该函数对实验测定的 $\sigma$-$c_2$ 数据进行拟合，得到参数确定的拟合函数 $G$，对 $G$ 函数求取一次导数就可以得到各浓度溶液的 $(\mathrm{d}\sigma/\mathrm{d}c_2)_T$，进而求出表面过剩量 $\Gamma_2^{(1)}$，再利用朗格缪尔吸附等温式就可以得到饱和吸附量。请分析一下这样的数据处理方法为什么是不正确的。

5. 表2文献作者之一Harkins是一位名声不显、但贡献巨大的物理化学家，请查阅文献简述他的学术成就。

## 参考文献

［1］Harkins W D，Wampler R W. The Activity Coefficients and the Adsorption of Organic Solutes. I. Normal Butyl Alcohd in Aqueous Solution by the Freezing Point Method. J. Am. Chem. Soc.，1931，53（3）：850-859.

## 附录　Origin软件图片文件读点方法

（1）在Origin软件中输入数据表，以 $\sigma$-ln$a$ 绘制散点图，用左边工具栏中的弯曲箭头工具"Curved Arrow Tool"在图上分段画出平滑线，双击线段打开属性可以去掉箭头。

（2）双击数据点，将图层中的数据点勾掉，使之不显示，只显示画出的线，调整线段之间的连接处，使之尽可能平滑，没有突变等。用坐标工具栏的屏幕读点工具（Screen Reader）读取该线段始、末两端点的坐标值。

（3）将曲线导出为图片，格式可选为.tif。新建一个Origin文件，点击工具中的数字化命令"Tools-Digitizer"，将上述导出的图片输入进来，移动红、蓝读图框线使其恰好夹住所画全部曲线。注意框线内除了所画曲线外，不要有任何其他图形。

（4）点击数字化命令"Digitizer"，在对话框中输入曲线始、末点的坐标值。

（5）点击数字化对话框"Digitizer"中的"Digitize-Auto Pick Points by Grids"命令（即根据方格线自动取点），将鼠标移动到曲线的一个端点，拉动鼠标至其另一个端点，形成格线网，此时点击"Results-Go To Data"，进入读点数据表，读点成果即为正确的坐标数据。

（6）用读点获得坐标重新作图，对其进行一次微分处理，即得各点的切线斜率。

# 实验26 特性黏度法测定聚（乙烯醇）高分子链结构

## 实验简介

本实验中我们将用测定溶液黏度的方法剖析水溶性聚（乙烯醇）高分子链的结构。与一般化合物相比，高分子化合物的性质和研究内容有很大的不同。用简单的宏观性质测量实验方法，通过一系列理论推导和计算，最终得到微观的分子结构信息，这是本实验的重要特点。

学生应阅读相关文献，了解高分子化合物结构与高聚物分子量之间关系的理论和实验测定方法，初步熟悉高分子化合物研究的思路。

## 理论探讨

合成高分子化合物的化学结构单元虽然非常容易确定，但是其物理性质还依赖于高分子链的长度、分支程度以及分子量等因素，一个高分子样品中各分子的链长和分子量往往不是一个单一确定的值，因此仅根据高分子的分子式是不能知道这些因素的。

聚（乙烯醇）（polyvinyl alcohol，简写为PVOH或PVA），是线型高分子，可通过甲醇分解反应，由聚乙酸乙烯酯（polyvinyl acetate，简写为PVAc）制得，后者的聚合单体为乙酸乙烯酯。聚（乙烯醇）基本没有支链结构，可以溶于水，商业上可以用作增稠剂、制作口香糖和牙膏发泡剂。图1为PVOH和乙酸乙烯酯的结构式。

$$\begin{array}{cc} \text{OH} & \text{H} \\ \mid & \mid \\ \text{+CH}_2\text{—CH}\text{+}_n & \text{H}_2\text{C}=\text{C—OOCCH}_3 \\ \text{PVOH} & \text{乙酸乙烯酯} \end{array}$$

**图1 聚（乙烯醇）和乙酸乙烯酯的结构式**

PVOH或PVAc令人感兴趣的特征之一是沿高分子链排列单体的方向性，比如上述PVOH分子式就表示所有单体均以"头对尾"方式连接在一起，然而某个单体以"头对头"方式接入高分子链也偶尔会发生，形成如图2所示结构。

$$\text{+CH}_2\text{—CH}\text{+}_n\text{CH}_2\text{—CH}\textcolor{red}{\text{—CH}_2\text{—CH}_2}\text{—CH—CH}_2\text{—CH}\text{+}_n$$

头对头连接　　单体反向

**图2 "头对头"连接方式**

如果将"头对尾"方式称为常规单体连接模式，则"头对头"方式就是非常规单体连接方式。实验表明，非常规单体连接在PVOH高分子链中所占的比例随聚合温度的升高而增加，这个比例可以用简单的实验方法予以测定，其原理是："头对头"方式在高分子链中形成类似乙二醇的结构，而这个结构能够被高碘酸定向定量地解离，将PVOH样品用高碘酸处理后高分子链将解离为若干碎片，这会导致高分子的分子量大大降低。因此，实验中仅需要测定高碘酸处理前后高分子的分子量就可以了。

本实验采用毛细管法测定高分子溶液的特性黏度。

### 1. 毛细管法测定黏度的原理和技术

在液体流动过程中，当流速很小时，流体分层流动，互不混合，称为层流或片流（laminar flow）；逐渐增加流速，流体的流线开始出现波浪状的摆动，摆动的频率及振幅随流速的增加而增加，此种流况称为过渡流；当流速增加到很大时，流线不再清楚可辨，流场中有许多小旋涡，称为湍流或紊流（turbulent flow）。对于稳态层流，各层流体的运动速度并不相等，因此液体中的相邻部分会产生相对运动，如图3所示。不同流速的液体层之间会产生内摩擦力，以反抗这种相对运动，液体对流动所表现的阻力称为黏度。假定在垂直于液体流动方向上存在流速梯度（$\partial v/\partial y$），根据牛顿黏度定律，液体的黏滞阻力为

图 3    液体流动状态示意图

$$F = \eta A\left(\frac{\partial v}{\partial y}\right) \tag{1}$$

式中，$A$ 为垂直于 $y$ 轴的层流面积；比例常数 $\eta$ 称为黏度系数，简称黏度，SI制单位为 $Pa \cdot s$，c.g.s制单位是泊（poise，符号P，$1\,P = 1\,dyn \cdot s \cdot cm^{-2} = 0.1\,Pa \cdot s$）。

常规液体的黏度系数为厘泊（cP）数量级，如20.20 ℃时水的黏度系数为1.000 cP，乙醚为0.23 cP，而甘油为830 cP；室温下沥青的黏度系数可达 $10^8\,P$，而玻璃（一种过冷液体）则还要高几个数量级；气体的黏度系数为 $100 \sim 200\,\mu P$。随着温度的升高，液体和软固体的黏度系数会下降，而气体的黏度系数则上升。

高分子溶液的黏度 $\eta$ 一般要比纯溶剂的黏度 $\eta_0$ 大得多，黏度增加的分数叫增比黏度 $\eta_{sp}$，定义为

$$\eta_{sp} = \frac{\eta - \eta_0}{\eta_0} = \frac{\eta}{\eta_0} - 1 = \eta_r - 1 \tag{2}$$

式中，$\eta_r = \eta/\eta_0$，叫相对黏度。注意增比黏度和相对黏度均为无量纲量。

增比黏度随溶液中高分子浓度的增加而增大，为了便于比较，通常取单位浓度的增比黏度作为高分子化合物分子量的量度，可以写成 $\eta_{sp}/c$，叫做比浓黏度。显然比浓黏度随溶液的浓度 $c$ 而变。当 $c \to 0$ 时，比浓黏度趋于一固定的极限值 $[\eta]$，即

$$\lim_{c \to 0}\frac{sp}{c} = [\eta] \tag{3}$$

式中，$[\eta]$ 称为特性黏度，其值可利用 $\eta_{sp}/c$-$c$ 作图用外推法求得。根据实验测定

$$\frac{\eta_{sp}}{c} = [\eta] + k'[\eta]^2 c \tag{4}$$

因此在 $\eta_{sp}/c$-$c$ 图上的截距即为 $[\eta]$（图4）。

另外，当 $c \to 0$ 时，$(\ln\eta_r)/c$ 的极限值也是 $[\eta]$，因为在浓度趋近于零的极限条件下

$$\ln\eta_r = \ln(1 + \eta_{sp}) = \eta_{sp} - \frac{1}{2}\eta_{sp}^2 + \frac{1}{3}\eta_{sp}^3 - \cdots$$

当浓度不大时，可以忽略高次项，即

$$\lim_{c \to 0} \frac{\ln\eta_r}{c} = \lim_{c \to 0} \frac{\eta_{sp}}{c} = [\eta] \tag{5}$$

（$\ln\eta_r$）$/c$ 与浓度 $c$ 之间的经验公式为

$$\frac{\ln\eta_r}{c} = [\eta] - \beta[\eta]^2 c \tag{6}$$

因此，以 $\eta_{sp}/c$ 和（$\ln\eta_r$）$/c$ 对 $c$ 作图可以得到两条直线，它们在纵轴上交于一点，截距均为 $[\eta]$（见图4）。

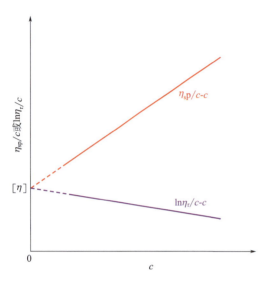

**图4　外推法求特性黏度 $[\eta]$**

特性黏度 $[\eta]$ 的单位是浓度的倒数。对于高聚物溶液，像摩尔浓度这样的浓度单位并不是经常能够准确计算得到的，因此浓度 $c$ 常常表示为单位体积中的高聚物质量。$[\eta]$ 的单位和数值，随溶液浓度的表示法不同而异。文献中常用100 mL溶液中所含高聚物的质量（以g计）作浓度单位，也有建议用每毫升溶液中所含高聚物的质量（以g计）作浓度单位，用后者表达的 $[\eta]$ 数值是前者表达的 $[\eta]$ 数值的100倍，由此计算得到的 $[\eta]$ 的单位是 mL·g$^{-1}$，称为斯陶丁格（Staudinger）。

测定黏度可以采用毛细管法、转筒法和落球法等，在测定高分子溶液的特性黏度 $[\eta]$ 时，使用毛细管黏度计最方便。毛细管黏度计按照结构、形状可以分为芬氏、乌氏、品氏和逆流四种类型，本实验采用乌氏黏度计，它的最大优点是溶液的体积对测定没有影响，所以可以在黏度计内采取逐渐稀释的方法，得到不同浓度的溶液。它的构造如图5所示，分为A、B、C三根管子，其中A管较粗，待测液体由此加入并贮存在D球中，B管是旁通管，C管自上而下依次为储液球F和G、毛细管H以及缓冲球E，并且在G球上下适当位置刻有标线 $a$ 和 $b$。毛细管H的直径和长度，以及G球大小的选择，应根据所用溶剂的黏度而定，使溶剂流出时间在100s以上，但毛细管直径不宜小于0.5 mm，否则测定时容易阻塞。D球的容积应为从C管 $a$ 处到D球底端的总体积的 8～10 倍，这样可以稀释到起始浓度的1/5左右。为使D球不致过大，G球的体积以 4～5 mL 为最好。同时D球至E球底端的距离应尽量小。实验时，首先堵住B管口，同时在C管口抽气，将待测液体抽提至储液球F一半左右的位置，然后放开B、C口，使两者同时通大气，测量C管中溶液液面依次通过刻度 $a$ 和刻度 $b$ 所需的时间 $t$，该时间 $t$ 与溶液的黏度有关。

图6表示稳态层流、不可压缩的牛顿型流体（如液体）通过半径为 $r$ 的圆形管道，流体沿 $z$ 轴运动，圆柱体径向取为 $y$ 轴。在流体中垂直于 $z$ 方向截取一个流体薄层，厚度为 $dz$，假定在该薄层上下截面间

**图5　乌氏黏度计**

的压力差为d$p$，则薄层中的压力降为d$p/$d$z$。在该薄层中选取一环形层流微元，距圆柱体中轴距离为$y$，厚度为d$y$。现在，如果将该环形层流微元内表面包裹的圆柱形液体薄层当做一个固体圆柱形活塞，其在$z$方向所受到的压力差为

**图6 层流模型参数说明**

$$f = \frac{\mathrm{d}p}{\mathrm{d}z} \cdot \pi y^2 \cdot \mathrm{d}z \qquad (7)$$

与圆柱体的曲率半径相比，d$y$为无限小量，因此圆柱体外包裹的环形层流微元可以当作图6描述流体中的一个薄层流体，根据方程（1），其作用在圆柱体表面的黏滞力为

$$F = \eta A\left(\frac{\partial v}{\partial y}\right) = \eta(2\pi y \mathrm{d}z) \times \frac{\mathrm{d}v}{\mathrm{d}y} \qquad (8)$$

流体做稳定运动时，上述两力的合力为零，即$f=F$，整理得到

$$\mathrm{d}v = \frac{1}{2\eta}\left(\frac{\mathrm{d}p}{\mathrm{d}z}\right)y\mathrm{d}y \qquad (9)$$

将方程（9）积分，并考虑边界条件：$y=r$时，$v=0$，则

$$v(y) = \int_r^y \frac{1}{2\eta}\left(\frac{\mathrm{d}p}{\mathrm{d}z}\right)y\mathrm{d}y = \frac{1}{4\eta}\left(-\frac{\mathrm{d}p}{\mathrm{d}z}\right)(r^2 - y^2) \qquad (10)$$

由此得到通过圆形管道某一截面的流体体积流速为

$$Q = \int_0^r v(y)2\pi y\mathrm{d}y = \frac{\pi r^4}{8\eta}\left(-\frac{\mathrm{d}p}{\mathrm{d}z}\right) \qquad (11)$$

对于不可压缩的流体，沿管道的体积流速是恒定的，方程（11）即可表示为泊肃叶（Poiseuille）方程

$$Q = \frac{\mathrm{d}V}{\mathrm{d}t} = \frac{\pi r^4(p_1 - p_2)}{8\eta l} \qquad (12)$$

式中，d$V/$d$t$表示单位时间内通过半径为$r$、长度为$l$的圆柱体管道的液体体积；$(p_1-p_2)$是管道两端的压力差；$\eta$为液体的黏度系数。

当液体通过一根垂直放置的毛细管时，压力差$(p_1-p_2)$显然与液体的密度$\rho$成正比，当流过毛细管的流体体积恒定时，由方程（12）可以得到

$$\frac{\eta}{\rho} = Bt \qquad (13)$$

式中，$t$是溶液液面依次通过乌氏黏度计C管中刻度$a$和刻度$b$所需要的时间；$B$为仪器常数。更精密的计算还需考虑动能校正和毛细管长度校正，但是在流速较低的情况下（$t>100\,\mathrm{s}$），校正值低于$Bt$的1%，完全可以忽略。

通常测定分子量时溶液都较稀（$c<0.01\,\mathrm{g}\cdot\mathrm{cm}^{-3}$），所以溶液的密度与溶剂的密度近似相等，当用同一支黏度计对溶剂和溶液进行测定时，有

$$\eta_{sp} = \frac{\eta}{\eta_0} - 1 = \frac{t}{t_0} - 1 \tag{14}$$

式中，$t$为溶液的流出时间；$t_0$为溶剂的流出时间。

**2. 高分子溶液特性黏度与分子量的关系**

　　爱因斯坦指出，如果将流体中的分子看作刚性微球，则其增比黏度可以表示为

$$\eta_{sp} = \frac{\eta}{\eta_0} - 1 = \frac{5}{2}\frac{V_M}{V} \tag{15}$$

式中，$V_M$是流体中所有微球占据的体积；$V$是流体的总体积。对于非球形分子，方程（14）的形式依然成立，只是$V_M/V$的比例系数不再是5/2，但是只要分子不形成优势定向排列，这个比例系数就保持恒定。

　　PVOH这样的高分子中存在很多单键，而单键的转动总是可能的，因此溶液中一条高分子链的各部分会随机缠绕起来，最后形成类似松散绒线球的结构（见图7）。由简单的统计力学计算可以知道，缠绕起来的一条高分子链两端之间的平均距离，亦即"高分子绒线球"的有效平均直径$d$，将与高分子链长度的平方根成正比，也就是与高分子分子量的平方根成正比

$$d \propto M^{1/2} \tag{16}$$

一个高分子微球的体积与$d^3$成正比，当然也就与$M^{3/2}$成正比。假定体积为$V$的高分子溶液的浓度为$c$（注意$c$的量纲是"质量·体积$^{-1}$"），溶液中高分子的数量与其分子量$M$成反比，

**图7　高分子链随机缠绕形成松散的绒线球**

则溶液中高分子微球所占据的体积$V_M$有如下比例关系

$$V_M \propto \frac{cV}{M}M^{3/2} = cVM^{1/2} \tag{17}$$

由此得到高分子溶液的特性黏度

$$[\eta] = KM^{1/2} \tag{18}$$

式中，$K$为常数。上述处理当然过于简化，考虑到高分子链并不能完全随机地缠绕卷曲，以及溶剂对高分子溶质的作用等因素，在一定温度下特性黏度$[\eta]$与高分子分子量$M$的关系常用Mark-Houwink公式表示

$$[\eta] = KM^{\alpha} \tag{19}$$

式中，常数$K$和$\alpha$与温度、高分子及溶剂的性质有关，其数值是通过采用其他独立实验方法（如渗透压、光散射或沉降平衡等）测定已知摩尔质量的高聚物的特性黏度而得到的，其中指数$\alpha$是溶液中高分子几何形状的函数，其值从0.5（随机卷曲螺旋丝）到1.7（刚性伸展棒状分子）。表1是常见高分子溶液的一些参数值。

表 1　高分子特性黏度与分子量关系式的参数

| 高分子 | 溶剂 | 温度 $t$/℃ | $K \times 10^3$/dm³·kg⁻¹ | $\alpha$ | 分子量范围 $M \times 10^{-4}$ |
|---|---|---|---|---|---|
| | 苯 | 20 | 12.3 | 0.72 | |
| 聚苯乙烯 | 苯 | 30 | 10.6 | 0.74 | |
| | 甲苯 | 25 | 37 | 0.62 | 1~160 |
| | 水 | 25 | 20 | 0.76 | 0.6~2.1 |
| 聚（乙烯醇） | 水 | 25 | 300 | 0.50 | 0.9~17 |
| | 水 | 25 | 140 | 0.60 | 1~7 |
| | 水 | 30 | 66.6 | 0.64 | 0.6~16 |
| 聚乙二醇 | 水 | 30 | 12.5 | 0.78 | |
| | 水 | 30 | 6.31 | 0.80 | 20~50 |
| 聚丙烯酰胺 | 水 | 30 | 68 | 0.66 | 1~20 |
| | 1 mol·L⁻¹NaNO₃ | 30 | 37.5 | 0.66 | |
| 聚甲基丙烯酸甲酯 | 苯 | 25 | 3.8 | 0.79 | 24~450 |
| | 丙酮 | 25 | 7.5 | 0.70 | 3~93 |
| 聚己内酰胺 | 40%H₂SO₄ | 25 | 59.2 | 0.69 | 0.3~1.3 |
| 聚乙酸乙烯酯 | 丙酮 | 25 | 10.8 | 0.72 | 0.9~2.5 |
| 聚丙烯腈 | 二甲基甲酰胺 | 25 | 16.6 | 0.81 | 5~27 |
| 右旋糖苷 | 水 | 25 | 92.2 | 0.5 | |
| | 水 | 37 | 1.41 | 0.46 | |

## 3. 数均分子量和黏均分子量

高分子的分子量有多种定义方式，依据实验测定方法的不同而异。对于多分散高分子材料，任何测量方法求出的分子量都是一个平均相对数值。当采用依数性测量（如渗透压法）时，所测性质与溶液中质点数量有关，由此计算出的分子量称为数均分子量

$$\overline{M}_n = \frac{\int_0^\infty MP(M)\mathrm{d}M}{\int_0^\infty P(M)\mathrm{d}M} \qquad (20)$$

式中，$P(M)$ 是分子量分布函数，$P(M)$ 正比于分子量处于 $M$ 与 $M+\mathrm{d}M$ 之间的分子数量。然而，由黏度法测出的分子量与 $\overline{M}_n$ 不同，被称为黏均分子量，定义为

$$(\overline{M}_v)^\alpha = \frac{\int_0^\infty M^{1+\alpha}P(M)\mathrm{d}M}{\int_0^\infty MP(M)\mathrm{d}M} \qquad (21)$$

对于单分散高分子，显然 $\overline{M}_n = \overline{M}_v = M$；而对于多分散高分子，这两种平均值并不相等，但是可以通过一个常数相互关联起来，这个常数与分布函数 $P(M)$ 及参数 $\alpha$ 有关。假定将分布函数取作常见形式

$$P(M) = \frac{1}{\overline{M}_n}\mathrm{e}^{-\frac{M}{\overline{M}_n}} \qquad (22)$$

将方程（22）代入方程（21），得到

$$\left(\overline{M}_{\mathrm{v}}\right)^{\alpha} = \frac{\displaystyle\int_{0}^{\infty} M^{1+\alpha} \mathrm{e}^{\left(-\frac{1}{\overline{M}_{\mathrm{n}}} M\right)} \mathrm{d}M}{\displaystyle\int_{0}^{\infty} M \mathrm{e}^{\left(-\frac{1}{\overline{M}_{\mathrm{n}}} M\right)} \mathrm{d}M}$$

该方程等号右边分子、分母均具有 $\Gamma$ 函数的形式[❶]，计算可得

$$\left(\overline{M}_{\mathrm{v}}\right)^{\alpha} = \frac{\Gamma(2+\alpha)}{\Gamma(2)} \frac{\overline{M}_{\mathrm{n}}^{2+\alpha}}{\overline{M}_{\mathrm{n}}^{2}} = \Gamma(2+\alpha)\left(\overline{M}_{\mathrm{n}}\right)^{\alpha} = (1+\alpha)\Gamma(1+\alpha)\left(\overline{M}_{\mathrm{n}}\right)^{\alpha}$$

因此黏均分子量 $\overline{M}_{\mathrm{v}}$ 与数均分子量 $\overline{M}_{\mathrm{n}}$ 之间的关联常数为

$$\frac{\overline{M}_{\mathrm{v}}}{\overline{M}_{\mathrm{n}}} = \left[(1+\alpha)\Gamma(1+\alpha)\right]^{1/\alpha} \tag{23}$$

用渗透压法测量单分散高分子分子量，Flory 和 Leutner 建立了 25 ℃时 PVOH 的黏度与分子量关系式

$$[\eta] = 2.0 \times 10^{-4} M^{0.76}$$
$$M = 7.6 \times 10^{4} [\eta]^{1.32} \tag{24}$$

式中，高分子溶液的浓度单位为每 100 mL 溶液中高分子的质量（g）。方程（24）对于多分散 PVOH 仍然适用，只是计算得到的是黏均分子量 $\overline{M}_{\mathrm{v}}$。

根据方程（24），PVOH 的参数 $\alpha = 0.76$，代入方程（23）中得到

$$\frac{\overline{M}_{\mathrm{v}}}{\overline{M}_{\mathrm{n}}} = \left[1.76 \times \Gamma(1.76)\right]^{1/0.76}$$

查阅 $\Gamma$ 函数表，$\Gamma(1.76) = 0.9214$，因此

$$\frac{\overline{M}_{\mathrm{v}}}{\overline{M}_{\mathrm{n}}} = 1.89 \tag{25}$$

如果一个高分子的 $\alpha$ 参数远远超过 0.5，黏均分子量 $\overline{M}_{\mathrm{v}}$ 会非常接近质均分子量 $\overline{M}_{\mathrm{m}}$，后者定义为

$$\overline{M}_{\mathrm{m}} = \frac{\displaystyle\int_{0}^{\infty} M^{2} P(M) \mathrm{d}M}{\displaystyle\int_{0}^{\infty} M P(M) \mathrm{d}M} \tag{26}$$

事实上，当 $\alpha = 1$ 时，$\overline{M}_{\mathrm{v}} = \overline{M}_{\mathrm{m}}$，若分布函数取方程（22）的形式，则两者与数均分子量 $\overline{M}_{\mathrm{n}}$ 的比值均为 2。

### 4. PVOH "头对头" 连接模式发生频率的测定

为测出 PVOH 高分子链中 "头对头" 连接模式的百分比，假定在高碘酸作用下所有的化学键断裂均位于 1,2-乙二醇结构上，且所有该结构全部断裂。定义比例值 $\Delta$，它表示溶液中高分子数目增加值与全部高分子单体数目之比，由于这些数值都与数均分子量成反比，因此

$$\Delta = \frac{1/\overline{M}_{\mathrm{n}}' - 1/\overline{M}_{\mathrm{n}}}{1/M_{0}} \tag{27}$$

---

❶ $\Gamma$ 函数的定义为：$\Gamma(t) = \int_{0}^{\infty} x^{t-1} \mathrm{e}^{-x} \mathrm{d}x$，当复数 $t$ 的实部大于 0 时，积分绝对收敛，并称为第二类欧拉积分。根据定义，$\Gamma(t+1) = t\Gamma(t)$，$\Gamma(1) = \Gamma(2) = 1$。$\Gamma$ 函数常用于计算形如 $f(t)\mathrm{e}^{-g(t)}$ 函数的积分，该类函数在物理、化学领域有重要作用，比如 $\int_{0}^{\infty} t^{b} \mathrm{e}^{-at} \mathrm{d}t = \frac{\Gamma(b+1)}{a^{b+1}}$。$\Gamma$ 函数的值已列成专用数据表。

式中，$\overline{M}_n'$ 和 $\overline{M}_n$ 分别为高碘酸处理后和处理前高分子的数均分子量，$M_0 = 44$ 为单体分子量。所以

$$\Delta = 44 \left( \frac{1}{\overline{M}_n'} - \frac{1}{\overline{M}_n} \right) \tag{28}$$

根据方程（25），有

$$\Delta = 83 \left( \frac{1}{\overline{M}_v'} - \frac{1}{\overline{M}_v} \right) \tag{29}$$

利用方程（29）可以直接使用黏均分子量的测定数据计算比值 $\Delta$。

## 仪器试剂

SYP-Ⅲ玻璃恒温水浴装置（南京桑力电子设备厂），乌氏黏度计，黏度计准直架，洗耳球，乳胶管，秒表，5 mL、10 mL 定容移液管各1支，25 mL 定容移液管2支，50 mL 容量瓶2只，50 mL 烧杯1只，250 mL 锥形瓶1只。

聚（乙烯醇）（注明分子量范围），高碘酸钾（A.R.），正丁醇（A.R.），丙酮（A.R.），铬酸洗液。

## 安全须知和废弃物处理

- 在实验室中需穿戴实验服、防护目镜或面罩。
- 将拿捏和夹持乌氏黏度计的着力点单独放在 A 管上，防止黏度计折断。
- 在使用铬酸洗液和高碘酸时需使用丁腈橡胶手套。
- 铬酸洗液和高碘酸刺激皮肤，并有毒害，如发生皮肤沾染，需用水冲洗沾染部位 10 min 以上。
- 用完的铬酸洗液应尽量全部倒回原瓶中，不得随意倾倒入下水道。
- 使用过的溶液倒入指定的回收容器中。
- 离开实验室前务必洗手。

## 实验步骤

在整个实验过程中，防止泡沫的产生至关重要，在将高分子溶液从一个容器转入另一个容器的过程中，必须非常小心地倾倒。同时，接触过高分子溶液的玻璃器皿都要非常及时地彻底清洗，因为干燥的高分子材料很难从玻璃表面去除。高分子溶液不能长期储存，因为它们是空气中细菌的良好温床。

**1. 配制 1.0 g·dL⁻¹ 的聚（乙烯醇）溶液**（单位符号"dL"表示"分升"，即100 mL）

在称量纸上准确称取干燥的聚（乙烯醇）10 g。烧杯中放入400 mL 蒸馏水并加热，然后在搅拌下缓慢地加入聚（乙烯醇）干粉，尽可能使其分散在液体表面上，搅拌应轻柔，以保证不产生泡沫。待所有高分子溶解后，溶液冷却至室温，如果其中还有不溶解的杂质，用3号砂芯漏斗过滤。将澄清溶液小心地定量转入1000 mL 容量瓶中，溶液应沿瓶壁倒入，尽可能不产生泡沫，用蒸馏水稀释至刻度线，非常缓慢地倒转容量瓶几次，使溶液混合均匀。溶液配制非常耗时，可由教师预先准备。

## 2. 清洗黏度计

将黏度计用洗液浸泡后，先用自来水冲洗干净，然后用蒸馏水反复清洗，可以使用水冲式真空泵使大量蒸馏水流过毛细管，再用丙酮淋洗，流动空气干燥。将洗净干燥的黏度计垂直放置于（25.00±0.02）℃恒温槽中，恒温槽的水面要没过黏度计的F球。在B、C管端口接上乳胶管。

按上述同样方法清洗、干燥所有移液管。

## 3. 待测高分子溶液的准备

在250 mL锥形瓶中放入适量的蒸馏水，置于恒温槽中恒温。

**降解前PVOH溶液** 准确移取25.00 mL 1.0 g·dL$^{-1}$的聚（乙烯醇）溶液于50 mL容量瓶中，将容量瓶置于恒温槽中恒温，用已恒温的蒸馏水稀释至刻度，小心地混合均匀。继续恒温。

**降解后PVOH溶液** 将0.15 g KIO$_4$加入10 mL蒸馏水和0.15 g KIO$_4$，在40 ℃水浴中搅拌直至高碘酸钾全部溶解，准确移取25.00 mL 1.0 g·dL$^{-1}$的聚（乙烯醇）溶液于50 mL烧杯中，加入上述溶液中，置于40 ℃水浴中10 min并时加搅拌。将烧杯从水浴中取出，稍冷却后，将溶液小心地定量转入50 mL容量瓶，将容量瓶置于恒温槽中恒温，用已恒温的蒸馏水稀释至刻度，小心地混合均匀。继续恒温。

上述两高分子溶液的PVOH初始浓度均为约0.5 g·dL$^{-1}$。将用过的移液管清洗干燥。

## 4. 降解前PVOH溶液黏度的测定

用移液管自黏度计A管加入25.00 mL已配好并恒温的降解前PVOH溶液，加入时移液管尖端紧贴黏度计管壁，防止产生泡沫。加液完毕，立即清洗、干燥所用的移液管。

用夹子夹紧B管上的乳胶管，使其不通气，将C管上的乳胶管连上洗耳球抽气，至溶液上升超过F球后，移去洗耳球，打开B管上的夹子，使B、C管通大气，C管中溶液流回E球中。反复三次，使毛细管被待测溶液充分润湿。

再次将待测高分子溶液抽提至F球中，移去洗耳球，打开B管上的夹子，使B、C管通大气，此时F球中液面逐渐下降，当液面刚通过刻度$a$时，按下秒表，开始记录时间，到液面刚通过刻度$b$时，再按停秒表，这就是溶液自$a$到$b$所需要的时间$t$。重复操作三次，每次相差不超过0.2 s，求出其平均值$\bar{t}_1$。

用移液管自黏度计A管加入5 mL已恒温的蒸馏水，轻摇黏度计使D球中溶液混合均匀，夹紧B管，用洗耳球自C管上乳胶管轻轻吹气，使E球中溶液回流D球（不可反向，以免泡沫进入C管），反复多次使溶液混合均匀。将溶液抽提至黏度计C管F球，反复多次清洗、润湿毛细管，并使溶液进一步混合均匀。上述操作应轻柔，尽量避免出现泡沫。按上面同样方法测定新浓度$c_2$下高分子溶液流经毛细管的时间再测定流经时间$\bar{t}_2$。

依次加入5 mL、10 mL、10 mL蒸馏水，使溶液的浓度分别为$c_3$、$c_4$、$c_5$，测定流经时间$\bar{t}_3$、$\bar{t}_4$、$\bar{t}_5$。实验中对每个测量数据按方程（14）计算$\eta_{sp}$，再按方程（2）计算$\eta_r$，以$\eta_{sp}/c$和$(\ln\eta_r)/c$对$c$作草图，若测定数据严重偏离趋势线，需当场查找原因并重新测量。测定结束后，倒出溶液，先用自来水冲洗黏度计，再用大量蒸馏水反复冲洗，然后在黏度计中加入约20 mL蒸馏水，恒温后测定溶剂流经时间$\bar{t}_0$。

倒出蒸馏水，清洗、干燥乌氏黏度计。

## 5. 降解后PVOH溶液黏度的测定

按步骤4同样方法测定降解后各浓度PVOH溶液的流出时间。

### 6. 实验结束

彻底清洗黏度计，将其注满蒸馏水后夹持在铁架台上，以备下次实验使用。

## 数据处理与结果分析

1. 列表记录水和降解前后各浓度PVOH溶液的流出时间，根据方程（2）和方程（14）计算相对黏度$\eta_r$、增比黏度$\eta_{sp}$和比浓黏度$\eta_{sp}/c$，浓度$c$的单位用$g \cdot dL^{-1}$，即$g \cdot (100\ cm^3)^{-1}$表示。

2. 作$\eta_{sp}/c$-$c$和方程（$\ln\eta_r$）$/c$-$c$图，将曲线外推到$c \rightarrow 0$处，求出降解前后PVOH溶液特性黏度$[\eta]$。

3. 根据方程（24）和方程（25），计算$KIO_4$降解前后聚（乙烯醇）的数均分子量和黏均分子量。

4. 根据方程（29）计算$\Delta$值。

**注意**：根据实验样品分子量的范围，选取表1中相应的Mark-Houwink参数并进行单位换算；获得方程（24）、方程（25）、方程（29）中的常数值。

## 讨论与思考

1. 温度对黏度的影响很大，查阅常压下水的密度和黏度系数与温度的关系表，计算室温下水的黏度的温度系数$d\eta/dT$。若要求$\eta$测定精确度达到0.2%，请用误差计算说明恒温槽温度必须控制在多大的波动范围内。

2. 如果黏度计的毛细管没有保持垂直状态，对黏度测量会产生什么影响？

3. 查阅文献资料，至少对两种其他形式的毛细管黏度计作出简要介绍，并比较其与乌氏黏度计的异同点。

4. 用表1中另外几个PVOH的Mark-Houwink参数计算一下，看看结果有什么不同。

---

## 实验27　溶液法测定极性分子的偶极矩

## 实验简介

本实验中我们将进行极性分子永久偶极矩的测定，测量内容是溶液的折射率、密度和电容等宏观性质。分子的永久偶极矩是一个微观性质，由宏观测量数据计算分子微观结构参数，必然需要有高强度的理论支持。本实验详细讨论了电介质极化与分子极化的概念，以及偶极矩与分子极化性质的关系。这是物理化学中建立理论模型、设计实验方案的一个范例。

学生应掌握物理学，尤其是电磁学的基本概念和知识，阅读原理时需拿出普通物理学或电磁学教科书备查。

## 理论探讨

本节共四个部分，前两个部分分别介绍电介质的性质及其在电场作用下的变化，属于物质的宏观性质；第三部分介绍分子偶极矩的测量原理；第四部分介绍依据测量原理形成的实验方法。

德拜（Peter Joseph William Debye）指出，所谓极性物质的分子尽管是电中性的，但仍然拥有未曾消失的电偶极矩，即使在没有外加电磁场时也是如此。分子偶极矩的大小可以从介电常数的数据中获得，而对分子偶极矩的测量和研究一直是表征分子特性的重要步骤。

### 1. 偶极矩、极化强度、电极化率和相对电容率（相对介电常数）

首先定义一个电介质的偶极矩（dipole moment）。考虑一簇聚集在一起的电荷，总的净电荷为零，这样一堆电荷的偶极矩 $p$ 是一个矢量，其各个分量可以定义为

$$p_x = \sum_i q_i x_i \qquad p_y = \sum_i q_i y_i \qquad p_z = \sum_i q_i z_i \qquad (1)$$

式中，电荷 $q_i$ 的坐标为 $(x_i, y_i, z_i)$。偶极矩的SI制单位是库仑·米（C·m）。

将物质置于电场之中通常会产生两种效应：导电和极化。导电是在一个相对较长的（与分子尺度相比）距离上输运带电粒子。极化是指在一个相对较短的（小于等于分子直径）距离上使电荷发生相对位移，这些电荷被束缚在一个基本稳定的、非刚性的带电粒子集合体中（比如一个中性的分子）。

一个物质的极化状态可以用矢量 $P$ 表示，称为极化强度（polarization）。矢量 $P$ 的大小定义为电介质内的电偶极矩密度，也就是单位体积的平均电偶极矩，又称为电极化密度，或电极化矢量。这个定义所指的电偶极矩包括永久电偶极矩和感应电偶极矩。$P$ 的国际单位制中单位是库仑·米$^{-2}$（C·m$^{-2}$）。为 $P$ 取平均的单位体积很小，但一定包含有足够多的分子。在一个微小的区域内，$P$ 的值依赖于该区域内的电场强度 $E$。

在这里，有必要澄清一下物质内部的电场强度的概念。在真空中任意一点的电场强度 $E$ 的定义为：在该点放置一个电荷为 $dq$ 的无限微小的"试验电荷"，则该"试验电荷"所受到的力为 $Edq$。当将这个定义应用到物质内部时，在原子尺度上会引起巨大的电场涨落。为此，物质内部某一点的宏观电场强度 $E$ 定义为在该点邻近的小区域内原子尺度电场强度的平均值，这个小区域当然比通常标准要小得多，但仍足以容纳足够多的分子。

在电磁学中，电介质响应外加电场而极化的程度可以用电极化率 $\chi$（electric susceptibility）来度量，在各向同性、线性和均匀的电介质中，电极化率 $\chi$ 的定义为

$$P = \varepsilon_0 \chi E \qquad (2)$$

式中，$\varepsilon_0 = 8.85418782 \times 10^{-12}$ F·m$^{-1}$，为真空电容率（vacuum permittivity），或真空介电常数（vacuum dielectric constant）。

可以用电位移矢量 $D$ 来表示电场 $E$ 如何影响电介质中电荷的重排（包括电荷迁移和电偶极转向等），$D$ 矢量的定义为

$$D = \varepsilon_0 E + P \qquad (3)$$

由此得到电位移矢量 $D$ 正比于电场强度 $E$

$$D = \varepsilon_0(1 + \chi)E = \varepsilon E \qquad (4)$$

式中，$\varepsilon$ 为电介质的绝对电容率（absolute permittivity），也称为介电常数（dielectric constant）。

定义相对电容率（relative permittivity）

$$\varepsilon_r = \frac{\varepsilon}{\varepsilon_0} \tag{5}$$

式中，$\varepsilon_r$ 也称为相对介电常数（relative dielectric constant）。则电极化率与相对电容率的关系为

$$\chi = \varepsilon_r - 1 \qquad \boldsymbol{D} = \varepsilon_0 \varepsilon_r \boldsymbol{E} \tag{6}$$

在真空中，电极化率 $\chi = 0$。

由此可见，电容率和介电常数其实是一个概念。介电常数是在介质内部形成电场时遇到的阻碍程度的度量，也就是说，介电常数度量了外电场与电介质之间的相互影响。介电常数越大，电介质中单位电荷产生的电场（或电流）也越大，在电介质内部的电场强度会有可观的下降。此外，常用 $\varepsilon_r$ 来表征电介质或绝缘材料的电性能，即在同一电容器中用某一物质为电介质时的电容 $C$ 和真空时的电容 $C_0$ 的比值

$$\varepsilon_r = \frac{\varepsilon}{\varepsilon_0} = \frac{C}{C_0} \tag{7}$$

表示电介质在电场中贮存静电能的相对能力。相对介电常数愈小，绝缘性愈好，空气和二硫化碳的 $\varepsilon_r$ 值分别为 1.0006 和 2.6 左右，而水的 $\varepsilon_r$ 值特别大，10 ℃时为 83.83。介电常数是物质相对于真空来说增加电容器电容能力的度量，一个电容板中充入介电常数为 $\varepsilon_r$ 的物质后电容变大 $\varepsilon_r$ 倍。电介质有使空间比起实际尺寸变得更大或更小的属性，例如，当一个电介质材料放在两个电荷之间，它会减少作用在它们之间的力，就像它们被移远了一样。

介电常数随分子偶极矩和可极化性的增大而增大。在化学中，介电常数是溶剂的一个重要性质，它表征溶剂对溶质分子溶剂化以及隔开离子的能力。介电常数大的溶剂，有较大隔开离子的能力，同时也具有较强的溶剂化能力。

介电常数经常出现在许多与电介质有关的物理学公式中，如前面的电极化强度矢量 $\boldsymbol{P}$ 和电位移矢量 $\boldsymbol{D}$ 等。另外，电磁波在介质中传播的相速度为

$$v = \frac{c}{n} = \frac{1}{\sqrt{\varepsilon \mu}} = \frac{1}{\sqrt{\varepsilon_r \varepsilon_0 \mu_r \mu_0}} = \frac{c}{\sqrt{\varepsilon_r \mu_r}} \tag{8}$$

式中，$c$、$n$、$\mu$、$\mu_r$、$\mu_0$ 分别是真空中的光速、介质的折射率、磁导率、相对磁导率和真空磁导率，真空电容率 $\varepsilon_0 = (\mu_0 c^2)^{-1}$。在相对磁导率 $\mu_r \approx 1$ 时，折射率 $n \approx \varepsilon_r^{1/2}$。

对于各向异性介质（如某些晶体），$\boldsymbol{P}$ 与 $\boldsymbol{E}$ 的方向不同，但它们的各分量间仍有线性关系，介电常数要用张量表示。对于一些特殊的电介质（如铁电体），或者在电场很大（如激光）的条件下，$\boldsymbol{P}$ 与 $\boldsymbol{E}$ 将呈现非线性关系，介电常数的表示式也是非常复杂的。

## 2. 外电场在电介质中引起的变化

从前面的讨论中可知，极化强度与偶极矩有关，而极化强度又可以通过测量介电常数获得，因此原则上可以通过介电常数的测定获得分子偶极矩的信息。但是，介电常数除了由电介质本身的性质决定外，一般还与介质的温度及电磁场变化的频率有关。在电磁波的频率很高进入光波范围时，介电常数也会随着频率的变化而变化，即出现色散现象。

一般来说，介质无法即时对外加电场作出响应，因此有关电极化强度的表达式应写作

$$\boldsymbol{P}(t) = \varepsilon_0 \int_{-\infty}^{t} \chi(t - t') \boldsymbol{E}(t') \mathrm{d}t' \tag{9}$$

即电极化强度是电场与电极化率的卷积（convolution）。电极化率 $\chi$ 表征当电场 $\boldsymbol{E}$ 在时间 $t'$ 作用在某个物理系统后，电极化强度 $\boldsymbol{P}$ 在时间 $t$ 的反应。根据因果关系，$\boldsymbol{P}$ 不可能在 $\boldsymbol{E}$ 作

用前产生反应，因此当 $\Delta t < 0$ 时，$\chi(\Delta t)=0$，积分上限可至 $+\infty$。这个因果关系的存在说明 $\chi(\Delta t)$ 的傅里叶变换 $\chi(\omega t)$ 在复平面的上半部分是可解析的，即所谓的克拉莫 - 克若尼关系式（Kramers-Kronig relations），因此可以将电极化率更方便地写作傅里叶变换的形式

$$P(\omega)=\varepsilon_0\chi(\omega)E(\omega) \tag{10}$$

显然，电极化率的频率依赖关系导致介电常数的频率依赖关系，而电极化率对频率的关系表征了物质的色散特性。

由于物质具有质量，物质的电极化响应无法瞬时跟上外电场。响应总是必须合乎因果关系的，这可以用相位差来表达。因此，电容率常以复函数来表达（复数允许同步的设定大小值和相位），而这复函数的参数为外电场频率 $\omega$：$\varepsilon \to \hat{\varepsilon}(\omega)$。这样，电容率的关系式为

$$D_0 \mathrm{e}^{-i\omega't} = \hat{\varepsilon}(\omega)E_0 \mathrm{e}^{-i\omega t} \tag{11}$$

式中，$D_0$、$E_0$ 分别表示电位移矢量 $\boldsymbol{D}$、电场强度 $\boldsymbol{E}$ 的振幅。

一个电介质对于静电场的响应可以用电容率的低频极限来描述，也称为"静电容率" $\varepsilon_s$，即

$$\varepsilon_s = \lim_{\omega \to 0} \hat{\varepsilon}(\omega) \tag{12}$$

在高频率极限，复电容率一般标记为 $\varepsilon_\infty$，当频率等于或超过等离子体频率（plasma frequency）时，电介质的物理行为近似于理想金属，可以用自由电子模型来计算。对于低频率交流电场，静电容率是个很好的近似。随着频率的增高，可测量到的相位差 $\delta$（即 $\omega$ 与 $\omega'$ 之差）开始出现在 $\boldsymbol{D}$ 和 $\boldsymbol{E}$ 之间，$\delta$ 出现的频率与温度和介质种类有关。在电场强度 $E_0$ 中等大小时，$\boldsymbol{D}$ 和 $\boldsymbol{E}$ 成正比

$$\hat{\varepsilon} = \frac{D_0}{E_0}\mathrm{e}^{i\delta} = |\varepsilon|\mathrm{e}^{i\delta} \tag{13}$$

由于介质对于交流电场的响应特征是复电容率，为了更详细地分析其物理性质，很自然地，必须分离其实数和虚值部分，通常写为

$$\hat{\varepsilon}(\omega) = \varepsilon'(\omega) + i\varepsilon''(\omega) = \frac{D_0}{E_0}(\cos\delta + i\sin\delta) \tag{14}$$

式中，虚值部分 $\varepsilon''$ 关系到能量的耗散，而实值部分 $\varepsilon'$ 则关系到能量的储存。

通常，电介质对于电磁能量有几种不同的吸收机制。受到这几种吸收机制的影响，随着频率的改变，电容率函数也会有所改变。

（1）弛豫效应（relaxation） 发生于永久偶极分子和感应偶极分子。当频率较低的时候，电场的变化很慢。这允许偶极子有足够的时间，对于任意时候的电场，都能够达成平衡状态。假若因为介质的黏滞性，偶极子无法跟上频率较高的电场，电场能量就会被吸收，从而导致能量耗散。偶极子的这种弛豫机制称为电介质弛豫（dielectric relaxation）。理想偶极子的弛豫机制可以用经典的德拜弛豫（Debye relaxation）来描述。

（2）共振效应 是由原子、离子、电子等的旋转或振动产生的。在它们特征吸收频率的附近，可以观察到这些过程。

上述两种效应时常会合并起来，使得电容器产生非线性效应。从量子力学的观点看，电容率可以用发生于原子层次和分子层次的量子作用来解释。

在较低频率区域，极性介电质的分子会被外电场电极化，因而诱发出周期性转动。例如，在微波频率区域，微波场促使物质内的水分子做周期性转动。水分子与周边分子的相互碰撞产生了热能，使得含水分物质的温度增高。这就是为什么微波炉可以很有效率地将含有水分的物质加热。水的电容率的虚值部分（吸收指数）有两个最大值，一个位于微波频率区

域，另一个位于远紫外线（UV）频率区域，这两个共振频率都高于微波炉的操作频率。

中间频率区域高于促使转动的频率区域，又远低于能够直接影响电子运动的频率区域，能量是以共振的分子振动形式被吸收。对于水介质，这是吸收指数开始显著下降的区域，吸收指数的最低值是在蓝光频率区域（可见光谱段），这就是为什么日光不会伤害像眼睛一类的含水生物组织的原因。

在高频率区域（像远紫外线频率或更高频率），分子无法弛豫。这时，能量完全地被原子吸收，因而激发电子，使电子跃迁至更高能级，甚至游离出原子。拥有这种频率的电磁波会导致电离辐射。

### 3. 分子偶极矩的测量原理

前面讨论的都是电介质的宏观参数和特性，如何将这些宏观物理量与物质的微观性质联系起来，进而获得这些微观物理量，是需要考虑的问题。

分子结构可以被看成是由电子和分子骨架所构成的。由于空间构型各异，分子的正、负电荷中心可以重合，也可以不重合，前者称为非极性分子，后者称为极性分子，分子的极性可用偶极矩来表示。两个大小相等符号相反的电荷系统的电偶极矩的定义为

$$\mu = q \times r \tag{15}$$

式中，$r$ 是两个电荷中心间距矢量，方向是从正电荷指向负电荷；$q$ 为电荷量。

一个电子的电荷为

$$e = 1.60217733 \times 10^{-19} \text{ C} = 4.803046581 \times 10^{-10} \text{ e.s.u.}$$

而分子中原子核间距的数量级为 $1 \text{ Å} = 10^{-10} \text{ m} = 10^{-8} \text{ cm}$，由此计算出的偶极矩数值为

$$\mu = 4.803046581 \times 10^{-18} \text{ e.s.u.} \cdot \text{cm} = 4.803046581 \text{ Debye}$$
$$= 1.60217733 \times 10^{-29} \text{ C} \cdot \text{m}$$

偶极矩的静电制单位是德拜（Debye，符号 D）

$$1 \text{ D} = 1 \times 10^{-18} \text{ e.s.u.} \cdot \text{cm} = 3.333572221 \times 10^{-30} \text{ C} \cdot \text{m} \tag{16}$$

由于分子中电荷分离的数值小于一个电子电荷，因此分子的偶极矩的数量级为 $10^{-30} \text{ C} \cdot \text{m}$。

电介质分子处于电场中，电场会使非极性分子的正、负电荷中心发生相对位移而变得不重合，也会使极性分子的正、负电荷中心间距增大，这些作用都导致分子产生附加的偶极矩，称为诱导偶极矩，这种现象就是分子的变形极化。用平均诱导偶极矩 $\mu_{诱导}$ 来表示分子变形极化的程度，在中等电场下

$$\boldsymbol{\mu}_{诱导} = \alpha_D \boldsymbol{E}_{local} \tag{17}$$

式中，$\boldsymbol{E}_{local}$ 为作用于个别分子上的电场强度；$\alpha_D$ 为变形极化率。因为变形极化产生于两种因素：分子中电子相对于核的移动和原子核间的微小移动，所以有

$$\alpha_D = \alpha_E + \alpha_A \tag{18}$$

式中，$\alpha_E$、$\alpha_A$ 分别为电子极化率和原子极化率。

设 $n$ 为单位体积中分子的个数，根据电极化强度的概念，其大小为

$$\boldsymbol{P} = n\bar{\mu}_{诱导} = n\alpha_D \boldsymbol{E}_{local} \tag{19}$$

当计算这个方程式时，必须先知道分子所在位置的电场 $\boldsymbol{E}_{local}$，称为"局域电场"。在电介质内部，从一个位置到另外位置的微观电场 $\boldsymbol{E}_{micro}$ 可能会变化相当剧烈，在电子或质子附近，电场很大，距离稍微远一点，电场呈平方反比减弱。所以，很难计算这么复杂的电场的物理行为。幸运的是，对于大多数计算，并不需要这么详细的描述，只要选择一个足够大的区域（例如，体积为 $V'$ 内中含有上千个分子的圆球体 $S$）来计算微观电场的平均值 $\boldsymbol{E}_{macro}$，就可以足够准

确地计算出其物理行为

$$E_{\mathrm{macro}} = \frac{1}{V'}\int_S E_{\mathrm{micor}}\,\mathrm{d}^3 r' \qquad (20)$$

对于稀薄电介质，分子与分子之间的距离相隔很远，邻近分子的贡献很小，局域电场可以近似为微观电场的平均值，即

$$E_{\mathrm{local}} \approx E_{\mathrm{macro}} \qquad (21)$$

对于致密电介质，分子与分子之间的距离相隔很近，邻近分子的贡献很大，在计算局域电场时在考虑微观电场的平均值的同时，将邻近分子的贡献 $E_1$ 考虑进去

$$E_{\mathrm{local}} = E_{\mathrm{macro}} + E_1 \qquad (22)$$

因为 $E_{\mathrm{macro}}$ 已经包括了电极化所产生的电场 $E_{\mathrm{p}}$（称为"去极化场"），为了不重复计算，在计算 $E_1$ 时必须将邻近分子的真实贡献 $E_{\mathrm{near}}$ 减掉去极化场 $E_{\mathrm{p}}$

$$E_1 = E_{\mathrm{near}} - E_{\mathrm{p}} \qquad (23)$$

对于高度对称、各向同性的电介质，$E_{\mathrm{near}} \approx 0$，因此

$$E_{\mathrm{local}} = E_{\mathrm{macro}} - E_{\mathrm{p}} \qquad (24)$$

以分子位置 $r$ 为圆心、体积为 $V'$ 的圆球体 S，感受到外电场的作用，S 内部的束缚电荷会被电极化，从而产生电极化强度 $P$。假设在 S 内部的电极化强度 $P$ 相当均匀，则线性均匀电介质圆球体内部的电场为[1]

$$E_{\mathrm{p}} = -\frac{P}{3\varepsilon_0} \qquad (25)$$

因此

$$P = n\mu_{\text{诱导}} = n\alpha_{\mathrm{D}}E_{\mathrm{local}} = n\alpha_{\mathrm{D}}(E_{\mathrm{macro}} - E_{\mathrm{p}}) = n\alpha_{\mathrm{D}}\left(E_{\mathrm{macro}} + \frac{P}{3\varepsilon_0}\right) \qquad (26)$$

根据方程（27），对于各向同性、线性、均匀的电介质

$$P = \varepsilon_0 \chi E_{\mathrm{macro}}$$

由此得到电介质的电极化率 $\chi$ 与分子的变形极化率 $\alpha_{\mathrm{D}}$ 之间的关系为

$$\frac{\chi}{\chi + 3} = \frac{1}{3\varepsilon_0}n\alpha_{\mathrm{D}} \qquad (27)$$

相对介电常数与电极化率的关系为 $\varepsilon_{\mathrm{r}} = 1 + \chi$，则相对介电常数与分子的变形极化率的关系为

$$\frac{\varepsilon_{\mathrm{r}} - 1}{\varepsilon_{\mathrm{r}} + 2} = \frac{1}{3\varepsilon_0}n\alpha_{\mathrm{D}} \qquad (28)$$

该式就是克劳修斯-莫索提方程式（Clausius-Mossotti equation）。分子的变形极化率是一种微观属性，而相对介电常数则是在电介质内部的一种宏观属性。因此，方程（28）连接了电介质关于电极化的微观属性与宏观属性。

将克劳修斯-莫索提方程式两边同乘以电介质的摩尔体积 $V_{\mathrm{m}} = M/\rho$（其中 $M$ 为电介质的摩尔质量；$\rho$ 为电介质的密度），并注意到 $nV_{\mathrm{m}}$ 就等于阿伏伽德罗常数 $L$（$n$ 定义为单位体积中的分子数目），则

$$\frac{\varepsilon_{\mathrm{r}} - 1}{\varepsilon_{\mathrm{r}} + 2} \times \frac{M}{\rho} = \frac{1}{3\varepsilon_0}L\alpha_{\mathrm{D}}$$

上式等号左边定义为分子的摩尔极化度 $P_{\mathrm{m}}$（molar polarizability），即

$$P_m = \frac{\varepsilon_r - 1}{\varepsilon_r + 2} \times \frac{M}{\rho} = \frac{1}{3\varepsilon_0} L\alpha_D \tag{29}$$

对于大多数的电介质，其折射率 $n \approx \varepsilon_r^{1/2}$。将折射率代入克劳修斯 - 莫索提方程式，就可以给出洛伦兹 - 洛伦茨方程式（Lorentz-Lorenz equation）

$$\frac{n^2 - 1}{n^2 + 2} = \frac{1}{3\varepsilon_0} n\alpha_D \tag{30a}$$

$$P_m = \frac{n^2 - 1}{n^2 + 2} \times \frac{M}{\rho} = \frac{1}{3\varepsilon_0} L\alpha_D \tag{30b}$$

注意 $\alpha_D = \alpha_E + \alpha_A$，即变形极化率中包括电子极化率和原子极化率。

电场中的极性分子除了变形极化外，还会产生取向极化，即具有永久偶极矩的分子在电场的作用下，会或多或少地转向电场方向。假定它对极化率的贡献为 $P_\mu$，则总的摩尔极化度由三部分构成

$$P_m = P_\mu + P_E + P_A \tag{31}$$

式中，$P_\mu$、$P_E$、$P_A$ 分别为摩尔取向极化度、摩尔电子极化度、摩尔原子极化度，根据方程（29）

$$P_E = \frac{1}{3\varepsilon_0} L\alpha_E \qquad\qquad P_A = \frac{1}{3\varepsilon_0} L\alpha_A \tag{32}$$

由玻尔兹曼分布定律可得（参见实验27附录3）

$$P_\mu = \frac{1}{3\varepsilon_0} L\alpha_0 = \frac{1}{3\varepsilon_0} L \frac{\mu^2}{3kT} \tag{33}$$

式中，$\mu$ 为极性分子的永久偶极矩；$k$ 为玻尔兹曼常数；$T$ 为热力学温度。由此得到

$$P_m = \frac{\varepsilon_r - 1}{\varepsilon_r + 2} \times \frac{M}{\rho} = \frac{1}{3\varepsilon_0} L\alpha_D = \frac{L}{3\varepsilon_0}\left(\frac{\mu^2}{3kT} + \alpha_E + \alpha_A\right) \tag{34}$$

方程（34）称为克劳修斯 - 莫索提 - 德拜方程（Clausius-Mosotti-Debye equation）。

克劳修斯 - 莫索提 - 德拜方程是假定分子与分子间无相互作用而推导得到的，适用于温度不太低的气相体系。根据方程（34），可以通过测定样品介电常数及密度与温度的关系，以 $P_m$-$1/T$ 作图得到一直线关系，直线斜率为与 $P_\mu$ 相关、截距与总变形极化率 $\alpha_E + \alpha_A$ 相关，由 $P_\mu$ 的数值可以计算出分子永久偶极矩 $\mu$，该实验方法称为温度测量法。然而测定气相的介电常数和密度，在实验上难度较大，某些物质甚至根本无法使其处于稳定的气相状态。因此后来提出了一种溶液法来解决这一困难。溶液法的基本想法是，在无限稀释的非极性溶剂的溶液中，极性溶质分子所处的状态与气相时相近，于是无限稀释溶液中溶质的摩尔极化度 $P_2^\infty$ 就可以看作 $P_m$。但是在溶液中，温度测量法变得不可靠，原因可能是溶剂-溶质相互作用也存在温度效应，因此又提出一种频率测量法，即通过测量介电常数与频率的关系得到总的摩尔极化度 $P_m$，并从 $P_m$ 中将取向极化度 $P_\mu$ 分离出来，进而计算得到分子的极性分子的永久偶极矩 $\mu$。

图1给出了极性物质介电常数 $\varepsilon$ 随频率变化的典型曲线，摩尔极化度 $P_m$ 与频率的关系与之类似。如果外电场是交变电场，极性分子的极化情况就与交变电场的频率有关。当处于频率小于 $10^{10}$Hz 的低频电场或静电场中时，极性分子所产生的摩尔极化度 $P_m$ 是取向极化、电子极化和原子（离子）极化的总和 $P_m = P_\mu + P_E + P_A$，即在图1的区域A中，方程（34）保持成立。当频率增加到A区域以上时，电场的交变周期小于分子偶极矩的弛豫时间，极性分子的

**图1　极性物质介电常数 $\varepsilon$ 随频率变化的典型曲线**

取向运动跟不上电场的变化，即极性分子来不及沿电场定向，在相对平坦的区域B，$\varepsilon$ 的值标注为 $\varepsilon_\infty$，其中已经没有取向极化作用的贡献，此时方程（34）变为

$$\frac{\varepsilon_r - 1}{\varepsilon_r + 2} \times \frac{M}{\rho} = \frac{L}{3\varepsilon_0}(\alpha_E + \alpha_A) = P_E + P_A \tag{35}$$

当交变电场的频率进一步增加到大于 $10^{15}$ Hz 的高频（可见光和紫外频率）时，极性分子的转向运动和分子骨架变形都跟不上电场的变化，即在区域C，只有电子极化作用对 $\varepsilon$ 作出贡献，此时极性分子的摩尔极化度就等于电子极化度 $P_E$。

原则上只要在低频电场下测得极性分子的摩尔极化度 $P_m$，在红外频率下测得极性分子的摩尔诱导极化度 $P_E + P_A$，两者相减就得到极性分子的摩尔取向极化度 $P_\mu$，然后代入公式就可求出极性分子的永久偶极矩 $\mu$ 来。在实验中由于条件的限制，很难做到在红外频率下测得极性分子的摩尔诱导极化度，因此一般是把频率提高到可见光的范围内，此时原子极化也停止了，$P_m$ 中只剩下摩尔电子极化度 $P_E$。考虑到原子极化度通常只有电子极化度的 5% ～ 10%，而且 $P_\mu$ 又比 $P_E$ 大得多，因此常常忽略原子极化度 $P_A$。根据方程（31）和（33）可以得到

$$P_\mu = \frac{1}{3\varepsilon_0} L \times \frac{\mu^2}{3kT} \approx P_m - P_E \tag{36}$$

$P_m$ 可以通过在低频下测定电介质的相对介电常数，由方程（29）获得

$$P_m = \frac{\varepsilon_r - 1}{\varepsilon_r + 2} \times \frac{M}{\rho} \tag{37}$$

$P_E$ 实际上就是电介质在可见光下的摩尔折射率 $R$，根据方程（30b）

$$P_E = R = \frac{n^2 - 1}{n^2 + 2} \times \frac{M}{\rho} \tag{38}$$

即 $P_E$ 可以通过测量物质的折射率 $n$ 进行计算得到。

由方程（36）可以得到极性分子永久偶极矩的计算公式为

$$\mu = \sqrt{\frac{9\varepsilon_0 k}{L}(P_m - P_E)T} \tag{39}$$

以上全部公式的推导过程均采用国际单位制，若采用高斯制，则还应乘以因子 $1/(4\pi\varepsilon_0)^{1/2}$，即高斯制下的偶极矩计算公式为

$$\mu = \sqrt{\frac{9k}{4\pi L}(P_m - P_E)T} \tag{40}$$

将常数代入，可以算得

$$\mu / D = 0.0128\sqrt{(P_m - P_E)T} \tag{41a}$$

或者

$$\mu/C \cdot m = 4.274 \times 10^{-32}\sqrt{(P_m - P_E)T} \tag{41b}$$

两式中摩尔极化度 $P_m$、$P_E$ 的单位均取作 cgs 制单位 $cm^3 \cdot mol^{-1}$，温度 $T$ 的单位取 K。

### 4. 实验方法

（1）极化度的测定

摩尔极化度具有简单的加和性，即对于二组分的稀溶液来说，溶液总的摩尔极化度 $P_{12}$ 与溶剂的摩尔极化度 $P_1$ 和溶质的摩尔极化度 $P_2$ 之间满足

$$P_{12} = x_1 P_1 + x_2 P_2 \tag{42}$$

式中，$x_1$、$x_2$ 分别是溶剂和溶质的摩尔分数。将方程（42）各项分别用方程（29）表示后得到

$$\frac{\varepsilon_{12} - 1}{\varepsilon_{12} + 2} \times \frac{M_1 x_1 + M_2 x_2}{\rho_{12}} = \frac{\varepsilon_1 - 1}{\varepsilon_1 + 2} \times \frac{M_1 x_1}{\rho_1} + x_2 P_2 \tag{43}$$

这就是说，测定出已知浓度溶液的介电常数 $\varepsilon_{12}$ 和密度 $\rho_{12}$ 以及纯溶剂介电常数 $\varepsilon_1$ 和密度 $\rho_1$，就可计算出溶质的极化度 $P_2$。但实际上只有当溶液无限稀释时，求得的 $P_2$（表示为 $P_2^{\infty}$）才比较接近于纯溶质的极化度。溶液过稀引入实验误差很大，所以通常是对一系列不太稀的溶液进行测定，然后通过作图或计算外推到 $x_2 \to 0$，以求得 $P_2^{\infty}$。下面介绍计算的方法。

海德斯特兰（Hedestrand）[2]提出，如果 $\varepsilon_{12}$ 和 $\rho_{12}$ 随浓度 $x_2$ 变化的函数关系为已知时，即可计算出 $P_2^{\infty}$。实际上 $\varepsilon_{12}$ 和 $\rho_{12}$ 都与 $x_2$ 近似呈线性关系，即

$$\varepsilon_{12} = \varepsilon_1(1 + ax_2) \tag{44a}$$

$$\rho_{12} = \rho_1(1 + bx_2) \tag{44b}$$

将这两个线性关系代入方程（43），得到

$$\frac{\varepsilon_1(1 + ax_2) - 1}{\varepsilon_1(1 + ax_2) + 2} \times \frac{M_1 + (M_2 - M_1)x_2}{\rho_1(1 + bx_2)} = \frac{\varepsilon_1 - 1}{\varepsilon_1 + 2} \times \frac{M_1(1 - x_2)}{\rho_1} + x_2 P_2 \tag{45}$$

上式两边对 $x_2$ 取偏微分，然后取极限 $x_2 \to 0$，整理后可得极性溶质的摩尔极化度为

$$P_m = P_2^{\infty} = \lim_{x_2 \to 0} P_2 = \frac{3a\varepsilon_1}{(\varepsilon_1 + 2)^2} \times \frac{M_1}{\rho_1} + \frac{\varepsilon_1 - 1}{\varepsilon_1 + 2} \times \frac{M_2 - bM_1}{\rho_1} \tag{46}$$

摩尔折射率同样具有简单的加和关系

$$R_{12} = x_1 R_1 + x_2 R_2 \tag{47}$$

将方程（24）各项分别用方程（16）表示后得到

$$\frac{n_{12}^2 - 1}{n_{12}^2 + 2} \times \frac{M_1 x_1 + M_2 x_2}{\rho_{12}} = \frac{n_1^2 - 1}{n_1^2 + 2} \times \frac{M_1 x_1}{\rho_1} + x_2 R_2 \tag{48}$$

假定溶液的折射率 $n_{12}$ 与 $x_2$ 近似呈线性关系

$$n_{12} = n_1(1 + cx_2) \tag{49}$$

将方程（22a）和方程（26）代入方程（25）得到

$$\frac{[n_1(1+cx_2)]^2 - 1}{[n_1(1+cx_2)]^2 + 2} \times \frac{M_1 + (M_2 - M_1)x_2}{\rho_1(1+bx_2)} = \frac{n_1^2 - 1}{n_1^2 + 2} \times \frac{M_1(1-x_2)}{\rho_1} + x_2 R_2 \tag{50}$$

上式两边对 $x_2$ 取偏微分，然后取极限 $x_2 \to 0$，整理后可得极性溶质的摩尔电子极化度为

$$P_E = \lim_{x_2 \to 0} R_2 = \frac{6cn_1^2}{(n_1^2 + 2)^2} \times \frac{M_1}{\rho_1} + \frac{n_1^2 - 1}{n_1^2 + 2} \times \frac{M_2 - bM_1}{\rho_1} \tag{51}$$

由此可见，用上述溶液法测求极性分子偶极矩时，只要测出非极性纯溶剂的介电常数 $\varepsilon_{12}$、密度 $\rho_{12}$ 和折射率 $n_{12}$ 与溶质摩尔分数 $x_2$ 之间的线性方程斜率 $a$、$b$ 和 $c$，就可以根据方程（46）和方程（51）分别计算出极性溶质分子的摩尔极化度 $P_m$ 和摩尔电子极化度 $P_E$，再代入方程（41）中，就可以计算出极性溶质分子的永久偶极矩 $\mu$。

溶液法测得的溶质偶极矩与气相测得的真实值间存在偏差，造成这种现象的原因是非极性溶剂与极性溶质分子相互间的作用——"溶剂化"作用，这种偏差现象称为溶液法测量偶极矩的"溶剂效应"。罗斯（Ross）和萨克（Sack）等人曾对溶剂效应开展了研究，并推导出校正公式，有兴趣者可阅读有关参考资料。

此外，测定偶极矩的实验方法还有多种，如温度法、分子束法、分子光谱法以及利用微波谱的斯塔克法等。

（2）介电常数的测定

介电常数是通过测量电容计算而得到的。本实验采用电桥法测量电容，按方程（7）计算相对介电常数。

当将电容池插在小电容测量仪上测量电容时，实际测得的电容应是电容池两极间的电容和整个测试系统中的分布电容 $C_d$，$C_d$ 值应在各次测量中予以扣除。有关小电容测量仪的结构、测量原理、操作和测量计算 $C_d$ 的方法参见实验 27 附录 1 和附录 2。

（3）密度的测定

液体密度的测量采用给氏比重瓶（见图 2），该瓶为平底圆锥体

**图 2　给氏比重瓶示意图**

瓶，瓶塞是一只中间有毛细管的玻璃塞，操作中的多余液体，可由毛细管顶端溢出，瓶塞的上端两边磨成斜面，便于观察及擦拭溢出的液体，以使瓶内盛装的液体至瓶顶正好是比重瓶的标称容量。

液体密度也可以在用容量瓶配制溶液时，通过称重法对数据进行计算，但是与比重瓶法相比，有一定的误差。

（4）折射率的测定

参见实验 7 附录。

## 仪器试剂

PGM-Ⅱ型数字小电容测试仪（南京桑力电子设备厂），阿贝折光仪，电吹风，给氏比重瓶，25 mL 容量瓶，100 mL 烧杯，滴管。

乙酸乙酯（A. R.），环己烷（A. R.）。

## 安全须知和废弃物处理

● 在实验室中需穿戴实验服、防护目镜或面罩。

- 实验过程中所有玻璃容器均须在烘箱中完全干燥。
- 如发生皮肤沾染，需用水冲洗沾染部位 10 min 以上。
- 离开实验室前务必洗手。
- 使用过的溶液倒入指定的废液回收桶，固体废弃物倒入指定回收箱。

### 实验步骤

本实验中配制好的每份溶液要进行多种测量，请合理分配使用，以免不够用。实验步骤2、3、4可同时进行或穿插进行，请合理安排实验进程。

#### 1. 溶液配制

将6个25 mL容量瓶预先干燥。在室温下以环己烷为溶剂，用称量法在这6个容量瓶中分别配制乙酸乙酯摩尔分数$x_2$=0.03、0.06、0.09、0.12、0.15、0.18和0.20的环己烷溶液，即将容量瓶去塞后放置在天平上去皮，用滴管加入适量的乙酸乙酯，待稳定后读取质量$w$，然后加入适量环己烷，待稳定后读取质量$W$，加塞摇匀。操作时应注意防止溶质和溶剂的挥发以及吸收极性较大的水汽。计算公式为：

$$x_2 = \frac{w/88.105}{w/88.105 + (W-w)/84.160}$$ （52）

#### 2. 折射率测定

在室温条件下，用阿贝折光仪测定环己烷及各配制溶液的折射率。测定时注意各样品需加样3次，每次读取三个数据，然后取平均值。

#### 3. 介电常数测定

本实验采用环己烷作为标准物质，其介电常数与温度的关系为

$$\varepsilon_{环己烷} = 2.023 - 0.0016(t/℃ - 20)$$ （53）

25 ℃时的介电常数为2.015。CRC手册[3]上用下面更精确的公式表示为：

$$\varepsilon(T) = a + bT + cT^2 + dT^3$$ （54）

式中，$T$为热力学温度，环己烷的各参数为：$a$=0.24293×10，$b$=−0.12095×$10^{-2}$，$c$=−0.58741×$10^{-6}$，$d$=0。$T$=293.2 K时，环己烷的介电常数为2.0243。

在室温下依次测量空气、环己烷和各溶液的电容值。每次测量重复2次，取平均值计算介电常数。样品测量后倒入废液缸中，不得随意丢弃。

测量要点：①PGM-Ⅱ型数字小电容测试仪开机后预热30 min，待稳定后再行实验；②不要用热风吹电容池。

#### 4. 溶液密度的测定

用给氏比重瓶在室温条件下测定环己烷和各溶液的密度值。将比重瓶仔细干燥后称量得$m_0$，然后取下磨口毛细管，在瓶中装入蒸馏水近满，然后将磨口毛细管插入瓶口，用滤纸将从毛细管上口溢出的多余蒸馏水吸去，迅速在天平上称量得$m_1$。

同上法，用环己烷和配制的溶液代替蒸馏水，分别进行测定，称得质量为$m_2$。则环己烷和各溶液的密度为

$$\rho = \frac{m_2 - m_0}{m_1 - m_0} \rho_{H_2O}$$ （55）

不同温度下水的密度数据参见实验9表1。

## 数据处理与结果分析

1. 按溶液配制的实测质量，计算6个溶液中乙酸乙酯的实际浓度$x_2$、溶液密度$\rho_{12}$。

2. 按实验27附录二的方法计算$C_0$、$C_d$。根据$C_0$、$C_d$数据计算环己烷和各溶液的电容值。按方程（5）求出环己烷的介电常数$\varepsilon_1$和各溶液的介电常数$\varepsilon_{12}$。作$\varepsilon_{12}$-$x_2$图，由直线斜率求算$a$值。

3. 根据方程（55）计算环己烷密度$\rho_1$及各溶液的密度$\rho_{12}$，作$\rho_{12}$-$x_2$图，由直线斜率求算$b$值。

4. 由实验测定的环己烷折射率$n_1$及各溶液的折射率$n_{12}$，作$n_{12}$-$x_2$图，由直线斜率求算$c$值。

5. 根据方程（46）和方程（51），分别计算出乙酸乙酯的总摩尔极化度$P_m$和摩尔电子极化度$P_E$。

6. 根据方程（41），计算出乙酸乙酯分子的永久偶极矩$\mu$，注意单位换算。

参考值：溶液法测定的乙酸乙酯在25 ℃时的偶极矩$\mu = 1.83 \text{ D} = 6.10 \times 10^{-30} \text{ C} \cdot \text{m}$；

乙酸乙酯气相分子在25 ℃时的偶极矩$\mu = 1.78 \text{ D} = 5.93 \times 10^{-30} \text{ C} \cdot \text{m}$。

## 讨论与思考

1. Guggenheim提出了一种电偶极矩的简化计算过程[4]，并由Smith[5]做了进一步的改进，使得在计算偶极矩时不需要考虑溶液密度与浓度的关系。查阅相关文献，指出该简化计算过程的主要假设和近似处理方法，推导偶极矩的计算公式，并用该方法计算实验结果。

2. Braun、Stockmayer和Orwoll[6]利用偶极矩测量方法对丁二腈的立体结构进行了成功解析。阅读相关文献，指出他们提出的实验方法的主要理论依据，以及结构分析过程和结论。

## 参考文献

［1］C 基泰尔. 固体物理导论. 北京：化学工业出版社，2005：312-313.

［2］Hedestrand G. Die Berechnung der Molekularpolarisation gelöster Stoffe bei unendlicher Verdünnung. Zeitschrift für Physikalische Chemie，Abteilung B：Chemie der Elementarprozesse aufbau der Materie. 1929，2：428-444.

［3］ED David R Lide. CRC Handbook of Chemistry and Physics，Internet Version 2005，<http://www.hbcpnetbase.com>，CRC Press，Boca Raton，FL，2005：pp 6-163.

［4］Guggenheim E A. A Proposed Simplification in the Procedure for Computing Electric Dipole Moments. Trans. Faraday Soc.，1949，45：714-720.

［5］Smith J W. Some Developments of Guggenheim's Simplified Procedure for Computing Electric Dipole Moments. Trans. Faraday Soc.，1950，46：394-399.

［6］Braun C L，Stockrnayer W H，Orwoll R A. Dipole Moments of 1，2-Disubstituted Ethanes and their Homologs-An experiment for physical chemistry. J. Chem. Educ.，1970，47：287-289.

## 附录1 PGM-Ⅱ介电常数实验装置使用说明

PGM-Ⅱ型数字小电容测试仪采用微弱信号锁定技术，具有高分辨率。该仪表不但能进行电容量的测定，而且可和电容池配套对溶液和溶剂的介电常数进行测定。

图3是数字小电容测试仪面板及电容池示意图。电容池包括上、下两部分，上部为电极及引出线接头，下部为样品容器及恒温池。使用方法如下。

**图3　PGM-II型数字小电容测试仪面板及电容池示意图**

（1）预热

打开测试仪面板的电源开关，此时LED显示某一数值，预热30 min。

（2）采零

用配套测试线将数字小电容测试仪的"C2"插座与电容池的"C2"插座相连，将另一根测试线的一端插入数字小电容测试仪的"C1"插座，插入后顺时针旋转一下，以防脱落，另一端悬空，待显示稳定后，按一下"采零"键，以消除系统的零位漂移，显示器显示"00.00"。

（3）空气介质电容的测量

将测试线悬空一端插入电容池"外电极C1"插座，此时仪表显示值为空气介质的电容（$C_空$）与系统分布电容（$C_d$）之和。打开电容池，用电吹风（不得用热风）吹扫后，再次测定，反复进行上述操作，直至电容读数误差小于0.01 pF。

（4）液体介质电容的测量

拔出电容池"外电极C1"插座一端的测试线，打开电容池上盖，用丙酮或乙醚对电容池内、外电极之间的间隙进行数次冲洗，并用电吹风吹干（用冷风吹，不得用热风）。用移液管往样品杯内加入环己烷至样品杯内的刻度线（注：每次加入的样品量必须严格相等），盖上上盖，将拔下的测试线的空头一端插入电容池"外电极C1"插座，此时，显示器显示值即为环己烷的电容（$C_标$）与分布电容（$C_d$）之和。

用吸管将环己烷吸出倒入废液缸，并用电吹风（不得用热风）吹干电容池，再次加入环己烷，重复测量一次，两次误差小于0.01 pF。

用吸管吸出电容池内环己烷，并用电吹风（不得用热风）吹干电容池，直至复核测定空气电容与前次测量值误差小于0.01 pF。打开电容池上盖，用移液管往样品杯内加入乙酸乙酯-环己烷溶液至样品杯内的刻度线，按上述方法测定该样品的电容值。重复测量一次，两次误差小于0.01 pF。

依次将所有溶液的电容值测量完毕。实验完毕，关闭电源开关，拔下电源线。

**注意**：测量空气介质电容或液体介质电容时，需首先拔下电容池"外电极C1"插座一端的测试线，再进行采零操作，以清除系统的零位漂移，保证测量的准确度；带电电容勿在测试仪上进行测试，以免损坏仪表；易挥发的液体介质测试时，加入液体介质后，必须将盖子盖紧，以防液体挥发，影响测试的准确度。

## 附录2　电容池底值$C_d$的测量方法

用已知介电常数$\varepsilon_{标}$的标准物质（本实验中就是环己烷）测得电容$C'_{标}$，则

$$C'_{标}=C_{标}+C_d \tag{56}$$

再测出电容器中不放样品时的电容$C'_{空}$，则

$$C'_{空}=C_{空}+C_d \tag{57}$$

方程（56）、方程（57）中的$C_{标}$、$C_{空}$分别为标准样品和空气的电容值。可以将空气的电容近似看作真空电容，即$C_{空}=C_0$。将方程（56）、方程（57）相减，得到

$$C'_{标}-C'_{空}=C_{标}-C_{空}=C_{标}-C_0 \tag{58}$$

而标准物质的介电常数

$$\varepsilon_{标}=\frac{C_{标}}{C_0} \tag{59}$$

根据方程（58）、方程（59）可以求出$C_{标}$和$C_0$，代入方程（56）或方程（57）中，就可以计算出$C_d$的值。

## 附录3　极性分子平均摩尔取向极化度的计算

当电场为$E$、温度为$T$时，用统计热力学的方法可以确定分子的固有偶极矩在电场方向上的分量平均值。设分子间的相互作用可以忽略不计，某个分子的固有偶极矩$\mu$与电场$E$的夹角为$\theta$，如图4所示。

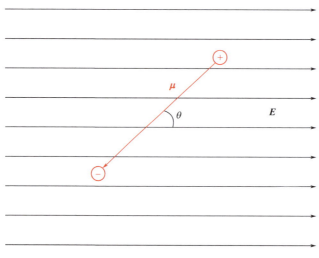

图4　处于电场中的偶极子

因此偶极矩 $\mu$ 在电场方向上的分量为

$$\mu_{//}=\mu\cos\theta \tag{60}$$

偶极子在电场 $\boldsymbol{E}$ 中势能为

$$U=-\boldsymbol{\mu}\times\boldsymbol{E}=-\mu E\cos\theta \tag{61}$$

将电场 $\boldsymbol{E}$ 方向设为直角坐标系的 $z$ 轴方向，则转换为球极坐标系后的体积微元为 $r\sin\theta\,\mathrm{d}r\mathrm{d}\phi\mathrm{d}\theta$。在这里，径向变量 $r$ 无须考虑（相当于一个常数项），$\phi$ 角所在平面与电场方向垂直，与势能项无关，直接积分为 $2\pi$，因此体积微元可表达为 $2\pi\sin\theta\mathrm{d}\theta$。

设 $\mathrm{d}n$ 表示偶极矩 $\mu$ 与电场 $\boldsymbol{E}$ 的夹角处于 $\theta+\mathrm{d}\theta$ 范围内的分子数，则根据玻尔兹曼定律

$$\mathrm{d}n=A\mathrm{e}^{\frac{\mu E\cos\theta}{kT}}2\pi\sin\theta\mathrm{d}\theta \tag{62}$$

式中，$k$ 为玻尔兹曼常数。此 $\mathrm{d}n$ 个分子的固有偶极矩在电场方向的分量为

$$\mu\cos\theta\mathrm{d}n=2\pi A\sin\theta\cos\theta\mathrm{e}^{\frac{\mu E\cos\theta}{kT}}\mathrm{d}\theta \tag{63}$$

固有偶极矩在电场 $E$ 方向的平均值为

$$\mu=\frac{\sum\mu_{//}}{N}=\frac{\int\mu\cos\theta\mathrm{d}n}{\int\mathrm{d}n}=\frac{\int_{0}^{\pi}2\pi A\mu\sin\theta\cos\theta\mathrm{e}^{\frac{\mu E\cos\theta}{kT}}\mathrm{d}\theta}{\int_{0}^{\pi}A\mathrm{e}^{\frac{\mu E\cos\theta}{kT}}2\pi\sin\theta\mathrm{d}\theta}$$

$$=\frac{\int_{0}^{\pi}\mu\sin\theta\cos\theta\mathrm{e}^{\frac{\mu E\cos\theta}{kT}}\mathrm{d}\theta}{\int_{0}^{\pi}\mathrm{e}^{\frac{\mu E\cos\theta}{kT}}\sin\theta\mathrm{d}\theta}=\frac{kT}{E}\times\frac{\int_{0}^{\pi}\left(\frac{\mu E\cos\theta}{kT}\right)\mathrm{e}^{\frac{\mu E\cos\theta}{kT}}\mathrm{d}\left(\frac{\mu E\cos\theta}{kT}\right)}{\int_{0}^{\pi}\mathrm{e}^{\frac{\mu E\cos\theta}{kT}}\mathrm{d}\left(\frac{\mu E\cos\theta}{kT}\right)} \tag{64}$$

令

$$\frac{\mu E\cos\theta}{kT}=x\ ,\quad \frac{\mu E}{kT}=\beta$$

则上式变换为

$$\bar{\mu}=\frac{\mu}{\beta}\times\frac{\int_{-\beta}^{\beta}x\mathrm{e}^{x}\mathrm{d}x}{\int_{-\beta}^{\beta}\mathrm{e}^{x}\mathrm{d}x}=\mu\left(\frac{\mathrm{e}^{\beta}+\mathrm{e}^{-\beta}}{\mathrm{e}^{\beta}-\mathrm{e}^{-\beta}}-\frac{1}{\beta}\right)=\mu\ (\mathrm{cth}\beta-\frac{1}{\beta}) \tag{65}$$

式中，$\mathrm{cth}x=(\mathrm{e}^{x}+\mathrm{e}^{-x})/(\mathrm{e}^{x}-\mathrm{e}^{-x})$，为双曲余切函数。讨论如下：

（1）$\beta\gg1$，即电场很强，温度很低，此时 $\bar{\mu}\approx\mu$，固有偶极矩几乎完全转到电场方向，所以固有偶极矩在电场方向的平均值等于固有偶极矩。

（2）$\beta\ll1$，将双曲余切函数在 0 附近展开，其泰勒级数为

$$\mathrm{cth}\beta=\frac{1}{\beta}+\frac{\beta}{3}-\frac{\beta^{3}}{45}+\frac{2}{945}\beta^{5}-\cdots \tag{66}$$

取展开式的前两项，得到

$$\bar{\mu}=\mu\times\frac{\beta}{3}=\frac{\mu^{2}}{3kT}E \tag{67}$$

因此极性分子的平均取向极化率

$$\alpha_0 = \frac{\mu^2}{3kT} \tag{68}$$

根据方程（29），极性分子的摩尔取向极化度为

$$P_\mu = \frac{1}{3\varepsilon_0} \times L\alpha_0 = \frac{1}{3\varepsilon_0} \times L \times \frac{\mu^2}{3kT} \tag{69}$$

计算表明，在室温下电场强度达到$10^3$ V·cm$^{-1}$时，仍能保证$\beta \approx 0.001 \ll 1$。因此通常情况下均可用上式表示$P_\mu$，即方程（33）成立。

# PERIODIC TABLE
## Atomic Properties of the Elements

**FREQUENTLY USED FUNDAMENTAL PHYSICAL CONSTANTS §**
1 second = 9 192 631 770 periods of radiation corresponding to the
transition between the two hyperfine levels of the ground-state of $^{133}$Cs

| Quantity | Symbol | Value |
|---|---|---|
| speed of light in vacuum | $c$ | $299\,792\,458$ m s$^{-1}$ (exact) |
| Plank constant | $h$ | $6.626\,070 \times 10^{-34}$ J s ($\hbar = h/2\pi$) |
| elementary charge | $e$ | $1.602\,177 \times 10^{-19}$ C |
| electron mass | $m_e$ | $9.109\,384 \times 10^{-31}$ kg |
| | $m_e c^2$ | $0.510\,999$ MeV |
| proton mass | $m_p$ | $1.672\,622 \times 10^{-27}$ kg |
| fine-structure constant | $\alpha$ | $1/137.035\,999$ |
| Rydberg constant | $R_\infty$ | $10\,973\,731.569$ m$^{-1}$ |
| | $R_\infty c$ | $3.289\,841\,960 \times 10^{15}$ Hz |
| | $R_\infty hc$ | $13.605\,693$ eV |
| electron volt | eV | $1.602\,176 \times 10^{-19}$ J |
| Boltzmann constant | $k$ | $1.380\,65 \times 10^{-23}$ J K$^{-1}$ |
| molar gas constant | $R$ | $8.314\,5$ J mol$^{-1}$ K$^{-1}$ |

§ For the most accurate values of these and other constants, visit http://physics.nist.gov/cuu/Constants/index.html

**Legend:** Solids (white) · Liquids (orange) · Gases (green) · Artificially Prepared (blue)

**Key (example):** 58 — Ce — Cerium — 140.116 — [Xe]4f5d6s$^2$ — 5.5386
(Atomic Number · Symbol · Name · Standard Atomic Weight (Da) · Ground-state Level · Ground-state Configuration · Ionization Energy (eV))

| Z | Term | Symbol | Name | Atomic Weight | Configuration | Ioniz. (eV) |
|---|---|---|---|---|---|---|
| 1 | $^2S_{1/2}$ | H | Hydrogen | 1.008* | 1s | 13.5984 |
| 2 | $^1S_0$ | He | Helium | 4.002602 | 1s$^2$ | 24.5874 |
| 3 | $^2S_{1/2}$ | Li | Lithium | 6.94* | 1s$^2$2s | 5.3917 |
| 4 | $^1S_0$ | Be | Beryllium | 9.0121831 | 1s$^2$2s$^2$ | 9.3227 |
| 5 | $^2P_{1/2}$ | B | Boron | 10.81* | 1s$^2$2s$^2$2p | 8.2980 |
| 6 | $^3P_0$ | C | Carbon | 12.011* | 1s$^2$2s$^2$2p$^2$ | 11.2603 |
| 7 | $^4S_{3/2}$ | N | Nitrogen | 14.007* | 1s$^2$2s$^2$2p$^3$ | 14.5341 |
| 8 | $^3P_2$ | O | Oxygen | 15.999* | 1s$^2$2s$^2$2p$^4$ | 13.6181 |
| 9 | $^2P_{3/2}$ | F | Fluorine | 18.998403163* | 1s$^2$2s$^2$2p$^5$ | 17.4228 |
| 10 | $^1S_0$ | Ne | Neon | 20.1797 | 1s$^2$2s$^2$2p$^6$ | 21.5645 |
| 11 | $^2S_{1/2}$ | Na | Sodium | 22.98976928 | [Ne]3s | 5.1391 |
| 12 | $^1S_0$ | Mg | Magnesium | 24.305* | [Ne]3s$^2$ | 7.6462 |
| 13 | $^2P_{1/2}$ | Al | Aluminum | 26.9815385 | [Ne]3s$^2$3p | 5.9858 |
| 14 | $^3P_0$ | Si | Silicon | 28.085* | [Ne]3s$^2$3p$^2$ | 8.1517 |
| 15 | $^4S_{3/2}$ | P | Phosphorus | 30.97376199* | [Ne]3s$^2$3p$^3$ | 10.4867 |
| 16 | $^3P_2$ | S | Sulfur | 32.06* | [Ne]3s$^2$3p$^4$ | 10.3600 |
| 17 | $^2P_{3/2}$ | Cl | Chlorine | 35.45* | [Ne]3s$^2$3p$^5$ | 12.9676 |
| 18 | $^1S_0$ | Ar | Argon | 39.948 | [Ne]3s$^2$3p$^6$ | 15.7596 |
| 19 | $^2S_{1/2}$ | K | potassium | 39.0983 | [Ar]4s | 4.3407 |
| 20 | $^1S_0$ | Ca | Calcium | 40.078 | [Ar]4s$^2$ | 6.1132 |
| 21 | $^2D_{3/2}$ | Sc | Scandium | 44.955908 | [Ar]3d4s$^2$ | 6.5615 |
| 22 | $^3F_2$ | Ti | Titanium | 47.867 | [Ar]3d$^2$4s$^2$ | 6.8281 |
| 23 | $^4F_{3/2}$ | V | Vanadium | 50.9415 | [Ar]3d$^3$4s$^2$ | 6.7462 |
| 24 | $^7S_3$ | Cr | Chromium | 51.9961 | [Ar]3d$^5$4s | 6.7665 |
| 25 | $^6S_{5/2}$ | Mn | Manganese | 53.938044 | [Ar]3d$^5$4s$^2$ | 7.4340 |
| 26 | $^5D_4$ | Fe | Iron | 55.845 | [Ar]3d$^6$4s$^2$ | 7.9025 |
| 27 | $^4F_{9/2}$ | Co | Cobalt | 58.933194 | [Ar]3d$^7$4s$^2$ | 7.8810 |
| 28 | $^3F_4$ | Ni | Nickel | 58.6934 | [Ar]3d$^8$4s$^2$ | 7.6399 |
| 29 | $^2S_{1/2}$ | Cu | Copper | 63.546 | [Ar]3d$^{10}$4s | 7.7264 |
| 30 | $^1S_0$ | Zn | Zinc | 65.38 | [Ar]3d$^{10}$4s$^2$ | 9.3942 |
| 31 | $^2P_{1/2}$ | Ga | Gallium | 69.723 | [Ar]3d$^{10}$4s$^2$4p | 5.9993 |
| 32 | $^3P_0$ | Ge | Germanium | 72.630 | [Ar]3d$^{10}$4s$^2$4p$^2$ | 7.8994 |
| 33 | $^4S_{3/2}$ | As | Arsenic | 74.921595 | [Ar]3d$^{10}$4s$^2$4p$^3$ | 9.7886 |
| 34 | $^3P_2$ | Se | Selenium | 78.971 | [Ar]3d$^{10}$4s$^2$4p$^4$ | 9.7524 |
| 35 | $^2P_{3/2}$ | Br | Bromine | 79.904* | [Ar]3d$^{10}$4s$^2$4p$^5$ | 11.8138 |
| 36 | $^1S_0$ | Kr | Krypton | 83.798 | [Ar]3d$^{10}$4s$^2$4p$^6$ | 13.9996 |
| 37 | $^2S_{1/2}$ | Rb | Rubidium | 85.4678 | [Kr]5s | 4.1771 |
| 38 | $^1S_0$ | Sr | Strontium | 87.62 | [Kr]5s$^2$ | 5.6949 |
| 39 | $^2D_{3/2}$ | Y | Yttrium | 88.90584 | [Kr]4d5s$^2$ | 6.2173 |
| 40 | $^3F_2$ | Zr | Zirconium | 91.224 | [Kr]4d$^2$5s$^2$ | 6.6339 |
| 41 | $^6D_{1/2}$ | Nb | Niobium | 92.90637 | [Kr]4d$^4$5s | 6.7589 |
| 42 | $^7S_3$ | Mo | Molybdenum | 95.95 | [Kr]4d$^5$5s | 7.0924 |
| 43 | $^6S_{5/2}$ | Tc | Technetium | (98) | [Kr]4d$^5$5s$^2$ | 7.1194 |
| 44 | $^5F_5$ | Ru | Ruthenium | 101.07 | [Kr]4d$^7$5s | 7.3605 |
| 45 | $^4F_{9/2}$ | Rh | Rhodium | 102.90550 | [Kr]4d$^8$5s | 7.4589 |
| 46 | $^1S_0$ | Pd | Palladium | 106.42 | [Kr]4d$^{10}$ | 8.3369 |
| 47 | $^2S_{1/2}$ | Ag | Silver | 107.8682 | [Kr]4d$^{10}$5s | 7.5762 |
| 48 | $^1S_0$ | Cd | Cadmium | 112.414 | [Kr]4d$^{10}$5s$^2$ | 8.9938 |
| 49 | $^2P_{1/2}$ | In | Indium | 114.818 | [Kr]4d$^{10}$5s$^2$5p | 5.7864 |
| 50 | $^3P_0$ | Sn | Tin | 118.710 | [Kr]4d$^{10}$5s$^2$5p$^2$ | 7.3439 |
| 51 | $^4S_{3/2}$ | Sb | Antimony | 121.760 | [Kr]4d$^{10}$5s$^2$5p$^3$ | 8.6084 |
| 52 | $^3P_2$ | Te | Tellurium | 127.60 | [Kr]4d$^{10}$5s$^2$5p$^4$ | 9.0097 |
| 53 | $^2P_{3/2}$ | I | Iodine | 126.90447 | [Kr]4d$^{10}$5s$^2$5p$^5$ | 10.4513 |
| 54 | $^1S_0$ | Xe | Xenon | 131.293 | [Kr]4d$^{10}$5s$^2$5p$^6$ | 12.1298 |
| 55 | $^2S_{1/2}$ | Cs | Cesium | 132.9054520* | [Xe]6s | 3.8939 |
| 56 | $^1S_0$ | Ba | Barium | 137.327 | [Xe]6s$^2$ | 5.2117 |
| 57 | $^2D_{3/2}$ | La | Lanthanum | 138.90547 | [Xe]5d6s$^2$ | 5.5769 |
| 58 | $^1G_4$ | Ce | Cerium | 140.116 | [Xe]4f5d6s$^2$ | 5.5386 |
| 59 | $^4I_{9/2}$ | Pr | Praseodymium | 140.90766 | [Xe]4f$^3$6s$^2$ | 5.473 |
| 60 | $^5I_4$ | Nd | Neodymium | 144.242 | [Xe]4f$^4$6s$^2$ | 5.5250 |
| 61 | $^6H_{5/2}$ | Pm | Promethium | (145) | [Xe]4f$^5$6s$^2$ | 5.582 |
| 62 | $^7F_0$ | Sm | Samarium | 150.36 | [Xe]4f$^6$6s$^2$ | 5.6437 |
| 63 | $^8S_{7/2}$ | Eu | Europium | 151.964 | [Xe]4f$^7$6s$^2$ | 5.6704 |
| 64 | $^9D_2$ | Gd | Gadolinium | 157.25 | [Xe]4f$^7$5d6s$^2$ | 6.1498 |
| 65 | $^6H_{15/2}$ | Tb | Terbium | 158.92535 | [Xe]4f$^9$6s$^2$ | 5.8638 |
| 66 | $^5I_8$ | Dy | Dysprosium | 162.500 | [Xe]4f$^{10}$6s$^2$ | 5.9391 |
| 67 | $^4I_{15/2}$ | Ho | Holmium | 164.93033 | [Xe]4f$^{11}$6s$^2$ | 6.0215 |
| 68 | $^3H_6$ | Er | Erbium | 167.259 | [Xe]4f$^{12}$6s$^2$ | 6.1077 |
| 69 | $^2F_{7/2}$ | Tm | Thulium | 168.93422 | [Xe]4f$^{13}$6s$^2$ | 6.1843 |
| 70 | $^1S_0$ | Yb | Ytterbium | 173.045 | [Xe]4f$^{14}$6s$^2$ | 6.2542 |
| 71 | $^2D_{3/2}$ | Lu | Lutetium | 174.9668 | [Xe]4f$^{14}$5d6s$^2$ | 5.4259 |
| 72 | $^3F_2$ | Hf | Hafnium | 178.49 | [Xe]4f$^{14}$5d$^2$6s$^2$ | 6.8251 |
| 73 | $^4F_{3/2}$ | Ta | Tantalum | 180.94788 | [Xe]4f$^{14}$5d$^3$6s$^2$ | 7.5496 |
| 74 | $^5D_0$ | W | Tungsten | 183.84 | [Xe]4f$^{14}$5d$^4$6s$^2$ | 7.8640 |
| 75 | $^6S_{5/2}$ | Re | Rhenium | 186.207 | [Xe]4f$^{14}$5d$^5$6s$^2$ | 7.8335 |
| 76 | $^5D_4$ | Os | Osmium | 190.23 | [Xe]4f$^{14}$5d$^6$6s$^2$ | 8.4382 |
| 77 | $^4F_{9/2}$ | Ir | Iridium | 192.217 | [Xe]4f$^{14}$5d$^7$6s$^2$ | 8.9670 |
| 78 | $^3D_3$ | Pt | Platinum | 195.084 | [Xe]4f$^{14}$5d$^9$6s | 8.9588 |
| 79 | $^2S_{1/2}$ | Au | Gold | 196.966569 | [Xe]4f$^{14}$5d$^{10}$6s | 9.2256 |
| 80 | $^1S_0$ | Hg | Mercury | 200.592 | [Xe]4f$^{14}$5d$^{10}$6s$^2$ | 10.4375 |
| 81 | $^2P_{1/2}$ | Tl | Thallium | 204.38* | [Hg]6p | 6.1083 |
| 82 | $^3P_0$ | Pb | Lead | 207.2 | [Hg]6p$^2$ | 7.4167 |
| 83 | $^4S_{3/2}$ | Bi | Bismuth | 208.98040 | [Hg]6p$^3$ | 7.2855 |
| 84 | $^3P_2$ | Po | Polonium | (209) | [Hg]6p$^4$ | 8.414 |
| 85 | $^2P_{3/2}$ | At | Astatine | (210) | [Hg]6p$^5$ | 9.3175 |
| 86 | $^1S_0$ | Rn | Radon | (222) | [Hg]6p$^6$ | 10.7485 |
| 87 | $^2S_{1/2}$ | Fr | Francium | (223) | [Rn]7s | 4.0727 |
| 88 | $^1S_0$ | Ra | Radium | (226) | [Rn]7s$^2$ | 5.2784 |
| 89 | $^2D_{3/2}$ | Ac | Actinium | (227) | [Rn]6d7s$^2$ | 5.3802 |
| 90 | $^3F_2$ | Th | Thorium | 232.0377 | [Rn]6d$^2$7s$^2$ | 6.3067 |
| 91 | $^4K_{11/2}$ | Pa | Protactinium | 231.03588 | [Rn]5f$^2$6d7s$^2$ | 5.89 |
| 92 | $^5L_6$ | U | Uranium | 238.02891 | [Rn]5f$^3$6d7s$^2$ | 6.1941 |
| 93 | $^6L_{11/2}$ | Np | Neptunium | (237) | [Rn]5f$^4$6d7s$^2$ | 6.2655 |
| 94 | $^7F_0$ | Pu | Plutonium | (244) | [Rn]5f$^6$7s$^2$ | 6.0258 |
| 95 | $^8S_{7/2}$ | Am | Americium | (243) | [Rn]5f$^7$7s$^2$ | 5.9738 |
| 96 | $^9D_2$ | Cm | Curium | (247) | [Rn]5f$^7$6d7s$^2$ | 5.9914 |
| 97 | $^6H_{15/2}$ | Bk | Berkelium | (247) | [Rn]5f$^9$7s$^2$ | 6.1978 |
| 98 | $^5I_8$ | Cf | Californium | (251) | [Rn]5f$^{10}$7s$^2$ | 6.2817 |
| 99 | $^4I_{15/2}$ | Es | Einsteinium | (252) | [Rn]5f$^{11}$7s$^2$ | 6.3676 |
| 100 | $^3H_6$ | Fm | Fermium | (257) | [Rn]5f$^{12}$7s$^2$ | 6.50 |
| 101 | $^2F_{7/2}$ | Md | Mendelevium | (258) | [Rn]5f$^{13}$7s$^2$ | 6.58 |
| 102 | $^1S_0$ | No | Nobelium | (259) | [Rn]5f$^{14}$7s$^2$ | 6.65 |
| 103 | $^2P_{1/2}$ | Lr | Lawrencium | (266) | [Rn]5f$^{14}$7s$^2$7p | 4.96 |
| 104 | $^3F_2$ | Rf | Rutherfordium | (267) | [Rn]5f$^{14}$6d$^2$7s$^2$ | 6.01 |
| 105 | $^4F_{3/2}$ | Db | Dubnium | (268) | [Rn]5f$^{14}$6d$^3$7s$^2$ | 6.8 |
| 106 | $^5D_0$ | Sg | Seaborgium | (271) | [Rn]5f$^{14}$6d$^4$7s$^2$ | 7.8 |
| 107 | $^6S_{5/2}$ | Bh | Bohrium | (270) | [Rn]5f$^{14}$6d$^5$7s$^2$ | 7.7 |
| 108 | $^5D_4$ | Hs | Hassium | (269) | [Rn]5f$^{14}$6d$^6$7s$^2$ | 7.6 |
| 109 | | Mt | Meitnerium | (278) | | |
| 110 | | Ds | Darmstadtium | (281) | | |
| 111 | | Rg | Roentgenium | (282) | | |
| 112 | | Cn | Copernicium | (285) | | |
| 113 | | Nh | Nihonium | (286) | | |
| 114 | | Fl | Flerovium | (289) | | |
| 115 | | Mc | Moscovium | (289) | | |
| 116 | | Lv | Livermorium | (293) | | |
| 117 | | Ts | Tennessine | (294) | | |
| 118 | $^1S_0$ | Og | Oganesson | (294) | | |

† Based upon $^{12}$C.  ( ) indicates the mass number of the longest-lived isotope.

\* For the most accurate value, visit ciaaw.org.

本表数据来自 https://www.nist.gov/pml/periodic-table-elements